我国微罪体系建构研究

Research on the Theoretical Construction of Petty Misdemeanor in China

李晓明　陆岸　张鑫　著

图书在版编目(CIP)数据

我国微罪体系建构研究/李晓明,陆岸,张鑫著. —北京:北京大学出版社,2024.1
国家社科基金后期资助项目
ISBN 978-7-301-34779-9

Ⅰ.①我… Ⅱ.①李… ②陆… ③张… Ⅲ.①刑罚—研究—中国 Ⅳ.①D924.134

中国国家版本馆CIP数据核字(2023)第249454号

书　　　名	我国微罪体系建构研究 WOGUO WEIZUI TIXI JIANGOU YANJIU
著作责任者	李晓明　陆　岸　张　鑫　著
责 任 编 辑	王建君
标 准 书 号	ISBN 978-7-301-34779-9
出 版 发 行	北京大学出版社
地　　　址	北京市海淀区成府路205号　100871
网　　　址	http://www.pup.cn　http://www.yandayuanzhao.com
电 子 邮 箱	编辑部 yandayuanzhao@pup.cn　总编室 zpup@pup.cn
新 浪 微 博	@北京大学出版社　@北大出版社燕大元照法律图书
电　　　话	邮购部 010-62752015　发行部 010-62750672　编辑部 010-62117788
印 刷 者	北京鑫海金澳胶印有限公司
经 销 者	新华书店
	730毫米×980毫米　16开本　18.75印张　300千字 2024年1月第1版　2024年1月第1次印刷
定　　　价	79.00元

未经许可,不得以任何方式复制或抄袭本书之部分或全部内容。
版权所有,侵权必究
举报电话:010-62752024　电子邮箱:fd@pup.cn
图书如有印装质量问题,请与出版部联系,电话:010-62756370

国家社科基金后期资助项目
出版说明

后期资助项目是国家社科基金设立的一类重要项目,旨在鼓励广大社科研究者潜心治学,支持基础研究多出优秀成果。它是经过严格评审,从接近完成的科研成果中遴选立项的。为扩大后期资助项目的影响,更好地推动学术发展,促进成果转化,全国哲学社会科学工作办公室按照"统一设计、统一标识、统一版式、形成系列"的总体要求,组织出版国家社科基金后期资助项目成果。

全国哲学社会科学工作办公室

自 序

李晓明[*]

罪有罪性之分和轻重之分，国外将犯罪划分为重罪、轻罪、微罪和违警罪。[①] 我国刑法之内有重罪、轻罪之分，储槐植老师提出了刑法之内的"微罪"概念[②]，而本书在刑法之外提出并建构了微罪法及其体系，并在其原理及理论上进行了常识性的阐述。应特别指出的是，立足于行为性质，我国在《刑法》第 13 条采取"定性加定量"的入罪标准，导致犯罪与一般违法之间界限模糊，甚至行政执法与刑事司法难以衔接。本书通过研究和论证，一方面从犯罪分类的角度界定了刑法之外的微罪概念及其体系，并从"新三级制裁体系"模式的建立出发，协调刑法、微罪法及行政法三者之间的关系；另一方面确立微罪"只定性不定量"的定罪标准与模式，摆脱"定量因素"对微罪认定上的不利影响。此外，建议对微罪法及其体系的建构和立法理论进行深入研究，并对其证据标准和程序进行了探讨和分析。本书基于立法与司法实践建构了我国的微罪概念及其体系，即走向实用主义的列举式微罪范畴，基于我国刑法规定和法律体系的现实，列举出一部分刑法中较轻微的犯罪行为，尤其是与《治安管理处罚法》的规定近似或一致的模糊表述行为，以及行政法中适用人身自由罚和未来国家立法可能规定的对具有人身危险性群体进行处罚的措施等，形成了微罪的基本范畴与理论体系。

本书在研究我国违法犯罪制裁体系存在的问题及其对策时，结合我国刑法与行政法上的立法冲突与执法、司法功能上的紊乱，刑法长期以来用"量"的标准来区分违法和犯罪的现状，集中讨论定罪标准的模糊性和违法与犯罪的不确定性，最终解决行政执法与刑事司法衔接难的问题，化解

---

[*] 法学博士，苏州大学国家监察研究院院长、刑事法研究中心主任，王健法学院教授、博士生导师。北京大成律师事务所总部高级顾问，苏州分所刑事部主任、刑事合规与监督评估研究中心主任。
[①] 参见 1962 年美国《模范刑法典》。
[②] 参见储槐植：《解构轻刑罪案，推出"微罪"概念》，载《检察日报》2011 年 10 月 13 日，第 3 版。

多部行政法中存在的行政拘留、专门矫治教育、强制戒毒等人身自由行政处罚措施面临的尴尬。这些表象的深层次根源在于行政权与司法权的失衡、犯罪化与非犯罪化刑事政策的选择以及犯罪观的错位等，其根本解决方案当然是在刑法之外建立微罪体系，从而解决行政法与刑法处罚对象深度竞合的立法矛盾、处罚方法非正当性的立法弊端、制裁体系处罚失衡的立法矛盾以及行政执法与刑事司法的混乱局面。最终得出的结论是建立微罪体系的必要性，即需要重新定位微罪法与刑法、行政法的对接关系，进而从犯罪理念、人权保障、行政权与司法权制衡、效率与公正统一等方面进行微罪体系的正当性论证。

建构中国式的微罪体系是本书的价值目标与追求，我国微罪体系建构的最大障碍是"宁要效率不要公正"，公权力永远大于私权利，社会利益永远大于个人权益。通过对这些司法惯性及其传统理念的分析，最终选择了在公权力与私权利之间寻找平衡，确保在保护人权和寻求公正上的正当性，从而为我国微罪体系的建构提供正确的理论基础和明确的方案思路。本书将微罪案件的范围界定为：涉及行政处罚中行政拘留的案件；涉及专门矫治教育的案件；涉及强制戒毒的案件；涉及同时违反刑法和行政法律法规，可能判处吊销营业执照、许可证的行政处罚案件。具体还应当分析借鉴境外微罪分立模式和合并模式的利弊，根据我国法治环境、具体国情来建构适合我国国情的中国式微罪体系，并从程序与实体的结合上建构微罪立法及其体系。包括从案件管辖范围上框定微罪的边界，从实体上科学界定微罪的调整对象与处罚力度，并建立限制一定人身自由的处遇方法和非刑罚处罚方法等，以及从程序上建立简易程序、法官独任制和辩诉交易等。

本书采用了交叉研究方法、动态研究方法和比较研究方法等，尤其是打破常规进行交叉或模糊性思考，结合"灰色理论"进行列举式概念的界定，最终完成了微罪立法体系及其基本原理的理论建构与论证。交叉思维在本质上是一种创造性思维，通过创造性思维的研究，突破了演绎和归纳轮流统治的僵化格局，最终使直觉和想象受到了应有的重视，并形成创造性思维的基本体系。微罪立法及其体系着重讨论的是与行政刑法关系更为密切的动态研究方法，在论证中必然用到行政刑法的基础理论与基本原理，既重视横向的比较研究，又重视纵向的比较研究，并关注对典型现象的深入剖析研究，以此形成纵、横、深三维立体的特殊研究方法体系，最终形成对微罪的交叉体系和立体性的思维方式。

本书的创新点表现在：第一，在刑罚和一般违法处罚间建立起过渡地带的微罪法及其体系,以便发挥其缓冲地带和桥梁的功能与作用,在理论上也使我国的行政处罚与刑事处罚的衔接得以协调,同时完成我国违法犯罪制裁体系从宽到严、从轻到重的逐层展开,以及刑法、微罪法和行政法的三法衔接,即"新三级制裁体系"的建构和形成。第二,由于研究深入到权力制衡、犯罪文化、制度根基层面,并深入探究制裁体系的失衡现象,系统分析我国行政权与司法权的关系、司法惯性与犯罪文化的影响等,尤其主张行政处罚中人身自由罚的司法化,对于推动我国的刑事法治建设以及保障人权机制的打造等均具有积极意义。第三,本书对我国犯罪概念的界定模式重新进行了设计,动摇了"既定性又定量"的观点,改变犯罪类型及其体系的传统划分。第四,提出了要对行政处罚中人身自由罚司法化的建议,这不仅是国际社会的流行趋势,更是建设社会主义法治国家的根本与核心所在,扎扎实实地全面推进依法治国,最终实现社会主义法治的宏伟目标。

最后,让我们为中国微罪及其体系的构建、繁荣与进步而努力!

是为序。

谨识于苏州大学相门寓所
2023 年 6 月 30 日

目 录

第一部分　微罪及其相关理论范畴

第一章　现行违法犯罪制裁体系的理性分析 …………………… 3
　　第一节　我国违法犯罪制裁体系的渊源及变迁 ………………… 3
　　第二节　我国违法犯罪制裁体系的现状及弊端 ………………… 11
　　第三节　行政法中人身自由罚及其他重罚现状 ………………… 28

第二章　中国式微罪体系概念的提出 ……………………………… 43
　　第一节　域外微罪的概念及立法制度 …………………………… 44
　　第二节　我国微罪范畴的梳理及其界定 ………………………… 50
　　第三节　构建我国微罪体系的必要性 …………………………… 58
　　第四节　我国微罪法与相关法的关系 …………………………… 74
　　第五节　我国微罪体系的结构性设计 …………………………… 78

第三章　我国微罪体系构建的正当性 ……………………………… 85
　　第一节　犯罪理念的重新定位 …………………………………… 85
　　第二节　保障人权优先观的定位 ………………………………… 94
　　第三节　行政权与司法权并重 …………………………………… 100
　　第四节　效益:公正与效率的有机统一 ………………………… 110

第二部分　微罪理论体系的基本建构

第四章　微罪体系的模式 …………………………………………… 123
　　第一节　域外微罪体系基本模式 ………………………………… 123
　　第二节　我国大陆微罪体系的本土环境 ………………………… 132
　　第三节　独立模式:我国大陆微罪体系的方案选择 …………… 143

第五章 微罪体系的实体法建构 …… 152
- 第一节 微罪体系实体法建构的理论支撑：灰色理论 …… 152
- 第二节 灰色理论的现实映照：双重违法性行为的证成 …… 156
- 第三节 移入微罪法的行政处罚和行政强制措施(一)：人身自由罚 …… 163
- 第四节 移入微罪法的行政处罚措施(二)：资格罚 …… 177
- 第五节 微罪体系借鉴的刑罚措施：拘役、管制和非刑罚处罚方法 …… 199
- 第六节 微罪体系建构的时序进度 …… 208

第三部分 微罪立法方案的初步设计

第六章 微罪实体立法的条文设计 …… 217
- 第一节 与行政拘留有关的微罪行为 …… 217
- 第二节 与吊销营业执照、许可证有关的微罪行为 …… 250
- 第三节 与人身自由罚有关的微罪行为 …… 261

第七章 微罪程序立法及其配套措施 …… 267
- 第一节 立法理念：现行法律体系下的公正与效能 …… 267
- 第二节 立法内容(一)：对微罪程序的设置 …… 274
- 第三节 立法内容(二)：举证责任的分配 …… 279
- 第四节 立法内容(三)：对实体证明标准的明确 …… 282
- 第五节 立法内容(四)：对实体审理结果的救济 …… 286

后 记 …… 289

第一部分

微罪及其相关理论范畴

第一章 现行违法犯罪制裁体系的理性分析

解决刑法之外"人身自由罚"等的司法化是建构微罪体系的出发点和立足点,本章意图在厘清我国违法犯罪制裁体系立法沿革及现状的基础上,重点从现行立法中规范的竞合、处罚严厉程度失衡、劳动教养的废除给刑事制裁带来的冲击,以及执法与司法上不能有效衔接和可能带来的混乱等方面进行深入研究和分析,并对行政处罚中"人身自由罚"的现状进行反思,为微罪体系的建构提供合理根据和理论依据,为研究微罪体系打好基础。

第一节 我国违法犯罪制裁体系的渊源及变迁

长期以来,在我国传统的违法犯罪制裁体系中,治安、交通、海关、环境和网络等行政处罚和劳动教养、收容教育、收容教养、强制戒毒等处罚轻微犯罪行为或行政违法行为,治安管理处罚法处罚一般行政违法行为,刑法处罚犯罪,三者形成似乎相互衔接的"三级制裁体系"①基本通说。当然,此外也还有"两级制裁体系说"②和"一级制裁体系说"③等。2013年

---

① 如有学者认为,在我国"治安管理处罚—劳动教养—刑罚"是国家遏制犯罪的三级制裁体系。理由是,在治安管理处罚和刑罚之外尚有两块领地专属劳教:一是多次违反治安管理处罚法,屡教(罚)不改,治安管理处罚不足以惩戒,刑法上又没有相应罪名的行为;二是"刑法边缘行为",即形式符合某一罪名但构不成刑法上的定罪标准(目前我国的刑法构罪标准仍然是"既定性又定量"),所谓"大法不犯、罪错不断、危害治安、百姓憎恶、法院难办"的一类刑法边缘族。参见储槐植:《再论劳动教养制度合理性》,载《中外法学》2001年第6期。

② 如有学者认为,立法上作为行政处罚的拘留与作为刑事处罚的拘役已差不多互相衔接,在两者之间已容不下其他处罚形式,即劳教作为介于二者之间的处罚措施在法律上是找不到合适位置的。参见刘中发:《劳动教养制度的改革出路》,载储槐植、陈兴良、张绍彦主编:《理性与秩序:中国劳动教养制度研究》,法律出版社2002年版,第272页。

③ 如有学者认为,依照现代法治原则,任何以公共权力机构的名义剥夺公民人身自由的行为,都不能由公安行政机构作出最终决定,必须由中立的司法裁判机构通过正当程序的方式作出决定。因此,我国治安管理处罚法中授权公安机关行使的"行政拘留"权应当被吸纳进刑法之中,成为短期自由刑的有机组成部分,从而受到司法裁判机制的有效控制。甚至有学者认为,作为一个正在逐渐走向法治的国家,中国迟早会将行政性羁押措施的司法化作为其司法改革的重要课题。参见陈瑞华:《劳动教养的历史考察与反思》,载《中外法学》2001年第6期。

12月28日,第十二届全国人大常委会第六次会议通过《关于废止有关劳动教养法律规定的决定》,至此存在50多年的劳动教养制度在我国被正式废止。全国人大常委会法工委关于2018年备案审查工作情况的报告于2018年12月24日提请全国人大常委会审议,其中也涉及收容教育制度废除问题。显然,这进一步打破了"三级制裁体系"的传统理论,我们不得不寻找现实条件下我国违法犯罪制裁体系新的理论,这也正是我们研究微罪体系的基本初衷。本章将在厘清我国违法犯罪制裁体系立法沿革的基础上,对现行违法犯罪制裁体系进行系统分析和研究。

一、治安管理处罚法的立法沿革及现状

众所周知,1957年10月22日公布实施的《治安管理处罚条例》是我国制定的首部治安性法律,当时还没有制定刑法典,包括《治安管理处罚条例》也没有明确提出立法目的,且规定也比较简单。1986年9月5日,第六届全国人大常委会第十七次会议通过修正后的《治安管理处罚条例》,并第一次明确了立法目的,即"为加强治安管理,维护社会秩序和公共安全,保护公民的合法权益,保障社会主义现代化建设的顺利进行"。1994年5月12日,第八届全国人大常委会第七次会议再次对《治安管理处罚条例》作出修改。随着社会主义商品经济和市场经济的建立及进一步发展,社会的价值观呈现多元化趋势,社会治安也出现了一些新问题,随着时间的推移,《治安管理处罚条例》已无法满足维护社会治安之需,包括其与刑法典的关系和协调同样成为社会关注的热点。2005年8月28日,第十届全国人大常委会第十七次会议通过《治安管理处罚法》,进一步明确和完善了其立法目的为"为维护社会治安秩序,保障公共安全,保护公民、法人和其他组织的合法权益,规范和保障公安机关及其人民警察依法履行治安管理职责"。《治安管理处罚法》分为总则、处罚的种类和适用、违反治安管理的行为和处罚、处罚程序、执法监督及附则共六章119条,体现了保障权利和规范权力相结合的立法特点。为了适应不断变化的情况,2012年10月26日,第十一届全国人大常委会第二十九次会议通过对《治安管理处罚法》的修改。为了适应新时代社会治安的需要,2017年1月16日,公安部网站公开发布了《中华人民共和国治安管理处罚法(修订公开征求意见稿)》,该征求意见稿设计了150个条文。

二、劳动教养法规的立法演变及结局

20世纪50年代,国家根据当时的阶级斗争形势需要,也为了安排

一些有问题的职工就业,提出了创建一项新的管制就业制度——"劳动教养制度"。1955年8月25日发布的中共中央《关于彻底肃清暗藏的反革命分子的指示》中规定,对清查出来的反革命分子和其他坏分子,除判处死刑和因为罪行较轻、坦白彻底或因立功而应继续留用的以外,分两种办法处理:一种是判刑后劳动改造;另一种是不够判刑而政治上又不适用于继续留用,放到社会上又增加失业的,则进行劳动教养,就是虽不判刑,不完全失去自由,但亦集中起来,替国家做工,由国家发给一定的工资。1956年1月10日,中共中央发布《关于各省市应立即筹办劳动教养机构的指示》,对劳动教养机构的性质,以及劳动教养制度的指导原则和基本任务,包括审批权限、组织领导和具体运作与管理等作出系统性规定,此后劳动教养的机构、组织在全国范围初具规模,具体实施工作陆续在各地开展。1957年8月1日,第一届全国人大常委会第七十八次会议批准了国务院《关于劳动教养问题的决定》,以行政法规的形式确立了"劳动教养制度",可以说这标志着劳动教养制度在我国的初步形成。"文化大革命"期间,劳动教养制度遭到严重破坏,劳动教养工作一度中止执行。1978年12月党的十一届三中全会以后,随着社会治安形势的发展与需要,劳动教养制度的恢复性建设进入一个全新的时期,但劳动教养制度的对象也逐渐发生了根本性的变化,由原先的解决职工就业问题逐步转向面向全社会,尤其是针对社会治安问题。尤其是1979年7月1日,第五届全国人大第二次会议通过《刑法》后,与刑法相配合的制度与措施也陆续出台。1979年11月29日,第五届全国人大常委会第十二次会议批准了国务院《关于劳动教养的补充规定》,根据新的形势和需要,对劳动教养的管理机构、收容地域范围、期限与法律监督等均作出明确规定,劳动教养制度除基于政治上的考虑,主要解决社会治安问题。

为了进一步细化和落实重新公布的《关于劳动教养问题的决定》,1982年1月21日,公安部发布了《劳动教养试行办法》,对劳动教养的具体落实和实施作了进一步的明确规定,随后1990年12月28日第七届全国人大常委会第十七次会议公布了《关于禁毒的决定》,1991年9月4日第七届全国人大常委会第二十一次会议通过了《关于严禁卖淫嫖娼的决定》。随着国内形势的发展,实际工作中将劳动教养的对象又作了进一步扩大,并且由原来的"劳动教养审批委员会"(由社会力量工、青、妇等社会团体参加)批准逐步改为由公安机关"审批"。后来公安部也不断出台一些新的措施,逐步推行劳动教养的审批制度改革,同时也进一步规范劳动教养审批程序,以防止或限制劳动教养制度的滥用。2002年4月12

日,公安部发布了《关于〈公安机关办理劳动教养案件规定〉的通知》,从劳动教养的适用对象、审批机构、审核程序、执行以及执法监督等几个方面对劳动教养制度作了更加详细明确的规定。2005年8月和9月,分别印发了公安部《关于进一步加强和改进劳动教养审批工作的通知》和《关于进一步加强和改进劳动教养审批工作的实施意见》(以下对《关于劳动教养问题的决定》和公安部颁布的一系列关于劳动教养的法规、制度及其工作规范,统称为"劳动教养法规"),对劳动教养的审批工作改革提出了更为明确和具体的要求。但由于劳动教养制度在适用中逐步或过分地扩大"适用对象",以至于走向羁绊其发展的异化极端,甚至一定程度上缺失"立法根据",尤其是与《刑法》中"三年以下有期徒刑"的处理严重不协调或不匹配,终于在2013年12月28日第十二届全国人大常委会第六次会议上通过《关于废止有关劳动教养法律规定的决定》,从此在全国终止了存在50多年的劳动教养制度。

实事求是地讲,我国的劳动教养制度具有一定的历史阶段上的合理性,尤其是在稳定社会、解决就业和维护社会治安等许多方面发挥了积极作用,对于改革开放初期的社会秩序稳定起到了不可低估的保障作用。但随着我国法制社会的不断进步和法治理念的健全,尤其是《立法法》第11条第(五)项规定的"对公民政治权利的剥夺、限制人身自由的强制措施和处罚"只能制定法律,第12条规定的"本法第十一条规定的事项尚未制定法律的,全国人民代表大会及其常务委员会有权作出决定,授权国务院可以根据实际需要,对其中的部分事项先制定行政法规,但是有关犯罪和刑罚、对公民政治权利的剥夺和限制人身自由的强制措施和处罚、司法制度等事项除外",使劳动教养制度逐渐失去了合法性地位,加之宪法和刑事诉讼法对人权保护的法律规定出台,更加速了其废止步伐。

三、刑法立法过程及完善

改革开放后,1979年7月1日第五届全国人大第二次会议通过了《刑法》(以下简称1979年《刑法》),可以说这是自1949年以来我国颁布的第一部刑法典,主要是针对"文化大革命"期间广大干部群众的合法权益得不到保障,人们的生命和财产安全需要保护的状况。然而,1979年《刑法》基本上是一个粗线条、纲领性的法律,当时的立法者主张,社会上没有出现的犯罪暂且不在刑法中规定,当时甚至连"绑架罪"和"侵占罪"的罪名都没有在刑法中出现。或许是改革开放与社会的快速发展,所以其公布后不久就出现了一些与当时社会治安形势发展不相适应的情况,许多行为因为法律没有作出规定而无法处罚,因此全国人大常委会针对一些新出现的问题不断进行补充规定。自1981年6月10日第五届全国人大常委会第十九次会议通过《关于处理逃跑或者重新犯罪的劳改犯和劳教人员的决定》(以下简称"两劳决定")之后,截至1995年《刑法》修改,十几年的时间共颁布了25部单行刑法和130多部附属刑法。如此频繁、重复性地修改刑法,一方面说明1979年《刑法》的"粗线条、纲领性",时间上也显得比较仓促;另一方面也许是改革开放步伐很快,导致刑法不能够与当时的社会治安相适应,加剧了刑法的急剧修改,客观上的确造成刑法的不稳定性,甚至导致执行上的矛盾。

由于上述原因,1997年3月14日,第八届全国人大第五次会议修订了《刑法》(以下简称1997年《刑法》),并将25个单行刑法纳入修订的刑法。1997年《刑法》虽然保留了1979年《刑法》的基本框架和体系,但对其内容尤其是罪名进行了大幅度、系统的修改与补充完善,条文由原来的192个增加至452个,罪名增加至487个。1997年《刑法》于1997年10月1日开始施行,而刑事立法工作并没有因为1997年《刑法》的施行而停止。相反,从修改频度和内容幅度来看,一点也不亚于1979年《刑法》的修改,尤其是《刑法修正案(八)》《刑法修正案(九)》和《刑法修正案(十一)》修改的内容幅度和条文及罪名均是空前的,可以说近些年来刑事立法活动是立法工作中最为活跃的领域之一。截至目前,已经通过了2部单行刑法和12个刑法修正案,其内容涉及妨害公共安全、妨害国家安全、妨害网络安全、破坏市场经济秩序、破坏金融管理秩序、妨害对公司企业的管理秩序、商业贿赂、扰乱社会管理秩序、破坏环境资源、贪污贿赂、反恐、网络安全、国旗和国徽和国歌、妨害安全驾驶、违章冒险作业、妨碍药品管理、欺诈发行债券、为境外窃取商业秘密、负有照护职责性侵、袭警、冒名顶替、高空抛物、催收非法债务、侵害烈士名誉、组织参与境外赌博、非法采集和走私人类遗传资源、非法植入基因和克隆、非法捕猎陆生动物、破坏自然保护地、非法引进外来物种、妨害兴奋剂管理、食品和药品监管等诸多方面,尤其是《刑法修正案(八)》《刑法修正案(九)》和《刑法修正案(十一)》及劳动教养制度废止前后,一些违法行为被犯罪化,甚至降低入罪门槛,一些犯罪行为被非犯罪化,修订后的刑法曾呈现出较强的社会适应性,也使其进一步完善。

四、传统"三级制裁体系"的厘清

虽然劳动教养制度目前已经被废止,但其作为我国违法犯罪制裁体系的历史性、整体性研究内容之一,我们还是应予关注和回顾,当然这也是为了通过研究总结专业理论,并为未来的制度体系的制定与打造做理论与方案上的准备。《治安管理处罚法》第 2 条规定:"扰乱公共秩序,妨害公共安全,侵犯人身权利、财产权利,妨害社会管理,具有社会危害性,依照《中华人民共和国刑法》的规定构成犯罪的,依法追究刑事责任;尚不够刑事处罚的,由公安机关依照本法给予治安管理处罚。"应当说,《治安管理处罚法》规定的内容只有几十个与社会治安有关的违法行为与《刑法》对接,因此并不是一个完整的刑法之外的制度规制,也正因如此才有了劳动教养等的空间。

2002 年 4 月 12 日发布的《公安机关办理劳动教养案件规定》第 9 条规定:"……对年满十六周岁、具有下列情形之一的,应当依法决定劳动教养:(一)危害国家安全情节显著轻微,尚不够刑事处罚的;(二)结伙杀人、抢劫、强奸、放火、绑架、爆炸或者拐卖妇女、儿童的犯罪团伙中,尚不够刑事处罚的;(三)有强制猥亵、侮辱妇女,猥亵儿童,聚众淫乱,引诱未成年人聚众淫乱,非法拘禁,盗窃,诈骗,伪造、倒卖发票,倒卖车票、船票,伪造有价票证,倒卖伪造的有价票证,抢夺,聚众哄抢,敲诈勒索,招摇撞骗,伪造、变造、买卖国家机关公文、证件、印章,以及窝藏、转移、收购、销售赃物的违法犯罪行为,被依法判处刑罚执行期满后五年内又实施前述行为之一,或者被公安机关依法予以罚款、行政拘留、收容教养、劳动教养执行期满后三年内又实施前述行为之一,尚不够刑事处罚的;(四)制造恐怖气氛,造成公众心理恐慌,危害公共安全,组织、利用会道门、邪教组织、利用迷信破坏国家法律实施,聚众斗殴,寻衅滋事,煽动闹事,强买强卖、欺行霸市,或者称霸一方、为非作恶、欺压群众、恶习较深、扰乱社会治安秩序,尚不够刑事处罚的;(五)无理取闹,扰乱生产秩序、工作秩序、教学科研秩序或者生活秩序,且拒绝、阻碍国家机关工作人员依法执行职务,未使用暴力、威胁方法的;(六)教唆他人违法犯罪,尚不够刑事处罚的;(七)介绍、容留他人卖淫、嫖娼,引诱他人卖淫,赌博或者为赌博提供条件,制作、复制、出售、出租或者传播淫秽物品,情节较重,尚不够刑事处罚的;(八)因卖淫、嫖娼被公安机关依法予以警告、罚款或者行政拘留后又卖淫、嫖娼的;(九)吸食、注射毒品成瘾,经过强制戒除后又吸食、注射毒品的;(十)有法律规定的其他应当劳动教养情形的。对实施危害国家安全、危害公共安全、侵犯公民人身权利、侵犯财产、妨害社会管理秩序的犯罪行为的人,因犯罪情节轻微人民检察院不起诉、人民法院免予刑事处罚,符合劳动教养条件的,可以依法决定劳动教养。"由此可见,劳动教养制度也非

"包罗万象"或"兜底",上述没有列举的行为显然不应适用劳动教养。但在劳动教养的执行中,可以说随意扩大了其适用范围,正因如此才促进其消亡。因此,在总结劳动教养在我国违法犯罪制裁体系中的地位时要实事求是,区分功过是非。

《刑法》第13条规定:"一切危害国家主权、领土完整和安全,分裂国家、颠覆人民民主专政的政权和推翻社会主义制度,破坏社会秩序和经济秩序,侵犯国有财产或者劳动群众集体所有的财产,侵犯公民私人所有的财产,侵犯公民的人身权利、民主权利和其他权利,以及其他危害社会的行为,依照法律应当受刑罚处罚的,都是犯罪,但是情节显著轻微危害不大的,不认为是犯罪。"应当说,这是自1979年《刑法》以来关于"犯罪"的定义,尤其是其中"但书"的规定,一直是我国刑法学界关注和争论的焦点,也可以说是我国刑法不同于西方国家刑法的一个明显特点,即"既定性又定量"的"构罪标准",直到今天围绕犯罪构成理论或犯罪论体系的争论都与之脱不了干系,由此也导致刑法之外"人身自由罚"的尴尬,以及行政执法与刑事司法有效衔接的瓶颈。另外,一个值得关注的问题是,在"类推原则"下和"罪刑法定原则"下使用同一个"犯罪定义",无论如何从定罪的前提与基础、犯罪的本质与特征、定罪的逻辑与依据等诸多方面都是难以诠释和作合理推论的。因此,在考量我国违法犯罪制裁体系制度时应一并考虑。

根据我国违法犯罪制裁体系上述"三项制度"处罚的对象及其运行情况,刑法处罚犯罪行为,劳动教养法规和治安管理处罚法分别处罚尚不够刑事处罚的轻微犯罪行为和行政违法行为,刑法和劳动教养法规、治安管理处罚法虽然立法位阶不同,但处罚内容是相互衔接和互为补充的,有时候甚至是相互交织或混乱的。比如,劳动教养法规和治安管理处罚法虽然都处罚尚不够刑事处罚的轻微犯罪行为和行政违法行为,但客观上讲二者的处罚对象存在着违法严重程度大小或轻重上的细微差异,劳动教养处罚的对象是轻微犯罪行为、严重违法行为或行为人多次违反治安管理行为而屡教不改,而治安管理处罚法处罚的对象是一般性的违反治安管理行为,显然两者形成处罚对象及违法严重程度上的细微差别与相互衔接问题。

从"三项制度"处罚的严厉程度方面考察,刑罚可以剥夺行为人的财产、人身自由及政治权利或其他权利等,甚至可以剥夺行为人的生命,显然是一种最为严厉的处罚手段;劳动教养可以剥夺行为人一定期限的人身自由,也是一种较为严厉的处罚手段;治安处罚可以短期剥夺行为人的人身自由、罚款或限制某种资格,相对是一种较为轻缓的处罚手段。

从表面上看,"三种制度"形成了处罚手段上的"紧密衔接",但实际上也存在一定的相互交叉,如劳动教养 3～4 年的"人身自由罚"与刑法的"三年以下有期徒刑"就形成了一种交叉的关系。虽然二者一个是行政处罚,一个是刑事处罚,性质完全不同,但有一点不可否认,二者都是剥夺人身自由的处罚,然而同样的行为在刑法上可能判处 1 年有期徒刑就可以了,但在劳动教养法规中却要剥夺 3 年人身自由,甚至在行为的严重程度上或证据的确定性上后者还不如前者。在实际生活中,有人宁可接受刑法处罚,也不愿意接受劳动教养处罚。由此可见,二者在执行上出现多么严重的异化结果。

另外,从立法规定层面进行考察,刑法处罚犯罪行为,劳动教养法规处罚轻微犯罪行为或行政违法严重而又不构成犯罪的行为,治安管理处罚法处罚一般的行政违法行为;刑罚处罚最为严厉,劳动教养次之,治安处罚最轻。一般认为"三种制度"的处罚对象界限清楚明确,处罚轻重相对适格,三者似乎形成了衔接流畅的"三级制裁体系"。但是在劳动教养制度被废止以后就打破了这种平衡,如此治安处罚能否直接与刑法对接?显然是不可行的,因为治安处罚与刑法对接的只有几十个罪名,不可能完全与刑法对接,如此也就需要一个中间的缓冲地带作出协调或平衡。尤其是随着人们法治观念的增强,人身自由罚的司法化问题被提上重要的议事日程,必须尽快予以考虑和解决。所以,在刑法之外建构微罪体系,是目前解决"三级制裁体系"遗留下来的"病症"的最佳选择和可行性的方案,就此作为借鉴为之深入讨论。

五、劳动教养制度废止对传统"三级制裁体系"的影响

仔细研究"三项制度"的具体规定,传统的违法犯罪"三级制裁体系"着实存在三法处罚对象竞合、三法处罚严重失衡、三法司法和执法混乱等方面的制度性"病灶",尤其是劳动教养制度被废止已失去其正当性和合法性基础,"三项制度"的平衡被打破,已经严重影响到我国违法犯罪制裁体系的稳定建构以及立法结构的完整性、系统性和科学性,包括法治环境的不断推进与演化。

随着党的十八届四中全会"依法治国"的全面推进,尤其是 2013 年年底劳动教养制度被废止,需要新的合理布局与系统研究来重新规划新的违法犯罪制裁体系。但从目前社会治安状况的变化看,废止劳动教养后,公安机关面临着一系列的前所未有的挑战,主要是对那些适用治安处罚不起

作用而又不够刑事处罚的案件显得束手无策,从而使社会维稳陷入极大的困境。正如笔者曾指出的:"实事求是地讲,劳动教养的最大问题并不在于制度本身,而在于其立法上的合法性、程序上的正当性和惩罚上的适度性,以及人身自由罚的司法化和相关类似于'保安处分制度'中对'人身危险犯'的规制及其配套措施的落实,如基层法庭或称治安法庭的普遍设置,以及未来'轻罪法程序'建构设计中实行法官审判的'独任制'和行政机关的案件'直诉制'问题等。"①因此,如何将劳动教养的合理功能纳入法治化的框架以及构建完善的违法犯罪制裁体系,成为理论界和实务界的新课题,也是本书追求的核心目标,下面进行深入分析和研究。

第二节 我国违法犯罪制裁体系的现状及弊端

如上所述,从表面上看我国现行的违法犯罪制裁体系也能做到相互衔接,如刑法处罚犯罪行为,治安管理处罚法处罚行政违法行为,也即不构成犯罪就动用治安处罚。从处罚的严厉程度看,刑罚处罚严厉,治安处罚较轻。从表面上看,两法处罚对象似乎界限明确,处罚轻重适格,形成衔接流畅的处罚体系。但仔细研究就会发现,现行的违法犯罪制裁体系的法律规定是有缺陷的,比如存在处罚对象及行为特征上的竞合问题,并由此带来定罪量刑与违法处罚的混乱,以及行政处罚与刑事处罚有效衔接上的矛盾,甚至执法效率低下、适用法律不一等制度性弊端,最终导致执法与司法的不公平性,甚至出现司法腐败,已成为严重影响我国法治建设的根源性问题。

一、处罚对象及行为特征竞合引起的定罪混乱

《刑法》与《治安管理处罚法》的法律性质截然不同,《刑法》处罚的是犯罪行为,适用的是刑罚,而《治安管理处罚法》处罚的是行政违法行为,适用的是行政处罚,两者关于违法和犯罪的描述应当尽量清晰和准确。只有这样才能准确界定行政违法与犯罪,保证犯罪的人受到刑罚的制裁,保障无罪的人免受刑罚的追究,切实保障人权。但我们仔细考察《治安管理处罚法》的规定,某些行政违法行为特征与《刑法》规定的犯罪行为特征完全一致或基本一致,导致两者在定罪和法律适用上存在严重冲突。详见表1-1,其中完全或基本一致的内容用下划线标出。

---

① 李晓明:《行政刑法新论》,法律出版社2014年版,第30—31页。

表 1-1 《治安管理处罚法》和《刑法》关于违法和犯罪行为的描述

《治安管理处罚法》	《刑法》
第四十条　有下列行为之一的,处十日以上十五日以下拘留,并处五百元以上一千元以下罚款;情节较轻的,处五日以上十日以下拘留,并处二百元以上五百元以下罚款： …… (三)非法限制他人人身自由、非法侵入他人住宅或者非法搜查他人身体的。	第二百四十五条　非法搜查他人身体、住宅,或者非法侵入他人住宅的,处三年以下有期徒刑或者拘役。 ……
第四十二条　有下列行为之一的,处五日以下拘留或者五百元以下罚款;情节较重的,处五日以上十日以下拘留,可以并处五百元以下罚款： …… (四)对证人及其近亲属进行威胁、侮辱、殴打或者打击报复的; ……	第三百零八条　对证人进行打击报复的,处三年以下有期徒刑或者拘役;情节严重的,处三年以上七年以下有期徒刑。
第四十四条　猥亵他人的,或者在公共场所故意裸露身体,情节恶劣的,处五日以上十日以下拘留;猥亵智力残疾人、精神病人、不满十四周岁的人或者有其他严重情节的,处十日以上十五日以下拘留。	第二百三十七条　以暴力、胁迫或者其他方法强制猥亵他人或者侮辱妇女的,处五年以下有期徒刑或者拘役。 …… 猥亵儿童的,处五年以下有期徒刑;……
第五十一条　冒充国家机关工作人员或者以其他虚假身份招摇撞骗的,处五日以上十日以下拘留,可以并处五百元以下罚款;情节较轻的,处五日以下拘留或者五百元以下罚款。 ……	第二百七十九条　冒充国家机关工作人员招摇撞骗的,处三年以下有期徒刑、拘役、管制或者剥夺政治权利;情节严重的,处三年以上十年以下有期徒刑。 ……
第五十二条　有下列行为之一的,处十日以上十五日以下拘留,可以并处一千元以下罚款;情节较轻的,处五日以上十日以下拘留,可以并处五百元以下罚款： (一)伪造、变造或者买卖国家机关、人民团体、企业、事业单位或者其他组织的公文、证件、证明文件、印章的; ……	第二百八十条　伪造、变造、买卖或者盗窃、抢夺、毁灭国家机关的公文、证件、印章的,处三年以下有期徒刑、拘役、管制或者剥夺政治权利,并处罚金;情节严重的,处三年以上十年以下有期徒刑,并处罚金。 伪造公司、企业、事业单位、人民团体的印章的,处三年以下有期徒刑、拘役、管制或者剥夺政治权利,并处罚金。

(续表)

《治安管理处罚法》	《刑法》
第五十九条 有下列行为之一的,处五百元以上一千元以下罚款;情节严重的,处五日以上十日以下拘留,并处五百元以上一千元以下罚款: …… (三)收购公安机关通报寻查的赃物或者有赃物嫌疑的物品的; ……	第三百一十二条 明知是犯罪所得及其产生的收益而予以窝藏、转移、收购、代为销售或者以其他方法掩饰、隐瞒的,处三年以下有期徒刑、拘役或者管制,并处或者单处罚金;……
第六十条 有下列行为之一的,处五日以上十日以下拘留,并处二百元以上五百元以下罚款: …… (三)明知是赃物而窝藏、转移或者代为销售的; ……	第三百一十二条 明知是犯罪所得及其产生的收益而予以窝藏、转移、收购、代为销售或者以其他方法掩饰、隐瞒的,处三年以下有期徒刑、拘役或者管制,并处或者单处罚金;……
第六十一条 协助组织或者运送他人偷越国(边)境的,处十日以上十五日以下拘留,并处一千元以上五千元以下罚款。	第三百二十一条 运送他人偷越国(边)境的,处五年以下有期徒刑、拘役或者管制,并处罚金;……
第六十七条 引诱、容留、介绍他人卖淫的,处十日以上十五日以下拘留,可以并处五千元以下罚款;情节较轻的,处五日以下拘留或者五百元以下罚款。	第三百五十九条 引诱、容留、介绍他人卖淫的,处五年以下有期徒刑、拘役或者管制,并处罚金;情节严重的,处五年以上有期徒刑,并处罚金。 ……
第六十九条 有下列行为之一的,处十日以上十五日以下拘留,并处五百元以上一千元以下罚款: (一)组织播放淫秽音像的; (二)组织或者进行淫秽表演的; ……	第三百六十四条 …… 组织播放淫秽的电影、录像等音像制品的,处三年以下有期徒刑、拘役或者管制,并处罚金;…… 第三百六十五条 组织进行淫秽表演的,处三年以下有期徒刑、拘役或者管制,并处罚金;情节严重的,处三年以上十年以下有期徒刑,并处罚金。
第七十三条 教唆、引诱、欺骗他人吸食、注射毒品的,处十日以上十五日以下拘留,并处五百元以上二千元以下罚款。	第三百五十三条 引诱、教唆、欺骗他人吸食、注射毒品的,处三年以下有期徒刑、拘役或者管制,并处罚金;情节严重的,处三年以上七年以下有期徒刑,并处罚金。 ……

从表 1-1 可以发现，《治安管理处罚法》有 11 个条文规定的行政违法行为与《刑法》分则中有关犯罪在行为特征上完全相同或基本相同，但同一种行为在两法中的法律后果则完全不同，这会造成执法不一。以非法搜查他人身体、住宅，或者非法侵入他人住宅行为为例，《刑法》与《治安管理处罚法》规定的行为特征一致，法条上没有任何"情节严重、后果严重、数额较大"等行为特征要素的规定，但《刑法》规定的法律后果是"三年以下有期徒刑或者拘役"，而《治安管理处罚法》规定的法律后果是"处十日以上十五日以下拘留，并处五百元以上一千元以下罚款；情节较轻的，处五日以上十日以下拘留，并处二百元以上五百元以下罚款"，同一行为在不同的法律中竟然有如此大的处罚差异，毫无疑问会导致对行为人处罚的不公，甚至选择性或随意性执法，更会损毁和动摇法制的统一性，进而也容易导致新的执法与司法腐败。其实，两者的差异不仅体现在法律制裁性质和种类的不同上，还体现在由于适用的实体法不同，导致适用程序的差异及其法律后果上的不同。如果定性为犯罪行为，适用的是刑事诉讼程序，犯罪嫌疑人、被告人会获得刑事诉讼程序中包括言词辩论、法院裁决等相对完善的权利保障；如果定性为行政违法行为，行为人只能适用治安管理处罚法中规定的相对更有利于行政机关执法的行政程序，行为人享受不到充分的自我辩护机会。更为严重的是，如果受到的处罚是刑事法律后果，那么将终生背负不利后果，包括职务晋升、选择职业和福利待遇以及子女的就业等均会出现天壤之别。由此可见，性质相同的行为却有可能导致权利保障方面的巨大差异，这不应该是一个法治国家应有的现象。

《治安管理处罚法》除上述 11 个条文规定的行政违法行为与《刑法》分则中有关犯罪在行为特征上完全相同或基本相同之外，还有大量的条款与刑法的规定极为相似，但两法条文以"后果严重、情节严重、特定方法、情节恶劣、数额较大"等行为构成要素进行了区分，详见表 1-2。

表 1-2 《治安管理处罚法》与《刑法》相似规定在构成要素上的区分

《治安管理处罚法》	《刑法》	构成要素的区分
第二十三条　有下列行为之一的，处…… （一）扰乱机关、团体、企业、事业单位秩序，致使工作、生产、营业、医疗、教学、科研不能正常进行，尚未造成严重损失的； ……	第二百九十条　聚众扰乱社会秩序，情节严重，致使工作、生产、营业和教学、科研、医疗无法进行，造成严重损失的…… 聚众冲击国家机关，致使国家机关工作无法进行，造成严重损失的……	情节严重，造成严重损失

(续表)

《治安管理处罚法》	《刑法》	构成要素的区分
第二十三条 有下列行为之一的…… (二)扰乱车站、港口、码头、机场、商场、公园、展览馆或者其他公共场所秩序的； …… 聚众实施前款行为的，对首要分子……	第二百九十一条 聚众扰乱车站、码头、民用航空站、商场、公园、影剧院、展览会、运动场或者其他公共场所秩序，聚众堵塞交通或者破坏交通秩序，抗拒、阻碍国家治安管理工作人员依法执行职务，情节严重的，对首要分子，处五年以下有期徒刑、拘役或者管制。……	情节严重
第二十三条 有下列行为之一的…… (五)破坏依法进行的选举秩序的。 聚众实施前款行为的，对首要分子……	第二百五十六条 在选举各级人民代表大会代表和国家机关领导人员时，以暴力、威胁、欺骗、贿赂、伪造选举文件、虚报选举票数等手段破坏选举或者妨害选民和代表自由行使选举权和被选举权，情节严重的……	以暴力、威胁、欺骗、贿赂、伪造选举文件、虚报选举票数等手段，情节严重
第二十五条 有下列行为之一的，处…… (一)散布谣言，谎报险情、疫情、警情或者以其他方法故意扰乱公共秩序的； (二)投放虚假的爆炸性、毒害性、放射性、腐蚀性物质或者传染病病原体等危险物质扰乱公共秩序的； ……	第二百九十一条之一 投放虚假的爆炸性、毒害性、放射性、传染病病原体等物质，或者编造爆炸威胁、生化威胁、放射威胁等恐怖信息，或者明知是编造的恐怖信息而故意传播，严重扰乱社会秩序的……	严重扰乱社会秩序
第二十六条 有下列行为之一的…… (一)结伙斗殴的； ……	第二百九十二条 聚众斗殴的……	"结伙"与"聚众"行为方式的区别
第二十六条 有下列行为之一的…… (二)追逐、拦截他人的； (三)强拿硬要或者任意损毁、占用公私财物的； (四)其他寻衅滋事行为。	第二百九十三条 有下列寻衅滋事行为之一，破坏…… (一)随意殴打他人，情节恶劣的； (二)追逐、拦截、辱骂、恐吓他人，情节恶劣的； (三)强拿硬要或者任意损毁、占用公私财物，情节严重的； ……	情节恶劣，情节严重

(续表)

《治安管理处罚法》	《刑法》	构成要素的区分
第二十七条 有下列行为之一的…… （一）组织、教唆、胁迫、诱骗、煽动他人从事邪教、会道门活动或者利用邪教、会道门、迷信活动，扰乱社会秩序，损害他人身体健康的； ……	第三百条 组织、利用会道门、邪教组织或者利用迷信破坏国家法律、行政法规实施的…… 组织、利用会道门、邪教组织或者利用迷信蒙骗他人，致人重伤、死亡的，依照前款的规定处罚。 ……	破坏国家法律、行政法规实施的，致人重伤、死亡的
第二十八条 违反国家规定，故意干扰无线电业务正常进行的，或者对正常运行的无线电台(站)产生有害干扰，经有关主管部门指出后，拒不采取有效措施消除的……	第二百八十八条 违反国家规定，擅自设置、使用无线电台(站)，或者擅自使用无线电频率，干扰无线电通讯秩序，情节严重的……	情节严重的
第二十九条 有下列行为之一的…… （一）违反国家规定，侵入计算机信息系统，造成危害的； ……	第二百八十五条 违反国家规定，侵入国家事务、国防建设、尖端科学技术领域的计算机信息系统的……	侵入特殊的计算机信息系统
第二十九条 有下列行为之一的…… （二）违反国家规定，对计算机信息系统功能进行删除、修改、增加、干扰，造成计算机信息系统不能正常运行的； （三）违反国家规定，对计算机信息系统中存储、处理、传输的数据和应用程序进行删除、修改、增加的； （四）故意制作、传播计算机病毒等破坏性程序，影响计算机信息系统正常运行的。	第二百八十六条 违反国家规定，对计算机信息系统功能进行删除、修改、增加、干扰，造成计算机信息系统不能正常运行，后果严重的…… 违反国家规定，对计算机信息系统中存储、处理或者传输的数据和应用程序进行删除、修改、增加的操作，后果严重的…… 故意制作、传播计算机病毒等破坏性程序，影响计算机系统正常运行，后果严重的……	后果严重
第三十条 违反国家规定，制造、买卖、储存、运输、邮寄、携带、使用、提供、处置爆炸性、毒害性、放射性、腐蚀性物质或者传染病病原体等危险物质的……	第一百二十五条 …… 非法制造、买卖、运输、储存毒害性、放射性、传染病病原体等物质，危害公共安全的……	危害公共安全

（续表）

《治安管理处罚法》	《刑法》	构成要素的区分
第三十条　违反国家规定,制造、买卖、储存、运输、邮寄、携带、使用、提供、处置爆炸性、毒害性、放射性、腐蚀性物质或者传染病病原体等危险物质的……	第一百三十条　非法携带枪支、弹药、管制刀具或者爆炸性、易燃性、放射性、毒害性、腐蚀性物品,进入公共场所或者公共交通工具,危及公共安全,情节严重的……	危及公共安全;情节严重
第三十二条　非法携带枪支、弹药或者弩、匕首等国家规定的管制器具的…… 非法携带枪支、弹药或者弩、匕首等国家规定的管制器具进入公共场所或者公共交通工具的……	第一百三十条　非法携带枪支、弹药、管制刀具或者爆炸性、易燃性、放射性、毒害性、腐蚀性物品,进入公共场所或者公共交通工具,危及公共安全,情节严重的……	危及公共安全;情节严重
第三十三条　有下列行为之一的…… (一)盗窃、损毁油气管道设施、电力电信设施、广播电视设施、水利防汛工程设施或者水文监测、测量、气象测报、环境监测、地质监测、地震监测等公共设施的;……	第一百一十八条　破坏电力、燃气或者其他易燃易爆设备,危害公共安全,尚未造成严重后果的,处三年以上十年以下有期徒刑。	危害公共安全
第三十三条　有下列行为之一的…… (一)盗窃、损毁油气管道设施、电力电信设施、广播电视设施、水利防汛工程设施或者水文监测、测量、气象测报、环境监测、地质监测、地震监测等公共设施的;	第一百二十四条　破坏广播电视设施、公用电信设施,危害公共安全的……	危害公共安全
第三十三条　有下列行为之一的…… (二)移动、损毁国家边境的界碑、界桩以及其他边境标志、边境设施或者领土、领海标志设施的;	第三百二十三条　故意破坏国家边境的界碑、界桩或者永久性测量标志的……	移动、损毁与故意破坏(主观和行为方式)
第三十四条　盗窃、损坏、擅自移动使用中的航空设施,或者强行进入航空器驾驶舱的…… 在使用中的航空器上使用可能影响导航系统正常功能的器具、工具,不听劝阻的……	第一百一十七条　破坏轨道、桥梁、隧道、公路、机场、航道、灯塔、标志或者进行其他破坏活动,足以使火车、汽车、电车、船只、航空器发生倾覆、毁坏危险……	足以发生危险

(续表)

《治安管理处罚法》	《刑法》	构成要素的区分
第三十五条　有下列行为之一的…… （一）盗窃、损毁或者擅自移动铁路设施、设备、机车车辆配件或者安全标志的； （二）在铁路线路上放置障碍物，或者故意向列车投掷物品的； （三）在铁路线路、桥梁、涵洞处挖掘坑穴、采石取沙的； （四）在铁路线路上私设道口或者平交过道的。	第一百一十七条　破坏轨道、桥梁、隧道、公路、机场、航道、灯塔、标志或者进行其他破坏活动，足以使火车、汽车、电车、船只、航空器发生倾覆、毁坏危险……	足以发生危险
第三十八条　举办文化、体育等大型群众性活动，违反有关规定，有发生安全事故危险的，责令停止活动，立即疏散……	第一百三十五条之一　举办大型群众性活动违反安全管理规定，因而发生重大伤亡事故或者造成其他严重后果的……	发生重大伤亡事故或者造成其他严重后果
第四十条　有下列行为之一的…… （二）以暴力、威胁或者其他手段强迫他人劳动的；	第二百四十四条　以暴力、威胁或者限制人身自由的方法强迫他人劳动的……情节严重的……	以限制人身自由的方法，情节严重
第四十二条　有下列行为之一的…… （二）公然侮辱他人或者捏造事实诽谤他人的； ……	第二百四十六条　以暴力或者其他方法公然侮辱他人或者捏造事实诽谤他人，情节严重的……	暴力，情节严重
第四十二条　有下列行为之一的…… （三）捏造事实诬告陷害他人，企图使他人受到刑事追究或者受到治安管理处罚的； ……	第二百四十三条　捏造事实诬告陷害他人，意图使他人受刑事追究，情节严重的，处……	情节严重
第四十三条　殴打他人的，或者故意伤害他人身体的……	第二百三十四条　故意伤害他人身体的…… 犯前款罪，致人重伤的……以特别残忍手段致人重伤造成严重残疾的……	后果严重
第四十四条　猥亵他人的，或者在公共场所故意裸露身体，情节恶劣……猥亵智力残疾人、精神病人、不满十四岁的人或者有其他严重情节的……	第二百三十七条　以暴力、胁迫或者其他方法强制猥亵他人或者侮辱妇女的……	暴力、胁迫或者其他方法，妇女

(续表)

《治安管理处罚法》	《刑法》	构成要素的区分
第四十五条　有下列行为之一的…… (一)虐待家庭成员,被虐待人要求处理的; ……	第二百六十条　虐待家庭成员,情节恶劣的……	情节恶劣
第四十五条　有下列行为之一的…… (二)遗弃没有独立生活能力的被扶养人的。	第二百六十一条　对于年老、年幼、患病或者其他没有独立生活能力的人,负有扶养义务而拒绝扶养,情节恶劣的……	情节恶劣
第四十六条　强买强卖商品,强迫他人提供服务或者强迫他人接受服务的……	第二百二十六条　以暴力、威胁手段……情节严重的…… (一)强买强卖商品的; (二)强迫他人提供或者接受服务的; ……	暴力、威胁手段,情节严重
第四十九条　盗窃、诈骗、哄抢、抢夺、敲诈勒索或者故意损毁公私财物的……	第二百六十四条　盗窃公私财物,数额较大的,或者多次盗窃…… 第二百六十六条　诈骗公私财物,数额较大的…… 第二百六十七条　抢夺公私财物,数额较大的…… 第二百六十八条　聚众哄抢公私财物,数额较大或者有其他严重情节的…… 第二百七十四条　敲诈勒索公私财物,数额较大或者多次敲诈勒索的…… 第二百七十五条　故意毁坏公私财物,数额较大或者有其他严重情节的……	数额较大,多次,严重情节
第五十条　有下列行为之一的…… (二)阻碍国家机关工作人员依法执行职务的; ……	第二百七十七条　以暴力、威胁方法阻碍国家机关工作人员依法执行职务的……	暴力、威胁方法

(续表)

《治安管理处罚法》	《刑法》	构成要素的区分
第五十二条 有下列行为之一的…… （三）伪造、变造、倒卖车票、船票、航空客票、文艺演出票、体育比赛入场券或者其他有价票证、凭证的； ……	第二百二十七条 伪造或者倒卖伪造的车票、船票、邮票或者其他有价票证，数额较大的……	数额较大
第六十二条 …… 偷越国(边)境的……	第三百二十二条 违反国(边)境管理法规，偷越国(边)境，情节严重的……	情节严重
第六十三条 有下列行为之一的…… （一）刻划、涂污或者以其他方式故意损坏国家保护的文物、名胜古迹的； ……	第三百二十四条 故意损毁国家保护的珍贵文物或者被确定为全国重点文物保护单位、省级文物保护单位的文物的…… 故意损毁国家保护的名胜古迹，情节严重的……	珍贵文物，全国重点文物保护单位、省级文物保护单位的文物，情节严重
第六十八条 制作、运输、复制、出售、出租淫秽的书刊、图片、影片、音像制品等淫秽物品或者利用计算机信息网络、电话以及其他通讯工具传播淫秽信息的……	第三百六十三条 以牟利为目的，制作、复制、出版、贩卖、传播淫秽物品的……	以牟利为目的
第七十一条 有下列行为之一的…… （一）非法种植罂粟不满五百株或者其他少量毒品原植物的； ……	第三百五十一条 非法种植罂粟、大麻等毒品原植物的，一律强制铲除。有下列情形之一的…… （一）种植罂粟五百株以上不满三千株或者其他毒品原植物数量较大的； （二）经公安机关处理后又种植的； （三）抗拒铲除的。 ……	五百株以上
第七十一条 有下列行为之一的…… （二）非法买卖、运输、携带、持有少量未经灭活的罂粟等毒品原植物种子或者幼苗的； （三）非法运输、买卖、储存、使用少量罂粟壳的。 ……	第三百五十二条 非法买卖、运输、携带、持有未经灭活的罂粟等毒品原植物种子或者幼苗，数量较大的……	数量较大

(续表)

《治安管理处罚法》	《刑法》	构成要素的区分
第七十二条　有下列行为之一的…… （一）非法持有鸦片不满二百克、海洛因或者甲基苯丙胺不满十克或者其他少量毒品的；……	第三百四十八条　……非法持有鸦片二百克以上不满一千克、海洛因或者甲基苯丙胺十克以上不满五十克或者其他毒品数量较大的……	二百克以上
第七十四条　旅馆业、饮食服务业、文化娱乐业、出租汽车业等单位的人员，在公安机关查处吸毒、赌博、卖淫、嫖娼活动时，为违法犯罪行为人通风报信的……	第三百六十二条　旅馆业、饮食服务业、文化娱乐业、出租汽车业等单位的人员，在公安机关查处卖淫、嫖娼活动时，为违法犯罪分子通风报信，情节严重的……	情节严重

由表 1-1 和表 1-2 可以看出，《治安管理处罚法》中的部分条文虽然与《刑法》中相应条文有相似之处，但立法者意图设定较为明确、易于区分的成立要件要素，使两者的区分较为清晰：或以"情节严重"作为区分标准，如《治安管理处罚法》第 23 条与《刑法》第 291 条、《治安管理处罚法》第 42 条与《刑法》第 243 条等；或以"特定行为手段"作为区分标准，如《治安管理处罚法》第 42 条与《刑法》第 246 条、《治安管理处罚法》第 44 条与《刑法》第 237 条等；或以"情节恶劣"作为区分标准，如《治安管理处罚法》第 26 条与《刑法》第 293 条、《治安管理处罚法》第 45 条与《刑法》第 260 条等；或以"是否足以造成公共安全的危险"作为区分标准，如《治安管理处罚法》第 30 条与《刑法》第 125 条、《治安管理处罚法》第 32 条与《刑法》第 130 条等；或以"发生重大伤亡事故"或"严重后果"作为区分标准，如《治安管理处罚法》第 38 条与《刑法》第 135 条、《治安管理处罚法》第 29 条与《刑法》第 286 条等；或以"对象特殊"作为区分标准，如《治安管理处罚法》第 29 条与《刑法》第 285 条等；或以"犯罪次数"或"犯罪数额"作为区分标准，如《治安管理处罚法》第 49 条与《刑法》第 264 条等；或以"犯罪主观目的"作为区分标准，如《治安管理处罚法》第 68 条与《刑法》第 363 条。当然，《治安管理处罚法》与《刑法》相似条文的区分标准并非仅仅以上述某一个标准为唯一标准，有可能综合考虑多种标准进行区分，如《治安管理处罚法》第 33 条与《刑法》第 323 条、《治安管理处罚法》第 46 条与《刑法》第 226 条等。值得注意的是，《刑法》中许多条文采用"情节严重"这种需要对危害程度进行综合性判断的成立要素作为区分行为违法与犯罪的标准，其中涉及主观动机是否恶劣、造成

的损失是否严重、手段是否恶劣等诸多主客观因素,而"情节严重"通常会因为犯罪个案的不同以及主客观因素上的差异导致评价上的不同,立法上又不可能穷尽某些违法犯罪行为的所有情形并加以规定,这就会导致在认定某些行为时,是适用《刑法》追究刑事责任,还是适用《治安管理处罚法》追究行政责任,存在解释和适用上的差异。即便表面上比较明确的区分标准,如"是否造成公共安全的危险""犯罪数额较大""手段特殊"等,实际上作为区分犯罪和行政违法的标准,也存在解释和适用上的差异。因此,可以说,虽然立法者意图设立明确的构成要件区分要素来界定行政违法行为和犯罪行为,但这些要素也大多是模糊和概括性的,存在解释和适用上的差异,对此本书将尝试进行归纳整理。

比较表1-1、表1-2中所列的《刑法》和《治安管理处罚法》条文,一个制度性、根源性的立法弊病清楚地呈现在我们面前:《治安管理处罚法》某些条文规定的行政违法行为特征与《刑法》规定的某些犯罪行为特征完全一致,甚至成立标准都别无二致,两法存在根源性冲突;《治安管理处罚法》某些条文规定的行政违法行为构成特征与《刑法》规定的某些犯罪行为构成特征有相似之处,即便立法者意图用明确的成立要件要素来区分,但还是存在解释和适用上的差异。笔者认为,这种立法上的冲突及解释和适用上的差异,导致诸多深层次的违背法治理念弊端:①导致刑法明确性的缺失。作为现代刑事法治铁则的罪刑法定原则要求,罪与非罪之间的划分标准和界限必须明确,否则即有侵犯公民自由的危险。《刑法》与《治安管理处罚法》这种立法上的冲突及解释和适用上的差异,直接背离了罪刑法定原则,模糊了罪与非罪的标准,直接导致刑法明确性的缺失。②致使公民的规范意识受到冲击。《刑法》与《治安管理处罚法》这种立法上的冲突及解释和适用上的差异,使公民对自己的行为到底是违法还是犯罪无法作出判断,如《治安管理处罚法》第67条与《刑法》第359条对引诱、容留、介绍他人卖淫的行为表述完全相同,没有其他构成要素的区别,根本无法区分。相关的司法解释也没有对此如何区分作出规定,公、检、法部门在司法实践中对此都有分歧,公民如何能判断自己行为的性质。③导致公民的人权保障机制受到威胁。《刑法》与《治安管理处罚法》立法上的冲突及解释和适用上的差异,可能直接导致刑法明确性的缺失和司法裁量的随意性,这恰好是人权保障机制的天敌,它使得公民行为后果的可预测性和犯罪之外的行为的不受刑罚处罚性变得不确定,同一行为可能造成不同的法律后果,何谈公民的自由和权利及法治。

二、劳动教养废止给我国犯罪制裁体系带来的冲击

不可否认,原有的劳动教养制度已经失去了合法性与正当性前提,2013年12月28日,第十二届全国人大常委会第六次会议通过了《关于废止有关劳动教养法律规定的决定》,明确废止了劳动教养,可以说是我国法治进程中的重大里程碑,也是尊重和保障人权的重大历史进步,但劳动教养废止后对于其适用对象的处置缺乏系统的法律规制,给现有制裁体系带来冲击和挑战。

(一)对"刑法边缘行为"缺乏有效的法律处置措施

劳动教养针对的是那些"刑法边缘行为"。由于刑法采取定性加定量的犯罪认定标准,处罚严重或者较为严重的犯罪行为,而部分轻微或者比较轻微的犯罪行为——"刑法边缘行为",事实上游离于刑法的调整范围之外。这类行为一直都属于劳动教养制度调整的范围,因此,可以说,劳动教养制度衔接起了行政处罚与刑事处罚的边界。但随着劳动教养制度的废止,很多刑法边缘行为将失去有效的法律处置措施,只能针对这一类行为反复作出治安处罚,或者扩大刑法的犯罪圈,但实践证明基本无法达到预防犯罪、稳定社会治安的执法效果。

(二)违法犯罪处罚体系失衡

按照现行法律的规定,一般行政违法行为的处罚最多为行政拘留15天,而现行刑法中最轻的刑罚是管制,但在司法实践中真正适用管制的案件极少。另外,刑法中限制人身自由的拘役最高刑期是6个月,显然一般行政违法行为的处罚与刑事处罚在时间长度上存在较大的落差,而且两者之间缺乏适当的过渡与缓冲,更不要说有效衔接。在劳动教养制度被废止后,行政处罚与刑事处罚之间存在着鸿沟,司法人员感觉到极大的不适应。而且,这种结构性差距反映到具体执法与司法实践中,会出现很大的不公平和不公正,甚至这种现状也难以通过加强治安处罚等行政处罚措施进行根本性改变,是目前违法犯罪制裁体系的一大难题。

(三)犯罪预防体系出现漏洞

众所周知,劳动教养制度具有教育性、强制性、矫正性功能,在过去50多年中,该制度在预防犯罪、维护社会治安和社会稳定方面有着不容否认的积极作用并占据重要地位。随着其被废止,原先由劳动教养制度

所担负的犯罪预防和维护社会稳定的作用,尚未有相应的行之有效的替代性措施或手段,这些情况或许会产生新的社会矛盾,引发新的社会问题。

实事求是地讲,劳动教养被废止后,其原有功能、作用与价值似乎又是现实法律体系与法律法规中的相关规范无法替代的,这再次在学界引发对劳动教养废立的深入思考。正如笔者曾指出:"原本类似于'劳动教养'的制度并非一定要彻底废止,其本身也具有一定的违法与犯罪的社会调剂与防控功能,甚至存在一定的理论上的合理性(如依托其建立我国刑法之外的'保安处分制度'),尤其在我国刑法典'构罪标准'存在'既定性又定量'的前提下,刑法与行政法边缘化的问题异常突出,原来劳动教养可以部分缓冲和抵挡,现在其各方矛盾冲突更为显露。加之,在我国刑事制裁体系中基本没有对'人身危险犯'处罚的系统设计,这也是我国目前刑事防控网频频告急的另一种不可忽视的因素。"①由此可见,劳动教养的最大问题并不在于实体法制度本身,而是在于其立法上的合法性、程序上的正当性以及惩罚上的适度性,包括"人身自由罚"的司法化,类似于境外"保安处分制度"中对"人身危险犯"的严密规制和系统配套措施等,如果能够在现实法律体系中构建出我国的微罪体系立法方案,并通过"案件管辖范围"予以恰当的规制,甚至解决审理此类案件普遍的基层法庭设立等,想必会有较大的执法与司法效果上的改观,并进一步推动我国社会的法治进步与司法的公平正义。

三、违法犯罪处罚严厉程度上的失衡

如上所述,刑法处罚的是犯罪,治安管理处罚法处罚的是一般违法行为,按照通常的逻辑,前者的法律后果显然比后者重。但实际情况并非完全如此,在某些特殊情况下或许治安管理处罚法的行政处罚甚至重于刑罚,如此不仅有失公平公正,更易导致刑事法律和行政法律之间在处罚力度上的失衡。这当然是由立法与执法和司法两个方面的原因导致的,如《治安管理处罚法》第 49 条规定:"盗窃、诈骗、哄抢、抢夺、敲诈勒索或者故意损毁公私财物的,处五日以上十日以下拘留,可以并处五百元以下罚款;情节较重的,处十日以上十五日以下拘留,可以并处一千元以下罚款。"由该规定可知,假如行为人的盗窃行为未能构成盗窃罪,根据《治安管理处罚法》的规定,对其的行政处罚最轻也要 5 日的行政拘留;而《刑法》第 264

---

① 李晓明:《行政刑法新论》,法律出版社 2014 年版,第 30 页。

条却规定,盗窃公私财物,数额较大或者多次盗窃的,处3年以下有期徒刑、拘役或者管制,并处或者单处罚金,由该规定可知,盗窃罪的最低刑罚为单处罚金,稍重一点的处罚为管制。行政拘留是对公民人身自由权的剥夺,而管制仅仅是对公民人身自由权的限制,更不要说罚金了。显然由于立法上的疏忽,导致行政违法处罚甚至重于刑罚处罚,这无论如何也是一种不平衡,甚至是刑法与行政法不当衔接的问题。劳动教养制度的实施更是这样,常常出现刑罚只需要判处半年有期徒刑,而劳动教养却需要剥夺2~3年的人身自由,使得许多当事人宁愿接受刑事处罚而不愿接受劳动教养行政处罚。实事求是地讲,行政处罚重于刑事处罚的现象,在现行法律规定中还有很多。

四、权力运行机制上的内在冲突

根据我国宪法和其他法律的规定,公安机关行使的是治安管理权和行政处罚职能,以及部分刑事案件的立案权和侦查职能;而检察机关行使的是法律监督权和犯罪控诉职能,以及部分司法秩序案件的侦查权;审判机关则行使对民事、刑事、行政案件的审判权及其部分执行职能。可以说,三者分工明确,而且职能与权力相互制约,并且在权能结构上又相互衔接。如《宪法》第140条规定:"人民法院、人民检察院和公安机关办理刑事案件,应当分工负责,互相配合,互相制约,以保证准确有效地执行法律。"《刑事诉讼法》第7条规定:"人民法院、人民检察院和公安机关进行刑事诉讼,应当分工负责,互相配合,互相制约,以保证准确有效地执行法律。"第8条规定:"人民检察院依法对刑事诉讼实行法律监督。"第113条规定:"人民检察院认为公安机关对应当立案侦查的案件而不立案侦查的,或者被害人认为公安机关对应当立案侦查的案件而不立案侦查,向人民检察院提出的,人民检察院应当要求公安机关说明不立案的理由。人民检察院认为公安机关不立案理由不能成立的,应当通知公安机关立案,公安机关接到通知后应当立案。"《行政处罚法》第27条规定:"违法行为涉嫌犯罪的,行政机关应当及时将案件移送司法机关,依法追究刑事责任……"这些都为行政权与司法权的权力划分提供了明确的法律依据,为权力制约提供了制度保障。

当然,《宪法》第127条第2款还规定:"监察机关办理职务违法和职务犯罪案件,应当与审判机关、检察机关、执法部门互相配合,互相制约。"《监察法》第3条规定:"各级监察委员会是行使国家监察职能的专责机关,依照本法对所有行使公权力的公职人员(以下称公职人员)进行监察,调查职务违法和职务犯罪,开展廉政建设和反腐败工作,维护宪法和法律的尊严。"也就是说,除公、检、法的职能与权力运行外,国家监察机关具体负责职务违法犯罪案件的调查,也是需要受到监督的。问题是,就职务犯罪而言,除刑法外没有任何行政处罚规范,显然如果将刑法直接和党纪政纪对接又显得不那么对路,因此有必要在刑法和党纪政纪之间进行"职务违法处罚法"(或称"职务微罪处罚法")立法,使得整个违法犯罪(包括"白领犯罪"和"蓝领犯罪")处罚体系更加协调与完善。

从表面上看,我国公、检、法、监四大机关之间的权力与权能分工非常明确,而且职能间相互制约与衔接。但由于《刑法》第13条"但书"的规定,犯罪构罪标准上"量"的规定性与模糊性,最终导致行政违法和犯罪的界限不清,以及行政执法与刑事司法不能有效衔接,尤其在一些微罪案件的处理上,给予公安机关较大的自由裁量权,以及监察机关的监督、调查和处置权中职务违法的处罚权等,都有待于进一步探讨。检察院的起诉权和法院的审判权又依赖于公安机关、监察机关的侦查、调查和移送起诉,这意味着司法权(包括调查权)的行使是以行政权的自由裁量为前提而发动的,实际上这也是行政权侵蚀司法权甚至绑架司法权的一种特殊表现。

值得关注的是,公安机关对于违法还是犯罪的自由裁量权并没有从法律上进行严格有效的外在制约与控制,虽然《刑事诉讼法》规定了检察机关对于公安机关的立案、侦查有监督权,但在实践中检察机关的监督作用并未真正发挥效用。"首先,检察机关的信息来源受限,对行政执法机关查处的案件知情不多,难以做到对行政执法各个环节进行有效监督和协助。其次,在某些情况下,人治大于法治的现象还存在,个别领导的行政干预,个别部门的说情,地方保护主义等,致使检察机关不能做到独立行使法律监督权。再次,尽管刑事诉讼法确立了检察机关对公安机关的立案监督制度,但对涉嫌犯罪案件移送的具体问题仍缺乏可操作性的规定,导致在实践中移送的随意性很大。"①包括对监察机关的权力制约与监督问题等,均未能从立法上将权力运行和法律监督机制切实落到实处,即对于监委会来讲实际上形成了外来的法律监督的真空。因此,在我国公权力的运行机制中,行政权实际上也对司法权形成了侵蚀,由此也导致权力运行机制上的内在冲突与矛盾,甚至会肢解和阻碍违法犯罪制裁体系的良性运行。

---

① 张书琴:《行政执法与刑事执法衔接机制的研究》,载戴玉忠、刘明祥主编:《犯罪与行政违法行为的界限及惩罚机制的协调》,北京大学出版社2008年版,第316—317页。

五、执法与司法界限上的严重混乱

治安管理处罚法与刑法立法上的部分冲突,以及刑法之内和刑法之外对危险犯或保安处分立法的缺位,包括刑法和党纪政纪之间"职务违法处罚法"的空缺等,均在极大程度上直接给公安、监察、司法人员在办案工作中准确区分行政违法与犯罪带来了困惑和尴尬。从目前的立法与司法实践来看,一方面,司法机关对这些存在冲突的条文没有相关的立法义件作出解释;另一方面,司法机关也没有出台相关司法解释。以下案例或许具有代表性,从另一个侧面反映出治安管理处罚法与刑法立法上的部分冲突及其他立法空缺给执法与司法工作衔接带来的瓶颈和困难。

2006年10月位于深圳市N区的"温碧"发廊的老板李某(女)实施了容留妇女卖淫的行为,16天后被抓获。深圳市N区人民法院根据《刑法》第359条的规定,以容留妇女卖淫罪判处被告李某有期徒刑5年。被告不服,提出上诉,深圳市中级人民法院作出维持原判的裁定。同年12月,位于深圳市L区的另一家发廊老板姜某(女)也实施了容留妇女卖淫的行为,18天后被抓获。该区公安分局根据《治安管理处罚法》第67条的规定,对姜某处以15日行政拘留、5000元罚款的行政处罚。① 为什么对性质完全相同的行为,给出了迥异的法律结论呢?应该说出现这种局面的根源在于治安管理处罚法与刑法对同一行为作出了不同规定。② 笔者查遍了法律法规,没有发现可以直接适用的立法或司法解释文件,只有作为最高人民检察院的理论刊物《人民检察》"本刊学习问答组"答读者问提到该问题:"在没有对本罪的统一的立案标准前。我们认为,可以从行为人的主观故意、手段、危害后果、社会影响等方面加以综合考虑,如是否具有营利目的,是否有过类似行为,引诱、容留、介绍行为的次数,涉及的人数,违法行为持续的时间长短,是否同时存在引诱、容留或者介绍卖淫等多种行为。另外,1992年12月11日最高人民法院、最高人民检察院联合发布的《关于执行〈全国人民代表大会常务委员会关于严禁卖淫嫖娼的决定〉的若干问题的解答》曾对引诱、容留、介绍他人卖淫情节严重的认定作出解释,虽然该解释是对本罪的第二量刑档次情节的解释且是在刑法修订之前作出的,但我们认为对认定相关行为的罪与非罪还是有积

---

① 参见陆岸:《轻罪法建构研究——兼论行政制裁与刑事制裁的衔接》,苏州大学2012年博士论文,第67页。
② 参见吴学斌:《同种行为不同语境下的客观解读——需找治安管理处罚法与刑法的模糊边界》,载中国人民大学刑事法律研究中心主办:《〈和谐社会语境下刑法机制的协调〉学术研讨会文集》,2007年,北京。

极的参考作用,根据该解释,引诱、容留、介绍他人卖淫情节严重一般有以下五种情况:多次引诱、容留、介绍他人卖淫的;引诱、容留、介绍多人卖淫的;引诱、容留、介绍明知是有严重性病的人卖淫的;容留、介绍不满14岁的幼女卖淫的;引诱、容留、介绍他人卖淫具有其他严重情节的。"[1]《人民检察》学习问答组的回答建议综合考虑反映行为的社会危害程度、行为人主观恶性和人身危险性的主客观因素进行逐一考量,可能已经代表了司法实践的态度。但这里的问题是,反映行为的社会危害程度、行为人主观恶性和人身危险性的主客观因素本身就具有模糊性和概括性,情节严重则在很大程度上决定了罪与非罪,模糊的界定标准对行为人的人身和财产等重要权利将产生重大影响。如果构罪标准上存在模糊性和概括性,那么司法机关在办案实践中就难以认定和适从,同时也为司法腐败滋生提供了土壤和机会。

第三节 行政法中人身自由罚及其他重罚现状

在我国现行的违法犯罪制裁体系中,除了刑罚和治安处罚,还有一些涉及人身自由罚的行政处罚措施,虽然性质定性为行政处罚,但其严厉性甚至超过了刑罚,其合法性和正当性也遭到广泛质疑,下面本书就行政拘留、强制戒毒、精神病人鉴定等具体问题进行讨论。

一、行政拘留的扩张与决定程序的尴尬

2014年4月24日,第十二届全国人大常委会第八次会议对《环境保护法》进行修订,其中第63条规定有行政拘留的处罚措施。2016年11月7日,第十二届全国人大常委会第二十四次会议通过了《网络安全法》,分别在第63条和第67条规定有拘留的处罚措施。这是除《治安管理处罚法》《道路交通安全法》和《海关法》等规定的治安性拘留外,我国行政处罚中规定行政拘留措施上的重大突破,是我国行政处罚中"人身自由罚"权能的又一次扩张,理论上或许也会引发行政刑法由刑法之内向刑法之外的进一步转向。当然,该规定在客观上的确起到了加大《环境保护法》处罚力度的作用,更不排除今后会在我国行政处罚"拘留"措施的立法中有示范效应,意味着今后在其他行政法中也有设置剥夺人身自由罚措施的可能性。然而,该种立法倾向或许也将引发理论界对我国

---

[1] 《人民检察》学习问答组:《如何把握引诱、容留、介绍他人卖淫案的刑事处罚标准》,载《人民检察》2006年第16期。

未来行政立法中有关人身自由罚的设置及对"行政拘留"性质的讨论,包括"行政拘留"的决定程序也存在尴尬。下述以《环境保护法》为例予以阐释。

(一)《环境保护法》中拘留的性质:"非治安性"及执法主体上的困惑

《环境保护法》第 63 条规定:"企业事业单位和其他生产经营者有下列行为之一,尚不构成犯罪的,除依照有关法律法规规定予以处罚外,由县级以上人民政府环境保护主管部门或者其他有关部门将案件移送公安机关,对其直接负责的主管人员和其他直接责任人员,处十日以上十五日以下拘留;情节较轻的,处五日以上十日以下拘留;……"在我国,违法和犯罪有严格的区分,只有达到严重违法的程度(违反《刑法》)才能构成犯罪,与西方国家重罪、轻罪和微罪的设计及法律理念是有差别的。加之 1949 年后我国 30 年没有刑法典,在较长时间内对于社会治安和违法犯罪的处置大都依靠《治安管理处罚条例》及劳动教养、收容审查、收容遣送、收容教育等措施,当然还有《惩治反革命条例》和《惩治贪污条例》等单行刑法、行政法规和大量刑事政策。1979 年我国公布了《刑法》,才开始规制和完善涉及犯罪的问题。从性质上讲,《环境保护法》规定的是"环保拘留",不同于《治安管理处罚法》《道路交通安全法》和《海关法》规定的"治安拘留",因前者与"治安拘留"又有不同。

1. 行为性质上"环保拘留"并不从属于"治安拘留"

"环保拘留"虽然也属于"行政拘留",因为其也是由行政机关处罚行政违法行为的一种措施,但不属于治安拘留。所谓"治安拘留"是指按照《治安管理处罚条例》的规定,对违反治安管理的人进行的在一定时间内剥夺人身自由的行政处罚。[①] 当然,这是当时依据《治安管理处罚条例》的说法,甚至有人在那时直接把"行政拘留"等同于"治安拘留",当时除治安性的"行政拘留"外,法律没有规定其他性质的"行政拘留",故二者似乎相等同。2003 年 10 月 28 日公布《道路交通安全法》后,其中的"拘留"是否属于"治安拘留"的问题也曾引起广泛争论。有"治安拘留"说,也有"交通拘留"说,还有"交通拘留"即"治安拘留"说。尤其是在 2005 年 8 月 28 日《治安管理处罚法》公布后,替代了《治安管理处罚条例》,使治安处罚条例上升为行政法律,此后大都用"行政拘留"而不再用"治安拘留"的称谓。甚至有观点主张,此后不再存在"治安拘留",而是"行政拘留"。如有人认

---

① 参见宋占生主编:《中国公安百科全书》,吉林人民出版社 1989 年版,第 1301 页。

为:"治安拘留现在没有了,原来专指公安机关实施的行政拘留,现《治安管理处罚法》属于行政法范畴,不再有治安拘留的提法!"①或许这是一种误解,因为如上所述,《治安管理处罚法》和《道路交通安全法》规定的"行政拘留"实质上还是治安性质的"行政拘留",包括《海关法》中的"行政拘留"也属于治安性质,这似乎也毋庸置疑。当然,关于这些争论,长期以来在学术界也未能完全统一或得到彻底解决,故有待于深入研究。

笔者认为,《治安管理处罚法》中规定的"行政拘留"即原先的"治安拘留",因为其确实是因"治安"问题而实施的"拘留",而且公安机关是国家的社会治安机关,故长期以来人们习惯称其为"治安拘留"。当然,从理论分类上讲,"治安拘留"属于"行政拘留"的一个种类,正因如此后来的《道路交通安全法》,特别是修订后的《环境保护法》,似乎才比较敏感地提出这一问题,因此,需要在研究该问题时进行系统全面的梳理和认真深入的思考。

当然,引起对该问题争论的原因或其争论核心,主要是对"治安"一词含义的理解,即在其内涵中是否包含有"交通",或者说交通问题本质上是否属于治安问题?《中国公安百科全书》在解释"交通管理处罚"一词时指出,"对违反交通管理法规行为人的一种行政制裁。属治安行政管理处罚的一部分"。可见,道路交通中的行政拘留实属"治安拘留",因此才规定在《治安管理处罚条例》或《治安管理处罚法》之中。由此我们可以得出如下结论:

一是治安秩序包括交通秩序。这是因为,"治,对乱而言,意为治理、管理;安与危相对,指安定、安全"②。显然,交通秩序也涉及安全问题,因此,严格来讲,治安秩序的范围完全包括交通秩序,甚至交通秩序本身也属于治安秩序的一个重要方面。

二是交通拘留属于治安拘留。《治安管理处罚条例》第27条规定:"违反交通管理,有下列第一项至第六项行为之一的,处十五日以下拘留……罚款或者警告;……"由此可见,《交通道路安全法》中的"拘留"最早规定在《治安管理处罚条例》中,其不属于治安拘留又属于什么性质的拘留呢?从字面意义上讲,交通也属于治安问题的一部分,很难想象,没有安全的交通秩序,社会治安会是什么样子。

在前两个结论的基础上,接下来我们应讨论的是:《环境保护法》中的

---

① 自知:《行政拘留和治安拘留的差别》,载搜狐网(http://wenwen.sogou.com/z/q148144988.htm),访问时间:2016年9月1日。
② 宋占生主编:《中国公安百科全书》,吉林人民出版社1989年版,第1293页。

"拘留"属于"治安拘留"吗？回答是否定的。笔者在检索了相关治安论文和报告以及相关环境论文和报告后，均未发现将治安和环境混在一起的情况。同时在《环境保护法》中也没有检索到破坏环境秩序而受到处罚中有治安问题，更没有在《治安管理处罚法》中检索到因违反环境秩序而受到治安处罚的词条。因此，进一步得出结论，《环境保护法》中的"拘留"不属于"治安拘留"，《治安管理处罚法》中的"拘留"也不涉及环境保护问题，二者虽然均属于"行政拘留"，但完全是两个不同性质的"行政拘留"。显然，《环境保护法》中"行政拘留"处罚的对象是违反环境管理秩序的行为，这并不从属于《治安管理处罚法》中的"治安拘留"和《交通道路安全法》中的"交通拘留"，也不同于《海关法》中违反海关安全管理秩序的"海关拘留"。当然，笔者对目前已不存在"治安拘留"的观点也不敢苟同，尽管目前《治安管理处罚法》中没有"治安拘留"一词，包括《交通道路安全法》中没有"交通拘留"，《海关法》中也没有"海关拘留"，更没有"治安拘留"。但理论上还是有必要区分治安拘留和非治安拘留，甚至也可以划分治安拘留、交通拘留和海关拘留，更应当划分治安拘留（包括交通拘留）和非治安拘留（包括环保拘留，以及未来的工商拘留、税务拘留、卫生拘留等）。故笔者认为，"交通拘留""海关拘留"属于"治安拘留"的一部分，此外区分治安拘留和非治安拘留也具有十分重要的意义和价值，其不仅具有理论上的分类意义，更具有执法与司法操作上的实践价值。这是因为，从其称谓的内涵解释而言，所谓"治安拘留""交通拘留"和"海关拘留"等，均是有关"社会治安""交通安全"和"国家安全"方面含义的，虽然其既属于"治安拘留"也属于"行政拘留"，但并不影响其各自的称谓及其区分或类型细化。至于《环境保护法》中的"行政拘留"，显然并不具有"治安性质"，因此不能将其简单地归类于"治安拘留"，相反其是一种同"治安拘留"相并列的另外一种行政拘留类型或类别。

2. 执法主体上"环保拘留"不应当再移送公安机关

还有一个问题值得思考：如果《环境保护法》中的"环保拘留"不属于"治安拘留"，那么，《环境保护法》第63条规定的"……由县级以上人民政府环境保护主管部门或者其他有关部门将案件移送公安机关，对其直接负责的主管人员和其他直接责任人员……拘留；……"，又是何种立法用意呢？尤其是环境保护的执法主体显然是环保部门（即环保局），那么为什么遇到需要"行政拘留"的情况时又必须移送公安机关呢？难道是因为国家对环保部门的执法能力有所怀疑？抑或对"行政拘留"执法集中由公安机关统一行使？这当然只有立法者才最为清楚其中的原委，的确涉及立法技术问题。或许这也与目前环保部门没有自己的"专业警察"队伍有关,甚至涉及警察职业的专业分工与类型划分问题。① 而目前的现实是,理论上公安机关有无必要作为环境保护"行政拘留"的执法主体？这样做有何种法理根据,以及有无境内外的立法实践作支撑？这不仅涉及环境保护执法主体是否错位的问题,还有可能涉及今后其他执法部门假如也被行政法授予"行政拘留"处罚权是否也都需要移送公安机关,甚至在我国的执法主体中有无可能分离出主要或称核心(如公安机关等)和非核心(如目前环保部门)的行政执法部门等问题。

首先,关于《环境保护法》第63条规定的立法动意分析。该条规定将环境保护违法行政拘留的执法权"移送公安机关",显然既想在环境保护执法中规定"行政拘留"的处罚方式,又不想将此权直接给环境保护部门行使,最终使"环保拘留"的执法主体移位。然而这样将引发新问题:一是公安机关不熟悉环保业务,即便移交也是走走形式而已,不仅没有什么实际效用,相反降低了执法效率,甚至会出现专业偏差;二是真正熟悉环保业务的执法机关却没有"行政拘留"的最终决定权,由此降低了执法效率和执法的精准度,甚至影响执法的权威性;三是从立法与执法的科学性上讲,如此做法未必妥当,反而增加了立法与执法成本。然而,如此在客观上必然造成公安机关之外的其他执法主体权能的相对弱化,一方面削弱了这些执法主体的权威性和执法的准确性,另一方面也不利于执法效率和效能的提高。同时也不利于未来社会分工的细化,以及专业警察队伍的建立与发展。

其次,关于执法主体权能定位及其设置的科学性分析。如上所述,从执法主体的权能分配上讲这样做也不尽合理,甚至从权能定位和执法主体的设置来看也不甚科学。这是因为,一方面在我国没有法律明确规定的情况下,不能把执法机关分为三六九等;另一方面把本属于环境保护的执法内容硬性移送给公安机关处理也不符合执法机关的权能分工,使人感到环保立法缺乏严谨性,甚至有功利性的追求。且不说这种执法主体的移位所导致的执法效果上大打折扣,就其科学性而言,环保部门显然比公安机关更加熟悉环保业务,包括在对处罚程度轻重的把握上,均离不开环保部门提供意见支撑,又何必在外在形式上移位呢？随着社会分工越来越细,警察走专业化道路和根据社会的管理需求设置专业警察队伍是社会分工的大趋势,也是一种警察专业分工的未来发展方向。例如,在一些发达国家

---

① 参见李晓明:《行政刑法新论》,法律出版社2014年版,第106页。

和地区,警察被划分为治安警察、侦探警察、情报警察、税务警察、工商警察、海关警察、卫生警察、校园警察等不同种类,社会各行各业尤其是主要执法部门都应当有自己的专业警察队伍。① 如此不仅提高了执法效率和执法水平,而且也相对形成行业警察之间的制约、监督与竞争。

最后,关于环境保护法执法效能及执法效果的分析。如上所述,我国《环境保护法》第63条规定的"环保拘留"不属于治安性质,如此为什么非要交给公安机关处理呢?包括《海关法》和《海关行政处罚实施条例》第6条赋予海关公安机构根据治安管理处罚决定的"行政拘留",为什么没有通过地方公安机关而是由海关或海关公安机关自己独立执行呢?这引发了三个值得研究的问题:一是行政拘留在我们的行政执法中究竟需要多少种类?二是行政机关的行政拘留审批、执行等是否均需要移送公安机关进行?三是这些涉及人身自由的行政处罚审批是否需要有一个统一的正当程序?显然,第一个问题需要解决的实际上是我国行政执法过程中行政拘留的范围边界和理论上的分类问题,如目前已经出现的治安拘留、交通拘留、环保拘留、海关拘留等,接下来是否可能出现税务拘留、工商拘留、卫生拘留、城管拘留等;第二个问题需要解决的实际上是警察的职业分类问题,也即包括已经出现的治安警察、海关警察、森林警察、铁路警察等,还有无可能出现税务警察、工商警察、卫生警察、城管警察和校园警察等②;第三个问题需要解决是否需要一个针对行政处罚中涉及人身自由处罚的"特别程序"(也即司法化程序),以保障该处罚的规范性与公正性,这个特别程序法可以叫"行政刑法程序",或者称"特别行政处罚程序"。由此可见,在行政处罚中解决涉及人身自由罚的行政拘留的司法化问题,还有许多方面的工作要做,或是理论方面的具体方案论证。尤其是执法主体,是一个非同小可的问题,不仅涉及现行的环境保护法"行政拘留"的司法操作性问题,甚至涉及今后类似立法的科学性问题。如海关有"行政拘留"处罚权,难道环保部门、工商税务、卫生城管等执法部门就不应当有该项权力吗?

综上所述,《环境保护法》第63条规定的"行政拘留"不属于治安性质,根据执法主体各自的专业性、行业性和独立性,以及执法效能和效率原则,逻辑上也不应该移送公安机关,这是因为公安机关是治安机关,并不熟悉环境保护问题,还是由真正熟悉环保业务的执法主体建立自己的"专业警察"来处理更为合理、恰当和稳妥。

---

① 参见李晓明:《行政刑法新论》,法律出版社2014年版,第106页。
② 参见李晓明:《行政刑法新论》,法律出版社2014年版,第308页。

(二)"行政拘留"性质的反思:"行政处罚"还是"准刑事处罚"

1. 拘留的性质与类型划分

从字面意义上讲,拘留即扣留、拘禁(take in to custody),是指将处罚或控制对象扣留、拘禁,以限制其人身自由。在我国,"拘留"的概念也是十分广泛的,包括留置、扣留、刑事拘留、司法拘留、行政拘留等。我国《立法法》也将除"刑罚"之外的有关涉及"人身自由"的措施划分为"剥夺"和"限制"两种,前者是"处罚",后者是"强制措施"。如《立法法》第11条规定"以下事项只能制定法律:……(五)对公民政治权利的剥夺、限制人身自由的强制措施和处罚……",也就是说,留置、扣留、司法拘留等都属于行政强制措施,而行政拘留有广义和狭义之分,狭义的行政拘留是指对行政违法行为的处罚措施。因此,行政拘留一般不同于行政强制措施,它是一种实体行政处罚。在行政拘留中又有治安拘留、交通拘留、海关拘留、环保拘留和其他行政拘留等,当然其不同于刑事拘留和司法拘留,接下来对拘留的类型进行分析。

刑事拘留是指公安机关、国家安全机关或人民检察院在刑事案件侦查中,对现行犯或重大嫌疑分子,暂时采取的强制措施。司法拘留是指在民事、行政诉讼或法院执行过程中,对妨害诉讼活动(如作伪证、冲击法庭、妨害证人作证、隐匿转移被查封扣押的财产、阻碍法院工作人员执行公务、逃避执行)的行为,由人民法院直接作出拘留决定,也属于强制措施。行政拘留一般是指针对违法行为的行政处罚措施,这是一种狭义的行政拘留概念,具体是指由法定的行政机关(目前通常是公安机关)依法对违反行政法律规范的人,在短期内限制人身自由的一种行政处罚。在我国行政拘留是一种最严厉的行政处罚措施,通常是指严重违反《治安管理处罚法》的行为,但不构成犯罪,而警告、罚款处罚不足以惩戒的,予以剥夺其人身自由的一种处罚。行政拘留的时间一般最长不超过15日,合并执行拘留的期限不得超过20日。当然,《道路交通安全法》分别在第88条、第91条、第96条、第99条,针对违反交通法规的行为规定了行政拘留。如上所述,一般认为,《交通道路安全法》中的行政拘留类似《治安管理处罚法》中"治安拘留"的一种情况。《环境保护法》第63条规定了针对违反环境保护法新的"行政拘留"种类(既非治安也非道路交通的行政拘留),即"环保拘留",这就使从理论与执法实践上研究"行政拘留"增添了更多的行政拘留类型和内容,也进一步扩大了我国研究"行政拘留"的视野与范围。

2. 拘留的实体与程序意义

如上所述,拘留即扣留和拘禁,也即既包括限制人身自由(强制措施)也包括剥夺人身自由(实体处罚),这当然是广义上的行政拘留。而狭义的行政拘留只是指剥夺人身自由,也即行政处罚或"拘禁"。那么针对行政执法的需要,那种强制性的"扣留"(即非处罚,而是一种如同刑事拘留或司法拘留的临时性"强制措施"性的人身"扣留")人身的情形是否存在呢? 回答是肯定的。如《海关法》第 6 条第(四)项及《海关行政处罚实施条例》所规定的对涉及海关走私嫌疑人"人"和"货"及"相关财产"的"扣留",其中就包括对人身的"扣留"。当然,上述提及的《海关行政处罚实施条例》第 6 条规定的"抗拒、阻碍海关侦查走私犯罪公安机构依法执行职务的,由设在直属海关、隶属海关的海关侦查走私犯罪公安机构依照治安管理处罚的有关规定给予处罚。抗拒、阻碍其他海关工作人员依法执行公务的,应当报告地方公安机关依法处理"则是一种行政处罚,这里的"治安管理处罚的有关规定"就是《治安管理处罚条例》(已失效)第 19 条规定的"拒绝、阻碍国家工作人员依法执行职务,未使用暴力、威胁方法",尚不够刑事处罚的,可以处 15 日以下拘留、200 元以下罚款或者警告;或《治安管理处罚法》第 50 条规定的"阻碍国家机关工作人员依法执行职务的"和"强行冲闯公安机关设置的警戒带、警戒区的","处警告或者二百元以下罚款;情节严重的,处五日以上十日以下拘留,可以并处五百元以下罚款","阻碍人民警察依法执行职务的,从重处罚"。也就是说,在《治安管理处罚法》制定之前颁布的《海关行政处罚实施条例》中赋予海关公安机关治安处罚权,而《治安管理处罚法》制定之后《海关行政处罚实施条例》第 6 条的规定是否继续有效? 目前并没有看到相关法律和法规的明确规定和专门解释。长期以来,在执法实践中,尤其是《治安管理处罚法》制定之后,海关的公安机关并没有大面积地去执行《海关行政处罚实施条例》第 6 条有关"行政拘留"的规定,其原因是《治安管理处罚法》的制定或是其他什么缘故不得而知。显然,这是一个需要梳理和进一步关注的问题,甚至可同《环境保护法》第 63 条规定的"行政拘留"一并来进行深入细致的研究。但二者也不完全一样,前者是一个《治安管理处罚法》的执行或延伸执行的问题,而后者完全是一个新的立法问题。由此可见,行政拘留不仅不同于刑事拘留和司法拘留,也不同于《海关行政处罚实施条例》和《海关法》中人身自由罚的行政拘留或扣留[①],而扣留俨然是一种

---

① 《海关行政处罚实施条例》中规定,行政拘留依据治安管理处罚法进行;《海关法》中规定,扣留依据海关法经海关关长批准,一般可扣留走私嫌疑人 24 小时,最长可扣留 48 小时。

为了便于海关调查所采取的一种强制措施,从实质意义上讲,不能将其视作一种剥夺人身自由的处罚,因此其并不等同于行政拘留。由于我国国情和法治环境的原因,目前包括治安拘留、交通拘留、海关拘留和环保拘留,甚至包括收容教育、收容教养和强制戒毒等,还均由行政机关自己决定,并主要集中由公安机关管辖,这不能不引起人们的高度重视。像有学者指出的:"在治安处罚程序中,从立案、调查取证、对证据的审查判断直接作出治安管理处罚决定以及治安处罚的执行,全部由公安机关负责,在治安案件办理的全过程中,法律赋予公安机关基于不同的价值取向和利益追求,扮演不同的角色。"①公安机关既是社会治安秩序的维护者,又是公民权利的保障者,还是社会公平正义的裁判者。很明显,这些角色之间是相互冲突的,如秩序维护与权利保障之间职能转换上的冲突,公正裁判与秩序维护、权利保障之间职能紊乱上的冲突,甚至包括违法行为嫌疑人在整个处罚过程中根本没有为自己辩解的机会,更谈不上保护自身的应有权益,只能被动地作为案件的被调查者或被迫承认自己违法的配合者,没有得到应有的当事人地位。甚至其不享有自愿陈述的权利,却负有提供不利于自己证据的义务;除听证程序外不享有自主选择程序的权利,却负有消极等待公安机关处理的义务;不具有主动参与正当程序的权利,却具有被动接受处理结果的义务等。因此,在涉及人身自由罚的改革进程中,行政拘留的程序改革,以及其本身的司法化和根据行政执法机关和专业的不同进行必要的执法主体分工等,均是我们研究和思考的应有之义和重中之重。

3. 行政拘留的处罚性质认定

由上述分析可以看出,行政拘留不仅存在正当程序和司法化的问题,且最重要、最核心的问题是对其性质的认定,即是行政处罚还是刑事处罚,或称之为准刑事处罚或准刑事性质的处罚?当然,就目前我国行政拘留的性质而言,其是行政处罚的一种类型,这当然是因为它被规定在行政法中。然而,长期以来学界将《治安管理处罚法》称之为"小刑法"也非毫无根据,甚至还颇有道理。因为人身自由罚本来就属于刑事性质,在法理上也就必然归属于刑法范畴。当然,我国把行政处罚中的人身自由罚——"行政拘留"规定在行政法中也是有其历史原因的,甚至是由我国的国情和法治环境所决定的。如上所述,由于1949年之后的30年间我国没有刑法典,在这一较长历史时期内对于社会治安与违法犯罪问题大都依靠刑事

---

① 谢川豫:《危害社会行为的制裁体系研究》,法律出版社2013年版,第178页。

政策和一般行政规章来处理,包括当时的《治安管理处罚条例》《劳动教养试行办法》《收容审查所管理工作暂行规定》《城市流浪乞讨人员收容遣送办法》《卖淫嫖娼人员收容教育办法》《关于少年犯管教所收押、收容范围的通知》和《公安机关办理未成年人违法犯罪案件的规定》(以下简称"收容教养制度")等,这样的情况一直持续到1979年,随着我国《刑法》和《刑事诉讼法》的正式公布,才逐步得到了缓解。也就是说,由于我国长期没有刑法典和完整配套的刑事法律规范,使得在一定历史时期和阶段不得不动用刑事政策和行政规章来维护社会治安和秩序,也因此造成一直以来对本属于刑事处罚的人身自由罚为行政法和行政处罚所使用。因此,行政处罚中的人身自由罚措施也就应理所当然地归位到其原有的刑事性质,把本属于"刑事性质"(或"准刑事性质")的人身自由罚的规制逐步纳入正当化程序,并最终将其"司法化"。

此外,还有立法技术方面的原因,表现在:(1)就《刑法》和《治安管理处罚法》的内容而言,如盗窃、诈骗、伤害、抢夺、侮辱等,均可分别在《刑法》和《治安管理处罚法》中找到相同的内容表达方式。但就其侵犯的法益而言,均具有刑事违法性质,只是由于我国刑法"既定性又定量"的构罪标准,因其达不到刑法规定的数额和情节而无法入罪,但即便不构成犯罪也必然构成违反治安管理的行为。因此,认定违反治安管理的行为性质是"准刑事性质",尤其是"行政拘留"是"准刑事处罚"性质,可以说并没有法理上的障碍。(2)就其未来的处罚程序而言,基本上适用的是刑事案件的程序,且在该方面境外也有立法先例可借鉴。然而,为了提高执法与司法效能和工作效率,境外通常有实行程序简化的做法,类似于我国的"简易审""速裁程序"和"认罪轻罚"。这似乎也涉及证据的采信、认定和办案效率的考核问题,由于此类案件的证据要求与刑事案件不同,因此不需要达到"排除一切合理怀疑"的标准。当然,按照此种程序处理的案件也不宜进入刑事登记,以避免犯罪学中"标签理论"的负面效应。(3)无论刑罚还是治安处罚均属人身自由罚的范畴,故通常学术界把剥夺人身自由的"处罚"统统看成刑事问题,这种定性和认识在学界似乎比较一致。因此可以得出结论,规定在治安处罚法、交通法、海关法和环保法等行政法律中的"行政拘留"处罚,就其性质而言认定为"准刑事性质"比较合适,这当然也考虑了我国法律体系的现实规定。笔者想就此引申出"行政刑法"和"微罪"的概念,并深入分析和讨论,尤其结合我国违法犯罪制裁体系现状及其存在的主要症结,从我国刑法"一元结构"和"二元结构"的选择来论证,使得我国的刑事制裁体系更趋合理。

(三)通过司法化途径对行政处罚中人身自由罚进行必要的程序规制

众所周知,在劳动教养制度被废止后我国仍然有类似于劳动教养制度或保安处分制度的措施存续,诸如收容教育、收容教养、强制戒毒等。正如我国学者早就指出的那样,"可以断言我国现行社会控制体系中无保安处分之名却有保安处分之实"①。2014 年发生的黄某嫖娼案就是一例,其在被公安机关"行政拘留"15 天之后又被"收容教育"6 个月。2011 年 1 月 8 日修订的《卖淫嫖娼人员收容教育办法》第 7 条第 1 款规定:"对卖淫、嫖娼人员,除依照《中华人民共和国治安管理处罚法》第六十六条的规定处罚外,对尚不够实行劳动教养的,可以由公安机关决定收容教育。"公安机关认为,虽然劳动教养制度在 2013 年年底被废止,但目前《卖淫嫖娼人员收容教育办法》并未被明确废止。根据《卖淫嫖娼人员收容教育办法》的规定,卖淫嫖娼人员中除了年龄不满 14 周岁、患有性病以外其他急性传染病、怀孕或者哺乳本人所生 1 周岁以内婴儿,以及被拐骗、强迫卖淫的之外,其他人员均"可以"由公安机关决定收容教育,收容教育期限为 6 个月至 2 年。当然有两个问题需要注意:(1)根据收容教育的实践,一般情况下被收容教育的人员大都是"屡教不改"者,也即多次嫖娼并被处罚者,而黄某案并未透露黄某过去是否有前科,否则不应当被收容教育 6 个月。(2)关于公安机关认为的目前《卖淫嫖娼人员收容教育办法》并未被废止的问题,从形式上看似乎有道理,但从《卖淫嫖娼人员收容教育办法》第 7 条规定的内容看,值得认真思考和研究。比如从其中的"对尚不够实行劳动教养"之表述看,显然进行收容教育的核心根据是劳动教养的规定与条件,现在劳动教养制度被废止了,也即"皮之不存,毛将焉附"? 再者"可以由公安机关决定收容教育"中的"可以"显然是一个选择性处罚,起码不是"必须"处罚,尤其是在劳动教养制度被明令废止的情况下,为什么公安机关非要在行政拘留黄某 15 天后又对其收容教育 6 个月呢? 也就是说,公安机关是出于什么样的初衷,非要进行"二次处罚"呢? 显然,这样做也不符合"一事不再理"的刑事处罚原则。因此,解决该问题的关键是通过正当程序使行政处罚中的人身自由罚实现司法化。

根据各国或地区的经验,行政刑法程序在立法理念和程序设定上应当更加靠近或接近刑事诉讼程序,这也是目前国际上达成的基本共识。具体内容包括:(1)法官独任和行政直诉。众所周知,美国的治安法院在

---

① 梁根林:《保安处分制度的中国命运》,载储槐植、陈兴良、张绍彦主编:《理性与秩序:中国劳动教养制度研究》,法律出版社 2002 年版,第 177 页。

审理一般性的轻罪或微罪案件时,大都不用科班出身(即法学院毕业)的法官,而是在当地找一些明事理、有文化、懂得当地风土人情的人做法官,来处理较轻微的伤害案件及民间纠纷。在我国,法官独任审判也不是没有,比如认罪轻罚案件中的"简易审",一般都是由一名法官独任审理,在一些简单的民事案件中,也普遍采取法官独任审判的现象。另外,如果行政执法机关能够对案件进行直诉,办案效率和优势也将十分明显,不仅可以避免案件移送过程中不必要的时间浪费,而且行政案件大都具有专业性,如工商、税务等专业性很强的案件,均能发挥出直诉的效率、专业、质量等许多优势。(2)诉辩交易和矛盾化解。常言道,公正是司法的生命,效率是正义的支撑。从2008年8月1日起,"认罪轻案程序"在全国8个基层检察院开始试点,由此启动了司法办案的认罪轻案程序。对此,有专业人员指出:"如果按照这个设计的模式走下去,很有可能走出一条具有中国特色的辩诉交易制度之路。"①尤其是2012年修正的《刑事诉讼法》明确规定了"简易程序",以及2016年9月3日第十二届全国人大常委会第二十二次会议决定:授权最高人民法院、最高人民检察院在北京、天津、上海、重庆、沈阳、大连、南京、杭州、福州、厦门、济南、青岛、郑州、武汉、长沙、广州、深圳、西安开展刑事案件认罪认罚从宽制度试点工作。另外,诉辩交易还可以在处理案件的情况下,同时化解社会矛盾,可谓一举两得。再者说,行政刑法管辖的案件通常是轻伤害案件或者经济纠纷,最终还是要通过赔偿达到惩罚违法行为人和安抚被害人的目的,这些案件绝大多数是可以通过协商,甚至通过交易和赔偿达成谅解的。所以,在行政刑法程序设计中,认罪轻罚简易审、刑事和解和诉辩交易是一个有机的整体,三者缺一不可,都是支撑行政刑法程序的重要内容。

二、强制戒毒决定主体的弊端及正当程序的缺失

强制戒毒一般是指对吸食毒品或者注射毒品成习或者成瘾者由政府主管部门(公安机关或者医疗机构)作出决定,在一定期限对其进行强制性药物、心理治疗以及法制教育,使其能够戒除毒瘾尽快回归社会的一种行政性强制措施。由此可见,强制戒毒作为一种限制人身自由较长时间的行政性强制措施,在决定主体与执行主体的权力设置模式以及决定程序等方面存在制度性弊端,值得进一步反思并进行制度重构。

---

① 吴晓锋:《"认罪轻案程序"开始试行》,载《法制日报》2008年8月24日,第4版。

(一) 决定主体与执行主体的权力设置模式弊端

强制戒毒的法律依据主要是 2008 年施行的《禁毒法》和 2011 年施行的《戒毒条例》。《禁毒法》第 38 条规定，"吸毒成瘾人员有下列情形之一的，由县级以上人民政府公安机关作出强制隔离戒毒的决定"。《戒毒条例》第 25 条第 1 款规定："吸毒成瘾人员有《中华人民共和国禁毒法》第三十八条第一款所列情形之一的，由县级、设区的市级人民政府公安机关作出强制隔离戒毒的决定。"《戒毒条例》第 4 条第 2、3 款规定："县级以上地方人民政府公安机关负责对涉嫌吸毒人员进行检测，对吸毒人员进行登记并依法实行动态管控，依法责令社区戒毒、决定强制隔离戒毒、责令社区康复，管理公安机关的强制隔离戒毒场所、戒毒康复场所，对社区戒毒、社区康复工作提供指导和支持。设区的市级以上地方人民政府司法行政部门负责管理司法行政部门的强制隔离戒毒场所、戒毒康复场所，对社区戒毒、社区康复工作提供指导和支持。"由此可见，各级公安部门享有"强制戒毒"的最终决定权，无论由公安机关管理还是由司法行政部门管理的强制隔离戒毒所，都必须统一根据公安机关作出的《强制隔离戒毒决定书》来接收入所戒毒人员。当然，在这项工作中，公安机关"既是裁判者也是执行者"，严重违背了程序正义的正当性原则。

(二) 强制戒毒决定正当程序的缺失

剥夺公民人身自由的裁决权应由法院行使，这是现代法治的最低要求，《公民权利和政治权利国际公约》中也规定，"除非依照法律所确定的根据和程序，任何人不得被剥夺自由"。而在强制戒毒司法实践中，强制戒毒的决定权实际由公安机关行使，不经过中立的司法机关裁决，也无检察机关介入进行法律监督。公安机关对强制戒毒采用内部书面审批的方式，处理过程不公开，没有举证、质证、辩论、听证等程序，并且这种决定权是单方面的，被收容教育者在这一过程中是一个被动的、消极的对象，不享有任何诉讼权利，这种非正当程序极易导致对人权的侵犯。

三、精神病人鉴定的乱象及实体标准的滞后

近些年来司法鉴定乱象丛生，多次发生两个鉴定机构的鉴定结论相互矛盾，甚至有的犯罪嫌疑人手持假的精神病鉴定逍遥法外，而有的正常人被作为精神病患者强制医疗的事件。对此，最高人民检察院 2018 年 2 月 1 日印发《人民检察院强制医疗决定程序监督工作规定》，要求规范检察机

关强制医疗决定程序监督工作,坚决防止和纠正犯罪嫌疑人"假冒精神病人"逃脱法律制裁和普通人"被精神病"而错误强制医疗现象。造成这种现象固然有人徇私枉法或故意逃避法律追究,但究其根本而言,主要还是鉴定的国家标准或具体鉴定标准导致的,抑或也因此给不法之人钻法律空子的机会。

我国的精神病人收治方式有两种:一种是自愿住院;另一种是非自愿住院,即强制收治,部分由亲属委托医院收治,部分由政府部门强制送治。《刑法》第 18 条第 1 款明确规定:"精神病人在不能辨认或者不能控制自己行为的时候造成危害结果,经法定程序鉴定确认的,不负刑事责任,但是应当责令他的家属或者监护人严加看管和医疗;在必要的时候,由政府强制医疗。"《精神卫生法》对自愿住院治疗和强制治疗作出了详细规定:

(1)自愿住院治疗。《精神卫生法》第 30 条第 1 款规定:"精神障碍的住院治疗实行自愿原则。"

(2)伤害自身情况下非自愿的住院治疗。根据《精神卫生法》第 30 条第 2 款第(一)项的规定,如就诊者为严重精神障碍患者并已经发生伤害自身的行为或者有伤害自身的危险的,则应当对其实施住院治疗。第 83 条第 2 款规定:"本法所称严重精神障碍,是指疾病症状严重,导致患者社会适应等功能严重损害、对自身健康状况或者客观现实不能完整认识,或者不能处理自身事务的精神障碍。"根据第 31 条的规定,对于已伤害自身或有伤害自身危险的严重精神障碍患者,经其监护人同意,医疗机构应当对患者实施住院治疗;监护人不同意的,医疗机构不得对患者实施住院治疗。可见,此情况下监护人有权决定是否住院治疗。

(3)危害他人安全情况下非自愿的住院治疗。根据《精神卫生法》第 30 条第 2 款第(二)项的规定,如就诊者为严重精神障碍并已经发生危害他人安全的行为,或者有危害他人安全的危险的,则应当对其实施住院治疗。根据《精神卫生法》第 35 条第 2 款的规定,精神障碍患者有本法第 30 条第 2 款第(二)项情形的,其监护人应当同意对患者实施住院治疗;监护人阻碍实施住院治疗或者患者擅自脱离住院治疗的,可以由公安机关协助医疗机构采取措施对患者实施住院治疗。也就是说,此种情况下必须对精神病人进行非自愿情况下的住院治疗,应当说明的是,患者及其监护人对此没有决定权,只有同意的法律义务。

从表面上看,伤害自身的非自愿住院治疗和危害他人的非自愿住院治疗规定了严格的收治条件,但这些实体标准的不明确性和宽泛性可能导致精神病人被强制治疗的风险,严重危害精神病人的人身自由权利。《精神卫生法》以"已经发生伤害自身的行为"或者"有伤害自身的危险"等作为非自愿性住院治疗的实质标准，并相应给予监护人几乎没有限制的决定权。因为伤害自身的行为包括轻微伤害自己的身体组织的情形，如用利器割伤/划伤、打火机烧伤、在身体上打洞、烫伤皮肤等，也包括自杀等严重伤害自身的情况，对于一些有不良动机的监护人送来的病人，既然亲属说有病并且存在轻微伤害自身的情况，医生很可能决定收治予以强制治疗，从而危害当事人的人身自由权利。另外，《精神卫生法》第28条规定，具备非自愿住院的基本前提条件是"危害他人安全"或者具有此"危险"的。由此可见，这些规定似乎都是非常模糊的，有待于进一步解释和理解。当然，"危害"须达到何种程度及是否包括轻微的危害？"危害"是指经常性的危害还是包括一时的危害？"安全"是指何种安全及是否包括财产安全或精神安宁？等等，这些问题，都无法从"危害他人安全"六个字中找到确切的答案，而将这种模糊的构成要件贯彻于国家强制型非自愿住院，会产生侵犯精神障碍患者自由权的风险。[①] 尽管2012年修正的《刑事诉讼法》将精神病强制医疗制度纳入刑事司法体系，但从实施的情况看，精神病鉴定的实体和程序标准仍然比较模糊，导致司法机关有时也"无从下手"。但无论如何精神病强制医疗制度都是我国法治建设的一个里程碑，它表明国家最高层已经开始逐渐认识到限制人身自由的处罚和措施应当由中立的第三方——司法者作出裁判。

[①] 参见孙也龙：《〈精神卫生法〉非自愿住院制度的构造及改进》，载《创新》2015年第4期。

第二章　中国式微罪体系概念的提出

从调研和查阅的文献来看,重罪、轻罪、微罪研究已引起实务界和学界的广泛关注。许多实务部门和学者进行过深入思考,并提出了许多真知灼见及独特观点,但仍有体系化研究的提升空间:(1)理论界包括实务界对轻罪和微罪的范畴还缺乏统一认识,更多是在刑法之内来谈轻罪和微罪,没能关注到在刑法之外也存在大量微罪的问题,由此可能导致刑法之内与刑法之外轻罪和微罪的交叉与混淆,故有必要在刑法之内和刑法之外统一研究和思考轻罪和微罪问题,包括统一标准的划分和界定。(2)从研究的系统性来说,由于我国刑法"构罪标准"的复杂性,尤其是《刑法》第13条"但书"中"既定性又定量"的规定,以及长期以来我国形成的立法体系,导致刑法之外的微罪问题十分突出,而且学界的研究非常分散,未能形成统一的立法体系与理论体系。(3)从研究的深度来看,许多学者虽然从不同角度提出了建立轻罪的主张,但对构建轻罪的合理性与正当性缺乏深入研究,未能在刑法之外提出微罪的概念与主张,包括对微罪的一般原理和基础理论也缺乏深入研究,更未能形成系统的微罪理论体系。(4)从具体制度的建构和立法方案的选择上来看,立法部门和学界缺乏对微罪具体制度的建构,尤其是缺乏成熟方案的系统分析和立法方案的具体设计,如微罪体系的调整范围、微罪罚的具体种类,以及微罪案件审理的程序性设计和审理微罪案件的基层法庭的普遍设立等,更多还是停留在概念和理论上的思考与分析,缺乏对系统性和可操作性的成熟方案研究。故本章从对域外轻罪和微罪概念的梳理入手,在提出刑法之内和刑法之外轻罪和微罪概念的基础上,对我国微罪体系性的建构和理论性的设计进行系统的研究,包括对微罪体系在刑法之外的系统思考,以及对微罪体系建构的必要性和体系性定位与结构性设计等核心问题进行分析和探讨。也就是说,在我国不仅要研究微罪概念,更要研究微罪体系的理论建构和立法操作性方案的实施,这是因为我国未必完全适合域外立法例中只在刑法之内建构轻罪和微罪概念的方式,比较切合我国国情和立法实际的是在刑法之外建构微罪体系。

第一节 域外微罪的概念及立法制度

通过考察域外的微罪立法例,发现大多数国家或地区都是以刑法典的立法形式区分和确定重罪、轻罪和微罪的概念,具体而言,重罪与轻罪和微罪的划分主要是基于犯罪的分类层面,而且三者在刑法和刑事诉讼法上意义不同。主要集中在三个方面:一是实体法意义上的罪行区分,如美国刑法典意义上的重罪、轻罪和微罪与违警罪的划分等;二是处罚轻重意义上的罪类划分,如一些国家和地区规定1年以下为轻罪,1年以上为重罪等;三是程序法意义上的普通程序与简易程序的设计,如英国将犯罪划分为公诉罪、简易裁判罪和可选择审判方式罪三种类别,在英美法系,轻罪基本上都由最基层的治安法院管辖,而重罪都是由普通法院按照陪审团的复杂程序进行审理。本章通过对域外重罪、轻罪和微罪概念及其制度的梳理,与我国的国情和现行立法体系及其规定进行对比,可以为建构中国式微罪体系提供有益的借鉴。

一、域外微罪及立法例

世界上绝大多数国家和地区都将犯罪按照轻重进行分类,但由于各国和地区的法律文化和法律制度背景不同,对于重罪、轻罪和微罪的划分标准和具体规定也不完全一样。

(一)英美法系国家

1. 美国

美国是联邦制国家,各州都有自己的法律制度,具体到刑法,美国各州均有自己的刑法典,但是大多数州的刑法典都是以美国法学会1962年制定的《模范刑法典》为蓝本制定的。因此,虽然《模范刑法典》在美国只具有学理意义,不能直接作为美国法院定罪量刑的依据,但是通过对《模范刑法典》的研究,应该能够大致了解美国刑法的基本概况。《模范刑法典》将犯罪分为实质犯罪(crime)和违警罪(violation)。所谓实质犯罪,是指"本法典或者本州其他制定法规定应当处以死刑或监禁刑的犯罪"。实质犯罪又分为重罪(felony)、轻罪(misdemeanor)和微罪(pettymisdemeanor)。"本法典规定为重罪,或者可处死刑,或者未适用加重刑期之规定1年以上监禁刑的实质犯罪是重罪;本法典或者本法典生效后颁布的其他制定法规定为轻罪的实质犯罪,或者依照本法典或本法典以外的制定法处以最高不超过 1 年监禁刑的实质犯罪为轻罪;本法典或者本法典生效后颁布的其他制定法规定为微罪的实质犯罪,或者依照本法典或本法典以外的制定法处以最高不超过 30 天监禁刑的实质犯罪为微罪;如果本法典或者本州其他制定法规定为违警罪,或者仅可处以罚金、没收财产或者其他民事制裁,或者本法典以外的制定法规定犯罪不构成实质犯罪时,本法典或者本州其他制定法规定的犯罪为违警罪。"①"各州的刑法典规定中,常见的重罪包括谋杀罪、过失杀人罪、强奸罪、抢劫罪、绑架罪、重伤害罪、纵火罪、入室盗窃罪、伪造罪、欺诈罪、非轻微的违反有关毒品、武器、赌博及卖淫方面的法律的犯罪。轻罪则一般包括程度略轻的上述犯罪、各种违反公共秩序的犯罪(在公共场所酗酒或其他扰乱社会治安的行为;违反建筑或健康法的行为),以及严重的交通违法(酒后驾车、无照驾驶)。最轻的犯罪类型(违警罪)通常可以判处罚金或其他非监禁刑,主要包括更轻微的交通违法和各种不严重的违规行为。它们一般也由警察处理,部分适用刑事程序。被告人被推定为无罪,证明其有罪也需达到排除合理怀疑的程度,被告人没有要求陪审团审判的权利,贫穷的被告人也不能当然地获得法庭指定的律师。大多数轻罪和违警罪通过支付罚金的方式处理,被告人无需出庭。"②考察美国刑法中的微罪行为或违警行为,部分行为实际上就是我国《治安管理处罚法》中的处罚对象。"美国刑法中重罪、轻罪的划分对刑事实体法与程序法都有十分重要的意义,例如犯罪的构成要件(如夜盗罪)、共同犯罪人的划分(轻罪无需区分主犯和从犯,都以主犯论)、管辖(例如治安法院、警察法院、夜法庭等管辖轻罪)、逮捕条件(轻罪只有现行的才能实行无逮捕令逮捕)、刑罚执行地点(重罪犯在监狱,轻罪犯在地方看守所)等。此外,重罪犯可被剥夺选举权、律师执业权、担任政府官员、陪审员等权利,而轻罪犯则保有这些权利。"③由此可见,在美国刑法中重罪、轻罪、微罪的划分还是相当细致的,而且法律条文对其作出了十分明确的规定。

2. 英国

根据英国 1166 年《克拉伦登法令》的规定,抢劫罪、谋杀罪、窝藏罪和诈骗罪等犯罪也都属于重罪范围。另外,英国 1176 年《北安普顿法令》也将放火罪、伪造罪等统统增列为重罪。传统的英国普通法重罪一般指谋杀、非预谋杀人、夜盗、重婚、强奸等行为,而轻罪一般是指伪证、共谋、欺诈

---

① 美国法学会编:《美国模范刑法典及其评注》,刘仁文等译,法律出版社 2005 年版,第 8 页。
② 高长见:《轻罪制度研究》,中国社会科学院大学 2010 年博士论文,第 12 页。
③ 薛波主编:《元照英美法词典》,法律出版社 2003 年版,第 543 页。

等行为。①

然而,英国1967年《刑事法令》彻底改变了上述通过重罪与轻罪的处罚程度来划分犯罪的分类方式,而是以可否提起公诉作为标准,将犯罪划分为公诉罪、简易裁判罪和可选择罪三类犯罪。所谓公诉罪是指必须由检察机关提起公诉,刑事法院行使管辖权的一种提起诉讼的犯罪类型,如杀人罪、抢劫罪、强奸罪等比较严重的犯罪类型。简易裁判罪是指归属地方法院管辖的部分轻微刑事犯罪,如欺诈罪、伪证罪等较轻犯罪。可选择罪是指被告人自己可以自由选择可适用的诉讼程序的犯罪类型,也就是说,既可以选择公诉程序归刑事法院管辖,也可以选择简易程序归地方法院管辖,如欺诈罪、重婚罪等犯罪类型。

当然,在英国还有一种犯罪的分类方式,这就是以是否能够采取逮捕措施为标准,具体可以将犯罪划分为可逮捕之罪和不可逮捕之罪两种。在英国的判例刑法中,从不同角度对轻罪和重罪作出了区分,尤其是现代刑法中公诉罪、简易裁判罪和可选择罪的区分别具特色,且非常实用,代表了普通法实用性的基本特征和传统。

(二) 大陆法系国家

1. 德国

德国早在1871年的《帝国刑法典》中就将犯罪分为重罪、轻罪和违警罪,当时对违警罪的规定是"指应科处拘役或150个帝国马克以下的罚金的犯罪行为"。德意志联邦共和国1951年开始刑法修订工作,考虑社会诸因素,主张对部分行为实行非犯罪化,提出将违警罪从刑法中独立出来,而不再规定于新刑法中;违警行为有必要升格为犯罪行为的,则仍规定在新刑法中,其余的违警行为规定于违反秩序法中。直至1995年生效的德意志联邦共和国新刑法,根据以上原则将旧刑法分则中的违警罪全部删除,并将原性质轻微的各类犯罪,连同违警罪重新加以整理,分别不同情形进行归类,对于一部分不宜用刑法调整的,全部纳入《违反秩序法》。现行《德国刑法典》将犯罪分为重罪与轻罪两类,其中重罪是指最低刑为1年或1年以上自由刑的违法行为,轻罪是指最高刑为1年以下自由刑或科处罚金刑的违法行为。值得注意的是,《德国刑法典》虽然从形式上取消了违警罪,但纵观其内容,许多类似于我国治安管理处罚的行为都规定在刑法典中。至于《违反秩序法》,则更没有剥夺人身自由的处罚,即便罚款,如

---

① 参见〔英〕J.C.史密斯、〔英〕B.霍根:《英国刑法》,马清升等译,法律出版社2000年版,第33页。

果当事人提出异议,警方也应停止,而将案件提交法院,由法院来裁决当事人是否要缴纳罚款。① 或许是德国有"警察国"或"警察犯"的传统,与英美法系不同的是,其作出了"违警罪"的分类。这种重罪、轻罪和违警罪的区分也很具特色,在理解上,违警罪似乎可以与美国法中的微罪等同,这些十分值得我国借鉴。

2. 法国

1810 年《法国刑法典》将犯罪分为三类,该刑法典依照应当判处的刑罚将所有犯罪分为重罪、轻罪和违警罪,并对这三种犯罪的定义作了明确的规定。1994 年修订的《法国刑法典》仍然维持了这种犯罪的三分法。《法国刑法典》第 111 条规定:"刑事犯罪,依照严重程度,分为重罪、轻罪和违警罪。"第 131-1 条至第 131-49 条则明确规定了重罪、轻罪、违警罪应当适用的各种刑罚,"重罪是指应当判处无期徒刑或终身拘押,或者最低为 10 年有期徒刑或拘押刑罚的犯罪;轻罪是指科处最高刑为 10 年监禁,或判处罚金或日罚金、公共利益劳动、附加刑、剥夺权利和限制权利的犯罪;违警罪是指除累犯之情形外,对某一犯罪仅科处不超过 10000 法郎罚金、限制权利的犯罪"②。重罪、轻罪和违警罪的区分,在法国刑法和刑事诉讼法上具有重要的意义,如管辖法院不同(重罪由重罪法院管辖,轻罪由轻罪法院管辖,违警罪由近民法院和治安法院管辖)③;诉讼时效不同(重罪的公诉时效期间为 10 年,轻罪为 3 年,违警罪为 1 年);适用程序不同(轻罪可以适用庭前认罪答辩程序,违警罪可以适用简易程序);审判方式不同(轻罪的审判方式主要是合议庭和独任法官两种形式,重罪则适用参审制)④;犯罪未遂的处罚不同(重罪案件中犯罪未遂应予处罚,轻罪案件中的犯罪未遂则仅在法律有规定的情况下予以处罚,违警罪则无犯罪未遂);刑罚时效期间不同(重罪刑罚时效期间为 20 年,轻罪刑罚时效期间为 5 年,违警罪刑罚时效期间为 2 年)⑤;等等。显然,法国刑法关于重罪、轻罪和违警罪的划分大致与德国相同,但从其违警罪的定义来看,只是判处罚金和限制权利的犯罪,由此可见,这与美国法中的微罪似乎比较接近和切合。

---

① 参见刘仁文:《治安拘留和劳动教养纳入刑法的思考》,载《国家检察官学院学报》2010 年第 1 期。
② 《法国新刑法典》,罗结珍译,中国法制出版社 2003 年版,第 36 页。
③ 参见金邦贵:《法国司法制度》,法律出版社 2008 年版,第 169 页。
④ 《法国刑事诉讼法典》第 7、8、9、495-7、525 条,参见《法国刑事诉讼法典》,罗结珍译,中国法制出版社 2006 年版。
⑤ 《法国刑法典》第 121-4、133-2 至 133-4 条,参见《法国新刑法典》,罗结珍译,中国法制出版社 2003 年版。

3. 其他国家

《俄罗斯联邦刑法典》依照法定刑的轻重,将犯罪分为轻罪(最高刑不超过 2 年监禁)、中等严重的犯罪(不超过 5 年监禁的故意犯罪以及超过 2 年监禁的过失犯罪)、严重犯罪(不超过 10 年监禁)、特别严重的犯罪(10 年以上监禁或更重的刑罚)。①

《意大利刑法典》第 39 条将犯罪分为重罪和违警罪。具体而言,依法应当被判处徒刑或罚金的行为属于重罪,依法应当被判处拘役或罚款的行为属于违警罪。②

《西班牙刑法典》第 33 条规定,重罪与较重罪的界限是 3 年徒刑。③

《奥地利刑法典》第 17 条将应受刑罚处罚的行为分为重罪和轻罪,其中应当科处终身自由刑或 3 年以上自由刑的故意行为是重罪,所有其他应受刑罚处罚的行为均为轻罪。④

纵观以上主要英美法系和大陆法系国家的刑法规定,可以初步得出以下结论:(1)大多数国家都以立法的形式确定了重罪与轻罪,即重罪与轻罪的区分是在现行法律框架下。(2)重罪与轻罪的划分是基于犯罪分类的层面,两者在刑法和刑事诉讼法上具有某些不同的意义。(3)部分类似于我国原有的劳动教养制度和现行的治安处罚行为,在西方国家基本上都囊括进刑法之中,即已被纳入轻罪或微罪的调整范畴,有些比较切合我国的实际情况可资借鉴。

二、域外保安处分及立法例

提到域外的轻罪和微罪,不得不对域外的保安处分理论及其制度进行评价。可以说,保安处分制度是域外轻罪和微罪制度的另一个重要组成部分,是与刑罚并列作为轻罪和微罪法律责任的一种实现方式。如果说域外国家和地区的重罪、轻罪、微罪、违警罪是对违法犯罪行为纵向上的细化,那么刑罚和保安处分则在纵向上保障了这张法网的严密性。保安处分是大陆法系国家和地区针对具有社会危害或人身危险可能性的人所采取的特殊预防措施。最早的保安处分立法萌芽于古罗马法,即罗马法中关于实施危害行为的精神病人处置的规定,可以说这是人类历史长河中保安处分观念的最早起源。然而此时的保安处分立法以及中世纪德国的保安立

---

① 参见《俄罗斯联邦刑法典》,黄道秀译,中国法制出版社 2004 年版,第 5 页。
② 参见《意大利刑法典》,黄风译,中国政法大学出版社 1998 年版,第 11、18 页。
③ 参见《西班牙刑法典》,潘灯译,中国政法大学出版社 2004 年版,第 14 页。
④ 参见《奥地利联邦共和国刑法典》,徐久生译,中国方正出版社 2004 年版,第 7 页。

法,从基本原理上看,大都侧重于消极防卫性的强制隔离措施,这些中世纪的保安立法似乎与近现代意义上的保安处分有着本质上的区别。众所周知,近现代意义上的保安处分是18世纪德国著名刑法学家克莱因首倡的。他认为:"维护公共安宁幸福是一切刑事立法的唯一正当依据,因而有必要在刑罚之外另行根据行为者的犯罪危险性予以保安处分,因为刑罚具有按现实的犯罪程度而定的确切内容。"①因此,学界将克莱因评价为近现代意义上保安处分的奠基人。

保安处分虽然产生于18世纪初,但一直到20世纪初才汇聚成世界刑法改革的历史潮流。由于各国或地区对于保安处分与刑罚的关系认识不同,立法时划分出一元结构和二元结构。"一元结构"立法模式是指在刑法中只规定保安处分或者刑罚一种形式,通常是将刑罚融于保安处分之中或者将保安处分融于刑罚之中,从而形成保安处分代替刑罚或者刑罚中充分容纳保安处分的一体化的保安刑。在立法上,《苏俄刑法典》(1922年、1926年)、《古巴刑法草案》(1926年)、《瑞士保护法草案》(1959年)等,都采用了"一元结构"的立法模式。由于"一元结构"的立法模式完全抹杀了刑罚与保安处分的界限,忽视了罪刑报应的价值,将罪刑法定原则彻底抛弃,遭到了理论界的摒弃,在各国或地区的立法中也未能占据主流。"二元结构"立法模式是指在刑法规范中既有刑罚又有保安处分,是两种规范的并列,通常情况下是保安处分与刑罚共同组成了刑事制裁的刑法规范,以弥补单一措施的不足。在"二元结构"的立法模式中,刑罚与保安处分在功能上存在有机的互补。从目的上看,刑罚的目的是一般预防和特殊预防,通常情况下大都以一般性的犯罪预防功能为侧重。当然,保安处分极力追求的是特殊预防功能,可以说,这在功能与作用上恰好弥补了单一刑罚规范(即"一元结构")本身的不足与缺陷。由于"二元结构"灵活变通的机制,"二元结构"的立法模式在保安处分立法中一直占据主流地位,德国、意大利、捷克、瑞士等国刑法均采取这种模式。纵观各国或地区现行的立法模式,"二元结构"立法模式有并科主义、择一主义和代替主义三种。并科主义是指刑罚与保安处分一并宣告,其执行顺序有时以刑罚为先,有时以保安处分为先,但原则上先执行刑罚,之后如认为执行保安处分已无必要,则可免去,《德国刑法典》采取此种模式。择一主义是指在两种制裁方式中酌情选择一种,另一种则不再适用。代替主义是指保安处分代替刑罚执行,但并不绝对代替,根据被执行者的人身危险性情况,如认为有必

---

① 李晓明:《行政刑法新论》,法律出版社2014年版,第222—223页。

要,仍执行刑罚,《瑞士刑法典》采取此种立法模式。①

从理论上讲,保安处分一般包含剥夺自由的保安处分、限制自由的保安处分和对物的保安处分三个方面。剥夺自由的保安处分主要包括监护处分、矫正处分、强制工作、保安拘禁等;限制自由的保安处分主要包括禁止执业、禁止出入特定场所、限制居住、保护观察等;对物的保安处分主要包括没收、善行保证等。具体内容分类有:(1)监护处分;(2)禁戒处分;(3)劳作处分;(4)保安监禁;(5)司法感化院之收容;(6)善行保证;(7)没收;(8)保护观察;(9)禁止出入特定场所;(10)限制居住等。②

纵观各国或地区的保安处分立法规定,我们可以初步得出以下结论:(1)我国的一些行政处罚或行政强制措施,没有保安处分之名,但却有保安处分之实,如废止的劳动教养制度的部分处罚、收容教育制度,以及现行的强制戒毒、强制医疗、吊销驾照、吊销营业执照等,这些在域外都被纳入保安处分范畴。(2)考虑到废止劳动教养制度后行政处罚与刑事处罚的有效衔接,以及一些现行行政强制措施的非正当性和对人身危险犯进行社会预防的社会需求,有必要对现行的"行政处罚—刑罚二级制裁体系"进行完善和改革。(3)我国建立保安处分制度的必要性和可行性,与其是否能够纳入微罪体系一建设,是两个不同的问题,关键还是要立足于我国的实际情况。

第二节 我国微罪范畴的梳理及其界定

我国立法中并没有涉及轻罪的概念,学界对于轻罪的定义也众说纷纭,更没有微罪范畴的界定,但微罪范畴又是本书研究的重要前提和基础。故本节试图在借鉴境内外现有立法实践和理论研究的基础上,尤其在借鉴重罪、轻罪、微罪概念的基础上,特别考虑到我国的国情和现实法律体系的特点,提出中国式微罪概念与范畴,并阐述其内涵和外延。

一、我国微罪概念的厘清

如上所述,纵观我国现行的刑事法律以及非刑事法律,都没有重罪与轻罪的法律规定,包括理论界也很少有微罪的表述。因此,可以说,在我国现行法律体系中,重罪与轻罪不是一个法律概念,更不是严格意义上的刑

---

① 参见李晓明:《行政刑法新论》,法律出版社2014年版,第227页。
② 参见李晓明:《行政刑法新论》,法律出版社2014年版,第226页。

事法律概念,这一点与域外具有很大不同。然而,我国虽然没有立法意义上的轻罪概念,但在学界也有"轻罪"的称谓与表述,故有必要梳理一下我国学界关于轻罪的观点与认识。

一般认为,我国学界所称的"轻罪"主要是指在现行刑法的框架下,根据各类标准在学理上进行的轻罪和重罪的区分。如有学者指出,应当以法定刑作为划分重罪、轻罪的标准,"我国刑法中较重罪和较轻罪的划分,是指将刑法规定的全部犯罪划分为较重罪和较轻罪,而不是对同一犯罪的罪刑进行划分。决定犯罪轻重的主要因素是对社会的危害性,而在立法上的标志就是犯罪的法定刑。法定刑重的表示犯罪性质重,法定刑轻的表示犯罪性质轻"①。因此,选择哪一种法定刑作为划分较重罪和较轻罪的标准,就成为我国刑法理论与实践中研究轻罪值得重视的核心问题。通常认为,"以法定最低刑三年以上有期徒刑为划分标准较为适当,即凡是法定最低刑为三年以上有期徒刑的,都属于较重罪,反之,则属于较轻罪"②。也就是说,"以法定最低刑为三年以上有期徒刑作为划分重罪与轻罪的分水岭,比较符合我国的实际情况"③。当然,也有学者指出,应以宣告刑作为划分重罪和轻罪的标准,也即"应当判处的刑罚为三年以上有期徒刑的犯罪可视为较重之罪,应当判处的刑罚为不满三年有期徒刑的犯罪可视为较轻之罪"④。还有学者指出,应当综合考虑罪刑的成立要素来划分重罪与轻罪,"罪刑轻重的认定应当综合考察行为人的罪过、主观恶性、人身危险性、社会危害性、情节等因素"⑤,如杀人是重罪,危险驾驶是微罪。

近年来,也有许多学者从研究的角度,跳出现行刑法中法定刑、宣告刑以及罪名的框架,借鉴境外犯罪分类的概念,提出创建我国"轻罪"概念的理论与学说。如张明楷教授认为,从刑事立法的角度考虑,应当在刑法之外建立我国的轻犯罪法,他分析:"我国刑法的处罚范围小,在某种意义上说,非犯罪化远远走在世界各国的前列。但是,这并不意味着刑法的进步,更不等于法治的进步。其一,大量的轻微犯罪行为,常常严重扰乱社会秩序,成为构建和谐社会的严重阻碍。如果不认真对待,习惯抓大放小,必然导致由小变大,从而妨碍国民生活与社会稳定。同西方国家相比,我国的犯罪率似乎并不高,但国民感觉治安很差。其中的重要原因之一是许多

---

① 《中国刑法词典》编委会编著:《中国刑法词典》,学林出版社1989年版,第410页。
② 《中国刑法词典》编委会编著:《中国刑法词典》,学林出版社1989年版,第411页。
③ 黄开诚:《我国刑法中轻罪与重罪若干问题研究》,载《现代法学》2006年第2期。
④ 周振想编著:《刑法学教程》,中国人民公安大学出版社1997年版,第271页。
⑤ 郑伟:《重罪轻罪研究》,中国政法大学出版社1998年版,第62—144页。

轻微的犯罪行为没有得到依法处理。其二,由行政机关直接处罚轻微犯罪,导致在实际效果上远甚于刑罚的行政制裁相当严重,将这种行政制裁不是交由法院,而是交由行政机关裁量的话,就会违反程序公正的宪法精神。换言之,我们一直习惯于注重打击严重犯罪,但没有考虑对非严重犯罪行为的处罚是否符合法治要求。其三,相当多的危害行为,也不一定由行政机关依照行政法处理,而是采取了其他一些非法律的途径,这便更加违反了法治原则。"①刘仁文教授从完善我国刑法结构的角度提出:"重罪、轻罪和违警罪三分法大抵是当今世界各国刑法关于犯罪的基本分类方法,而保安处分被系统纳入刑法典也是不少国家的做法。与之相比较,我国的刑法典大约只包括了西方国家刑法典的重罪部分,而缺少违警罪、轻罪和保安处分三大块内容。实现刑法结构的统一化应是我国刑法未来发展的一个方向。也就是说,将治安管理处罚、劳动教养连同保安处分措施一并纳入刑法,分别由违警罪、轻罪、重罪和保安处分等几块内容组成,后者都必须由法院判处,但在法庭组成方式和审判程序上可以有简繁之分。"②也有学者从知识产权的刑法保护角度提出了建立我国轻罪体系的理论主张:我国行政法中也有许多对侵犯 IP 行为的处罚措施和规定,有的处罚甚至比刑法更严、更重。但由于没有入罪,或者说入罪门槛太高(犯罪圈太小),不能有效抑制 IP 侵权行为。因此,我们何不尝试从根源上清理和反思一下这个问题,并根据中国国情,以及整体社会治安和治理犯罪的需要,建构一个真正适合我国实际情况的轻罪体系?我国当务之急恰恰在于轻罪的犯罪化,即构建一个轻罪处罚体系。就建构的思路,应当从四个方面探讨:以非刑罚处罚方法为依托主体作为构建轻罪体系的承载基础;以治安处罚和劳教立法结合为实体作为构建轻罪体系的核心内容;以部分行政罚为基本对象作为建构轻罪体系的重要补充;以成立治安法庭为集中体现作为建构轻罪体系的实现形式。③ 显然,该论述投射出在刑法之外建构轻罪或微罪体系的想法或初步设想。还有学者从劳动教养改革的视角出发提出劳动教养轻罪化:"劳动教养是作为违法和轻微犯罪认定的,只是在刑罚上不作为犯罪对待和处理。但这种处理的法律化程度低,随意性、任意性大。现在中国把事实上同质的社会危害行为分为犯罪、劳教和治安处罚三种方式处理,立法的成本是非常高的,难以达到法治的统一,司法上

---

① 张明楷:《刑事立法的发展方向》,载《中国法学》2006 年第 4 期。
② 刘仁文:《关于调整我国刑法结构的思考》,载《法商研究》2007 年第 5 期。
③ 参见李晓明:《从中美 IP/WTO 第一诉谈我国的轻罪体系建构——重在两国 IP 保护力度的分析》,载《中国法学》2007 年第 6 期。

也难以区分三者之间人为设定的质的界限。通过劳动教养立法使其轻罪化,只不过是实现其法律化、司法化和程序化。"①甚至进一步指出:"以劳动教养立法为契机,初步建立中国轻罪处罚的法治化结构和相应的司法组织体系,实现轻罪处罚的法治化;通过轻罪处罚法律制度的建立,改革和完善中国的刑事和治安管理立法、司法体系。"②由此可见,不止一位学者试图在刑法之外建构轻罪体系或微罪体系,只不过讨论的局限是建立在对劳动教养制度的改造之上。虽然我国法律中没有重罪和轻罪的规定,但我国学界已经在广泛讨论重罪和轻罪问题,甚至还有学者提出了重罪、轻罪和违警罪的系列概念。另外,在刑法之内或刑法之外形成独立的轻罪体系也是我国学界所达成的基本共识,尤其是在刑法之外形成轻罪体系近些年愈加被我国学界所推崇。因此,在我国不仅要深入细致地研究重罪与轻罪的概念,也要研究微罪或违警罪的概念,甚至要研究轻微犯罪的建构体系。

二、我国微罪概念的提出

如上所述,轻罪(包括微罪)在我国并不是一个严格意义上的法律概念,而仅仅是一个学理概念。在过去的研究中,轻罪的概念可以分为两种:部分学者在现行刑法框架下根据各类标准,划分出罪刑较轻的犯罪,将其定义为轻罪;也有学者借鉴境外犯罪分类理论,跳出现行刑法的框架,提出建立我国的轻罪概念,然而学者们对于所建轻罪概念的内涵和外延具有很大差异。

本书试图建立的微罪概念,并不局限于现行刑法的框架,而是从应然角度出发,立足于犯罪分类层面上进行讨论,而微罪概念的内涵和外延的建构是问题的关键和核心。然而,犯罪分类基础上的轻罪概念,学界提出了不同的观点。有学者认为:轻罪主要应指《刑法》分则第六章规定的危害社会管理秩序犯罪中的最高法定刑为3年有期徒刑的轻微犯罪,同时,部分包含《刑法》分则第四章、第五章规定的侵犯公民人身权利、财产权利、民主权利的最高法定刑为3年有期徒刑的轻微犯罪。危害国家安全罪、危害公共安全罪、破坏社会主义市场经济秩序罪、危害国防利益罪、贪污贿赂罪、渎职罪、军人违反职责罪各章犯罪,不论法定最高刑是否为3年

---

① 张绍彦:《建立中国轻罪制度的理论选择——以劳动教养为范例的分析》,载《犯罪研究》2002年第3期。
② 张绍彦:《论劳动教养立法的几个基础性问题——建立我国轻罪处罚制度的理论创新》,载《现代法学》2003年第2期。

有期徒刑,都应当属于重罪。《刑法》与《治安管理处罚法》发生竞合都予以处罚的行为都属于轻罪,而不论该行为属于何种类型;《治安管理处罚法》处罚而《刑法》不涉及的行为,仍然属于行政违法行为,由《治安管理处罚法》处罚。劳动教养处罚的行为中,需要轻罪化的主要是本质上情节轻微不予刑事处罚的各种行为;需要予以犯罪化的部分行为。① 也有学者认为:"我国刑法放弃对轻罪行为的管辖是不智之举,将来应当取消刑法中的定量要素,不仅要取消《刑法》第 13 条的但书,而且要取消分则中的数量和情节之约束,做到彻底以行为性质决定犯罪成立与否。这样《治安管理处罚法》的部分内容就回到刑法之中,其余部分根据非犯罪化的原理删除掉不应按照犯罪处理的内容,再和现行刑法典中的轻微犯罪行为以及其他应该予以犯罪化的轻微犯罪行为一起,建立我国的轻犯罪法。"②还有学者认为:"我国的《治安处罚法》类似于国外的警察法,在我国也有人称其为小刑法。既然治安处罚如此接近刑事法性质,它理所当然地就应成为构建轻罪体系的重要内容之一。""应当将劳动教养刑法化,并主张实现我国人身自由罚一级制裁体系。""治安处罚中的人身自由罚和劳教的司法化甚至刑法化在理论上也日渐成熟或愈加被大多数学者所赞同,这也为我们建立以治安处罚和劳教的立法为结合实体的轻罪体系创造了理论条件,或营造了环境与氛围。"③甚至有学者明确指出:"制定《轻犯罪法》,将《治安管理处罚条例》、劳动教养法规所规定的各种危害行为纳入《轻犯罪法》中,并规定非常简易的审理程序,使各种犯罪行为得到法院的依法审理,是建设社会主义法治国家的必然要求。"④还有学者主张在刑法之内解决我国的轻罪问题,认为"实现刑法结构的统一化应是我国刑法未来发展的一个方向。也就是说,将治安管理处罚、劳动教养连同其他保安处分措施一并纳入刑法,分别由违警罪、轻罪、重罪和保安处分等几块内容组成"⑤。可以说,上述观点仁者见仁,智者见智,这些方案也都是十分有益的,甚至将触角延伸到刑法之外。起码能够从各个层面或方面不同程度地缓解我国目前刑法体系的尴尬,但究竟在刑法之内还是刑法之外建立微罪及其体系,这恐怕就是方案的比较和利弊选择的问题了。

----

① 参见高长见:《轻罪制度研究》,中国社会科学院大学 2010 年博士论文,第 93—97 页。
② 何庆仁:《犯罪化的整体思考》,载陈兴良主编:《刑事法评论》(第 23 卷),北京大学出版社 2008 年版,第 515 页。
③ 李晓明:《从中美 IP/WTO 第一诉谈我国的轻罪体系建构——重在两国 IP 保护力度的分析》,载《中国法学》2007 年第 6 期。
④ 张明楷:《刑事立法的发展方向》,载《中国法学》2006 年第 4 期。
⑤ 刘仁文:《关于调整我国刑法结构的思考》,载《法商研究》2007 年第 5 期。

笔者认为,要解决微罪问题面临着相当多的难题:(1)将现行《刑法》中判处3年以下有期徒刑的轻罪划分出来,尤其是要取消《刑法》第13条和《刑法》分则各罪名量上的限制与规定,这恐怕涉及我国诸多基本法律甚至是整个法律体系与框架的重大修改,在我国现阶段法制背景下似乎一时难以实现,即现阶段该种方案的可操作性并不强。(2)如果取消现行刑法中的定量标准,必将涉及整个刑法犯罪概念、犯罪构成、罪刑法定、罪刑相适应等基本原则问题的变更,这不仅是立法与司法实践问题,更是刑法基本理论的重塑,从一时的刑法理论论证和社会的认可度来说,目前这种条件尚不具备。(3)将《治安管理处罚法》调整的行为全部或部分纳入微罪的范畴,可谓取消行政权的能动性,这必将全部实现行政处罚的司法化和刑事化,大大破坏了我国现实法律结构中司法权和行政权的平衡关系,也即牺牲行政权的主动性和效率性,更不要说我国仅有的司法资源是否能够一时承受得住或应付得了,即便是在思想和理念上也不太符合现阶段中国法治社会的现实要求。

故笔者认为,确定微罪的内涵和外延应当考虑以下几个方面:(1)为保持现行刑法的基本稳定性,在现有法律体系和刑事法律框架大体不变的前提下,游刃有余、循序渐进地建构适合我国国情和现实特点的微罪体系,不宜将刑法中所有罪名均划分出微罪。(2)为了解决长期以来行政执法与刑事司法衔接难的问题,将《治安管理处罚法》调整的行为与《刑法》调整的行为,尤其是二者发生竞合的部分纳入微罪的基本范畴及其体系,作为建构我国微罪体系的重点研究内容,这的确不失为一种良策。(3)为了加强人权保障和推进刑事法治的真正实现,将涉及限制和剥夺人身自由的行政处罚及强制措施纳入微罪体系优先考虑的范畴,并尽快实现其司法化。(4)为了落实宪法对公民个人合法财产的保护,将涉及较大数额的罚款和涉及资格剥夺的行政处罚纳入微罪体系的范畴并逐步司法化,作为中期目标。

基于上述认识,结合本书所采用的研究方法,笔者认为,界定我国的微罪概念应当走实用主义道路,或许采用列举式,也即基于现在刑法所折射出的刑法之外的行政法规定及其他法律体系,列举出一部分刑法之外轻微(尚未达到犯罪情节与数额)的刑事性行政违法行为,特别是治安管理处罚法中与刑法近似的模糊表述之行为,以及刑法之外的人身自由罚等,将其纳入微罪的范围。当然,未来国家立法可能规制的具有人身危险性的保安处分对象等,理论上也应纳入我国微罪的基本范畴。同时,也要看到微罪概念的厘定与微罪的立法发展是有区别的,当下我们可以建立起来的微罪概念,立法却未必就能立即跟上或一步到位。比如在当前情形下,将治安管理处罚法与刑法竞合未能入罪的刑事性行政违法行为,以及刑法之外限制和剥夺人身自由的行政处罚、行政强制措施等可优先纳入微罪范围,但将行政处罚中的大额罚款、与人格和经营相关的行政处罚中的资格刑等全部纳入微罪体系,可能目前还不能立即实现,当然需要通过法治理念及司法环境的改变来逐步纳入和完善。由此可见,我国微罪制度的建立是一个循序渐进的过程,不可能一次就全部到位。

三、我国微罪概念的解读

微罪作为微罪体系中最重要的基本概念,应对其如何解读呢？这恐怕是建构微罪体系及其基本理论的重中之重,我们集中进行如下分析。

一是微罪概念的基本表述。从字面意义上讲,微罪既有轻微犯罪之意,也有比轻罪更轻或直接称微罪的含义。显然,前一种指的是包含在轻罪中的轻微之罪,后一种情况指的是比轻罪更轻的微罪。这里特别应当指出的是,本书倾向于后者,这是由于本书是在刑法之外来讨论问题,完全脱离了刑法之内的所谓轻罪。当然从传统意义上讲,在刑法之外本就不应当存在所谓的"罪",按照我国的现行法律规范,除刑法规制的行为(刑事违法行为),一切行为都是违法行为(包括行政违法和民事违法)。然而,在我国却存在三种极为特殊的情况:(1)我国《刑法》总则第 13 条犯罪的概念及刑法分则各个罪名的"罪刑规范"均采用"既定性又定量"的"构罪标准",也就是说,虽然违反了《刑法》总则与分则的规定,也即具备了"刑事违法性"的条件,但如果达不到一定的"数额"或"情节",仍然不属于刑法意义上的"犯罪"。如此也就造成在刑法之外存在大量的虽然在实质意义上"违反了刑法",但由于没有达到刑法的量化与情节的标准,并不以犯罪论处,比如《刑法》与《治安管理处罚法》有几十个条文就是此种意义上的"竞合",但从理论上讲能说这些行为不具有犯罪的性质吗？(2)长期以来刑法学界称《治安管理处罚法》为"小刑法",言外之意就是《刑法》是"大刑法"。《治安管理处罚法》是"小刑法",这是因为所有违反《治安管理处罚法》的行为也都为《刑法》所禁止,所以才出现了"竞合"问题。在刑法学者看来,二者并无本质的区别。既然是"小刑法",将其规制的行为称为"微罪"也不无道理。(3)众所周知,我国法律体系中有一个特殊的现象,在刑法之外存在大量的"人身自由罚",这似乎是不可思议的,但它是一种客观现实。如行政处罚中的"行政拘留",包括已经废止的劳动教养以及收容教育和现行刑法规定的专门矫治教育等。这些涉及人身自由罚的处罚措施,不管是在刑法之内还是在刑法之外,其性质就是"刑罚"(也即必须由刑法来规制的行为与内容),因此将这些行为称为"微罪"也就不无道理。总之,在我国,无论在刑法之内还是刑法之外均有"罪"的概念、规制或影子,故称其为"微罪"也是情理之中的事,所以在刑法之外建立"微罪"的概念或"微罪体系"并不存在太大的理论障碍。只不过在我国民众的观念中,或许还不习惯或不能完全适应,需循序渐进。或许是历史、文化与环境的因素,需要逐渐改变对"罪"尤其是"微罪"的认知,甚至与国际的刑法文化接轨。

二是微罪体系的一般解析。"微罪"的称谓理顺了,包括其实质含义也解释清楚了,建立"微罪体系"的思路才能顺理成章。所谓"体系"不是指一个单一的事物,而是一个按顺序排列的有机系统。比如有关"微罪体系"的立法,它指的不是一部法律,而是多部法律组成的一个有机整体。如上所述,这当然是由我国现实的法律体系及法治环境所决定的,如在《刑法》之外除有《治安管理处罚法》外,还有专门矫治教育、强制戒毒,以及道路交通安全法、海关法、环境保护法和网络安全法等许多法律中都有剥夺或限制"人身自由"的"行政拘留"条款。当然,要在刑法之外规制这些带有"人身自由罚"的法律条款与规定,就必须形成一个类似相同或相似情况的"规制体系",否则不好实现法律的执行与运作。如此,在我国刑法之外形成一个"微罪"的法律体系也就顺理成章成为一种必然,在法理上也就不难理解或解释。

三是微罪及其体系的未来使用。虽然进行了上述讨论,但在我国尤其是在老百姓的理念中,"犯罪"终归是大逆不道的事情,甚至是令人不能忍受的事情,要是说自己或家人犯罪了,那将是"灾难性的"或"塌天的"事情。所以,如果在刑法之外存在"罪",毕竟是"罪"的标签,无论如何人们是难以接受这个"罪"的称谓的。鉴于此,笔者主张在刑法之外最好称"微罪",甚至不用"微罪",用"刑事性行政违法行为"。主要基于如下考虑:(1)在我国刑法之内已有"重罪"和"轻罪"的说法,尽管不是立法上的规范,只是学理或理论上的称谓,但已有了就不能再重复,以免产生不必要的矛盾与歧义,所以在刑法之外使用"微罪"是再恰当不过的事情。(2)从逻辑上讲,刑法之内存有"重罪"和"轻罪"的概念,尤其是相当一部分学者比较认同"三年以下有期徒刑为轻罪"的主张,似乎已是刑法学界达成的基本共识,没有必要再去打破这一定势。而在刑法之外,有个"微罪"范畴与之对接,这既是顺理成章的事,具有严密的逻辑与论证,又恰好与有些国家或地区的"违警罪"的称谓相重合或相印证,可谓"一举两得"。(3)从我国

"既定性又定量"的构罪标准来衡量,未来也应当使用"微罪"的称谓,这是因为达不到重罪或轻罪的标准(也即不构成刑法意义上的"犯罪"),当然就只能是"微罪"了,语义上也有"微不足道"之意,所以在刑法之外使用"微罪"再恰当不过。当然在目前情况下,尤其是我国《刑法》第 13 条有"情节显著轻微危害不大的,不认为是犯罪"的规定,这里的"情节显著轻微"当然是"犯罪行为"的情节轻微,这里的"犯罪"当然是刑法之罪,故当下在刑法之外使用"微罪"的概念似乎还是有一定的法律依据的。

综上所述,就刑法基本概念的科学性来讲,在未来的刑法之外使用"微罪"的概念及其体系是比较合适的,也是比较符合法理和立法的科学设计的。笔者认为,所谓微罪是指轻微之罪或微小的犯罪,也即虽然在性质上违反了刑法,但在量上达不到追究刑事责任的程度。也即刑事性行政违法行为,但又无法排除或抗拒其刑事违法性,故称其为微罪。其特征有三:第一,具有刑事违法性特征,也即在性质上违反了刑法或具备被剥夺人身自由的实质要件或形式要件,如违反了刑法,或者在行政处罚中被剥夺或限制人身自由,甚至被剥夺生存权,如吊销营业执照、停止营业等。第二,在违法形式上只是违反了行政法或其行为只能受到行政处罚,也即无论在形式要件还是实质要件上只能被行政法所处罚,不能直接动用刑法。第三,其行为被排除在刑法之内的重罪、轻罪之外,也即量上达不到《刑法》第 13 条规定的情节严重之要求。当然,由于目前在刑法之外建构"微罪体系"的提法似乎尚未见到,截至目前或许仅仅是我们的一家之言。

第三节 构建我国微罪体系的必要性

如前所述,刑法与治安管理处罚法存在处罚对象深度竞合、处罚方法非正当性和处罚严厉程度失衡等根源性弊端。笔者认为,构建我国微罪体系可以解决这些立法矛盾,从根本上弥补现行立法体系的既有缺陷和不足。值得注意的是,微罪体系是以微罪概念为基础的制度体系设计,该体系不仅包含实体制度设置,甚至包含程序制度设置。也就是说,在我国由于法治环境与现实法律体系的局限,微罪问题不是一个单项立法能够解决的,这完全不同于域外的微罪立法制度,而需要进行微罪领域的体系建设,从现实的法律体系与基本理念出发,通过更新和改造逐步建立中国式微罪法制裁体系。而要解决这些问题,就必须从以下几个方面作出努力。

一、解决两法处罚对象深度竞合的冲突

如前所述,目前我国刑法与治安管理处罚法在调整对象上存在着诸多

的重复与竞合,不仅给理论而且给执法与司法实践带来了许多瓶颈与困难,这里将从立法的角度探寻刑法与治安管理处罚法部分对象竞合的根源性问题,在梳理行政违法和刑事犯罪区分理论的基础上,以及行政执法与刑事司法有效衔接的思路上,对我国《刑法》第13条既定性又定量的犯罪概念进行反思,最终提出构建我国微罪体系的立法方案与思路,从而建构新的三法衔接机制。

(一)调整对象部分竞合的立法意图分析

《刑法》第13条规定:"一切危害国家主权、领土完整和安全,分裂国家、颠覆人民民主专政的政权和推翻社会主义制度,破坏社会秩序和经济秩序,侵犯国有财产或者劳动群众集体所有的财产,侵犯公民私人所有的财产,侵犯公民的人身权利、民主权利和其他权利,以及其他危害社会的行为,依照法律应当受刑罚处罚的,都是犯罪,但是情节显著轻微危害不大的,不认为是犯罪。"《治安管理处罚法》第2条规定:"扰乱公共秩序,妨害公共安全,侵犯人身权利、财产权利,妨害社会管理,具有社会危害性,依照《中华人民共和国刑法》的规定构成犯罪的,依法追究刑事责任;尚不够刑事处罚的,由公安机关依照本法给予治安管理处罚。"由此可见,《刑法》第13条采用的是"但书""既定性又定量"的犯罪界定模式,而且在《刑法》分则的个罪规定中大量使用了"数额较大""数额巨大""数额特别巨大""情节恶劣""情节严重""情节特别严重""造成严重后果"等犯罪的定量因素,意图是用实质性的"构罪标准"对那些具有"刑事违法性"的"形式标准",也即对轻微犯罪行为的入罪进行限制,达到区分"尚不够刑事处罚"的目的,最终准确界定刑事犯罪与行政违法的界限,完成刑法和行政法处罚对象的有效衔接。换言之,一部分性质极为恶劣的行为或危害特别轻微的行为,可通过行为"定性"的界定标准区分犯罪和行政违法;一部分刑法和行政处罚法调整对象竞合的行为,可通过"定量"的界定标准区分犯罪和行政违法。

首先,我们来考察刑法的"定性"标准。也即根据行为的性质将一部分性质极为恶劣的行为纳入犯罪圈,如故意杀人、放火、爆炸、强奸等行为,符合这些"定性"的行为不可能与治安管理处罚法发生任何竞合。通过对本书第一章表1-1和表1-2的统计得出,治安管理处罚法中与刑法不存在任何竞合和冲突的行为占到55%的比例,但仍有45%的行为与刑法中的行为在构成特征上完全一致或有相似之处,如扰乱公共交通工具上秩序的行为、制造噪声干扰正常生活的行为、利用他人乞讨的行为等均属此类行为。经过梳理这些行为的共同表现和特征包括:(1)与传统的伦理道德理念没有紧密的联系,不具有明显的道德上的可谴责性,其行为集中表现在违反国家基于行政和维护社会秩序需要而施加给公民行政上的义务,而非道德义务。(2)一般而言此类行为对法益的侵害程度较轻。从侵害法益的种类上看,这些行为侵害的法益大多是公共秩序、社会管理秩序,而这些法益与国家安全、公民人身财产权等重要法益在性质上存在较大差异,即便部分行为可能危害到公共安全或公民的人身财产权利,但从行为构成特征上考察也属于情节特别轻微的行为,并未对法益造成严重损害。(3)就行为的性质和严重程度而言缺乏刑罚处罚的必要性。因为这些行为欠缺明显的道德上的可谴责性,对法益造成的危害程度也比较轻微,因此不具备必须科处刑罚的必要性。因此,从刑法的立法意图上考量,立法者认为以上行为完全可以通过"定性"的标准准确界定行政违法和犯罪的界限,从而不使这些轻微违法行为轻易入罪。

其次,我们来考察刑法的"定量"标准。如上所述,从刑法和治安管理处罚法调整对象竞合的情况来看,刑法采用"定量"的标准是根据行为的危害程度来界定犯罪与一般行政违法行为的。我国治安管理处罚法的重要任务之一,就是将社会危害程度尚不够刑事处罚的一般行政违法行为纳入其管辖范畴,这就使得治安管理处罚法中相当多的行政违法行为在构成特征上与刑法不同,而这需要一个有效的衔接,立法者再以社会危害程度这一"量"的因素作为刑法和治安管理处罚法的"衔接点"。"尚不够刑事处罚"的,即社会危害程度尚未达到一定的"量",依照治安管理处罚法论处;达到一定的"量",已构成刑事犯罪的,依照刑法论处。为真正实现"罪刑法定原则"内容之一的"刑法明确性"对犯罪的范围进行明确,这里的"量"反映在刑法中大多表现为"情节严重""情节恶劣""造成严重后果""数额较大"等犯罪定量因素。并且,为了进一步明确"数额较大""数额巨大""数额特别巨大""情节恶劣""情节严重""情节特别严重""造成严重后果"等犯罪定量因素,颁布了大量的立法解释和司法解释,力图将"量"做到尽可能明确化。因此,从刑法立法的意图上考量,立法者认为对于刑法和治安管理处罚法调整对象竞合的行为,完全可以通过立法上"量"的标准来区分犯罪和行政违法。

对于这种采用"定性加定量"的犯罪概念界定模式,许多学者认为该立法模式是目前情况下可以找到的比较合理的方式,符合各种法律法规间相互衔接的关系,也是罪刑法定明确性原则实现的有效方式。有学者认为,我国刑法采取"定性加定量"的犯罪界定模式具有正面效应。主要体现在三个方面:第一,适应我国社会治安二级制裁体系——刑罚和治安处罚的结构要求,而且从司法实践的角度来看,这种界定犯罪概念的方法也便于划分罪与非罪的界限,不至于造成制裁体系结构的混乱。第二,可以减少犯罪数,降低犯罪率。第三,可以使刑事司法力量集中打击那些事关国家稳固、社会发展及公民生命与财产安全的犯罪活动,避免把有限的刑事司法资源消耗在对付那些社会危害性不大的一般违法行为上,从而可能使刑事司法发挥最佳效能。① 也有学者认为,犯罪定量因素有利于贯彻客观主义犯罪观,"情节犯""数额犯""结果犯"等重视犯罪定量因素的立法模式是贯彻客观主义犯罪观的体现,有利于合理地控制刑法的处罚范围;犯罪定量有利于贯彻结果无价值论,犯罪定量因素与结果无价值论的契合点在于合理地限制刑法的处罚范围,使得处罚界限明确化;当行为不具有形式的违法性时,应以形式的违法性为根据将其排除在犯罪之外,当行为不具有实质的违法性时,应该以实质的违法性为根据将其排除在犯罪之外。"正是犯罪定量使得我们必须同时考虑形式的犯罪论与实质的犯罪论,由此看来犯罪定量因素有利于贯彻实质解释论。"②这正是我国刑法与其他国家和地区刑法典的最大区别,后者或许体现的是行为无价值。

(二)行政违法与犯罪区分的理论梳理

关于犯罪与行政违法如何区分,也即行政刑法中的刑事不法和行政不法问题,这一直是理论界和司法实务部门关注的焦点,迄今已经争论一百多年了。更有学者感叹,"这是一个令法学者陷入绝望的问题"③。以下在梳理境内外学者提出的区分刑事不法与行政不法的各种学说的基础上④,试图分析和探究我国现行立法所采取的相关基础理论。

1. 质的区别说

质的区别说认为刑事不法与行政不法的区别在于质的价值差异。行政不法与刑事不法在本质上不是由于程度上的差异,而是属于不同种类的

---

① 参见储槐植、汪永乐:《再论我国刑法中犯罪概念的定量因素》,载《法学研究》2000 年第 2 期。
② 胡月军:《刑事政策视野中的犯罪定量因素》,载赵秉志主编:《刑法论丛》(第 25 卷),法律出版社 2011 年版,第 157—166 页。
③ 〔日〕中川佑夫:《行政刑法序说》,载〔日〕佐伯千仞:《犯罪与刑罚》(上),有斐阁 1968 年版,第 169 页。
④ 有关各种学派的学说,主要参考林山田:《论刑事不法与行政不法》,载林山田:《刑事法论丛(二)》,丰兴印刷厂有限公司 1997 年版,第 34 页以下;黄明儒:《行政犯比较研究——以行政犯的立法与性质为视点》,法律出版社 2004 年版;吴景芳:《行政犯之研究》,载《刑事法杂志》1984 年第 3 期;洪家殷:《行政秩序罚论》,五南图书出版公司 1998 年版,第 38 页;何子伦:《台湾地区刑事犯与行政犯分界之研究》,中国政法大学 2005 年博士论文。

不法行为。具体又可以分为以下几种观点:

(1)罗马法的观点

罗马法的观点认为,刑事不法是一种自体恶,而行政不法则为一种禁止恶,即刑事不法其行为本身具有恶性,此等恶性是与生俱来的,而不待法律之规定,即已存在于行为之本质中。相反,行政不法行为之恶性系来源于法律的禁止性规定,而非行为与生俱来的或行为本身在本质上所具有的。因此,有些不法行为在伦理道德上是无关紧要的,它之所以成为禁止的不法纯系法律或行政命令的规定,则此等不法行为即为行政不法。

(2)社会伦理的价值判断

该种观点认为,应当以不法行为是否具有社会伦理的非价内容作为区别刑事不法与行政不法的依据。犯罪行为,特别是传统形态的犯罪,例如杀人、强奸、纵火与盗窃等,很显然,这是一种涉及宗教、伦理与道德的禁止规范。这种禁止规范在法律规范尚未订立之前,早已存在。因此,刑事不法可以说是一种伦理的不法,即刑事不法是具有社会伦理的非价内容的不法行为。相对地,行政不法在社会伦理上是无足轻重的,而且也是价值中立的,只是触犯行政规章或是秩序规章而已,其在实质上并不是针对社会伦理的基本价值,其所为的不法,不含有社会伦理的非价内容,也即不具有社会伦理道德的非难性。

(3)文化规范理论

刑法学者迈耶依据其所创的文化规范理论来区分刑事不法与行政不法。所谓文化规范是指个人在宗教、道德与日常生活规范的禁止与诫命的总称,没有任何一个国家所禁止的行为是文化上所不加以禁止者。法律规范尚存有所谓义务问题,这是文化规范所没有的,因为其实质内容与文化无关,即微罪法的规范,其在文化规范中是无足轻重或无关紧要的。刑事犯乃同时违反法律规范与文化规范,而行政犯只是违反法律规范。故刑事不法与行政不法的区别,在于前者系由于法律的效力,同时基于文化的受损性的不法,而后者只是由于法律规定的不法。

(4)法律所保护的客体

该观点认为,刑事不法是破坏法益或对法益构成危险的不法行为,行政不法则欠缺刑事不法的实质要素,只是对国家所颁布的行政法规的单纯不服从,是形式上的不法。刑事不法具有实质内容的法益破坏,而行政不法则只是形式上的不法,可谓一种不服从犯。

(5)法益破坏的种类与方式

该观点认为,刑事不法与行政不法的区别不在于两者所保护之客体的差异,而是在于对同样保护客体所发生的作用的不同:刑事不法与行政不法行为所侵害的或其攻击的对象,均为法益,不同之处仅是两者所攻击或侵害法益的种类与方式的差异而已。一般而言,法益可以加以侵害,并且具体地甚至抽象地加以侵害(即对其构成危险)。刑事不法即是破坏法益或具体地危害法益的不法行为,而行政不法则只是抽象地危害法益。

罗马法的观点以自然恶和禁止恶来区分刑事不法与行政不法,但禁止恶与自然恶的界限很难明确界定,一些不法行为经过实定法的规定成为禁止恶,但随着时代的变迁,这种禁止恶的伦理的非难性逐步增强并为社会所认可,禁止恶可能就转化为自然恶,在这种情况下,禁止恶与自然恶是无法区分的。同样,社会伦理道德也可能发生转化变迁,行政不法与刑事不法在伦理道德上所受的评价也很难泾渭分明。文化规范理论以文化规范作为刑事不法与行政不法的界限,但法律本身就是文化的产物之一,很难发现法律规范中的内容没有文化规范的内容,行政不法不仅是法律的不法,也可能是文化规范的不法,因此该种观点实际上也难以区分刑事不法与行政不法。另外,行政不法虽然只是对行政规章的不服从,但是从其实际后果来看,行政不法会给行政秩序或经济秩序带来破坏,从实质上考虑,行政不法也是一种破坏社会法益的行为,因此,以法律所保护的客体作为区分刑事不法与行政不法的标准,似乎也不可行。

2. 量的区别说

量的区别说认为,区别刑事不法与行政不法的性质差异没有很大的意义,两者之间的区别在于量的差异,而不是质的差异,即两者在行为的方式上,并不存在质的差异,而只是在行为的轻重程度上,具有量的差异。换言之,行政不法行为只是一种比犯罪行为具有较轻损害性和危险性的不法行为,或是在行为方式上缺乏如犯罪行为的高度可责性的不法行为,秩序违反在事实上是一种轻微的犯行。

量的区别说从行为的轻重程度上来区分刑事不法与行政不法,但其无法解决以下两个问题:(1)有的行为可责程度非常低,即使到最严重的程度,也达不到刑事不法所要求的高度可责性,如何用量的区别说进行区分?(2)量的具体标准如何界定? 行政不法转向刑事不法的量的临界点如何准确界定?

3. 质量区别说

该学说折中了质的差异说和量的差异说,认为刑事不法和行政不法不仅在行为的量上,而且在行为的质上均有所不同。因此,刑事不法在质上显然具有较深度的伦理非价内容与社会伦理的非难性,而且在量上具有较高的损害性与社会危害性；相对地，行政不法行为在质上具有较低的伦理可责性，或者不具有社会伦理的非价内容，并且在量上并不具有重大的损害性与社会危害性。

质量区别说在区分刑事不法与行政不法中，应当主要考虑哪些因素，许多学者提出了自己的观点。有学者认为，可以将以下因素作为判断的标准：(1)非难性之程度；(2)危险之程度；(3)法益之侵害；(4)发生之频率与数量；(5)制裁制度之特性；(6)权力分立之理念等。也有学者认为，应兼就下列四方面作综合考量，以决定该不法行为究竟将其规定为犯罪行为，抑或违反秩序行为：(1)就行为的质的考虑。此点差异主要在于社会伦理的非难性。(2)就量的考虑。此差异系以行为的轻重程度为标准，并可再分为两部分：第一，所造成损害或危险之程度；第二，行为违犯的数量。(3)就行政管理政策的考虑：第一，应符合司法权及行政权之界限；第二，行政管理之有效性及目的性；第三，不宜过度迷信刑罚的威慑力。(4)就刑事政策的考虑：第一，刑罚之最后手段特质；第二，避免将秩序违反行为规定为犯罪行为，以免司法超载；第三，适度修正"特别刑法肥大症"，而将不必要的犯罪行为除罪化。①

4. 我国现行立法采用的区分标准

在行政违法与犯罪的区分上，我国不同于德、日、美等国家完全以行为性质作为划分标准，这些国家的行政违法与犯罪在行为类型上是不同的，而我国行政违法或犯罪类型与行为类型是等同或交叉的。有的行为类型，可能是犯罪，不可能是行政违法；有的行为类型只可能是行政违法，不可能是犯罪；有的行为类型，可能是犯罪，也可能是行政违法，关键是看行为的轻重程度。从这个角度看，我国行政违法与犯罪所采用的界定标准，实际上是质量区别说。

采用"质"的标准，将具有较低伦理可责性或者不具有社会伦理非价内容的行为规定在行政处罚法中，如制造噪声干扰正常生活等行为；将具有高伦理可责性的行为直接规定在刑法中，如故意杀人、放火等行为。这两种行为具有"质"上典型性的差异，不会发生竞合和冲突。

采用"量"的标准，将都具有社会伦理可责性的相同行为类型的行为划分为犯罪与行政违法行为，这里的量实际上就是我国犯罪概念中的"定量"的界定标准，体现在刑法法上就是"情节严重""情节恶劣""造成严重后果""数额较大"等犯罪定量因素。

---

① 参见林山田：《使用刑罚或秩序罚的立法考量》，载《刑事法杂志》1999年第1期。

(三)我国"定性加定量"模式的反思

我国《刑法》第13条规定了"既定性又定量"的"构罪标准",应当说这也是我国刑法的突出特点,该模式不仅加大了我国违法与犯罪区分和违法犯罪制裁体系运行的难度,甚至导致选择性执法与随意性执法的泛滥,执法与司法腐败。因此,非常值得进一步反思和改进。

1. 刑法明确性原则的缺失

自意大利经济学家、法学家贝卡里亚(1738—1794)提出罪刑法定原则后,迄今已有两百多年的历史,它不仅是现代刑法学的理论基石,甚至与刑诉法中的无罪推定原则共同建构了世界刑事法治的基本理论框架。随着现代法治社会的推进,罪刑法定原则也在顺应当代刑事法治的要求,不断改革和完善其合理内涵。"'从法无明文规定不为罪,法无明文规定不处罚'的形式侧面到'明确性与实体的正当程序原则'的实质要求,无不彰显了罪刑法定原则的改革发展历程。明确性原则作为罪刑法定的实质性派生原则,在现代刑法中的确立与展开是在英美法制下开花并在英美和欧陆法系的现代国家刑法理论与实践中广泛结果。"[1]在20世纪初的托泽诉美国案中,美国巡回法院法官Mr. Brewer指出,"一个行为是否为犯罪不能依赖于陪审团认为它是或不是而决定,而必须依照清楚明确的法律规定"。该观点被后来的美国联邦法院法官在许多案件中引用,如1909年的沃特-皮尔斯石油公司诉得克萨斯州案、1913年纳什诉美国案、1925年海格瑞德供应公司诉谢尔曼案、1926年康纳利诉通用结构公司案等。在康纳利诉通用结构公司案中,美国联邦最高法院法官Mr. Sutherland在判决书中指出:"刑法规定犯罪的用语必须十分清晰明白,以至于人们能够知道什么样的行为是犯罪。这是广为承认的必需条件,是与公正和法治的观念相一致的;如果刑法禁止或者命令人们做某种行为的规定模糊不清,以至于有普通智力的人必须要猜测它是什么意思并在其用法上看法不一致时,这是根本上违反正当法律程序的。合法与违法之间的分界线不能留待推测。如果刑法的规定如此模糊以至于公民合理地采用了不同的解释,公民就不应该对基于内容模糊的刑法规定而产生的指控进行答辩。犯罪及其构成要件,必须被清楚地表达以至于普通人能够事先明智地选择,什么行为是他所追求的合法行为。"[2]后来,美国联邦最高法院于20世纪60年代至70年

---

[1] 高仕银:《明确性原则——结合我国刑法文本的初步思考》,载《广西大学学报(哲学社会科学版)》2010年第2期。

[2] 刘艳红:《刑法明确性原则:形成、定位与实现》,载《江海学刊》2009年第2期。

代的判例中创制了"不明确即无效"的刑法合宪审查制度,这一原则要求立法者不得制定犯罪构成要件不明确、行为犯罪化的范围与边界不清晰、法定刑幅度不确定的模糊刑罚法规,否则,刑罚法规即应当被宣布无效。美国联邦最高法院认为:"正当程序原则除在宪法上具有保障人身自由的意义,要求公权力的行使必须符合法定程序的要件及一般的程序正义的意义外,在刑法上也具有刑法明确的实体法意义。"①自此之后,"明确性原则"又得到德、日等国刑法判例的承认,并在第二次世界大战后被作为罪刑法定原则的内容而在立法上加以规定,从而成为现代罪刑法定原则一项新增的内涵。

"刑法的明确性原则在现代的罪刑法定语境下表现在刑法文本中即是对犯罪概念、犯罪构成以及具体犯罪的明确性规定和对刑罚种类、量刑原则乃至具体犯罪法定刑的明确规定。"②换言之,刑法的明确性就是构成要件的明确性和法定刑的明确性。犯罪构成要件是认定行为构成犯罪的前提条件和关键,如果构成要件不明确,将导致根本无法认定行为的性质,最终导致国家刑罚权的恣意发动或犯罪行为不被处罚,因此刑法对犯罪构成要件应当力求明确。判断某一刑法规范是否达到明确性程度标准时,应从两个方面来考量:一是理解可能性。理解可能性是指刑法规定的构成要件及法律效果必须为一般民众所了解和认知,一般民众可以清楚地知道刑法规范的意义、适用范围和制裁手段。二是预测可能性。民众根据刑法能够预测到:什么样的行为是犯罪,会受到何种处罚;只要不实施刑法所禁止的行为,国家机关就不会剥夺或限制自己的权利、资格和自由;即使自己的行为触犯刑法构成犯罪,也不会遭受法律之外的惩罚。③

罪刑法定基于法安全之考虑而要求刑法在内容上具有明确性,然而,明确性要求本身却不可能是绝对的。"法的不明确性是由法的一般分类的抽象性构建与语言本身的框架结构所必然导致。它之所以是一种必要的代价,一则是基于一定程度的模糊性乃属不可避免;二则是为构建法的开放性所必需。"④换言之,由于犯罪的复杂性和多变性、立法者认识的局限性和有限性以及语言的多义性和模糊性,刑法的明确性只能是相对的明确,或最多是接近于明确,而不可能做到没有歧义的明确。现实刑法的明确性包括刑事立法和刑事司法两个方面:在刑事立法方面,应当采用普

---

① 梁根林:《罪刑法定视野中的刑法合宪审查》,载《法律科学(西北政法大学学报)》2004年第1期。
② 陈兴良:《刑法适用总论》(第2版),中国人民大学出版社2006年版,第16—18页。
③ 参见张建军:《刑法明确性的判断标准》,载《华东政法大学学报》2011年第1期。
④ 劳东燕:《罪刑法定的明确性困境及其出路》,载《法学研究》2004年第6期。

通公民能够理解的、尽量没有歧义的文字语言,能够使公民准确预测自己的行为及其后果,司法人员能准确定罪处罚;在刑事司法方面,司法人员可以根据公平正义之观念对不明确的刑法规范进行解释补充适用。但是,值得注意的是,是否构成犯罪应当是明确和可预知的,这是明确性原则的前提,罪轻与罪重在公平正义的前提下可以发动司法的实质解释,但如果罪与非罪也是模糊和概括的,就形成了对明确性原则的根本违背。事实上,大陆法系和英美法系的多数国家和地区在刑法构成上,都采用明确式的规定方式,只对某罪的性质作出明确的规定,而对行为程度并没有特殊的要求,具体的情节、数额、后果等"量"的因素则在司法中加以考虑。

我国刑事立法采取"定量"的犯罪界定标准,来区分行为构成完全相同或相似的行为,进而认定犯罪或行政违法,但作为区分犯罪和行政违法的"量""无论在分则之罪的规定上采取列举方式还是采取概括方式,均难以符合罪刑法定的明确性要求,难以具有合理性。而且至今为止,尚未发现可以采用的既可以明确又可以有效限定量之程度的有效方法。因此,笔者认为,在这个问题上,立法具有绝望性,根本没有有效方法予以解决"[①]。罪与非罪的明确界限,是刑法明确性原则的前提和关键,如果罪与非罪的界限都具有模糊性和概括性,行为的性质就有可能在犯罪与行政违法之间无规则变动,刑法的明确性原则将无从谈起。我国刑法条文中大量的"数额较大""数额巨大""数额特别巨大""情节恶劣""情节严重""情节特别严重""造成严重后果"等量的规定,本身就具有模糊性和概括性,并且随着社会的发展,这些"量"如果不变化就会与社会的现实需求不相适应,这种不确定的"量"作为区分罪与非罪的主要标准,直接形成了对刑法明确性原则的冲击,不但没有实现罪刑法定原则要求下的明确性,反而是一种严重违背明确性原则的立法方法。如果刑事立法不明确,从刑事司法的角度出发,司法人员可以根据公平正义的标准对不明确的刑法规范进行解释,"事实上,刑法的明确性是由立法的明确性和解释的明确性共同实现的"[②]。我国刑法分则条文中"量"的高度概括性和模糊性规定不能为普通民众提供一个准确的认识标准,立法机关又没有作出详尽的解释和说明,对这些概括性条文的理解和解释由司法机关作出的司法解释实际承担,理论上这也是实现明确性原则的一个途径,但事实上司法机关关于"量"的司法解释同样具有概括性和兜底性,不但没有弥补立法上的不明

[①] 李洁:《罪刑法定之明确性要求的立法实现——围绕行为程度之立法规定方式问题》,载《法学评论》2002年第6期。
[②] 张明楷:《外国刑法纲要》,清华大学出版社1999年版,第25页。

确,反而使这个不明确更加不明确。例如,2006年7月26日公布实施的最高人民检察院《关于渎职侵权犯罪案件立案标准的规定》对于报复陷害行为成立犯罪"量"的解释为:"涉嫌下列情形之一的,应予立案:1. 报复陷害,情节严重,导致控告人、申诉人、批评人、举报人或者其近亲属自杀、自残造成重伤、死亡,或者精神失常的;2. 致使控告人、申诉人、批评人、举报人或者其近亲属的其他合法权利受到严重损害的;3. 其他报复陷害应予追究刑事责任的情形。"在这一司法解释中,对"合法权利受到严重损害"应作何理解?"严重"的界限是什么?"其他报复陷害应予追究刑事责任的情形"这种兜底性、概括性条款,更使这种不明确的解释没有任何意义。值得重视的是,这种司法解释直接涉及罪与非罪的标准,直接决定行为是犯罪还是行政违法性质界定的界限,这种模糊和概括性的解释不能不说是对刑法明确性原则的直接违背。因此,可以说,我国"定量"的犯罪界定标准,无论在刑事立法还是在刑事司法中,都是对刑法明确性原则的严重背离。

2. 人权保障功能受损

"现代刑事法治最应该珍视的成果就是对人权保障的凸显,在长期受集体主义观念影响之下的我国,这一点尤其要倍加珍惜。"[1]刑法中人权保障的表现之一就是明确犯罪的范围,什么行为构成犯罪,什么行为不构成犯罪,罪与非罪的明确界限是什么,对何种行为科处何种刑罚,都有明确的规定。而我国刑事立法和刑事司法中作为界定犯罪与行政违法标准的"量",本身具有模糊性和概括性,"量"的不明确性直接导致行为性质在行政违法与犯罪之间无规则的变动,这恰好是人权保障机制的天敌,它使公民对于行为性质及其法律后果无法作出准确的判断,甚至司法机关在实践中对此也有分歧。这种罪与非罪的模糊性和概括性标准实际上已经严重威胁到我国人权保障机制,已然形成对我国法治建设根基的冲击和损害。

3. 司法实践的混乱

"在中国,某行为类型是刑事违法还是一般违法,一般情况下不能依据行为类型本身直接判断,除杀人、绑架、抢劫等少数几个罪名之外,大多数罪名之行为均存在着根据行为的程度区分刑事违法与一般违法的问题。因此,行为性质要依赖于程度。而正如前面所分析的那样,这种程度的确定是困难的。"[2]李洁教授所指的"程度"实际就是"量",如前所

---

[1] 何庆仁:《犯罪化的整体思考》,载陈兴良主编:《刑事法评论》(第23卷),北京大学出版社2008年版,第513页。

[2] 李洁:《论罪刑法定的实现》,清华大学出版社2006年版,第24—25页。

述,在立法上通过"量"来区分罪与非罪是个不可能完成的立法任务,只能委之于司法机关进行司法裁量。但在立法不明确的前提下,由于我国各地的经济、法治发展水平不一以及司法人员认识上的差异,作为区分违法与犯罪的"量"被赋予了有所差异的内涵和外延,同一行为可能在不同的地区被认定为不同性质的行为,如本章所举案例所述,这种由于"定量"犯罪界定标准导致的司法实践混乱已然对我国法治建设形成直接的冲突和破坏。

定量犯罪界定标准也导致案件管辖机关之间的冲突。在国家机关之间进行权力的分配从而形成权力的制衡也是我国法治的内在需求,在刑事领域,检察院和法院作为我国的司法机关,主要负责案件的起诉和审判,公安机关则负责刑事案件的侦查和预审以及社会治安的维护。我国"定量"的犯罪界定标准的模糊性和概括性,可能导致行为性质在行政违法与犯罪之间的无规则变动,而公安机关在案件的侦查和预审阶段负责对行为性质的界定,这种无规则的变动将会造成本来由司法机关负责的事务可能随意地转交给行政机关处理,本质上缩小了司法权的范围并扩大了行政权的范围。两种管辖主体所带来的法律处理程序及后果是截然不同的:如果由司法机关处理,适用的是司法程序,行为人和起诉人享有平等的法律地位,依法享有各种辩护上的权利和司法救济途径;如果由行政机关处理,行为人处于被管理和服从的地位,在行政程序中也享受不到充分的自我辩护机会及救济手段。如果行为应当是行政违法行为被司法机关处理适用刑罚,公民的自由和权利将受到严重侵犯;如果行为应当是犯罪而被行政机关处理适用行政处罚,刑法打击犯罪的社会防卫功能将遭到损害。

另外,由于行政违法与犯罪之间"量"的界限不清,也为部分犯罪人想方设法逃避刑事制裁提供了可能,从而也为腐败滋生提供了赖以生存的土壤。

(四)"定性"——我国微罪法建构的合理性基础

刑法的明确性原则要求罪与非罪划分标准的明确性,采用"立法定性,司法定量"的原则比较符合刑法明确性原则的要求,即以行为的性质作为区分犯罪与行政违法的标准,只是在考量罪轻罪重时才参考"量"的作用。从各国和地区的立法实践来看,这也是大多数国家和地区采用的立法手段。如《德国刑法典》第 242 条规定,意图盗窃他人动产,非法占为己有或第三人占有的,处 5 年以下自由刑或罚金刑。盗窃价值较小的物品,也构成盗窃罪,只是属于自诉的范围,并有相关条件的限制。如《德国刑法典》第 248a 条规定,"犯第 242 条盗窃罪和第 246 条侵占罪,所盗窃或侵占之物价值甚微的,告诉乃诉,但刑事追诉机关基于特别的公共利益,认为有依职权进行追诉之必要的,不在此限"①。美国《模范刑法典》总体上罪与刑的规定均无量之规定,但在第 223.1 条中,对盗窃等级的划分数额为标准之一,不同等级的盗窃之规定不同。其第 223.1(2) 条规定了盗窃的等级:(a) 盗窃数额超过 500 美元的,或者盗窃物品为枪支、汽车、飞机、摩托车、摩托艇或者其他机动交通工具的,或者存在收受被盗财产的情形,收受者对被盗物品进行买卖的,盗窃成立三级重罪。(b) 前项规定以外的其他盗窃成立轻罪。但行为人盗窃的财产并非取自人身或在实施时没有使用威胁手段,没有违反信托上的义务,并且行为人已达到优越证据的程度证明盗窃数额少于 50 美元的,成立微罪。②

借鉴境外立法定性的立法经验,采取定性的犯罪界定标准,将治安管理处罚法中与刑法规定的行为特征相同或相似的行为纳入微罪的范畴,即将治安管理处罚法中与刑法行为类型相同的行为划分出来成立微罪法。这样做具有以下优势:(1) 维护了刑法的明确性原则。采用定性的犯罪界定标准,按照行为的性质来区分行政违法和犯罪,将治安管理处罚法中与刑法规定的行为特征相同或相似的行为纳入微罪的范畴,使得刑法与治安管理处罚法的处罚对象不再发生竞合的矛盾,比较妥善地解决了刑事立法和刑事司法中由于定量的模糊性和概括性所带来的弊端,不仅从根本上维护了刑法的明确性原则,而且解决了行政执法与刑事司法的有效衔接问题。(2) 实现了社会防卫机能。将刑法的严厉性和确定性作比较,刑法的确定性的威慑效应远远大于刑法的严厉性而产生的威慑效应。如果采用定性的犯罪界定标准,将治安管理处罚法与刑法处罚对象竞合的行为纳入微罪的范畴,进入刑事领域,将意味着只要实施这种行为就构成犯罪,除非有出罪理由,这将使得公民对自己的行为及后果有明确的认识,从而对自己的行为进行自我约束,不会再抱有不达到数额就不会构成犯罪而逃避处罚的侥幸心理。这种定性的犯罪界定标准将会发挥巨大的威慑作用,一些小偷小摸的行为将明显减少,司法机关也不会对一些"大法不犯、小法常犯、气死公安、难死法院"的对社会秩序造成混乱的违法者无能为力,最终实现刑法的社会防卫功能。(3) 维护了刑法的权威性和稳定性。法律权

---

① 《德国刑法典(2002 年修订)》,徐久生、庄敬华译,中国方正出版社 2004 年版,第 119—120 页。
② 参见美国法学会编:《美国模范刑法典及其评注》,刘仁文等译,法律出版社 2005 年版,第 71 页。

威性形成的一个重要因素,应该是法律的被信任或信仰。只有法律被遵守、被信任,法律才可以产生权威,不被遵守、不被信任的法律,就根本无权威性可言。而要形成公民对法律的遵守,需要法律的稳定、司法机关与司法人员对法律的信仰,也需要法律的稳定。当然,法律不可能绝对稳定,但要求法律的相对稳定是法治的内在需求,尤其是像刑法这样的保障法更应当保持相对的稳定性。只有相对稳定的刑法,不轻易变动的刑法,公民才能预判行为的性质及后果并形成稳定的规范意识,产生对法律的信任。如果采用定量的犯罪界定标准,随着社会的发展,数额、情节等量的标准也将随之变动,作为罪与非罪的标准也将随之多变,刑法的稳定性和安定性必将受到冲击。采用定性的犯罪界定标准,将治安管理处罚法中与刑法行为类型相同的行为划分出来成立微罪法,在定罪层面上不再考虑多变的"量"的因素,避免了由于量的多变性而导致刑法不稳定的弊端,有效地维护了刑法的稳定性和权威性。(4)充分保障了人权。采用定性的犯罪界定标准,将治安管理处罚法与刑法处罚对象竞合的行为纳入微罪的范畴,罪与非罪的界限明确,有利于行为人事先预判行为的性质及后果,有利于权利的保障,而且在对其适用刑事司法程序审理时,犯罪嫌疑人或者被害人都可以充分行使发表意见为自己辩护的权利,与行政诉讼程序相比,有充分的权利保障和救济制度,这从程序上充分保障了公民的自由和权利。

当然,采用"定性"的犯罪界定标准建立微罪法,也会给我国现行刑事法律制度带来一定的冲突和矛盾,如犯罪概念的革新,微罪法也将导致犯罪圈的扩大化,与我国刑法观念的冲突以及犯罪圈扩大化后犯罪人权利的保障问题等,同时如何判断"定性标准"也是一个非常重要的问题,如果处理不当则很可能导致法律与道德的纠缠,甚至重新回到"定性加定量"的泥潭中,当然,这些问题的解决都需要我国现代刑法理论上的创新,以及执法与司法观念上的改变,包括建构相应的配套制度等,这些将在下面章节详细研究与探讨。

二、解决处罚方法非正当性的立法弊端

根据长期的立法与司法实践,处罚方法的非正当性是立法的一大弊端,因此应高度重视,解决该问题可以实现以下多个法治目标:

第一,有利于司法权和行政权的相互制衡。为了自由的目标,为了保障个人的自由和权利不受其他力量特别是行政权的侵害,人们才选择了法治,以帮助抗衡强大的行政权力。"而如果在法治化完成之后的'后法治'或'法治后'时代,则需要缩小司法化而扩大行政化,通过更加高效、灵活行政

权更多、更好地保护公民的自由。"①我国正处于法治社会的建设过程中,自由和权利的保障更需要通过司法权来制衡行政权实现。建立微罪体系,并经刑事程序处理,即将其处置权从行政权中划分出来并配置到司法权中去,有利于现阶段我国司法权和行政权的制衡,从而更能实现人权保障功能。

第二,有利于充分保障人权和实现人格尊严。对于轻微犯罪人的人权保障,就功能和程序而言,行政程序和司法程序具有巨大的差异:(1)刑法贯彻的罪刑法定原则,宪法禁止国家利用所谓的模糊概念来发动刑罚权,行政法其严密程度与罪刑法定原则相差甚远。(2)在所有的法律程序中,刑事程序是最严格、最周密、最耗时的。(3)刑事诉讼的证明标准是最高的。② 因此,建立微罪体系,实体上更严格,程序上更周密,将更加有利于公民自由和权利的保障。当然建立微罪将扩大犯罪圈,也有可能给公民带来"罪"的不利影响,但我们完全可以采取"前科有限消灭""微罪刑罚轻缓化、非监禁化"等措施减少甚至消除犯罪化所带来的弊端,笔者将在后文作详细分析。这样,不仅有利于保障人权,而且还可以在极大程度上实现每个人的人格尊严。

第三,有利于实现处罚方法合法化和规范化。合法性是目前部分行政处罚与行政强制措施根源性弊病之一,部分行政处罚与行政强制措施违反了《立法法》和《公民权利和政治权利国际公约》等法律和国际条约,其合法性已彻底丧失。通过微罪法的立法,将部分行政处罚与行政强制措施纳入微罪法的范畴,适用刑事程序处理,既符合《立法法》对公民政治权利的剥夺、限制人身自由的强制措施和处罚只能制定法律的规定要求,又符合《公民权利和政治权利国际公约》"除非依照法律所确定的根据和程序,任何人不得被剥夺自由"的要求,从根本上彻底解决了部分行政处罚与行政强制措施合法性的根源性弊端。处罚方法合法化的实现从客观上还可以带动和帮助实现立法技术的规范化,从而提高处罚的实际效果。

第四,有利于社会秩序的维护和长治久安。"如果人们并不孤注一掷地去犯严重罪行,那么,公开惩罚严重犯罪的刑罚,将被大部分人看作与己无关的和不可能对自己发生的;相反,公开惩罚那些容易打动人心的较轻犯罪的刑罚,则具有这样一种作用:它在阻止人们进行较轻犯罪的同时,使他们不可能进行重大的犯罪。"③我国在维护社会治安问题上的经验教训

---

① 张绍彦:《劳动教养的轨迹及去向》,载《法学论坛》2008年第4期。
② 参见欧爱民:《我国犯罪概念的宪法学透视》,载《法商研究》2006年第4期。
③ 〔意〕贝卡里亚:《论犯罪与刑罚》,黄风译,中国大百科全书出版社1993年版,第31—32页。

足以说明,不仅要打击严重刑事犯罪,同时也要及时有效打击轻微刑事犯罪,广布刑事法网,"严而不厉",才能保障人们的社会生活秩序,并创造出一个安宁稳定的社会环境。尤其只重视打击严重刑事犯罪,而相对忽视对轻微刑事犯罪的处理,必将导致社会的不稳定和犯罪化。建立微罪体系,将目前部分行政处罚与行政强制措施司法化,可以在打击犯罪、维护社会秩序和保障公民自由和权利之间取得合理的平衡,实现维护社会秩序及保障公民自由和权利的有机统一。说到底,法律是社会管理的恒定器,处罚方法正当了,司法公正了,社会秩序就稳定了,治安就好了。

三、解决制裁体系处罚失衡的立法矛盾

如前所述,现行的二级违法犯罪制裁体系处罚严重失衡,出现了行政违法的处罚重于犯罪所受到的处罚的情形,而且有的行政强制措施非经法定程序长时间地剥夺和限制人身自由,已经对我国的法治建设形成冲击和破坏。

确立微罪的范畴,建立微罪的轻缓化处罚体系,实现轻罪轻罚、重罪重罚、微罪微罚的处分相称原则,达到刑罚处罚与微罪处罚轻重协调的有机衔接,可以彻底解决现行违法犯罪制裁体系中处罚失衡的弊端,形成处罚衔接流畅的"刑罚—微罪罚—行政处罚"三级制裁体系。微罪法的处罚应包含以下几个方面:(1)以短期限制人身自由为主要处罚方法。对于较严重的微罪行为人可以适用一种短期的半剥夺人身自由的处罚,如周末监禁制度、外出工作制度以及外出学习制度等。(2)以社区矫正为微罪处罚的重要辅助方法。让微罪行为人在周末或者节假日到矫治机构接受强制性的教育和辅导,在其他时间,则有条件地允许其像往常一样,从事正常的社会工作、学习和生活。(3)以罚金刑为微罪处罚的常态化附属方法,其适用具有普遍性和一般性。(4)广泛适用训诫、责令具结悔过、赔礼道歉、赔偿损失,或者由主管部门予以行政处罚或者行政处分等非刑罚处罚方法。(5)以行为禁止令为补充处罚方式。在微罪处罚中,可以考虑禁止执业、禁止驾驶、禁止使用、禁止进入等禁止处罚方法的设置。(6)实行前科消灭制度,消除"犯罪人标签"给微罪行为人带来的不利影响,也可有效降低犯罪化导致犯罪圈扩大所带来的弊端。

四、解决行政执法与刑事司法的衔接难

随着我国市场经济和改革开放逐步进入深水区,社会的稳定问题已经引起社会的广泛关注,尤其是在激烈的市场经济竞争过程中,轻微犯罪及

其治理如果没有引起高度重视,将直接影响社会稳定。"文化大革命"前社会治安之所以好,与当时社区及时、有效地防范和打击轻微犯罪是大有关系的,现在治安之所以不好,是因为我们只重视严厉打击严重犯罪,轻视轻微犯罪的防范与治理,在社会保卫的机制和功能上出现了漏洞,导致社会治安的恶化。① 因此,通过犯罪化,将部分行政处罚与行政强制措施纳入犯罪的范畴,成立微罪法,源于我国司法的内在刚性需求,更符合我国法治建设的现实要求。

另外,严重违法行为犯罪化也有利于相互制约或制衡司法体系的形成。公安机关在侦查处理案件时,前提是明确可靠的标准,我国"定量"的犯罪界定标准的模糊性和概括性,可能导致行为性质在行政违法与犯罪之间无规则的变动,一方面使公安机关陷入两难境地,无所适从,另一方面实质上也扩大了行政裁量权,为腐败提供了生存的土壤。如果采用"定性"的犯罪界定模式,将《治安管理处罚法》中与《刑法》分则中行为性质相同的行为犯罪化,纳入微罪的范畴,从而明确罪与非罪的标准,将有效明确并规制公安机关的侦查行为,最终形成公、检、法各司其职并相互制衡的司法体系。

第四节　我国微罪法与相关法的关系

值得注意的是,微罪体系是以微罪概念为基础的理论和制度体系,该体系由微罪理论和相关立法制度构成。核心制度虽然以微罪法为主体,但其不仅仅是一个单项立法,完全是一个涵盖刑法之外具有刑事性质处罚的微罪体系,不仅包括微罪实体内容的规定,同时也包括微罪程序内容的规定。下文从微罪法与刑法、行政法的关系入手,试图明确微罪法在现行制裁体系中的定位。

一、微罪法与刑法的关系

以犯罪成立后所处刑罚是否严厉为标准,储槐植教授将罪刑配置分为四种组合,即四种刑法结构:(1)不严不厉;(2)又严又厉;(3)严而不厉;(4)厉而不严。他认为,又严又厉的刑法结构在当今世界并不存在,典型的不严不厉似乎也不存在,多数经济发达国家和法治化程度较高的国家大体上属于严而不厉的结构类型,而我国当前的刑法结构基本上算是厉而不

---

① 参见李化祥:《惩治轻罪:中国社会治安根本好转的必由之路》,载《湖北第二师范学院学报》2003 年第 4 期。

严。"严而不厉"的刑法结构表现为"刑罚轻缓"和"法网严密","厉而不严"的刑法结构表现为"刑罚苛厉"和"法网不严",后者是刑法机制不畅的内生性原因。我国刑法改革的方向应从"厉而不严"转向"严而不厉"。① 我国现行刑法中犯罪概念采取的是"既定性又定量"原则,在这一犯罪概念模式下,刑法所处罚的行为实际上大多为严重或较为严重的犯罪行为,这样的结果必然是部分轻微犯罪或比较轻微的犯罪行为游离于我国的刑事法律调整范围之外,从而造成我国刑法结构"厉而不严"的状况。本书试图建立的微罪体系,正是将刑法修正案中涉及的轻微犯罪、涉及人身自由罚的行政处罚和行政强制措施、涉及较大数额的罚款,以及涉及资格剥夺的行政处罚等治安管理处罚与刑罚处罚对象竞合的行为纳入微罪体系调整范畴,作为我国现行刑法的有益补充,从而完善现行刑法结构,实现我国刑事法治从"厉而不严"向"严而不厉"的转变。

应当说,我国微罪法及其体系的建构将成为现行刑事法的有益补充。但建构中必须处理好两个有效衔接:一是将微罪定罪标准明确和具体化,使之与现行刑法中的犯罪之间有一个流畅的衔接。具体说,采用定性不定量的方式将部分违法犯罪行为纳入微罪的范畴,刑法的犯罪概念依旧采取定性加定量的标准,微罪法中的行为与刑法中的行为参考"量"的标准且利用司法自由裁量权进行区分,但两者的性质都属于刑事法的范畴。二是微罪的处罚与刑法中的犯罪处罚之间形成一个良好的衔接,不至于出现处罚的失衡。具体说,微罪的建立必将带来一些违法行为的犯罪化,这就要求我们必须在法治化和犯罪化之间探寻科学、合理、正当的平衡点,其中关键的一点就是借鉴境外微罪处罚中适合中国国情的有益经验,通过制度设计来实现微罪的非刑罚化、前科消灭等处罚轻缓化措施,充分发挥处罚位阶效用,完善刑事法治,让微罪法及其体系在违法犯罪制裁上也成为现行刑法的有益补充。

二、微罪法与行政法的关系

微罪法与行政法的关系,其关键在于犯罪概念的界定模式选择,究其深层次根源,更是司法权与行政权的配置选择。微罪法是刑事法律,行政法是行政法律,微罪法处罚的是轻微犯罪行为,行政法处罚的是行政违法行为,两者的界限实际就在于轻微犯罪与行政违法的区分,而轻微犯罪与行政违法的界限则是由国家司法权与行政权的配置模式所决定的。

---

① 参见储槐植等:《刑法机制》,法律出版社 2004 年版,第 24 页。

犯罪概念有广义和狭义之分,"广义的犯罪是指法治比较发达的国家采用'入罪化'的模式,将在其他国家通过'社会秩序维持法'、'违警罚法'、'警察犯处罚法'、'治安管理处罚法'等行政法律制裁的一些行政违法纳入刑法的范畴进行处罚"。"狭义的犯罪,是指一些法治欠发达国家采用'去罪化'的立法模式,通过'社会秩序维持法'、'违警罚法'、'警察犯处罚法'等行政法律,将法治发达国家作为违警罪、轻罪处罚的行为纳入行政法的范畴进行处罚"。① 立法机关采用狭义的犯罪概念,将应当由刑事司法管辖的行为由行政权管辖,本质上就是缩小司法权且扩大行政权。行政机关与行政管理相对人之间是管理与被管理、服从与被服从的关系,其职能应只限于行政管理的范畴,并且只能轻微剥夺相对人的权利,涉及相对人人身自由和较大数额财产的处罚权必须交给司法机关,如果将本应配置给司法机关的刑罚权划拨给行政机关,则是对人权保障基本准则的背离。我国现行法律体系中,刑法中犯罪概念的"既定性又定量"模式将轻微犯罪排除在刑事法治之外,将惩处轻微犯罪的权力交给行政机关,使得原本绝对庞大的行政权更加膨胀,绝对强大的行政权显然不是一个法治国家应该有的现象。

建立微罪法,将涉及人身自由的行政处罚和行政强制措施、涉及较大数额的罚款、涉及资格剥夺的行政处罚,以及治安管理处罚法与刑法竞合的行为划分出来纳入刑事法治的范畴,即将原应配置给司法机关而错位划拨给行政机关的刑罚权重新返还给司法机关,从而实现司法权与行政权的权力划分合理、配置得当、彼此协调且相互制约,这是本书试图建立微罪法的重要价值基石之一。而且,建立微罪法将治安管理处罚法中与刑法竞合的行为划分出来纳入刑事法治的范畴,治安管理处罚法中再没有与刑法和微罪法中构成特征相同或相似的行为,从而达到了调整对象泾渭分明的成效。因此,笔者认为,微罪法应当与行政法形成处罚对象区分明确、处罚位阶层次分明的刑行衔接关系。

与行政法实务密切相关的是,微罪法及其体系的建构也涉及微罪程序和行政程序之间的区分和联系。这里的行政程序主要是指行政复议程序和行政诉讼程序。行政复议程序与行政诉讼程序本身在立法旨意、制度设计和法律效果等方面都是不同的,行政复议程序实际上是行政机关自我纠错的一个重要制度,更强调效率性;行政诉讼程序则是通过司法途径来彰显正义司法监督。对微罪法操作性的质疑主要也集中在行政诉讼程序与

---

① 欧爱民:《我国犯罪概念的宪法学透视》,载《法商研究》2006年第4期。

微罪程序的划分方面，即微罪法将一部分严重的行政违法行为，由行政诉讼程序转入刑事司法程序，但是既然行政诉讼也是司法裁决，那为何不能由行政诉讼程序来替代微罪程序呢？这样从程序法和实际操作意义上看，似乎没有建立微罪法的必要了。诚然，扩大行政诉讼程序的范畴，将微罪法调整的对象纳入行政司法裁决，可以尽可能地明确刑法与行政法的边界，避免破坏现行法律体系。但也要看到，刑事司法与行政司法还是有本质区别的，刑事司法体现了整个国家对危害社会行为的否定性评价，行政司法相对而言则侧重于化解社会个体（行政相对人）与行政机关之间的具体矛盾，两者的立场、高度、重要性，一目了然。再者前文也提及，既然这些严重的行政违法行为本质上具有"犯罪性质"，那么自然而然应将其纳入刑事司法体系的微罪程序。因此，我们有必要在此明确微罪程序的重要性及其在微罪体系乃至整个国家法制体系中的清晰定位，以保障微罪法及其体系的良性运行。

三、微罪法在现行制裁体系中的定位

鉴于现行违法犯罪行为二级制裁体系的根源性弊病，笔者主张将刑法修正案中涉及的轻微犯罪、涉及人身自由的行政处罚和行政强制措施、涉及较大数额的罚款、涉及资格剥夺的行政处罚，以及治安管理处罚与刑罚对象竞合的行为纳入微罪范畴，并以微罪为核心建立微罪法，从而形成刑法—微罪法—治安管理处罚法等行政法中除人身自由罚之外较重的行政处罚的新三级制裁体系。在新的制裁体系中，刑罚与微罪罚属于刑事制裁，治安管理处罚等属于行政制裁；刑法依旧按照"既定性又定量"的方式界定犯罪，微罪法将按照"定性不定量"的方式界定微罪，与刑法和微罪法中规定的犯罪行为没有构成特征竞合的违法行为仍然保留在治安管理处罚法中，犯罪与行政违法再没有行为特征竞合的情况，两者界限泾渭分明。另外，通过微罪法中的"案件管辖范围"等规范，将行政处罚中的人身自由罚全部司法化。具体而言，刑法规定的犯罪和微罪法规定的微罪相划分，可以参考现行刑法的"量"的规定，在合理控制下充分发挥司法自由裁量权的作用进行确定；刑罚最为严厉，微罪罚次之，治安管理处罚等最轻。因此，建立微罪法并构建我国违法犯罪新三级制裁体系，可以一举解决现行制裁体系中规范竞合、处罚失衡及执法与司法不协调等根源性弊端。具体的体系建构将在以下章节逐一作详细阐述。

第五节　我国微罪体系的结构性设计

虽然本书阐述的微罪与传统刑法之罪均属于罪的范畴,但两者在犯罪概念的界定模式、责任承担方式以及审判程序上都有较大的差异。因此,要建立微罪体系,必须从实体和程序两个方面进行制度设计。实体构建方面包括微罪概念的界定、微罪法调整对象的确定、微罪处罚种类,以及与之配套的刑事登记制度和前科自动消灭制度等。程序建构方面包括一般微罪审理的简易程序、微罪和解协商制度、微罪处罚令程序,以及审判方式和证据标准等方面的探索和设计。

一、微罪法的实体建构

(一)微罪法中"罪"的概念界定模式:定性不定量

如上所述,笔者构建的微罪采用的是"定性不定量"的定罪模式,只要行为的构成特征符合刑法和微罪法的有关规定即予以认定。在微罪法中,无论轻罪还是微罪,都属于行为性质的认定,与行为"量"的因素没有任何关联。考察微罪与刑法中的重罪,两者虽然在行为构成特征上一致,但两者的根本区别在于社会危害性的大小,即犯罪"量"的大小区别。因此,微罪和刑法中的重罪都是以"罪"为前提的,虽然现行刑法犯罪概念中"量"的因素不对犯罪性质的界定产生任何作用,但可以作为区分刑法中重罪与微罪的参考因素。例如盗窃,只要有盗窃行为,不管数额大小,即构成盗窃,使行为人处于严密刑事法网的控制之下,避免"一元钱"差距。同时,我们可以根据刑法及有关司法解释,认定盗窃规定数额之上的行为构成刑法中的重罪,盗窃规定数额之下的行为构成微罪法中的微罪。采用犯罪定性、微罪重罪定量的界定标准,一方面既可以消除民众的侥幸心理,从客观上规范行为人的行为,另一方面也可以通过严格程序和处罚轻缓化消除犯罪定性标准带来的弊端。另外,在不调整现行刑法结构的基础上,采用现行刑法犯罪概念中的定量因素作为参考因素,在合理控制下充分发挥刑事司法裁量权的作用,可以达到界定微罪与刑法中重罪的目的。

如前所述,现行刑法中大量使用情节严重、情节恶劣、严重后果、重大伤亡、重大损失、较大损失、严重危害、数额较大、数量较大、数额巨大、多次、严重破坏等"量"的标准具有模糊性和不确定性,有的通过司法解释进行了明确规定,有的没有司法解释或司法解释本身具有模糊性,参考这些"量"的规定准确界定刑法中重罪与微罪必须发挥刑事自由裁量权的作用。"自由裁量权是指在法律没有规定或者规定有缺陷时,法官根据法律授予的职权,在有限的范围内按照公正原则处理案件的权力。"[1]刑事自由裁量权的存在具有其必然性:(1)立法的局限性要求刑事自由裁量权的存在。首先,法律规范是以语言为载体的,而"我们的语言的丰富和微妙程度还不足以反映自然现象在种类上的无限性、自然力的结合与变化以及一个事物向另外一个事物的逐渐演变"[2],对语言的不同理解会直接导致对立法原意理解的偏差,对法律的理解需要刑事司法的能动性。其次,立法者在制定法律时不可能将复杂多变的社会关系和各种问题都囊括于法律之中,立法必有其疏漏之处。最后,立法虽然具有一定的预见性,但其预见性是十分有限的,社会的需求往往走在法律的前面,这需要能动司法的存在。(2)司法工作人员的主观能动性要求刑事自由裁量权的存在。刑事法律的行使主体是司法工作人员,只要有人的存在,人的主观能动性在法律适用中发挥作用就成为必然,因此刑事法律活动中刑事自由裁量权的存在也就成为必然。(3)刑事司法实践中个别正义的实现也需要刑事自由裁量权的存在。法律规范是对一般社会关系和社会事实的概括,一般情况下可以实现大致的正义。但是具体的社会关系具有复杂性和多样性,要求有一个与之相对应的正义,这个正义就是个别正义。由于立法的局限性,一般正义与个别正义有时会发生矛盾。刑事自由裁量权可以根据个别案件的具体情况适用法律规范,以法律规范的普遍性迁就事物的个别性,可以规避法律规范的一般性的缺点而导致的不公平现象。值得注意的是,运用刑事自由裁量权,参考现行刑法"量"的规定来界定轻罪与重罪的界限,可以加强法律的灵活性,使个别正义得到实现。但是刑事自由裁量权也是一把"双刃剑",其本身也可能存在司法不公和司法腐败的隐患,必须对其进行合理控制。现行刑法犯罪概念的定性加定量标准由于"量"的模糊性和不确定性,极易混淆犯罪与行政违法的界限,实践上给了刑事自由裁量权过大的自由尺度。改变原来刑法中定性加定量的犯罪概念界定模式,而将犯罪确定标准定位为定性,刑事自由裁量权自由裁量的范围不再是犯罪与行政违法,而是刑事犯罪范畴中的轻罪与重罪,即不涉及行为性

---

[1] 陈兴良主编:《刑事司法研究——情节·判例·解释·裁量》,中国方正出版社1997年版,第52页。
[2] 〔美〕博登海默:《法理学:法律哲学与法律方法》,邓正来译,中国政法大学出版社1998年版,第464页。

质的判断而是罪行轻重的判断,这本身就是对刑事自由裁量权范围的一个根本合理控制。另外,我们还可以从规范微罪刑事司法程序,发挥检察院的刑事司法监督功能以及完善救济程序等方面对刑事自由裁量权进行合理规制,来保障刑事自由裁量权的合理行使。

(二)微罪法调整对象内涵与外延的确定:以人身自由罚为核心

根据前文确定的区分原则和标准,本文建构的微罪法的调整对象应当包括以下几类:涉及人身自由和资格剥夺的行政法(以治安管理处罚法为主)与刑法性质竞合的行为,涉及人身自由的行政处罚和行政强制措施以及涉及资格剥夺的行政处罚对象行为。部分不涉及人身自由和资格剥夺的治安管理处罚法与刑法对象竞合的行为,违法情节显著轻微,违法和犯罪的界限也比较明显,考虑现行法律制度的衔接,不将其纳入微罪体系。具体的行为及罪名将在第五章作详细分析和论述。可见,在微罪的调整对象中以人身自由行政处罚的司法化为主要目标,这是当下解决法制体系协调性的重要路径,应当成为微罪法的核心。

(三)微罪罚实现手段的确定:"轻轻原则"的立法实践

由于微罪的犯罪情节较轻且社会危害性不大,微罪罚的严厉程度也应当与此相适应。笔者认为,微罪罚应当坚持"轻轻原则"。"轻轻原则"与"重重原则"相对应,指对于轻微违法犯罪行为从宽处罚,对严重行为从重处罚,这是国际刑法改革的趋势,也是我国宽严相济刑事政策的应有之义。因此,微罪罚可以设计为半限制自由的处遇、社区矫正、罚金刑、非刑罚处罚等宽松的方法,同时也应当建立刑事和解、辩诉交易、前科消灭等制度。

1. 以限制部分自由为最严厉处遇

对于微罪中最为严重的犯罪行为,可以借鉴境外的开放式处遇立法经验,构建我国微罪罚中的限制部分自由的处遇:(1)适用对象:微罪中最为严重的犯罪行为。(2)处遇期限:建议除强制戒毒后重复吸毒的处遇期限可达2年外,其他的处遇期限上限为1年已足够。(3)执行机构:可以利用原有的劳教和拘留的机构和场所,并对其进行开放式的改革,负责半限制自由的处遇执行。(4)执行措施:可以借鉴境外的相关立法经验,建立以下处遇措施。周末监禁处遇,即犯罪人工作日在社会上进行正常的工作和学习,在休息日则回到监管场所服刑的一种处遇制度。"据美国1978年的调查,全国有 62% 的监狱实行周末监禁制度,近万人以这样的方式服刑"①;外出工作处遇,即犯罪人在没有监视的情况下到自由社会的工作场所,在一定时间内与一般劳动者在同一条件下从事工作,工作完毕后再回到监管场所服刑的一种处遇制度。"1913 年的威斯康星州的《休巴法》正式确定了外出工作制度,现已被美国和欧洲一些国家所广泛接受"②;就学外出处遇,即犯罪人白天在监管场所外的学校学习,晚上返回监管场所服刑的一种处遇制度。

2. 以社区矫正为主要执行方式

社区矫正,是指将符合条件的罪犯置于社区内,由专门的国家机关在相关的民间团体和民间组织以及社会志愿者的协助下,在判决、裁定或决定确定的期限内,矫正其犯罪心理和行为恶习,并促进其顺利回归社会的非监禁刑罚执行活动。③ 这种诞生于现代西方社会的刑事执行制度,通过在社会、犯罪人、刑罚之间尽可能建立起平衡关系,以达到对犯罪人的有效矫正,进而促进其顺利复归社会的刑罚作用。④ 我国 2003 年开始社区矫正试点工作,2003 年 7 月 10 日最高人民法院、最高人民检察院、公安部、司法部发布了《关于开展社区矫正试点工作的通知》,2009 年 9 月 2 日最高人民法院、最高人民检察院、公安部、司法部发布了《关于在全国试行社区矫正工作的意见》,2011 年 2 月 25 日通过的《刑法修正案(八)》明确规定了社区矫正制度,近八年的立法和司法实践探索以及理论研究为我国社区矫正制度的建立积累了一些宝贵的经验。我们可以根据微罪法的性质和特点,借鉴已有立法、司法以及理论研究的经验构建我国微罪法的社区矫正制度:(1)执行主体:应当由司法行政机关执行社区矫正。首先,侦查权、起诉权、审判权和执行权应当分别由公安、检察、审判和司法行政机关行使,由司法行政机关执行社区矫正,符合理论共识。其次,从实务状况来看,由司法行政机关执行社区矫正也符合中国实际情况。当然,司法行政机关在实行社区矫正时,也需要得到公、检、法等机关的配合。⑤ (2)适用对象:主要适用于从劳动教养和治安管理处罚法处罚对象中剥离出来的相对较重的行为。(3)执行内容及期限:司法行政机关可以根据实际情况进

---

① 冯卫国:《行刑社会化研究——开放社会中的刑罚趋向》,北京大学出版社 2003 年版,第 167 页。
② 〔日〕大谷实:《刑事政策学》,黎宏译,法律出版社 2000 年版,第 228 页。
③ 参见郭建安、郑霞泽主编:《社区矫正通论》,法律出版社 2004 年版,第 3 页。
④ 参见史丹如:《社区矫正执行的若干问题研究——以刑法修正案(八)为视角》,载《中国人民公安大学学报(社会科学报)》2011 年第 4 期。
⑤ 参见高铭暄:《社区矫正写入刑法的重大意义》,载《中国司法》2011 年第 3 期。

行有针对性的个别化矫正,开展认知教育、心理咨询、社区公益服务以及技能培训等矫正活动。根据境外社区矫正的立法经验,社区矫正的时间一般控制在 60~240 小时之间,每天社区矫正时间不超过 4 小时,一般在 1 年内完成。(4)社区矫正与罚金刑的易科制度。罚金刑通过剥夺微罪行为人的财产达到处罚和教育的目的,社区矫正则通过矫正活动达到对微罪行为人的处罚和教育功能,两者在处罚的目的和功能上具有等效性,而且两者在处罚严厉程度上也具有相当性,因此,笔者认为,罚金刑和社区矫正的易科具有合理性与正当性。被判处罚金刑没有能力缴纳罚金的罪犯,可以向原审法院申请,通过从事无偿的社区劳动来折抵罚金。罚金易科社区矫正的期限,应该根据尚未执行的罚金数额来决定。原则上,易科的时日所创造的价值应该与未执行的罚金数额相当。对于违反社区矫正判决、执行的有关规定,逃避社区服务劳动的,应当给予警告、训诫,对于个别性质严重、恶意逃避社区服务劳动并且屡教不改的人,司法行政机关可以申请原审法院易科罚金刑,罚金刑的数额与社区矫正所创造的价值相当。

3. 以罚金或者罚款为附属内容

罚金刑是法院依法判处犯罪人向国家缴纳一定数额金钱的处罚方法,罚金刑具有开放性、匿名性、可恢复性以及经济性等特点。笔者认为,在微罪处罚体系中应将罚金刑作为一种主要的处罚手段广泛使用,理由如下:(1)罚金刑的轻缓性与微罪的性质相符合。"决定刑罚的分量的标准是回顾性的:监禁由于其严厉性而只适用于那些被定严重犯罪的人。对于不严重的犯罪,应该使用不如监禁严厉的刑罚……警告、有限的剥夺空闲时间与罚金属于可被使用的制裁。"[1]因为罚金刑是较为轻缓的处罚,微罪是情节轻微的犯罪,根据罪刑相适应原则,微罪与罚金刑适格。(2)罚金刑有利于人犯悔过自新。罚金刑是一种非监禁化的处罚方法,一方面罚金刑可以避免犯罪人入狱,能够防止在关押过程中犯罪人之间的交叉感染和犯罪恶习的养成;另一方面可以避免犯罪人由于入狱与社会隔绝,服刑完毕后走向社会时对社会生活的不适应。此外,周围的人也不会注意到犯罪人,即使知道行为人被判处了罚金,也不会产生什么特别的反应,不会给他们打上犯罪者的烙印。建立微罪的前提之一就是处罚的轻缓化和有利于微罪人的再社会化,罚金刑这种独特的矫正功能,既剥夺了罪犯的经济利益,又使其名誉和社会关系不受影响,符合微罪处罚的内在需求。(3)维护权力的良好运转和经济效益的最大化也是现代刑事法治的

---

[1] 梁根林:《刑罚结构论》,北京大学出版社 1998 年版,第 147 页。

追求之一,它要求尽量合理减少刑罚处罚中人力、物力的耗费。罚金刑对执行场所和执行条件的要求不高,可以节约大量人力、物力开支,而且罚金能够增加国库的收入,因此,可以说,罚金刑是一种经济的处罚方法。微罪的多发性更要求处罚的经济性,否则将给我国的刑事处罚体系带来巨大的冲击,罚金刑则正好符合微罪处罚经济性的特质要求,笔者认为应当在微罪处罚中广泛适用。

4. 以非刑罚处罚方法为基本常态

我国《刑法》第 37 条规定:"对于犯罪情节轻微不需要判处刑罚的,可以免予刑事处罚,但是可以根据案件的不同情况,予以训诫或者责令具结悔过、赔礼道歉、赔偿损失,或者由主管部门予以行政处罚或者行政处分。"其中训诫和责令具结悔过属于司法教育措施,赔礼道歉和赔偿损失属于民事措施,行政处罚和行政处分属于行政措施。非刑罚处罚方法作为刑事责任的实现方式之一,在处罚的同时更侧重于教育、感化和矫正作用,如训诫、具结悔过等司法教育措施着重教育犯罪人认识到自己行为的危害性,通过道德谴责促使犯罪人自觉改造;赔礼道歉和赔偿损失等民事措施既能促使犯罪人自觉认识到行为的危害性,主动向被害人承认错误并作出经济赔偿,又能化解矛盾,有利于社会的稳定;行政处罚和行政处分虽然有较强的制裁性,但与其他刑罚相比还是一种较为轻缓的制裁方法,其更侧重于教育和警示作用。由于我国刑法中规定的大多为犯罪情节较重的犯罪,并且受到刑罚万能思想和重刑主义传统的影响,我国刑事司法中并没有对非刑罚处罚方法给予足够的重视,司法实践中较少适用。恰恰相反,微罪是一种情节轻微且危害性较小的犯罪,微罪处罚方法要求偏重于轻缓化并强调教育矫正作用,非刑罚处罚方法的性质和特点正符合微罪处罚方法的需求和目的。因此,笔者认为,非刑罚处罚方法应当作为微罪罚的主要处罚方式之一。

二、微罪法的程序构建

由于微罪只是理论上进行探讨的一种犯罪类型,因此微罪程序的设计也只能是理论上的建构,考察我国的立法和司法实践现状,笔者认为建立我国微罪简易程序应当充分考虑以下几个方面:(1)建构的微罪简易程序应当与现行的刑事简易程序接轨,不至于形成对现有法律制度的基础性冲击。(2)在微罪简易程序中,注意在不打破现有立法体系的前提下,以"案件管辖范围"为基点,将"人身自由罚"及其相关的内容和资格罚等纳入其中。(3)可以在借鉴西方国家微罪的简易审理程序模式的基础上,对我国的刑事简易程序进行内容和形式以及配套制度的改造和完善,形成我国的微罪简易程序制度。(4)由于微罪是社会危害不大的轻微犯罪,协商和解应成为贯穿微罪处理过程中的基本原则,这也可以缓和社会需求和司法资源紧张的现实矛盾。(5)微罪简易程序中的"简易型"应成为制度设计的前提,当然也不能只考虑程序的简易性而丧失程序的正当性,只是有所侧重而已。具体的程序设计在后面章节作详细探讨。

第三章 我国微罪体系构建的正当性

造成现行立法冲突和司法实践混乱的深层次根源是什么？其背后的价值选择如何权衡？本章从犯罪观的重新定位、犯罪化与非犯罪化的选择、行政权与司法权的权衡以及司法效率等问题入手，试图探寻现行立法矛盾和冲突的平衡点，为微罪体系的建构提供正当性基础。

第一节 犯罪理念的重新定位

在中国传统文化中，犯罪是带有极强侮辱性和道德负面评价性的词语，被指认为曾经犯罪会给犯罪人留下难以磨灭的污名劣迹。将部分严重行政违法行为纳入犯罪的范畴，是否会给行为人贴上犯罪的标签并给其工作生活带来极端不利的影响，这是质疑微罪构建的主要理由之一。笔者认为，建立微罪制度并对微罪处罚采取罚金刑、短期监禁以及前科消灭等轻缓化处罚措施是核心内容，通过制度化使人们认识到微罪与刑法之罪的区别，久而久之，社会公众对微罪的负面道德评价也许会发生变化，民众的犯罪文化观将会发生微妙变化，微罪行为人的社会处境也不会进一步恶化，尤其通过给予行为人实体和程序上的更多权利保障，从而达到法治和犯罪化的平衡。

一、域外"大犯罪"概念及其犯罪观

犯罪化与非犯罪化的历史渐进肇始于18世纪末，资产阶级革命胜利后开始建立自己的统治，在启蒙运动法学家的理论支撑下，他们试图以严格的罪刑法定原则和"人权保障至上"的理念来建构自己的法律制度。当时的资产阶级深受封建时代统治阶级滥用行政权力之害，因此立法者对行政权高度警惕，并把一些原来由行政权处理的案件纳入刑法的"轻罪""违警罪"等司法名目下，其结果是一方面避免了国家权力的擅断和滥用，另一方面呈现出司法化管辖的趋势。工业革命完成后，虽然物质财富得到了丰富，但社会矛盾随之激增，公民间的关系也日趋复杂。第二次世界大战摧毁了很多国家的经济体制，也摧毁了法律制度、传统的信仰以及价值

观,社会上传统犯罪和新型犯罪激增,于是西方各国纷纷修订刑事法律扩张刑事法网,希望以此挽救失去规范的社会安全。

随着局势和社会治安的好转,理论界兴起的民主化、自由化和人权运动,深刻影响了刑法立法改革。个人主义思潮认为,社会对个人自由的干预只能以防止伤害他人为限,刑法必须以维护社会公共利益和他人合法权利为界限,不能有任何逾越,否则这些刑法规范就显得多余,其合理性应当受到质疑。在犯罪学领域,犯罪标签理论也对犯罪化和非犯罪化产生了重大影响。犯罪标签理论认为,某些行为人一旦被国家公权力贴上了犯罪者的标签,往往会遭到社会的孤立乃至隔离,很难如从前一般真正融入社会生活,这就容易导致真正的犯罪或更大的犯罪,因此,刑法应当保持其最后手段性,尽量减少"公权力"的介入。① 在这些理论和思潮的影响下,西方掀起了一股"非犯罪化"的运动浪潮,甚至席卷全球。

1957年,英国下议院议员沃尔芬登领导的同性恋和卖淫委员会发表的《沃尔芬登报告》拉开了非犯罪化运动的序幕。该报告提出,同性恋是当事人在相互同意的情况下发生的私人间的行为,不应科处刑罚;法律的目的即使是维持公共秩序及美德,然而除非基于社会要求为了消除犯罪,保护个人免受非法侵害及避免堕落和腐化,才能借由法律的规定来达到此目的;至于私人道德与不道德问题,并非法律的事务。该报告中关于法律与道德的讨论,引起了英国国内激烈的争论,尔后在其争论的影响下,英国迅速开始了非犯罪化的推动。《淫秽物出版法》(1959年)中规定有使淫秽物品犯罪处罚轻缓化的内容;《自杀法》(1961年)中规定有对自杀行为不处罚的条款;《堕胎法》(1967年)中规定有"妇女可以自由堕胎"的内容;《性犯罪法》(1967年)中规定有对21岁以上男子之间私下自愿发生同性恋行为的处罚。英国的《沃尔芬登报告》及其后来的非犯罪化立法实践对美国也产生了巨大影响,曾引发了美国的非犯罪化运动。1962年,美国法学会的《模范刑法典》从刑法的脱伦理化观念出发,主张将同性恋、卖淫及通奸罪非犯罪化。为缓解刑事法网过于严密、刑事司法机关负荷过重、监狱过于拥挤等压力,美国于20世纪60年代推出了所谓不干涉主义的刑事政策并提出"4D政策",向非犯罪化、非机构化、转向处分及适正程序发展。在此种政策的影响下,1967年,美国总统执法与司法委员会发布的《关于少年犯罪和青年犯罪的小组报告》和《自由社会中犯罪的挑战》,明确提出对少年犯罪的非犯罪化主张。此后,一些州也陆续修改法律

---

① 参见单杉:《非犯罪化探讨》,山东大学2010年硕士学位论文,第11页。

或法令,将卖淫、堕胎、公然酗酒等行为非犯罪化甚至合法化。①

肇始于欧洲的非犯罪化运动影响了美国的非犯罪化运动,而后者又反过来深刻地影响了欧洲非犯罪化运动的进程,尤其表现在欧洲各国刑法典的修改上。德国相继于1952年和1987年的《违反秩序法》中作出规定,将一些轻微犯罪实行非犯罪化。具体包括:首先,根据形势的需要于1968年废除政治刑法,有关内容根据自由法治国家原则予以重新规定;其次,排除妨碍风俗行为的犯罪性,对卖淫、吸毒行为不再作为犯罪处理;最后,排除违警罪这类轻微犯罪的刑事不法性,把违警罪行为视为对法规的一般违反,只对其处以行政罚款,不再处刑事罚金。② 1975年颁布的《德国刑法典》中也取消了通奸、堕胎、男子间单纯的猥亵、决斗等罪名。《意大利刑法典》第669条原规定有"擅自从事流动性职业罪",改为凡未经官署认可或者不遵守其他法律规定从事流动性职业罪者,科处缴纳20万~50万里拉行政罚款。制定1981年第689号法律,将一些轻微的犯罪撤销,并修改了部分违警罪的罚则,以提高金额的行政罚款代替刑罚。③ 法国1979年12月从立法上将堕胎行为非犯罪化。丹麦于1967年废除了猥亵文书罪。奥地利1975年修改刑法典,对一些堕胎罪和性犯罪实施非犯罪化。以瑞典为代表的北欧国家修改《性犯罪法》,缩小了亲属相奸和卖淫等罪的范围。④

另外,国际组织和国际学会也对非犯罪化问题进行了探讨。1980年欧洲委员会犯罪问题委员会发表了著名的《非犯罪化报告》,详细界定了非犯罪化的概念及其与非刑罚化、转处的关系,阐述指导非犯罪化的基本原则,分析了推动和妨碍非犯罪化的各种因素以及非犯罪化以后各种可能性的代替方案等问题。⑤ 第14届国际刑法大会决议中也指出,"将轻微的危害社会的行为从传统的刑法中剔除已成为国际性潮流"⑥。

纵观西方各国的犯罪化与非犯罪化历程,我们可以得出以下结论:(1)西方国家现在的非犯罪化潮流是建立在其早期犯罪化历史的基础上的,并非单方面的非犯罪化,而是经过了犯罪化—非犯罪化的历史进程。

---

① 参见储槐植:《美国的犯罪趋势和预防犯罪策略(续)》,载《国外法学》1981年第3期。
② 参见何秉松主编:《刑事政策学》,群众出版社2002年版,第456页。
③ 参见黄风:《论意大利的非刑事化立法》,载《外国法学研究》1987年第4期;黎宏、王龙:《论非犯罪化》,载《中南政法学院学报》1991年第2期。
④ 参见肖怡:《中西无被害人犯罪立法的比较研究》,载《贵州民族学院学报(哲学社会科学版)》2008年第1期。
⑤ 参见贾学胜:《非犯罪化与中国刑法》,载陈兴良主编:《刑事法评论》(第21卷),北京大学出版社2007年版,第502页。
⑥ 赵秉志等主译:《国际刑法大会决议》,中国法制出版社2011年版,第91页。

(2)犯罪化与非犯罪化的选择是与各国当时的社会发展、法治建设以及法律理念和文化紧密结合在一起的,其选择大多出于满足社会法治发展的内在需求。而且,随着社会的发展和变迁,犯罪化与非犯罪化的选择将随之而变化。(3)西方各国现在的非犯罪化大多集中在涉及道德和宗教等轻微犯罪行为,如卖淫、堕胎行为等。

二、我国的"重罪"概念及其犯罪观

在我国最早的文献中,"罪"和"德"是作为一对相对立的概念出现的。《尚书·虞书·皋陶谟》说:"天命有德,五服五章哉!天讨有罪,五刑五用哉!""有罪",就是失德、背德,也就是恶。隋唐法律中明文规定"十恶",则明显是对犯罪作道德的标定。所以,我国对于犯罪的传统认识中,是一直蕴含着以其为"恶"的道德评价的。这种道德评价不仅造成犯罪是很严重的"恶"的行为的判断,更使国人对犯罪人形成根深蒂固的"坏人"的心理标签,使犯罪人长时间甚至终身受到社会的歧视和否定。

有学者从"法不治众"的角度,认为应当将轻微犯罪行为排除出犯罪的范畴。该观点认为,我国自古沿袭并且影响广远的"法不治众"的文化传统要求刑事立法必须以缩小打击面为宗旨,注重刑法的谦抑性。而达致缩小打击面的最为简单的方式就是从犯罪构成的量上进行控制,把没有达到一定"数量界限"的危害行为排除在犯罪圈外。因此,可以说我国刑法中定量犯罪概念的存在是我国传统法文化的当然体现。①

有学者从中国法律文化、道德文化的角度,阐述了我国刑法"重罪"的犯罪观。该观点认为,西方国家的犯罪观是定性不定量的,偷一辆最低档的自行车都能构成盗窃犯罪。中国却是既定性又定量,小偷小摸因而根本不可能设定成刑事犯罪。唯其如此,中国的刑事法网比西方国家缜密得多,犯罪圈因而小得多,犯罪的社会危害性也相应严重得多。大约正是这种犯罪圈的缩小与行为性质和程度的严重,酿就了国人对"犯罪人"的根深蒂固的标签化心理。一句话,从中国传统法律文化、道德文化角度看,如果扩大犯罪圈,把这么多人标签为"犯罪"——致使成千上万的人难免遭受较现在更为严重的社会歧视的做法,既不利于他们的身心矫治,也不利于真正的犯罪预防,还可能发生大规模的侵犯公民人身自由权利的负效应,这显然有悖国家改革现行制度之初衷,因而殊不可取。②

---

① 参见储槐植、汪永乐:《再论我国刑法中犯罪概念的定量因素》,载《法学研究》2000 年第 2 期。
② 参见屈学武:《"轻罪"之法价值取向与人身权利保护》,载《河北法学》2005 年第 11 期。

有学者从中国传统文化中"性善论"的角度，认为应当将刑罚作用于具有较高程度的社会危害性的人。该观点认为，基于中国儒家主流思想"性善论"，人生来便是善的，一旦实施犯罪，则背弃了作为人的根本，因为道德上的谴责，导致认为犯罪就丧失了作为人的人性，所以中国人评价严重罪行时会用"禽兽不如"来指责行为人，如此意味着罪犯丧失了作为人的一些基本准则。因此可以合理推出两个结论：一是基于因"犯罪"身份给公民带来的社会排斥性，应考虑将犯罪圈进行必要的限制，将导致轻微社会损害和单纯违反秩序的行为置于犯罪圈之外；二是只有超乎公众容忍度的行为，才应纳入犯罪圈。① 由此可见，本书在刑法之外建立微罪体系，尤其是微罪行为的界定与处置不仅有一定的理论基础，甚至有一定的国情和社会文化基础。

三、我国犯罪观的激烈争论

有关我国现阶段犯罪观的争论，直接体现在刑事立法应重在犯罪化还是非犯罪化立场与分野上，学界对此观点并不统一且形成了激烈的争论。下面对争论各方的主要观点逐一梳理，以期为刑事立法的科学选择提供方向性的借鉴。

认为我国现阶段刑事立法应当重在非犯罪化的观点主要有以下几种：

有学者以自由主义、法益保护主义和刑法谦抑主义等非犯罪化的思想渊源和理论根据为基础，提出了我国刑事立法的非犯罪化。该观点认为，社会控制体系分工转换引起的非犯罪化其实就是微罪的非犯罪化问题，将一部分轻微犯罪从刑法中剔除出去，用其他社会控制手段来处理，是刑法谦抑性的典型表现。对于我国现行刑法来说，需要进行非犯罪化的主要是法益不明的犯罪和恶性的犯罪。②

有学者认为，在刑事政策的定位上，中国在一定程度上更应强调非犯罪化。西方非犯罪化潮流所蕴含的人权、民主、自由等价值理念在我国的刑事政策中没有得到切实的体现，因此不能说我国的刑事政策中早已有了非犯罪化的一面，更不能以此为由认为在中国强调非犯罪化没有必要。非犯罪化的价值基础已经为国家和社会所公认，中国社会内部的变化也与这些价值逐步契合，而中国的刑事政策却仍然执着于重刑惩奸方面。显然，仅仅强调非犯罪化和犯罪化并重是不够的，现在需要更多地强调非犯

---

① 参见时延安：《刑罚权的边界：犯罪的定义与被定义的犯罪》，载《法学论坛》2009年第2期。
② 参见贾学胜：《非犯罪化与中国刑法》，载陈兴良主编：《刑事法评论》（第21卷），北京大学出版社2007年版，第512、515页。

罪化倾向,否则不足以纠正立法、司法中的积习。在刑事立法上,一些在国际非犯罪化潮流中被从刑罚法规中剔除的行为在中国大多没有规定为犯罪,但这并不表明中国的刑事立法就不存在非犯罪化的余地。并进一步明确指出,"目前中国立法上可以进行非犯罪化的主要有两类:一是无被害人的犯罪,二是经济领域一些由于转轨时期规范缺失导致的危害行为"①。

有学者从刑事立法和刑事司法的要求出发,认为适时地将已经丧失刑罚干预必要性的行为排除在犯罪之外,尽可能消除产生犯罪的原因和条件,从根本上预防和减少犯罪的发生,这与非犯罪化缩小刑法打击面的主旨是相吻合的,非犯罪化体现了我国现代刑事立法和刑事司法的要求。从刑事立法上来看,《刑法》第13条但书的规定,包含了非犯罪化的两个重要的观点,即除罪化和轻微情节非罪化。"从刑事司法上看,非犯罪化将一些不必要动用刑法规制的行为排除在犯罪之外,节约了相应的司法资源,从而为针对严重行为的严打提供更多的刑事司法资源。"②

还有的学者就我国《刑法修正案(八)》入罪的"拒不支付劳动报酬罪"和"危险驾驶罪"也提出了非犯罪化的观点。如有学者认为,"基于刑法的谦抑性、刑法的不完整性理念和宽缓化刑事政策等原因,将恶意欠薪行为定罪纳入刑法视野,是不合理的,将其非犯罪化,才是理性的考虑"③。由此可见,在犯罪化与非犯罪化以及重罪、轻罪、微罪之间,在学界始终存在激烈的争论。

认为我国现阶段刑事立法应当重在犯罪化的观点主要有以下几种:

有学者从犯罪范围和合理性角度思考,认为我国刑事立法应当犯罪化。该观点认为,我国刑法中的犯罪范围,相对于其他国家而言是大为狭窄的。这主要体现在以下三个方面:(1)我国刑法中的犯罪存在定量因素,将大量的轻微犯罪排除在犯罪范围之外,使犯罪圈大为缩小。(2)我国的治安管理处罚,尤其是行政处罚的范围较为宽泛。(3)我国刑法采取一元的立法模式,追求建立一部统一的刑法典,摒弃了附属刑法的立法方式,将所有犯罪都规定在一部刑法之中。在这种情况下,我国的犯罪定义尚待调整,调整的基本思路是犯罪化:扩大犯罪范围、扩张司法权、逐渐取消社会治安的三级制裁体系,实现刑事制裁的一体化。为此可以考虑以下三方面的改革:一是取消犯罪概念的但书规定,实现形式上的犯罪化。二是治安违法行为犯罪化,从而实现治安处罚的司法化。三是采用附属刑

---

① 钊作俊、刘蓓蕾:《犯罪化与非犯罪化论纲》,载《中国刑事法杂志》2005年第5期。
② 赵香如、孔源源:《论中国刑法的非犯罪化》,载《求索》2008年第12期。
③ 张思伟:《论我国恶意欠薪行为的非犯罪化》,湘潭大学2011年硕士学位论文。

法的立法方式,将行政违法行为犯罪化,限制乃至取消行政处罚权。①

有学者从犯罪定义与犯罪化的关系的视角进行研究,认为我国刑事立法应当犯罪化。该观点认为,我国《刑法》第13条的但书规定,以及《刑法》分则对犯罪构成要件的规定,表明刑法的处罚范围很窄。我国当前乃至今后相当长时期的侧重点仍然是犯罪化,而不是非犯罪化。一方面,基于法益保护的立场,应当进行犯罪化。一些犯罪行为或许相对轻微,但侵害了值得刑法保护的法益,成为构建和谐社会的严重阻碍。同西方国家相比,我国的犯罪率似乎不高,但民众总感觉治安很差,其中的重要原因之一,是许多相对轻微的犯罪行为没有得到依法处理。另一方面,基于人权保障的立场,也应当进行犯罪化。在国际社会均属于犯罪的一些行为,在我国仅适用行政处罚,我国的非犯罪化远远走在世界各国的前列。但是,这并不意味着刑法的进步,更不等于法治的进步。"因为由行政机关直接处罚轻微犯罪,导致在实际效果上其严厉程度远甚于刑罚的行政制裁。将这种制裁不是交由法院,而是交由行政机关裁量,就违反保障程序公正的宪法精神。"②

有学者从犯罪化与非犯罪化的关系着手探讨,认为我国刑事立法应当犯罪化。该观点认为,虽然也存在需要从非犯罪化的视角对我国刑法的某些规定加以修改的余地,但是,为了克服我国在非犯罪化上出现的偏差,今后的刑事立法、刑事司法和刑法理论都应该注重犯罪化的选择。选择犯罪化的道路,既有利于保护法益,也有利于保障人权。在我国,选择犯罪化,主要是需要规定相当量的轻罪,但是,选择犯罪化的目的,是通过严密法网来强化人们的规范意识,而不是用严厉的刑罚来处罚轻罪。③ 笔者认为,除适当扩大刑法中的轻罪外,同时适当固化或强化刑法之外的微罪,应是我国犯罪化的内容和进程之一,这是因为通过强化"罪"的意识或人们对"罪"的认知,比增加更多的轻罪或微罪更有效,更能阻止人们的触法行为。

也有学者从谦抑性、泛刑法化以及泛道德化等刑法合法性等基础理论入手,阐述了我国刑法犯罪规定模式及微罪处理机制的重大缺陷,提出当前刑事立法应当重在犯罪化。该观点认为,我国刑法放弃对轻微犯罪行为的管辖是不智之举,将来应当取消刑法中的定量要素,不仅要取消《刑法》第13条的但书规定,而且要取消分则中的数量和情节之约束,做到彻底以

---

① 参见陈兴良:《犯罪范围的合理定义》,载《法学研究》2008年第3期。
② 张明楷:《犯罪定义与犯罪化》,载《法学研究》2008年第3期。
③ 参见冯军:《犯罪化的思考》,载《法学研究》2008年第3期。

行为性质决定犯罪成立与否。这样,治安管理处罚法的部分内容就回到刑法中,其余部分根据非犯罪化的原理删掉不应按照犯罪处理的内容,再和现行刑法中的轻微犯罪以及其他予以犯罪化的轻微犯罪行为一起,建立我国的轻微犯罪法。因此,"虽然我国刑法不无非犯罪化的余地,主要的还是微罪行为的犯罪化,采取定量模式的我国刑法存在体系上的严重不足"①。

我国犯罪化与非犯罪化的理论争论中,学者们从不同的视角和基准提出了不同的观点,作出了不同的选择,都有其合理之处,但也有其偏颇之处。笔者认为,对于这些争论应当从以下几个方面作实质性探讨:(1)犯罪化抑或非犯罪化并不是唯一和单一的选择,只是选择的侧重点不同而已。支持犯罪化的学者没有反对我国现阶段刑事立法中某些犯罪的非犯罪化,支持非犯罪化的学者也没有反对我国现阶段刑事立法中某些非犯罪行为的犯罪化,两者的区别仅仅在于中国现阶段刑事立法的重点和方向是犯罪化还是非犯罪化。(2)犯罪化抑或非犯罪化选择从根本上看是由我国现阶段立法和司法的实际状况和现实需求所决定的。犯罪化和非犯罪化都有社会防卫功能和保障人权功能,只不过对两种功能有所侧重而已,因此,不同的社会功能需求决定了犯罪化和非犯罪化的选择,这种社会功能则直接体现在立法和司法的现实需求上。(3)争论的焦点在于犯罪化或非犯罪化的对象,即部分行政违法行为犯罪化或非犯罪化的问题,这也是行政刑法的核心。

四、微罪体系建构与犯罪观的变革

质疑者认为,传统文化观"法不治众"和"恶"的犯罪观决定了微罪没有存在的社会认知根基,但文化与制度之间的关系是辩证统一的,文化是否对制度具有决定性作用本身就是一个疑问。文化扮演着人类社会生活中精神、观念、情感、价值的共识和认同,制度扮演着人类社会生活中秩序、规则、规范、稳定的框架和范围。文化与制度的关系既是密不可分的,又是相对独立的,两者之间往往具有一定的统一性,但有时也存在激烈的矛盾和冲突,两者之间存在辩证统一的关系。这种辩证关系决定了两者互为因果、互有先后,并不是谁因谁果、谁先谁后的关系。虽然,文化是第一层次的,制度居其次,但在具体的历史演进和社会变革中,或者在文化变迁和制度变迁中,文化与制度却并不一定呈现出文化是因、制度是果和文化在前、

---

① 何庆仁:《犯罪化的整体思考》,载陈兴良主编:《刑事法评论》(第23卷),北京大学出版社2008年版,第515—516页。

制度在后的状态。① 现实中,也常常会发生这样两种情况:一是同样一种制度,经过不同文化的浸染,往往会呈现不同的色彩,具备某种文化特色,从而产生不同的运作效果;二是某种规则一旦作为制度被确定下来,又会对人们的思维模式、行为方式、交往方式产生影响,它通过鼓励什么、压制什么、奖励什么、惩罚什么向人们传达行为信息,规范人们的行为,进而调整和改变人们的习俗、道德观念和价值观念,久而久之,制度所传达的信息便内化为人们的心理,积淀为人的文化观念。② 因此,文化的变迁是不争的事实,民众的心理认知随着社会的变迁和制度的变革发生转变也是可能的。例如,古代打虎是英雄,打虎是一种善的行为。随着珍稀动物保护制度的建立,民众再也不会认为打虎者是英雄,而在心理认知上对其持否定态度,甚至认为这是一种恶的犯罪行为,制度对文化的反作用可窥一斑。同样,建立微罪制度并对微罪处罚采取罚金刑、非监禁化以及前科消灭等轻缓化处罚措施,通过制度使人们认识到微罪与刑法分则中犯罪的区别,久而久之,社会公众对微罪的负面道德评价和文化评价也会发生变化,民众的犯罪文化观将会发生变革,微罪行为人的社会处境也不会进一步恶化。

另外,将部分行政违法行为微罪化,可以从程序上给予行为人更多的权利保障和救济,处罚上的轻缓化也不会给行为人带来更不利的处遇。当然,在当前社会犯罪文化观变革之前,微罪化可能会给行为人带来一些负面的评价及影响,但要在法治和犯罪化之间寻求平衡点,这也是一种不得不作出的选择,毕竟改革需要付出代价。当然,微罪不进入刑事登记又是一种救济和宽容。

总的来说,将部分行政违法行为微罪化,以处罚轻缓化和程序保障为基本原则,建立微罪制度及其体系,并在其影响下革新我国社会的法文化观念以及犯罪观念,并不会给行为人带来更不利的处境,相反还可能给行为人从实体与程序上带来更多的权利保障,从而达到法治和犯罪化的平衡。当然,在微罪的行为表述或称谓选择上,也可以不使用"微罪"的概念,完全可以使用"刑事性行政违法行为",是指虽说行为人的行为性质是刑事性的,但因为没有达到情节严重或一定的数量标准,故只能是行政违法行为。

---

① 参见曾小华:《论文化变迁与制度变迁的互动关系》,载《中共杭州市委党校学报》2005年第5期。
② 参见任洁:《文化与制度关系新探》,载《唐都学刊》2005年第5期。

第二节　保障人权优先观的定位

在全球人权保护日益高涨的大背景下,尤其是在刑事司法中要坚持打击犯罪和保障人权并重理念的推动下,微罪体系的建构将部分严重行政违法行为微罪化,不仅不会威胁公民的人权,反而会促进保障公民的自由和安全,达到打击犯罪与保障人权的高度统一。

一、从个人自由到社会福祉保护的嬗变

个人自由和社会秩序是现代法治追求的双重价值目标,而对两者关系的正确处理则是现代法治建设的基石和关键。一般认为,自由是第一位的,社会秩序其次。但是,自由和秩序是相互依存和相互渗透的,自由只有通过秩序或在社会秩序中才能生存并发扬光大,而且只有当社会秩序得到健康发展时自由才有可能迅速增长。没有自由的社会将停滞不前,没有秩序的社会将陷于混乱。自由和秩序的关系体现在刑法中,正如有学者所指出的:"刑法以个人自由为第一位,以社会秩序为第二位,并在此前提下力求个人自由与社会秩序之间的均衡,是我国刑法应有的选择……但第二位并不意味着是一种从属地位,而是一种地位上的平行,次序上的先后。"[1]犯罪化偏重秩序价值的选择,非犯罪化偏重自由价值的选择,但由于自由和秩序是辩证统一的,偏重社会秩序价值选择的犯罪化并不代表不保障自由,偏重自由和权利的非犯罪化同样不代表不保障社会秩序。只要不是单方面和片面性的犯罪化和非犯罪化,而是根据现实社会的价值需求,对犯罪化或非犯罪化有所侧重并进行合理协调,自由和秩序是可以相互依存和相互推进的。我国现阶段经济社会处于高速发展的时期,尤其需要稳定的社会秩序,同时保护公民合法权利的要求也越来越强,在这种背景下,将严重违法行政行为纳入微罪范畴,甚至进行微罪立法,适度扩大犯罪圈,增强对各种违法、微罪行为实施公正、适格的制裁,即在有效维护社会秩序的同时,不仅不会威胁公民的自由,反而会促进保障公民的自由和安全,形成社会秩序和公民自由的辩证统一。

二、出罪与入罪的再讨论

犯罪化,一般是指将以往不是犯罪的行为,作为刑法上的犯罪,使其成

---

[1]　曲新久:《刑法的精神与范畴》,中国政法大学出版社2000年版,第3页。

为刑事制裁的对象。其中,以往不是犯罪的行为,既可能是由行政法、经济法等法律所禁止而不为刑法所禁止的一般违法行为,也可能是不被任何法律所禁止的行为。由轻罪变更为重罪的不属于犯罪化,微罪变更为轻罪的就属于犯罪化。与之相反,非犯罪化,一般是指将迄今为止作为犯罪处理的行为,不再以犯罪论处。其中的"不再以犯罪论处",既可能表现为完全合法化,也可能表现为虽不定罪量刑,但给予行政处罚或其他法律制裁。① 我国学界一般认为,犯罪化与非犯罪化的途径有两种,一是立法上的犯罪化与非犯罪化,二是司法上的犯罪化与非犯罪化。司法上的犯罪化在我国主要表现为:(1)刑法分则对大量犯罪规定了"情节严重""数额较大"等量的限制条件,刑事司法放宽或严格对情节轻重的认定标准、降低或提高数额较大的起点标准,就意味着犯罪化或非犯罪化。(2)刑法对一些犯罪的实行行为只作了性质上的限定,而没有对行为的方式作具体规定。在这种情况下,刑事司法也完全可能在不违反罪刑法定原则的前提下,将原本不认为是犯罪的行为以犯罪论或原来认为是犯罪的行为不再认定为犯罪。(3)即使刑法对构成要件有较为具体的描述,但只要具有解释的空间,也不排除刑事司法上的犯罪化和非犯罪化。② 笔者认为,我国现行法律体系下的这种司法上的犯罪化和非犯罪化严重违背了罪刑法定原则,罪刑法定原则要求罪与刑的明确性,如果行为的性质都可以在司法上随意变更和解释,罪刑法定原则如何保障?司法上的犯罪化与非犯罪化也容易违背刑法的统一性原则,在不同的时间与空间可能导致刑法适用的极大差异性。另外,我国司法上的犯罪化与非犯罪化适用条件不一,不具有规范性,许多现象为我国所特有,而西方大多数法治国家的刑法采用立法定性、司法定量的犯罪界定模式,司法根据量的程度来决定刑罚的轻重及有无。我国这种司法上的犯罪化与非犯罪化也与其他国家的刑法理论与实践无法接轨。因此,以下讨论的仅仅是立法上的犯罪化与非犯罪化,而不涉及司法层面上的。

"犯罪是对一个社会的主流社会规范的反叛;应当是严重侵犯一个社会绝大多数人共同利益的行为。从犯罪的这一实质性的揭示中不难看出,犯罪具有时空的差异性。"③它随着社会的发展和变迁而变化,也随着社会民众的根本利益变化而发生变更。刑法的社会防卫机能是通

---

① 参见张明楷:《司法上的犯罪化和非犯罪化》,载《法学家》2008年第4期。
② 参见张明楷:《司法上的犯罪化和非犯罪化》,载《法学家》2008年第4期;衣家奇:《非犯罪化的途径及我国的选择》,载《华东政法学院学报》2005年第6期。
③ 张小虎:《犯罪论的比较与构建》(第2版),北京大学出版社2006年版,第8页。

过刑罚的适用来实现的,刑法的人权保障机能是依赖限制刑罚的适用而实现的,从本质上看,犯罪化与非犯罪化是刑法社会防卫功能与人权保障机能的外在体现,更是打击犯罪与保障人权的手段和方式。如何跟随时代的节奏和需求,通过犯罪化和非犯罪化达到刑法社会防卫功能与人权保障机能的平衡,从而同时实现打击犯罪与人权保障,是理论和实践都必须关注的重点,处理不当将可能导致自由和安全必失其一的不利局面。

犯罪化意味着刑事法网的扩张,根据学者的观点,犯罪化是由于两方面的需求:一是保持社会免受新型犯罪的侵害,随着社会现代化、社会经济技术条件进一步发展,出现了一些新型犯罪,需要刑法来犯罪化;二是确认新的权利并予以保护,随着社会生活的演进,人权内容的扩张,出现的新型权利需要保护,法律在确认这些权利时,对侵犯这些新型权利的行为则需要将其犯罪化予以保护。[1] 但是,犯罪化也不能超过一定的范围,不能出现调控社会的泛刑法化。法律规范又是一个具有多层级和诸多部门的规范体系。专门规定犯罪和刑罚的刑法只是其他法律规范调整无效时的最后手段。所有的社会控制方法都需要相应的资源投入。在国家和社会可能利用的资源总量确定和有限的前提下,必然存在整个社会范围内的社会控制资源的分配问题。因此,犯罪化和刑罚圈的范围问题,其实质就是刑罚资源与其他社会控制资源的配置问题,即对反社会行为是动用国家刑罚资源还是利用非刑罚控制措施进行控制。过多地依赖国家刑法的强制力量,对反社会行为投入过多的刑罚资源,必然会影响对其他非刑罚控制措施的资源投入,妨害人们运用非刑罚的政治、经济、文化、教育等社会手段预防反社会行为的努力;另外,刑罚是最严厉的国家强制方法,它是用损害(犯罪人)法益(自由、财产、荣誉以至于生命)的办法保护(被害人)的法益(自由、财产、荣誉和生命)。刑罚使用不当(任何时候、任何国家几乎不可避免的现象,所不同的只是程度的大小而已)潜藏着侵犯人权的巨大危险。[2]

非犯罪化意味着刑事法网的缩小,有学者认为,"根据刑法的谦抑性原则和法益保护原则,刑法在确定调控范畴时,应最大限度地给社会和个人留出自由空间,以保障社会主体能在最大限度地保有个人自由的前提下发挥创造力和积极性,刑事立法的非犯罪化尊重人权的同时也缓解了司法机

---

[1] 参见陈谦信:《中国刑法:犯罪化与非犯罪化》,载《云南财贸学院学报(社会科学版)》2008年第1期。
[2] 参见梁根林:《论犯罪化及其限制》,载《中外法学》1998年第3期。

关的压力,以集中更多的力量来惩治更为严重的犯罪"①。但是,非犯罪化也不能超过一定的范围,应当避免出现犯罪行为得不到有效制裁的不利局面。毕竟秩序和安全是社会发展和进步的前提条件之一。犯罪圈过于狭窄,刑事法网不严密,应当追究刑事责任的行为没有纳入犯罪的范畴,会使犯罪被放纵,社会秩序遭到冲击,严重影响公民的自由和安全。

值得注意的是,现代法治国家的刑事价值理念是人权保障优先,社会保障其次,而犯罪化和非犯罪化在某种程度上侧重于代表社会防卫或人权保障,但这并不能推导出刑事立法犯罪化就必然导致对个人自由和权利的侵犯,也不能推导出刑事立法非犯罪化就必然导致社会防卫机能的削弱。无论是犯罪化或是非犯罪化,归根结底都是国家在某个特定的历史阶段或社会政治文化发展的不同背景下,为了达到打击和控制犯罪、平衡社会利益以及保障公民自由和权利而作出的刑事政策选择。只有脱离现实社会背景、片面的犯罪化和非犯罪化才有可能导致刑法社会防卫机能的削弱和人权保障机能的缺失。

从立法内容来看,如前所述,我国的二级制裁模式具有对象上的竞合性、行政强制措施的非正当性以及处罚严重失衡等严重立法弊端,其根源在于我国犯罪概念采用定性加定量的模式将一部分轻微犯罪行为排除出刑事立法的范畴,定性为行政违法行为并予以行政制裁。这些立法弊端已经导致刑法明确性、人权保障等基本原则的受损以及司法的混乱,直接对我国的法治建设造成冲击和破坏。如果建立微罪法,将部分严重行政违法行为纳入犯罪的范畴,不仅可以彻底解决现行制裁体系中的无法协调的弊端,也可以从实体和程序上保障公民的权利。从现行立法自身内容的刚性需求出发,犯罪化是我国现阶段立法的主要选择。

从立法技术上看,我国现阶段立法的犯罪化选择也没有与国际非犯罪化的潮流相违背。西方国家在 20 世纪 50 年代以后掀起的非犯罪化潮流主要是针对两类犯罪:一是没有被害人仅仅违反伦理道德的行为,如酗酒、自杀、堕胎等行为;二是危害情节轻微的微罪行为,如德国《违反秩序法》中规定的不允许的噪声、不允许的聚会、粗鲁下流行为和骚扰行为等。仔细考察这两类犯罪行为,我国刑法大都没有规定为犯罪,有的甚至不能认定为行政违法行为,仅仅是违反道德的非违法行为,这部分行为在我国不存在非犯罪化的问题。应当说,由于我国采取"定性加定量"的犯罪界定模式,犯罪圈远远小于西方各国的犯罪圈,犯罪化不应当是主要选择。另

---

① 贾学胜:《非犯罪化的正当化根据研究》,载《甘肃政法学院学报》2008 年第 1 期;唐薇佳:《浅谈犯罪化与非犯罪化的辩证之路》,载《法治与社会》2009 年第 12 期。

外,从西方各国犯罪化与非犯罪化的发展历程来看,其已经经历了着重犯罪化的进程,刑事法网已经形成"严而不厉"的结构,非犯罪化潮流仅仅是严密的刑事法网进行适格的修正而已。而中华人民共和国成立后刑事立法一直处于"厉而不严"的状态,要从"厉而不严"转向"严而不厉",犯罪化是必然的选择。

三、"标签理论"与前科消灭制度

"前科消灭制度是指曾受过刑事处罚的人在具备法定条件时,国家消抹其犯罪记录,使其复归社会的不利状况消失,恢复正常法律地位的一种刑事制度。"①我国刑事立法和其他部门法中只规定了前科制度,并未涉及前科消灭制度。微罪法建立的重要理念之一就是微罪处罚轻缓化,前科消灭制度正是实现微罪处罚轻缓化的一个关键。下文在探讨我国前科制度的基础上,探讨微罪前科消灭制度的正当性与合理性,从而建立我国的微罪前科消灭制度。

（一）我国现行的前科制度

我国对前科制度的规定散见于刑事、民事、行政等部门法中。《刑法》第 100 条第 1 款规定:"依法受过刑事处罚的人,在入伍、就业的时候,应当如实向有关单位报告自己曾受过刑事处罚,不得隐瞒。"中央社会治安综合治理委员会等六部门于 1994 年颁发的《关于进一步加强对刑满释放、解除劳教人员安置和帮教工作的意见》中,明确规定劳教单位"向刑满释放、解除劳教人员户口所在地的公安机关、接受单位介绍情况,移交有关档案、材料"。在刑事领域以外,我国民事、行政法律也十分注重对犯罪行为人前科记录的管理。如我国《教师法》第 14 条规定:"受到剥夺政治权利或者故意犯罪受到有期徒刑以上刑罚的,不能取得教师资格;已经取得教师资格的,丧失教师资格。"我国《法官法》第 13 条规定,"因犯罪受过刑事处罚的",不得担任法官。我国《检察官法》第 13 条规定,"因犯罪受过刑事处罚的",不得担任检察官。我国《律师法》第 7 条规定,"受过刑事处罚的,但过失犯罪的除外",不予颁发律师执业证书。我国《拍卖法》第 15 条第 2 款规定,"因故意犯罪受过刑事处罚的,不得担任拍卖师"。我国《会计法》第 40 条规定:"因有提供虚假财务会计报告,做假帐,隐匿或者故意销毁会计凭证、会计帐簿、财务会计报告,贪污,挪用公款,职务侵占等与会

---

① 彭新林、毛永强:《前科消灭的内容与适用范围初探》,载《法学杂志》2009 年第 9 期。

计职务有关的违法行为被依法追究刑事责任的人员,不得再从事会计工作。"可见,这些前科制度对于一个公民职业的影响,不得不予以高度重视。

通过以上规定不难发现,我国法律中前科的惩罚性和歧视性的规定比比皆是,根据我国档案一般终身跟随行为人转移的实际状况,前科已经成为犯罪人的终身标签。不可否认,前科制度是有效预防犯罪人再次犯罪和维护社会秩序的手段之一,也是行为人对其犯罪行为承担责任的一种方式,但是这种终身的前科标签带来的消极影响也值得我们反思。行为人被贴上"犯罪人"的标签后,极易产生自卑和消极心理,难以再次融入正常的社会生活。从这个意义上看,前科制度也有可能成为妨碍行为人积极改造、重新做人的一道屏障。① 尤其是几年来社会议论的前科制度的负面影响已经牵涉第二代甚至第三代的就业等,遭到社会的极大愤慨和反对。我国历来坚决反对封建"株连制度",但在实际生活中又遇到"株连制度"的反弹,树立了极大的社会对立面。为缓和社会矛盾,建议国家高度重视这一现象,尽快建立前科消灭制度,协调社会矛盾。

(二)微罪前科不登记及轻罪前科消灭制度的证成

微罪前科不登记是国外的惯例,轻罪前科消灭制度不仅适格而且十分必要,不仅能消除传统犯罪观的不良影响,而且为犯罪人再社会化消除了潜在障碍,更加缓解了"株连"的压力。

1. 微罪的性质不适格前科登记制度

笔者试图建立的"微罪类型",主要对象是行政处罚法中的严重行政违法行为,一般是法益侵害比较小的行为或违反秩序行为,如轻微伤害行为、轻微财产危害行为等。这些行为人的行为危害性和人身危险性往往都比较小,甚至构不成刑法中的犯罪,将这些行为规定为微罪的根本目的在于建立严格的法律程序审理并实行处罚轻缓化,如果对于此类微罪行为人适用前科制度,将带来犯罪标签的泛化和滥用,实际上加重了对行为人的处罚,也增加了前文所述的"犯罪化"所带来的弊端。如果说刑法中规定的犯罪前科消灭制度对严重犯罪行为具有一定的合理性,微罪不适格前科登记制度则具有合理性和正当性。

2. 消除传统犯罪观的不良影响

在中国传统文化中,犯罪是带有极强侮辱性和道德性评价的词语,被认为曾经犯罪会给犯罪人留下难以磨灭的污名劣迹。将劳动教养和治安

---

① 参见付永伟:《宽严相济视野下的前科消灭制度》,载《法治论丛(上海政法学院学报)》2007年第4期。

管理处罚法中的部分行为纳入犯罪的范畴,给行为人贴上犯罪的标签,会给其工作生活带来极端不利的影响,是许多学者质疑轻罪体系的重要理由。如果建立微罪前科消灭制度,去除犯罪标签的弊端,最大限度减轻微罪的犯罪化所产生的负面效应,既可以消除传统犯罪观带来的不良影响,也可以为微罪体系的建立提供正当性基础。

3. 有助于轻罪犯罪人的再社会化

行为人被贴上犯罪标签后,会产生烙印效应和自我修正为犯罪者形象,因而脱离社会加深其犯罪性,成为真正的犯罪者。并且,前科就像瘟疫一样使人们对犯罪的人畏而远之,使有前科者在社会上很难建立正常的社交关系,有时因他人的讽刺与侮辱陷入绝望或无奈重新走上犯罪之路。在轻罪中建立前科消灭制度,一定时期后不再对其贴上犯罪标签,而对其进行教育和改造,使他们回归社会,既符合谦抑性精神,又有利于大部分犯罪行为人的再社会化,同时对于化解矛盾、促进社会和谐、实现社会主义法治具有重大的现实价值。[①]

第三节　行政权与司法权并重

现代法治国家国家权力的合理配置与制衡已成为法治建设的内在根本需求,但在我国现行制裁体系中,由于我国犯罪概念中"量"的标准具有模糊性和概括性,使得司法权与行政权界限不清,一部分本应由司法权管辖的犯罪行为被划入行政权的管辖范畴,另一部分本应由行政权管辖的行政违法行为被认定为犯罪进入了司法权的管辖范畴,而在我国行政权庞大且具有主导性的背景下,公安机关侦查过程中对行为性质的认定成为司法权启动的前提,模糊且概括的定罪标准给予公安机关极大的自由裁量权,并且这种自由裁量权在某种程度上决定了行为是犯罪还是行政违法,行政权已然侵入了司法权,并造成两者的失衡。微罪法的建立,采用犯罪定性原则,将治安管理处罚法中与刑法分则中构成特征相同或相似的行为纳入微罪的范畴,明确地界定了行政违法和犯罪以及微罪和刑法之罪,给公安机关以明确而可靠的标准,保障了公安机关在侦查阶段定性的准确性,也有效制约了公安机关的行政自由裁量权,不会再出现由于司法权的被动性而让行政权主导司法权,真正形成公安机关侦查—检察机关起诉并监督—法院审理的权力制衡模式。

---

① 参见颜超明、张训:《论我国前科消灭制度的现实化》,载《中国刑事法杂志》2010年第6期。

一、行政权与司法权的理论比较

行政权与司法权是现代法治国家两项重要的权能,各有其优势和弊端,如何准确界分行政权与司法权的界限,实现两者之间的平衡,最终实现法治,是现代法治国家的重要价值追求之一。

1. 行政权的特点及优势

行政权是国家行政机关及其他特定的社会公共组织对公共行政事务进行直接管理或主动为社会成员提供公共服务的权力。[①] 行政权具有以下属性:(1)行政权具有直接行动力。国际社会风云变幻,社会形势日新月异,行政事务纷繁复杂,行政权必须随时协调和处理各种难以预见的事务,这就要求行政权具有更快的步骤和更多的方式,行政权应是主动的、灵敏的。因此,在行政过程中,固然也强调程序,但行政权实施的程序远不及立法权、司法权行使的程序严格。在程序羁绊较少的行政权运行中,主体的能动性更为明显。(2)行政权富有扩张性。由于权力能为掌控者带来精神上或物质上的利益。因此,凡是权力,都有一种天然的扩张性。行政权的扩张性表现为两方面:一是行政权所管辖的事务愈加宽泛;二是行政权日益渗透至立法领域和司法领域。(3)行政权具有强制性。作为一种国家权力,它是以强制—服从的规律运行的,行政管理的强制性及其管理对象的复杂多变性更决定了行政权必须具有强制性。在行政权运行时,多以行政主体的单方意识为特征,不必征得相对人同意,相对人必须服从。[②] 除以上三点外,"行政权还有执行性、优益性以及不可处分性等属性"[③],在此不一一展开。

2. 司法权的特点及优势

司法权是指特定的国家机关按照法定的程序行使法定的职权,以审判的形式将相关法律适用于具体案件的专门化活动而享有的权力。"广义的司法权包含法院的审判权和检察院的司法权,狭义的司法权仅仅指法院的审判权。"[④]本书所指的司法权采用狭义的概念,即法院的审判权。司法权具有以下属性:(1)被动性。司法权的被动性要求司法权在行使过程中只能根据当事人的申请才能进行裁判,而不能主动启动司法程序介入社会纠

---

① 参见杨海坤:《中国行政法原论》,中国人民大学出版社 2007 年版,第 31 页。
② 参见胡建淼主编:《公权力研究——立法权、司法权、行政权》,浙江大学出版社 2005 年版,第 207—208 页。
③ 杨海坤主编:《跨入 21 世纪的中国行政法学》,中国人事出版社 2000 年版,第 38—39 页。
④ 胡建淼主编:《公权力研究——立法权、司法权、行政权》,浙江大学出版社 2005 年版,第 359—360 页。

纷。因此,"从性质来说,司法权自身不是主动的。要想使它行动,就得推动它。向它告发一个犯罪案件,它就惩罚犯罪的人;请它纠正一个非法行为,它就加以纠正;让它审理一项法案,它就予以解释。但是,它不能自己去追捕罪犯、调查非法行为和纠察事实。如果它主动出面以法律的检察者自居,那它就有越权之嫌"①。司法权的被动性体现在两方面:一是发动的被动性,法院只能应控告方的请求才能启动司法程序;二是行使的被动性,法院只能在控告请求事项范围内进行审理,不能超出司法请求的范围。并且在审理过程中,法院应处于中立地位,以裁判者的身份被动地听取双方的陈述,审查相关的证据,从而作出判断。(2)中立性。司法权的中立性要求法院在司法过程中,以不偏不倚的态度对待控辩双方。其主要体现在以下三个方面:与自身有关系的人不应该成为该案的法官;案件处理的结果不应包含纠纷解决者个人的利益;纠纷解决者不应有支持或者反对某一方的偏见。②(3)程序性。为避免法官独立推断的恣意和专断,必须设计严谨、规范、妥适、明确的司法程序,程序的本质就是过程参与者意志的自由交涉。严格遵循事先拟定并公布的理性程序,才能约束法官的个人意志进而引导其发现法律事实和作出可期性的判断。③(4)统一性。司法权的统一性包含三个方面的内容:司法机构的设置是统一的,即行使国家司法职能的机关是按照统一的要求和模式建立的;司法权的行使是统一的,法定的专门机关代表国家独立行使司法权;司法适用的法律是统一的。④(5)权威性和终局性。司法权的权威性和终局性是指司法权对于纠纷的解决具有最高的权威性和最终裁判性。主要体现为:司法权裁决效力是最高的,其他任何机关、组织或个人均不得变更或撤销;司法权裁决的效力是最终的,一旦对某一纠纷作出裁决,不得再将这一纠纷纳入司法裁判的范畴。

3. 行政权与司法权的比较

行政权具有效率性、灵活性及主动性等优点,但其本质决定其具有自我膨胀性、程序简易性及易失控性等弊端。司法权具有中立性、公正性、程序性强等优点,但其滞后性、被动性等弊端也在所难免。曾有学者从不同方面总结了司法权与行政权的区别:(1)行政权在运行时具有主动性,而司法权则具有被动性。(2)行政权在它面临的各种社会矛盾面前,其态度

---

① 〔法〕托克维尔:《论美国的民主》(上卷),董果良译,商务印书馆1988年版,第110—111页。
② 参见〔美〕戈尔丁:《法律哲学》,齐海滨译,生活·读书·新知三联书店1987年版,第240页。
③ 参见韩钢:《司法权基本属性解析》,载《宁波大学学报(人文科学版)》2011年第4期。
④ 参见姜小川:《司法权基本属性之探析》,载《法学杂志》2007年第5期。

具有鲜明的倾向性,而司法权具有中立性。(3)行政权更注重权力结果的实质性,司法权更注重权力过程的形式性。(4)行政权在发展与变化的社会形势中具有应变性,司法权具有稳定性。(5)行政权具有可转授性,司法权具有专属性。(6)行政权具有主体职业的行政性,司法权具有主体职业的法律性。(7)行政权效力的先定性,司法权效力的终极性。(8)行政权运行方式具有主导性,司法权运行方式具有交涉性。(9)行政权的机构系统内存在官僚层级性,司法权的机构系统内则是审级分工性。(10)行政权的价值取向具有效率优先性,司法权的价值取向具有公平优先性。(11)行政权具有灵活性和机动性,司法权具有严格程序性。① 所以,如何在保障行政权的主动性和灵活性的同时,保障司法权的独立性和权威性,准确界分行政权与司法权的界限,实现两者之间的平衡,最终实现法治,是现代法治国家的重要价值追求之一。

二、西方从法治国到福利国行政权的嬗变

随着境外社会政治与法律体制的发展历程,行政权与司法权的边界及制衡体系也随之变迁,准确厘清境外司法权与行政权纠葛的历史沿革以及行政权与司法权权力配置的轻罪相关立法,可以为我国行政权与司法权的制衡以及微罪的归属等问题提供历史和现实的经验和借鉴。

(一)境外行政权与司法权制衡体制的历史沿革

行政权与司法权的纠葛,随着社会的发展呈现出不同的态势,大致可以分为四个阶段:

第一阶段为"守夜人"政府时代。早期自由资本主义时代,西方国家政府的职能只限于国防与社会治安、财政和从事最低限度的公共事业,那时政府只是充当"守夜人"的角色。一般市民所接触到的政府官员只是警察、邮差。那时的行政原则是"最好政府,最少管理"②。同时,近代资产阶级革命胜利后,西方国家逐步兴起一种以"分权制约"为基础的宪制制度,国家的权力结构也由此发生了巨大变革,由"权力分立制度"逐渐取代了"权力集中制度",司法权也从行政权中逐步独立出来迅速成为国家权力的一级。"立法权、司法权和行政权被分配到不同的国家机关行使,并且

---

① 参见孙笑侠:《司法权的本质是判断权——司法权与行政权的十大区别》,载《法学》1998年第8期;代勇贤:《论司法权和行政权的区别》,载《法制与经济》2009年第3期。
② 参见郭道晖:《行政权的性质与依法行政原则》,载《河北法学》1999年第3期。

相互监督和制约,以免滥用权力,保护公民的个人权利。"①

第二阶段为行政国时代。18世纪末19世纪初,政府行政职能逐步加强以及行政权逐步扩大,国家需要在所有的法律规范外,颁行诸多技术性的行政规章,以便对人民的一切社会活动作适度的规范,使其与国家行政的目的相一致。行政法的种类日益增多,几乎涉及所有领域,从而造成行政管理规范的范围日趋庞大,成为法治国家最大的体系。相应的,国民的行为与行政管理法规相抵触的情形日益增加,重者科以刑罚处罚,轻者科以行政处罚。其中最值得注意的则属于违反经济管制秩序的经济犯,以及妨害公共福利和社会文化保护作用的秩序违反行为,国家对之加以制裁不外乎本来具有的警察权力之延伸,这便是所谓的新兴警察犯或秩序犯。②为了保护行政权的独立地位,法国设立了行政法院。在亚洲,第二次世界大战前,几乎和德国一样,日本也采取了行政法院与普通法院并立的模式,即行政领域绝对排除司法权的干预。③

第三个阶段为法治国时代。第二次世界大战后,法治国的理念与形态逐渐形成,非经现行法律规定,国家不得对公民进行处罚和制裁。其主要特点是:(1)严格依法办事;(2)国家不得随意介入私人领域;(3)一切法律必须以保障公民的权利为中心。在这种条件下,通常法律更多体现的是"权利本位",甚至人权优先、法治第一,国家权力在某种情况下让位于公民权利等特征。此种情况下,立法者在"轻罪""违警罪"等名目下把一部分行政国时期由国家行政机关处理的案件纳入刑法调整的范围。这在第二次世界大战后的德国、日本等国家表现得尤为明显。

第四阶段为福利国时代。随着世界经济的日渐繁荣,运用行政手段干预经济的现象逐渐增多,特别是利用福利社会政策或行政手段来化解社会矛盾已成为现代国家治理社会的必要手段。以福利手段为治国之策的国家可称为福利型国家,即利用行政手段来推动整个社会福利,以期使国家利益和民众利益达到和谐状态。"未来的福利国家是行政国家和法治国家的结晶,既充分发挥了国家行政权灵活性的效能与作用,又兼顾到了国家司法权终局性、制约性的效能与作用。"④

---

① 谢佑平等:《刑事司法权力的配置与运行研究》,中国公安大学出版社2006年版,第129—130页。
② 参见刘艳红:《空白刑法规范的罪刑法定机能——以现代法治国家为背景的分析》,载《中国法学》2004年第4期。
③ 参见黄河:《行政刑法比较研究》,中国方正出版社2001年版,第93页。
④ 李晓明:《行政刑法学导论》,法律出版社2003年版,第45、88—92页。

(二)境外行政权与司法权权力配置的微罪相关立法

严重违法行为纳入行政权或司法权的处罚范围,各国和地区由于对严重违法性质的认定不同而有所区别。如果将轻微违法行为认定为微罪,则由司法权行使对微罪的处罚权,且许多国家和地区的微罪概念所包含的违法范围比较大,包括所有涉及人身自由处罚的违法行为和大部分涉及罚金的违法行为,因此,司法权几乎垄断了对违法行为的制裁。在美国,微罪由属于地方法院的某些基层法院管辖;法国的违警罪尽管只涉及罚金刑等轻微财产罚,也由近民法院或治安法院审理;德国、日本的轻罪也是由法院审理。如果轻微违法行为被认定为行政违法,则应由行政部门行使处罚权。如德国的违反秩序行为不属于犯罪的范畴,而是被界定为行政违法,应当受到行政处罚性质的制裁,由行政部门作出处罚决定。但德国的《违反秩序法》没有剥夺人身自由的处罚,即便罚款,如果当事人提出异议,警方也应停止,而将案件提交法院,由法院来裁决当事人是否要缴纳罚款。因此,从总体上看,境外司法权几乎覆盖了对严重违法行为的制裁,行政权能够处罚的行为受到了最大限度的限制,尤其是涉及人身自由的制裁,只专属于司法权管辖。

三、我国法治进程的阶段性反思

我国经历了几千年的封建王朝,已形成了行政权大于司法权的社会心理基础。中华人民共和国成立以后,这种历史性惯性仍然存在,现在行政权仍呈扩张之趋势,如各行政部门的扩张性立法。[①] 现代法治国家国家权力的合理配置与制衡已成为法治建设的内在根本需求,而在我国行政权与司法权的制衡机制已经失控,行政权已然对司法权形成侵蚀和冲击,下文在审视我国宪制框架下的权力配置体系和权力运行机制的基础上,试图探寻其历史、现实及体制上的根源。

(一)行政权与司法权的权力运行机制失衡

我国行政权与司法权运行机制失衡主要表现在以下两个方面:

1. 宪制框架下权力配置的模糊性和失衡性

在现代法治国家,宪制是通过对国家权力的科学配置来实现的,国家权力在宪法和法律的框架内各司其职、分工合作以及相互制衡,实现国家

---

① 参见冯江菊:《行政违法与犯罪的界限——兼谈行政权与司法权的纠葛》,载《行政法学研究》2009年第1期。

法治的正常运行。孟德斯鸠是最早在理论上系统阐述分权的政治学家、哲学家,他认为,要防止滥用权力,就必须以权力约束权力。"每个国家都有三种权力,即立法权力、司法权力和行政权力。只有这三种权力分立存在,相互制衡,公民自由才能有切实可靠的保障。如果司法权不同立法权和行政权分立,自由也就不存在了。如果司法权与行政权合而为一,法官便将有压迫者的力量。"①我国虽然不提倡权力分配、实施及相互制约框架,但是基本权利在不同国家机构之间的划分、实施及相互之间一定程度上的制约,在宪法上仍十分清晰地被表现出来。② 这种权力的划分在行政权与司法权上,直接体现为行政法与刑法的关系。刑法处罚犯罪行为,行政法处罚一般行政违法行为,以行为的危害程度即"量"来区分。刑法分则中以"情节严重""数额较大""后果严重"等量化标准界定犯罪与行政违法的界限,犯罪属于司法权的管辖范畴,行政违法属于行政权的管辖范畴,两者界限分明,各司其职并且分工合作,符合现代法治国宪制的内在要求。

从表面上看,行政法与刑法通过"量"的标准划分犯罪和行政违法,实现了行政权与司法权的分立。但刑法分则中"情节严重""数额较大""严重后果"等"量"的标准不管是在立法还是在司法中都具有模糊性和概括性,并不能准确区分犯罪与行政违法。由于各地经济和法制发展的不平衡以及认识上的差异,"量"的标准可能在不同的时间和空间被赋予不同的内涵和外延,行政违法和犯罪也可能发生不规则的变动。这种行政违法与犯罪之间的不确定性直接导致行政权与司法权在权力分配上的模糊与重叠。行政权与司法权在权力分配上的模糊与重叠必将导致两种后果,或是司法权侵入行政权,或是行政权侵入司法权。在我国行政权偏于"肥大"的法治背景下,可能更多的是行政权对司法权的侵蚀,这将导致权力的失衡,也易对现代宪制形成冲击。

限制或剥夺人身自由的处罚只能由司法机关通过正当的司法程序进行,这已经是被国际相关人权公约明确规定的准则,并且为大多数西方法治国家立法确认。而我国的行政处罚与行政强制措施涉及较长时间的对人身自由的剥夺,却作为一种行政权而存在,违反了正当程序原则和司法接近原则③,形成行政权对司法权的侵蚀,造成行政权与司法权的失衡。

---

① 〔法〕孟德斯鸠:《论法的精神》,张雁深译,商务印书馆1963年版,第154—156页。
② 参见时延安:《行政处罚权与刑罚权的纠葛及其厘清》,载《东方法学》2008年第4期。
③ 参见欧爱民:《我国犯罪概念的宪法学透视》,载《法商研究》2006年第4期。

2. 权力运行机制的内在冲突

在我国的权力运行机制中,公安机关行使行政治安管理和处罚职能与部分刑事案件的立案和侦查职能;检察院行使法律监督职能和有关司法监督案件的侦查以及刑事案件的起诉职能;法院行使各类案件的审判和部分案件的执行职能,三者权力分工明确、相互衔接并相互制衡。对此,我国《宪法》《刑事诉讼法》《行政处罚法》等法律都作了明确的规定,如《宪法》第140条规定:"人民法院、人民检察院和公安机关办理刑事案件,应当分工负责,互相配合,互相制约,以保证准确有效地执行法律。"《刑事诉讼法》第7条规定:"人民法院、人民检察院和公安机关进行刑事诉讼,应当分工负责,互相配合,互相制约,以保证准确有效地执行法律。"第8条规定:"人民检察院依法对刑事诉讼实行法律监督。"第113条规定:"人民检察院认为公安机关对应当立案侦查的案件而不立案侦查的,或者被害人认为公安机关对应当立案侦查的案件而不立案侦查,向人民检察院提出的,人民检察院应当要求公安机关说明不立案的理由。人民检察院认为公安机关不立案理由不能成立的,应当通知公安机关立案,公安机关接到通知后应当立案。"《行政处罚法》第27条第1款规定,"违法行为涉嫌犯罪的,行政机关应当将案件移送司法机关,依法追究刑事责任"。这些都为行政权与司法权的权力划分提供了明确的法律依据,为权力制约提供了制度保障。

从表面上看,在我国权力运行机制中,公安机关、人民检察院和人民法院权力分工明确、相互衔接并相互制衡。但犯罪界定标准"量"的模糊性和概括性所导致的行政违法和犯罪的界限不清,在一些微罪案件的处理上,给予公安机关运用行政处罚权或启动刑事程序进行刑罚处罚的自由裁量权。而检察院的起诉权和法院的审判权又依赖公安机关的侦查和移送,这意味着司法权的行使是以行政权的自由裁量发动为前提的,这实际上也是行政权侵蚀司法权的一种具体表现。另外,值得注意的是,公安机关对于行为属于行政违法还是犯罪的自由裁量权并没有有效的外在控制,虽然刑事诉讼法规定了检察机关对于公安机关的立案侦查是有监督权的,然而在实践中,检察机关的监督作用并未得到充分的发挥,"首先,检察机关的信息来源受限,对行政执法机关查处的案件知情不多,难以做到对行政执法各个环节进行有效监督和协助。其次,在某些情况下,人治大于法治的现象还存在,个别领导的行政干预,个别部门的说情,地方保护主义等,致使检察机关不能做到独立行使法律监督权。再次,尽管刑事诉讼法确立了检察机关对公安机关的立案监督制度,但对涉嫌犯罪案件移送的具体问题仍缺乏可操作性的规定,导致在实践中移送的随意性很大"①。因此,在我国权力运行机制中,行政权实际上也对司法权形成了侵蚀。

(二)我国行政权与司法权关系失衡的因由探究

我国行政权与司法权关系失衡主要可以归结于以下因由:

1. 历史性因素的影响

在我国古代,地方没有专门的行政机关,地方的行政长官在行使行政权力的同时还执掌着司法权,也就是说,古代官员平时最主要的工作就是审理案件。虽然以前的各朝各代都能够制定出一些法律,可是官员在审理案件的过程中,更多的是把国法、天理及人情综合来考虑。可见,我国从古代起司法权就是附属于行政权的,行政权控制着国家和社会的方方面面。② 这种历史性的因素影响着中华人民共和国成立后的立法和司法,随着社会主义法治建设的逐步建立和完善,其影响力也随之减弱,但还是对现行的法律制度中行政权和司法权的制衡关系起到了一定的负面作用。

2. 社会转型期的独特需求

社会转型期出现的各种问题急需进行调整,而行政权又具有效率优势,可以较为及时地作出反应,当然随之而来的就是其权力的自我创制和膨胀。而司法权的行使必须有法律为基本前提,司法权几乎没有自我创设权限的可能,而且司法权对社会问题的反应也是滞后的,因为司法本身就具有保守的性质。"在经济建设为中心的国策的影响下,经济建设以行政权为主导,司法在经济建设中至多起到保驾护航的作用,且司法对经济建设的干预是被动而有限的,很大程度上以行政权或其他权力认可为前提。"③因此,社会主义市场经济背景下的法制建设,给了行政权侵蚀司法权生存的土壤。

3. 政治体制及相关制度的原因

我国实行的是人民代表大会制度,而议行合一则是这一体制的核心。从表面上看,一府两院都是由人民代表大会选举产生,对其负责,受其监督,但政府作为人民代表大会的执行机关,实际上就拥有了比两院更大的权力,使得司法机关不自觉地成为行政权的附庸。而且,在我国现行的人

---

① 张书琴:《行政执法与刑事执法衔接机制的研究》,载戴玉忠、刘明祥主编:《犯罪与行政违法行为的界限及惩罚机制的协调》,北京大学出版社2008年版,第316—317页。
② 参见张丽、曾祥华:《浅析行政权对司法权的干预》,载《山东行政学院学报》2011年第1期。
③ 时延安:《行政处罚权与刑罚权的纠葛及其厘清》,载《东方法学》2008年第4期。

事和财政体制中,司法权在人事和财政中完全受制于行政权,使得司法权更处于一种弱势地位,处处依附于行政权。

四、我国行政权与司法权的制衡:微罪法的建构

行政权是一种权力,而权力就意味着一定的支配和控制力,它可以使他人的意志服从自己的意志,从而影响和控制他人,并且这种影响和控制无须征得他人的同意。这使得行政权具有一种内在的扩张性。并且,行政自由裁量权在其本质上可以说是一种"自由权力",只要客观上不逾越法定界限,其行使者在法定界限内享有极大的自主决定权。① 因此,不受制约的行政权严重影响了法治建设。我国由于历史观念、社会转型期以及政治配套体制的原因,行政权在权力的配置以及运行中都对司法权形成了侵蚀。而微罪法的建构符合国际立法趋势,有利于行政权与司法权的制衡,形成公民权利和自由的保障机制。

我国犯罪概念中的"量"的标准具有模糊性和概括性,使得司法权与行政权界限不清,一部分本应由司法权管辖的犯罪行为被划入行政权的管辖范畴,一部分本应由行政权管辖的行政违法行为被认定为犯罪进入司法权的管辖范畴,而在我国行政权庞大而且具有主导性的背景下,公安机关侦查过程中对行为的性质认定成为司法权启动的前提,模糊且概括的定罪标准给予公安机关极大的自由裁量权,并且这种自由裁量权在某种程度上决定了行为是犯罪还是行政违法,行政权已然侵入了司法权,并造成两者的失衡。因此,有必要通过对我国现行制裁体系(包括行政处罚和刑事处罚)进行解构,通过适当的"破",寻求微罪体系的"立",从而立足于逻辑和程序的角度实实在在解决制度上、实践中普遍存在的行刑模糊的弊端,真正厘清权力的边界。

由于行政权的主动性及自我扩展性等自有属性的影响,由行政机关对大量破坏社会秩序的违法行为进行认定和制裁,对公民的权利和自由存在巨大的威胁。我国行政权中的警察权主要由公安机关集中统一行使,由于体制上的弊端,形成以高度集中为特征的警察体制。高度集中的警察体制更易导致权力的无限扩张,为警察权的滥用提供温床。其中最重要的表现之一,就是公安机关在行政处罚和刑事侦查方面拥有界定行为性质的自由裁量权,而且这种自由裁量权事实上在程序上和实体上是不受限制的,这对国家权力的制衡是一个极大的破坏,公民的自由和权利也易受侵犯。由

---

① 参见胡建淼主编:《公权力研究——立法权、司法权、行政权》,浙江大学出版社 2005 年版,第 294—295 页。

于司法权比行政权在实体上更严格,在程序上更周密,微罪建构将部分行政违法行为纳入刑事法领域,即将原由行政权管辖的部分行为纳入司法权管辖的范畴,适用刑事诉讼程序,解决了最低限度的程序保障前提,原则上排除了行政机关恣意剥夺公民自由和权利的可能性。而且由于司法的中立性、消极性等特征,在司法裁判中,诉讼双方在审理过程中积极主动地分别行使控告权与检察权、陈述理由、质证并承担举证责任,法官始终处于超然的中立地位,以裁判者的身份听取双方的陈述,审查相关的证据,并据此作出判断,这些更能保障裁判结果的公平公正性,也充分保障了公民的自由和权利。

《公民权利和政治权利国际公约》第9条第1款规定,"除非依照法律所规定的根据和程序,任何人不得被剥夺自由",并且剥夺人身自由的处罚一般被视为刑事制裁,严重行政违法行为纳入微罪法,并由司法机关裁决,是西方绝大多数法治国家的普遍立法技术。将部分行政违法行为和行政强制措施纳入微罪法的范畴,即将其从行政权划入司法权,适用刑事程序,由司法机关进行裁决,符合国际立法的趋势和潮流,也为我国法治建设提供了与其他国家和地区同等对话的平台。

第四节 效益:公正与效率的有机统一

在现代法治社会,诉讼价值的取向是呈多元化趋势的。公正、效率、效益,可谓任何诉讼活动所追求的"三位一体"的价值目标。但三者关系究竟如何定位?笔者认为,诉讼效益应当是协调公正与效率关系的最佳平衡点。只有如此,才能使我们在司法实践中既保持理性,又不脱离现实,为社会提供最大限度的公正与整体效益。

一、公正与效率的辩证关系[①]

诉讼活动中,多元的价值目标之间发生冲突在所难免,关键在于如何选择、协调和化解。效率与公正的冲突并不意味着各自具有绝对的排他性,恰恰相反,二者存在内在的联系:离开了效率,公正就会被架空而成为无本之木;离开了对公正的追求,任何高效的诉讼活动都会成为盲目的行为。因此,可以说,公正与效率的价值可谓诉讼活动的双翼,诉讼法运行于社会的理想状态便是公正与效率的最佳平衡。

---

① 参见李晓明、辛军:《诉讼效益:公正与效率的最佳平衡点》,载《中国刑事法杂志》2004年第1期。

(一)公正是法治的核心价值

在中文里,"公正"即公平、正义、公道,《辞海》从微观上解释为"按照一定的社会标准去待人处事的一种道德要求和品质",在宏观上界定为"一种被认为是应有的社会状况……具有时代性和阶级性"。"讼,争也。从言,公声"。《说文解字》认为,"讼"即有公正、中立、裁判之意。在拉丁语系中,法的字源"jus"既有法之意,又兼有公正之意。从字意上来解释,公正与法具有天然的逻辑性和现实联系性。古罗马思想家西塞罗曾断言,法就是正义和非正义的界限。一方面,公正是法产生的逻辑前提和追求的永恒目标,法正是因为社会公正的需要而产生并存在的;另一方面,法是体现公正要求和实现公正的可靠性保障,公正因法的产生和存在而得以实现和发展。但是,公正也不是绝对的、永恒的。它具有多元性,不仅受制于时代的变迁、社会制度的重建,而且由于社会中每个成员都有不同的理解和情感,所追求的公正也不相同,有时甚至是相悖的。由此可见,试图完整明确地界定"公正"的基本概念与范畴是不现实的。因此,尽管不同社会阶段和历史时期所追求的价值各异,但"公正"的基本价值内涵却基本没有改变。从历史进步和抽象意义上说,它应当是人类历史长河中一个璀璨的金星,指引和照耀着全人类对一种美好价值目标的追求和向往,是一种生活的态度和精神。

当代美国哲学家罗尔斯将公正分为实质公正和形式公正。他认为,实质公正是指制度本身的公正,形式公正是指对法律和制度的公正和一贯的执行。形式公正意味着对所有人平等地执行法律和制度,但这种法律和制度本身却可能是不公正的,所以形式公正不能保证实现实质公正,但形式公正可以消除某些不公正。如刑事诉讼被告应当享有抗辩权、无罪推定权、沉默权、质证权等。历史的经验证明,公平正义只有通过良法才能够予以实现,而良法也必须设置和分配好公民与国家的权利(权力)义务,并据以正当程序解决所有纷争,以创造良好的合作关系与生活秩序。这是因为社会冲突往往起源于利益的矛盾与纠纷,这也正是社会利益分配不公的必然结果,解决利益冲突就是对正义的恢复。因此,解决冲突的步骤和设计程序都应以公正为标准和价值取向。

(二)效率是实现法治的有效保障

"效率"(efficiency)一词源于拉丁语"effetus",《辞海》中指"机械、电器等工作时,有用功在总功中所占的百分比",或指"消耗的劳动量与所获得的劳动效果的比率",现广泛用于物理学、经济学和管理学等学科,指物体所放出的功或能与输入的功或能之比,引申为工作的效果与所耗能量之比,即产出与投入之比率。因此,法律效率可以界定为法律调整的现实结果与投入的法律成本之间的比值,主要考察的是司法、执法等法律的实施过程。效率原本是经济学的基本命题,亚当·斯密首先将经济学的视野扩展到法学领域,开创了以效率为取向来评价法律制度的先河。现在,效率已成为衡量一个国家诉讼活动是否科学与文明的一个重要尺度。

效率是法律活动是否能达到预期目标的制约点,它追求资源的优化配置和有效利用的水平,促使有限资源产生最大化效益。人类社会的物质资源是有限的,以自由权利为核心的非物质资源也是有限的,但人的欲望和需要是无限的。因此,法律应以效率为价值目标对有限的社会资源进行界定与公平分配,使之达到收益最大化。这就要求建立科学合理的法律体制结构,使法治进程能够高效、顺利地进行。首先,效率在很大程度上制约着公正的实现。英国有句古谚:"迟来的正义为非正义"(Justice delayed is justice denied),即正义被耽搁等于正义被剥夺。一个向法律寻求援助的人总是希望该援助早日来临,否则判决对其来说便毫无意义。过缓导致结案周期被任意延长,证据可能流失,事实真相随着时间的流逝越来越难以查明。这种低效率的裁判过程所带来的裁判结论很可能是不公正的。即使是公正的,有关方面也会因为这种迟到的公正而受到直接或间接的伤害。所以,迟到的公正是非公正,一个毫无效率的司法过程绝不可能带来公正,它不仅意味着司法资源的浪费,也不利于公正秩序的推进。也只有坚持公正与效率兼顾才能保障司法的高效益,最终才能最大限度地达到预期的目标。效率的价值取向要求改革审判方式,减少诉讼环节,例如建立庭前证据交换制度或证据开示制度,减轻法庭审理中质证、认证等内容的工作量,从而提高庭审效率;降低诉讼成本,缩短审理周期,提高结案率,实现司法资源配置的合理化。由于任何法律都不可能面面俱到,现实中往往出现法律没有明确规定的情况。为了保障司法效率,必要的灵活性规定是必不可少的,这就是自由裁量权存在的重要基础和前提,进一步说,法官在一定程度上拥有自由裁量权也是十分必要的。也就是说,对于法律没有明确规定或者虽有规定但留有一定的裁量幅度的情况,应当允许法官以效率为目的选择其认为正确的主张与裁决。

(三)公正与效率的辩证关系

由于在任何时期,法律资源及其获取手段都是极为有限的。如果只将其用以满足某一方面的价值,则另一方面的价值就有可能被削弱,也就必然导致公正与效率两种价值的冲突。从公正价值目标出发,法治要提供充分的程序保障,则应遵循严格中立的程序,这也就可能使效率受损害。从效率价值目标出发,法治要求整个过程要减少成本消耗,而这也就可能影响到法律的公正性。由此可见,效率与公正在司法活动中经常会发生一定的冲突。

关于公正与效率的关系,有人认为,在社会主义市场经济条件下,法律活动应当是"效率优先,兼顾公正"。也有人认为,"效率与公正并不是同一范畴中相互对立的两极,两种价值目标对法律活动的关系就犹如空气与水对人类的重要性分不清主次一样,要论证效率与公平哪一个优先,是没有实际意义的。因此,理想价值观应对公正与效率采取兼容并蓄的态度"。还有人认为,"法的公平与效率价值的比重是动态的",不应当对公正与效率价值作固定的位序安排。笔者认为,公正与效率的关系是静态与动态的结合。其中静态是指从历史的角度来看,公正总是至高无上的,它是一切法律和法律活动的生命和灵魂;而动态是指公正与效率的关系是与特定的社会、历史、文化条件相联系的,在不同时期和不同的社会环境中,社会主次矛盾不同,公正的具体含义不同,两者之间的价值比重就有可能发生一定的变化。

纵观人类社会与经济发展的一般规律,就可能发现公正作为法律活动的永恒追求,永远是法律价值的核心目标,同时也是效率价值的基础。失去公正,追求效率将毫无意义,一切诉讼活动将毫无力量和权威,从而失去存在的价值。美国学者约翰·罗尔斯强调,正义的主要问题是社会的基本结构,或更准确地说,是社会主要制度分配基本权利和义务,决定由社会合作产生的利益之划分的方式。同时,公正并非必然排斥效率。如果诉讼不公正,人们必然会对法律产生怀疑,甚至转化为对判决结果的对抗,进而导致法院的判决不能顺利执行,最终也必然影响司法效率。另外,法律公正对效率的影响还体现在法律主体对成本与产出比值的预期大都是以公正为前提的,不公正的法律不仅使法律成本的分担和效益的分配失去合理性,而且最终会降低整个法律的价值。追求效率就是在公正的基础上,力争以最小代价换得诉讼所带来的社会整体利益的最大化。

但是我们不能把公正绝对化,正如前文所说,不同的人对公正有不同的理解和情感,一味地追求具有相对性的公正而不惜牺牲总体效率,以至于使争议中的人身、经济等权益长期处于不稳定状态,带来很大的负面效应,也是不对的。如果说公正是法律的古老价值命题,那么效率则是时代赋予法律的新的使命，两者是相辅相成、缺一不可的关系。我国处于社会主义初级阶段，各类资源都十分有限，所以必须考虑法律的效率价值。然而，这并不意味着削弱或者抛弃公正价值，恰恰相反它会使公正更加焕发勃勃生机。当代著名法学家庞德也强调，法的目的和任务在于以最少的牺牲和浪费来尽可能多地满足各种相互冲突的利益。理想价值观应当具备适当弹性，没必要将公正与效率摆在同一水平上，也没必要将两者在法律价值取向中的比值作固定安排。同时我们应当看到，公正和效率有时也表现为非互动性关系，有时候体现为公正价值不变而效率或升或降，有时候反映为效率价值不变而公正或强或弱。往往此时，二者的最佳平衡状态是，或者效率提高而公正仍存，或者公正加强而效率依旧，总之是此消彼长、二者互补。

法律活动中，尤其是在多元化的价值目标共存的状态下，相互之间发生冲突实属在所难免，但因其本质上的一致性以及关联性，特别是经过恰当地选择时机和协调价值取向，合理化解价值冲突也是极有可能的，关键在于如何选择和协调以及怎样化解相互间的冲突，从而尽可能地避免冲突双方两败俱伤，甚至尽可能地取得双赢。我们应当正视法律活动过程中公正与效率的冲突，在两者发生冲突时，必须把追求公正的价值目标放在首位。应当说，效率与公正的一时冲突并不意味着各自具有绝对的排他性，司法运行的理想状态便是公正与效率的最佳平衡。通常而言，人们对于司法必然有公正与效率的双重价值追求，任何一种只追求单一价值目标的法律模式，最终的机会成本都必然会很高。毋庸置疑，如果将某一特定价值目标绝对化或走向极端，不仅另一个价值目标无法满足和保障，就连该特定价值本身的实现程度也会被削弱。

综上所述，理想的公正价值与效率价值应该是一体的或一致的。在特定的社会、历史、文化条件下，应将公正目标同效率目标有机地紧密结合起来，并努力探索出两者的最佳平衡点。

二、效益是公正与效率的最佳平衡点[①]

效益，泛指行为所产生的有效的结果，即效果、利益。司法中所存在的价值，并不限于秩序、公正和个人自由三种价值目标，许多司法程序与法律规范首先是以实用性或可操作性为核心价值目标，如此最终也就能够获得最大效益。法作为上层建筑领域的一个重要组成部分，就其效益和价值而

---

① 参见李晓明、辛军：《诉讼效益：公正与效率的最佳平衡点》，载《中国刑事法杂志》2004年第1期。

言当然不同于自然环境的效益和价值,尤其与物理、机械运作中的现象、效益与价值具有巨大的不同,法的效益只能从法实施后所取得的社会效果来考察。法律效益一般是指整个法律体系或某一法律部门、某一法律乃至某一法条、法律规范的社会效益(包括经济效益)。它表明在法律实施过程中所取得的符合立法目的和社会目的的有益效果。法的效益与价值主要表现在对社会公正的持续与维护,可以说它与法的最基本价值目标及其追求紧密相连,并逐步或层层渗透至各部门法领域及其具体的法律规范之中。法律效益与法律效率有一定区别。前者属于法社会学的范畴,是法律实施过程中所取得的立法目的与结果的有用性和有益性;后者属于法经济学的范畴,是法律实施后所取得的社会实际效果与投入的社会资源之比。因此,可以说在法律中效益与效率的差异主要体现在两者指向的对象不同,以及选择的价值目标与评价标准也不尽相同。法律效益考察侧重的是立法者、法律工作者对法律预期目标与目的的实现及其所取得的成果,而法律效率考察侧重的是法律实施的快慢及其所推动的整个过程与效能。有效率不一定有效益,因为该法律结果有可能不符合预期目的,甚至有可能与预期目的相反;有效益未必一定有效率,因为该效益与投入的时间、人力、物力相比太小,法律效率之低简直无从谈起。

如前文所述,我们应当尽可能地避免将价值目标推向极端或绝对化,更应建立公正与效率双向的价值目标与尺度,也就是说,尽可能地使公正与效率同生共长,而非此消彼长。应当说,任何利益的冲突都存在可供选择的一般性原则和协调机会。一旦发生利益之间的矛盾冲突及由此产生一定的权衡与选择机会时,为获得某种急迫利益或许就会放弃另一端与之对立的利益或价值。当然,权衡与选择的原则是尽可能满足多一些的利益,或者称兼顾多方利益,也即通常所说的"两害相权择其轻,两利相比选其重"。但无论选择什么,或者牺牲什么,只要能选准一个"度",则既无损于公正(从整体而言),又无损于效率。这个"度"就是追求法律效益的最大化,换而言之,追求法律效益最大化是把握公正与效率两者关系的最佳平衡点。

法律效益糅合了现代法律对伦理、功利等各方面的要求,具有广泛的内涵,表现了一种现代社会的法律理想。在公正与效率发生冲突时,根据各个时代的特定社会、历史条件,以效益作为衡量的标准和尺度来正确处理公正与效率的关系,是十分必要的。在牺牲此价值目标时必然以彼价值目标的增长为置换条件,而且该项选择与调整所产生的效益值必须大于所放弃的效益值。在该动态调整的过程中,公正与效率价值地位的每一次变化都标志着公正在向更高质量迈进,而效率向更大程度提高。公平与效率的关系,需从法律自身内在本质入手,揭示法律发展的内在规律,把效益放在宏观角度考察,效率、公正实质上都内化在效益中。这种观点是有一定道理的,但要注意分清各自的内涵,特别注意不要把效率与效益混为一谈。

法律作为反映社会关系的规范,是推进经济发展和社会进步的推进器。它允许权利以及权力等资源的合理让渡和流通,即从低效益或负效益的利用转向高效益的利用。各个部门法实现了各自的预期目的,即可以认为它们获得了效益。法律效益获得最佳、最大的实现,其结果必然是法律公正的获得。公正历来是法治的基本价值目标,但公正并不等同于效益,它只是效益中一个最重要的部分。效益是一个比较广泛的概念,它是法律投入产出的具体表征,包括政、经济、文化、伦理、道德等方面的效果,具体来说包括民主政治的发展、社会秩序的和谐、法治状况的进步、公民权利的实现以及义务的履行等。同样,考察法律效率,必须联系人们对法律的预期目的和通过法律所取得的综合效益来进行。对结案的数量即结案率必须达到预期值或者满足社会需要,结案数量必须是在保证质量即公正前提下的数量,否则不仅没有效益,反而增加了国家和当事人的纠错成本,浪费了宝贵的法律资源,带来恶劣的社会影响。例如,在法律活动中,每一个环节都有明确的时限规定,有助于克服各类参与人行为的随意性和随机性。在某一个具体案件中可能牺牲了一些人的正当权利,只要所获得的社会效益和经济效益之和比牺牲的效益大,就可以说在总体上保证了更大程度的公正和效率。相反,低效率的诉讼不仅增大了成本消耗,而且无形中给当事人在精神上判了无期徒刑,所获得的经济效益和社会效益可想而知。

在现代法治社会,法律价值的取向是呈多元化趋势的,任何一种价值的真正实现可以说都是法律目的某一方面的相对满足。公正、效率、效益,可谓是任何法律活动所追求的"三位一体"的价值目标。其中,公正是法律的核心和基础,效率是公正的有效保障,而法律效益可以说是协调两者关系的最佳平衡点。也许在特定的法律文化背景下,公正与效率在法律价值的追逐过程中所占的比重不同,它们往往呈现出一种动态的和发展的形态,正因为如此才需要效益在两者间寻找一种平衡。这种平衡应具体体现在,三者之间应当是一种辩证统一、相辅相成的关系。也只有如此,才能使我们在法律实践中既保持理性,又不脱离现实,不仅有利于正确处理各类案件,而且为社会提供最大限度的公正与整体效益。

三、我国微罪体系建构的效益分析

构建微罪体系,将部分严重行政违法行为纳入微罪的范畴,明确界定行政权与司法权的界限,有利于实现司法公正。构建微罪简易审理程序,及时有效地审结案件,有利于提升司法效率。因此,可以说,微罪体系在公正和效率之间达到了一种平衡,可以最大限度地实现整体司法效益。

(一)微罪体系建构有利于实现司法公正

长期以来,由于我国行政权的强势和行政执法的工作惯性,行政执法表现出极大的不可控性,且在程序上很难受到司法上的制约,这在较大程度上阻碍了我国的法治化进程和人权保障,甚至严重影响司法和执法的公平公正性。从立法层面考察,刑法分则中"情节严重""数额较大""严重后果"等"量"的标准具有模糊性和概括性,并不能准确区分犯罪与行政违法。由于各地区经济和法治发展的不平衡以及认识上的差异,"量"的标准可能在不同的时间和空间被赋予不同的内涵和外延,行政违法和犯罪也可能发生不规则的变动,存在侵犯人权和司法不公的极大风险。从权力运行层面考察,对违法犯罪行为的处理程序一般起始于行政处罚权,由于我国现行刑法中规定了大量的行政犯,除了杀人、强奸等一些特别明确的自然犯直接启动刑事程序以外,绝大多数犯罪案件是以行政权的行使为起点的,加上定罪量刑以"量"为标准,这就造成理论上行政权和司法权似乎边界清晰,但实践中却存在着"应入罪而不入罪""不应入罪反而入罪"的情况。比如前文所提非法侵入住宅罪,公安机关既可以适用行政处罚,也可以启动刑事程序。再如,现实中普遍存在着行政机关(如税务、生态环境、市场监督管理)将本应构成犯罪的行政犯罪行为作为一般行政违法行为处理的情况,因此,这也是党的十八届三中全会通过的《中共中央关于全面深化改革若干重大问题的决定》中将"完善行政执法与刑事司法衔接机制"作为全面深化改革的重大问题之一的一个重要因素。这种不受制约的行政权极易导致司法不公,形成对法治建设的冲击。从处罚层面考察,限制或剥夺人身自由的处罚只能由司法机关通过正当的司法程序进行,这已经是被国际相关人权公约明确规定的准则,并且为大多数西方法治国家的立法所确认,但我国治安拘留以及专门矫治教育、强制戒毒等行政强制措施都涉及较重的人身自由罚问题,这也违反了程序正当原则。在境外,司法权几乎覆盖了对严重违法行为的制裁,行政权能够处罚的行为受到了最大程度的限制,尤其是涉及人身自由的制裁,专属于司法权管辖。例如,在美国,轻罪由属于地方法院的某些基层法院管辖;法国的违警罪尽管只涉及罚金刑等轻微财产罚,也由近民法院或治安法院审理;德国、日本的轻罪也是由法院审理。如果轻微违法行为被认定为行政违法,则由行政机关行使处罚权。如德国的违反秩序行为不属于犯罪的范畴,而是被界定为行政违法,应当受到行政处罚性质的制裁,是由行政机关作出处罚决定的。但德国的违反秩序法没有剥夺人身自由的处罚,即便罚款,如果当事人提出异议,警方也应停止,而将案件提交法院,由法院来裁决当事人是否要缴纳罚款,充分保障了司法的公正性。

将部分刑事性行政违法行为和强制措施纳入微罪的范畴,建立微罪体系,有利于实现司法公正:(1)采用定性的犯罪界定模式,将治安管理处罚法中与刑法分则中构成特征相同或相似的行为纳入微罪的范畴,只要行为的构成特征符合刑法和微罪法的有关规定即构成微罪。不论是刑法中的重罪还是微罪,都属于犯罪的范畴,行为"量"的因素与犯罪界定没有任何关联,这使得行政处罚与刑罚再也不会发生竞合,比较妥善地解决了刑事立法和刑事司法中由于定量的模糊性和概括性所带来的弊端。(2)微罪法的建立,采用犯罪定性的原则,将治安管理处罚法之外的行政处罚中行为构成特征与刑法分则中行为构成特征相同的行为纳入微罪的范畴,明确界定了行政违法和犯罪,给公安机关以明确而可靠的标准,保障了公安机关在侦查阶段定性的准确性,也有效制约了公安机关的行政自由裁量权,不会再出现由于司法权的被动性而让行政权主导司法权的情形,真正形成公安机关侦查—检察机关起诉并监督—法院审理的权力制衡模式。(3)微罪体系的建构将部分行政处罚和行政强制措施纳入刑事法领域,即将原由行政权管辖的部分行为纳入司法权的范畴,适用刑事诉讼程序,解决了最低限度的程序保障前提,从原则上排除了行政机关恣意剥夺公民自由和权利的可能性。而且由于司法的中立性、消极性等特征,在司法裁判中,诉讼双方在审理过程中积极主动地分别行使控告权与检察权、陈述理由、质证并承担举证责任,法官始终处于超然的中立地位,以裁判者的身份听取双方的陈述,审查相关的证据,并据此作出判断,这些更能保障裁判结果的公平公正性。

(二)微罪体系建构有利于提升司法效率

为妥善处理涉及较重处罚的行政违法行为,建立微罪处理程序,通过中立的裁判者对涉及较重处罚的行政违法行为进行处罚,可以有效地限制行政处罚的原有空间,防止行政权的滥用,以及由此导致的对司法权和人权保障的破坏。但是,司法审判也有其自身的规律性,如果诉讼程序设置不当,可能会造成诉讼拖延、诉讼无效益、裁判不公正,甚至对被处罚者造成另一种意义上的伤害,并不利于被处罚者的人权保障,也违背了我们设置微罪体系的初衷。参照刑事简易程序,并结合刑事和解、调解制度等速决程序,建构微罪程序体系,可以达到以尽可能少的司法资源投入换取尽可能多的诉讼成果或效益,最大限度地减少案件过久拖延和积压,最终达到公正与效率的最佳平衡。

(三)微罪体系建构有利于最终实现司法效益

一方面,微罪体系采取定性的犯罪界定标准,将行政法规中与刑法规定的行为特征相同或相似的行为纳入微罪的范畴,有效解决了行政违法和犯罪界定模糊的难题,为司法实践提供了明确的标准,且将部分严厉行政处罚司法化,通过正当程序最终实现保障人权的根本目的。另一方面,微罪体系通过简易程序设计,在很大程度上简化了审理程序,节约了司法资源,提升了案件处理的效率,降低了司法风险,有利于社会矛盾的尽快解决。因此,可以说,微罪体系在公正和效率之间达到了一种平衡,可以最大限度地实现整体司法效益。

第二部分

微罪理论体系的基本建构

第四章　微罪体系的模式

微罪体系的模式,是指微罪制度的体系结构及其法律规范的表现形式。纵观不同国家和地区,不同的法制体系催生了不同的微罪体系模式以及不同的制度观念和做法,大体上可以分为分立模式和合并模式。对于我国来说,关键是或者选择一种最适合现实国情和我国社会主义法学理论的模式,或者创新一种适合中国体制与文化的微罪模式。

第一节　域外微罪体系基本模式

合并模式以美国、法国、意大利为代表,主要是指将微罪与其他行政违法行为或犯罪行为统一纳入某一部门法体系中,并在立法上合并划一,不具有明显的独立性。

一、合并模式

(一)美国的微罪体系

美国刑法起源于英国,甚至可以说,美国的很多州都采用了英国法作为自己的法律。法官造法是美国早期刑法的一个重要特点,即犯罪的认定和刑事诉讼规则的制定出自法院而非国会。由于英国法律传统的影响颇深,故美国诸多州都沿袭了英国刑法中关于犯罪分类的做法,即将犯罪大体上分为重罪和轻罪,也有分为重罪、轻罪和轻微罪(或违法行为)的。其中,重罪一般是指谋杀罪、强奸罪、抢劫罪、纵火罪、欺诈罪等;轻罪一般是指扰乱公共秩序类犯罪、程度略轻的重罪类犯罪、严重的交通违法行为等;轻微罪一般是指比轻罪更加轻微的违规行为和交通违法行为。重罪和轻罪一般被认为是"实质犯罪"(crime),而轻微罪则一般被认为是"形式犯罪"(offence)。

随着18世纪启蒙运动的发展,美国逐渐将刑事立法权交给立法机关,人们更相信"犯罪应该由一个更能代表管理者心声的机构而非司法部门来界定"①。但由于19世纪后期刑事立法工作停滞不前,导致美国的刑事实体法变得落后、前后矛盾、缺乏公正、不具原则性等。② 于是,从1952年起,由一些法官、律师和学者组成的美国法学会用了10年的时间,制定出一部旨在引导美国各州刑事立法"参考适用"的《模范刑法典》。尽管这不是一部具有法律效力的立法,但却对美国各州刑法的理论和实践产生了巨大影响,成为美国刑法大厦的"基准部分"。诸如新泽西州、纽约州、宾夕法尼亚州等很多州都采纳并大部分借鉴了《模范刑法典》的内容,同时在审理案件时主动以其为指导。

《模范刑法典》对犯罪行为规定了四个层次等级,分别是:重罪、轻罪、微罪和违警罪。在重罪的范畴中,又可以进一步分为三个等级,即一级重罪、二级重罪、三级重罪。《模范刑法典》关于犯罪的这种分类主要是出于量刑的目的,一方面使犯罪和刑罚的阶梯关系更加明确,有利于"罪刑相当"原则的精确化、制度化;另一方面使刑法的适用更加简单便捷,罪责的表述不再烦冗。《模范刑法典》在犯罪分类方面对各州同样产生了很大的影响,很多州的刑事立法都对犯罪作了更为详细的分类。如伊利诺伊州刑法将犯罪分为四类共十个等级:第一类是谋杀罪,判处死刑或者40年至80年监禁;第二类是重罪,分为特级重罪、一级重罪、二级重罪、三级重罪、四级重罪五个等级,监禁刑期从3年到60年不等;第三类是轻罪,包括一级轻罪、二级轻罪、三级轻罪三个等级,监禁刑期从30天以下监禁到1年以下监禁不等;第四类是微罪,只能判处罚金。除死刑外的谋杀罪和重罪均在监狱执行,轻罪在看守所执行。③ 纽约州刑法将犯罪分为重罪、轻罪、违法行为和交通违章行为,其中重罪分为A级重罪(A级重罪又分为A-1级重罪、A-2级重罪)、B级重罪、C级重罪、D级重罪和E级重罪五个等级;轻罪分为A级轻罪、B级轻罪和未分级轻罪三个等级。④ 一般来说,轻罪以下的刑罚都相对很轻,如美国《模范刑法典》规定,轻罪判处监禁的刑期不得超过1年,微罪不得超过30天,违警罪只适用罚金刑。

重罪与轻罪的分类,对美国的刑事立法和司法、实体法和程序法、审判和执行等均具有重要的意义。在实体法上,主要影响定罪和共同犯罪的认定。如在实施重罪过程中附带致人死亡则构成重罪中的谋杀罪;在实施轻

---

① See John Calvin Jeffries, Jr., "Legality, Vagueness, and the Construction of Penal Statutes", 71 Va. L. Rev. 189, 190(1985).
② Sanford H. Kadish, "Fifty Years of Criminal Law: An Opinioned Review", 87 Cal. L. Rev. 943, 947(1999).
③ 参见储槐植、江溯:《美国刑法》,北京大学出版社2012年版,第4页。
④ New York State Penal Code, Article 55, Section 55.00, 55.05, 55.10.

罪过程中致人死亡则不构成谋杀罪,对于实施了重罪的共同犯罪,一般要区分主、从犯;对于共同轻罪行为,则均按照主犯论处。在程序法上,重罪和轻罪的"待遇"在级别管辖、强制措施的适用、诉讼模式等方面也是不同的,如治安法庭、夜法庭等地方基层法院不得审理重罪案件,对重罪嫌疑人可以适用无逮捕令逮捕制度,轻罪嫌疑人只有当场抓获才允许无逮捕令逮捕,重罪的审判必须经过大陪审团且被告应当到庭,轻罪不但不需要大陪审团程序,甚至允许缺席判决。在执行上,美国的联邦和州一级的监狱关押重罪犯人,地方看守所则关押轻罪犯人和未决犯。对于轻微罪,美国的刑法采取了更加宽松的刑事政策,如通常由警察直接处理,部分适用刑事程序,不适用监禁刑等。尽管重罪与微罪在实体法、程序法上均具有明显的区别,但是微罪制度的法律规范仍然是与重罪制度合并在一起,共同规定在各州的刑法典之中,显然美国《模范刑法典》也是采取了这样一种立法模式并且产生了极其深远的影响。

(二)法国的微罪体系

法国是人类社会首次在立法上建立轻罪制度的国家。1810年《法国刑法典》将犯罪分为三类:重罪、轻罪和违警罪(微罪)。1994年修订的《法国刑法典》继续保持了这样的合并式立法模式,继续将三类犯罪统一规定在刑法典之中。按照该法典的规定,重罪的刑罚为10年以上有期徒刑或有期拘押、无期徒刑和终身拘押;轻罪的处罚只能在10年以下判处监禁,另外还有罚金、公共劳役、剥夺或者限制权利等;违警罪只能判处罚金和剥夺限制权利。其中,违警罪又分为五级,一级违警罪的严重程度和刑罚最轻,最高可罚38欧元;五级违警罪(微罪)的严重程度和刑罚相对最重,最高可罚1500欧元;累犯最高可达3000欧元。剥夺或限制权利的刑罚主要包括暂时吊销驾驶执照,查封罪犯车辆,收回狩猎执照,禁止罪犯使用信用卡或支票,没收或禁止罪犯合法持有、携带武器,没收犯罪之物或犯罪所生之物,服务公益劳动等。①

不同类型的犯罪所适用的实体法规则是不同的,体现在主观要件、未遂处罚、共犯认定、刑罚时效及其适用等方面。首先,重罪案件只包括故意实施的犯罪行为,不包括过失犯罪;轻罪既包括故意犯罪,也包括过失犯罪(如"疏忽大意""轻率""致他人危险");违警罪包括故意犯罪和仅限于"纯粹实际过错"的过失犯罪。其次,重罪案件的未遂犯一律应予

---

① 参见《法国新刑法典》,罗结珍译,中国法制出版社2003年版,第36页。

以处罚,轻罪案件的未遂犯仅在法律有规定时才予以处罚,违警罪(微罪)的未遂犯一律不处罚。再次,重罪和轻罪的共犯一律应当处罚。违警罪(微罪)则根据不同的情况分别对待——教唆他人实施违警罪的,无论是否有法律规定,都应当受到处罚;帮助他人实施违警罪的,仅在法律有规定时才处罚。最后,在刑罚制度上,重罪的刑罚时效为20年,轻罪的刑罚时效为5年,违警罪(微罪)的刑罚时效为2年;对于1年或1年以下监禁刑,可以适用半释放制度或分期执行(执行期不得超过3年);违警罪(微罪)和重罪之间不成立累犯等,违警罪(微罪)一至四级不成立累犯。

不同犯罪性质在法国诉讼法上同样存在差异。一是管辖主体不同。重罪法院只负责审理重罪案件,轻罪法院审理轻罪案件。违警罪(微罪)的管辖主体包括近民法院和治安法院。2002年之前,所有的违警罪(微罪)都由治安法院管辖,2002年法国设立了近民法院,其刑事管辖权包括部分违警罪(微罪)案件。2005年1月26日,法国对近民法院和治安法院的刑事管辖权作出调整,将前四级违警罪(微罪)案件交给近民法院审理,治安法院只需要审理第五级违警案(微罪)案件。二是案件的起诉时效不同。重罪的公诉时效期间是10年,轻罪是3年,违警罪(微罪)是1年,超过上述期限的不得起诉审理。三是诉前程序不同。重罪案件必须经过法官预审程序,而轻罪案件赋予法官是否预审的选择权,违警罪(微罪)除非检察官要求,原则上一般不予预审。重罪案件的犯罪嫌疑人或被告人是否被移送审判由上诉法院起诉庭裁定,轻罪和违警罪(微罪)的控诉方和受害人可直接起诉。四是审判程序不同。重罪的审判程序是最为严格的,适用参审制,即法国的刑事案件中只有重罪法院适用陪审团制度。而对于轻罪和违警罪(微罪)则一般由独任法官进行审理,尤其是近年来轻罪案件适用独任法官审理的做法日益增多。另外,轻罪和违警罪(微罪)案件还允许适用"辩诉交易制度"和"简易程序制度"等。如2004年3月9日,法国建立了庭前认罪答辩程序,允许主刑为罚金刑或者5年以下监禁刑的轻罪案件被告人在认罪基础上与检察官作出量刑上的"交易";又如对于违警罪(微罪)则普遍适用简易程序,允许法官不经辩论作出裁判和量刑。

(三)意大利的微罪体系

1859年,意大利地区的撒丁王国以《拿破仑刑法典》(1810年)为蓝本制定了刑法典。1861年意大利王国成立后,意大利逐步趋于统一,撒丁王国的刑法典也逐渐得到广泛适用。然而,并不能说这部法典在意大利王国内部是完全统一、协调的,当时除托斯卡纳大公国仍然沿用1845年的《巴登大公刑法典》以外,其他地方也在对该刑法典进行一定程度修改的基础上制定了自己的刑法典。从总体上看,意大利王国虽然有一部被广泛"参照"的刑法典,但实际上并没有形成刑法典的真正统一。人们已经认识到刑法统一不仅仅具有法律意义,更具有政治意义——"不同的刑法典并存被认为是封建法制的典型特征"。于是经过长达几十年的努力,1890年出台了全国统一的《意大利刑法典》,即《赞纳德里法典》。《赞纳德里法典》废除了死刑,加入了很多替代监禁刑(如训诫、公益劳动、假释等),这种关于自由价值的追求得到了人们的广泛好评。20世纪二三十年代,法西斯主义在意大利抬头并逐步占据了统治地位,统治者于1930年颁布了一部新的刑法典,被称为《洛克法典》。在法西斯主义的环境背景下,《洛克法典》具有一定的专制主义色彩,不仅恢复了死刑,而且非常广泛地加重了刑罚的力度,尤其是加入了以合法推定危险性为标准的保安处分制度。推翻法西斯政权后,人们在沿用《赞纳德里法典》还是继续适用《洛克法典》的问题上展开了争论。后者逐渐占据了上风,主要理由是尽管《洛克法典》具有较强的专制性和严厉性,但毕竟是当时立法科学的产物,不能完全抹杀其中的优点,同时《赞纳德里法典》毕竟是19世纪的产物,适用即意味着倒退。最终《洛克法典》得以保留,然后通过一些零碎的立法活动对《洛克法典》进行修正和改良,一方面取消了死刑和法西斯主义条款等错误、落后的规定,另一方面通过很多"专门的""补充性的"附属刑法来予以完善。因此,可以说今天的《意大利刑法典》是在以1930年《洛克法典》为蓝本的基础上,通过不断修正改良而形成的,其基本模式虽然没有太大的改变,但是在内容和体系上已经大不一样。

在模式上,意大利刑法按照刑罚种类的不同,将犯罪划分为重罪和轻罪两大类,重罪的法定刑包括无期徒刑、有期徒刑和罚金,轻罪的法定刑包括拘役和罚款;重罪监禁交由监狱执行,轻罪拘役交由看守所执行。《意大利刑法典》将重罪与轻罪分别单独规定,分为重罪分则和轻罪分则,轻罪分则又进一步划分为治安轻罪["有关安全保障的轻罪"和"有关社会行政治安的违警罪(微罪)"]和公共管理轻罪[1],从而形式上一目了然。由于重罪的刑期是15日至24年,拘役的刑期是5日至3年,所以有的轻罪刑罚反而会重于重罪刑罚。意大利刑法上的轻罪源于违警罪(微罪),主要是用

---

[1] 参见《意大利刑法典》,黄风译,中国政法大学出版社1998年版,第11、18页。

于维护行政秩序而采取的预防性惩治措施,包括两大类:不遵守预防或保护性规范的行为和严重违反各种行政规范的行为。由于该惩罚措施已经体现了对法益的提前保护,并且行政权力无权干涉人们的意图,所以轻罪一般没有未遂状态。随着实践和理论的发展,意大利学者们倾向于将重罪、轻罪的划分标准和意义归结于形式的层面,即以"不同的刑罚种类"为标准,至于行为的危害程度、严重程度等实质标准则在所不论,这令很多学者难以信服。①

在内容和体系上,现在的意大利刑法体系包括刑法典、附属刑法和特殊刑法三大部分。其中,附属刑法主要表现为对《洛克法典》进行修正的形式,如《关于非法武装集团犯罪的法律》(1948年43号、1956年561号法律)、《关于水污染犯罪的法律》(1976年319号、1979年650号法律)、《关于非法收养犯罪的法律》(1983年184号)等都是典型代表。需要注意的是,就连意大利本土的刑法学者都认为这种附属刑法的做法,"将许多本应由刑法典调整的极其重要的问题,逐渐成了特别刑法的调整对象……各种刑事法律中的具体规定之间越来越不协调,相互重复、互不照应,刑罚制度的统一性已遭严重破坏……"②特殊刑法主要是关于军事刑法、商业刑法、劳动刑法等维护专门的、特殊的利益的刑事立法。虽然存在附属刑法和特殊刑法,并且其中也有关于轻罪的制度规范,但是从总体上看两类刑法模式仍然是附属性、补充性、依附性的,仍然是以刑法典为核心的,因此意大利的轻罪制度立法模式仍然是合并式模式。

二、分立模式

分立模式以德国、日本和我国台湾地区为代表,主要是指将微罪与其他行政违法或犯罪行为分别纳入不同的部门法体系,轻罪法律规范则散在于不同的部门法或者独立于其他部门法单独存在。

(一)德国的微罪体系

德国区分轻罪、重罪的立法模式来源于法国的经验,其在1871年的《帝国刑法典》中就将犯罪分为重罪、轻罪和违警罪。到了1951年,联邦德国开始对刑法进行修订,主流学者认为应当将原刑法中规定的部分行为非

---

① 参见〔意〕杜里奥·帕多瓦尼:《意大利刑法学原理》,陈忠林译,法律出版社1998年版,第70—72页。

② 〔意〕杜里奥·帕多瓦尼:《意大利刑法学原理》,陈忠林译,法律出版社1998年版,第6—11页。

犯罪化,主要是对违警罪(微罪)条款进行整理:一是将违警罪(微罪)脱离刑法,单独立法;二是将违警罪中严重的行为作为犯罪纳入刑法调整的范畴;三是将违警罪中轻微(微罪)行为予以行政处罚。基于这样的理念,1995年的联邦德国刑法删除了原刑法中的违警罪,将那些应当非犯罪化的轻微违法(微罪)行为统一归入《违反秩序法》中,由警察行政权掌控。然而,《违反秩序法》并没有剥夺人身自由类的罚则,即使对于罚款,只要当事人有异议就应当进入司法裁决程序。另一方面,延续至今的《德国刑法典》在2002年经过一次修订,仍然将犯罪区分为重罪、轻罪,同时规定"重罪指最低刑为1年或1年以上自由刑的违法行为。轻罪指最高刑为1年以下自由刑或科处罚金刑的违法行为。对加重处罚或减轻处罚的规定,在分类时不予考虑"①。

(二)日本的轻罪(微罪)体系

日本的刑法是在不断向大陆法系和英美法系学习借鉴的基础上形成的,中华法系也对日本产生过影响。日本近代最开始是由德川幕府控制了300多年,当时还没有形成法律体系,只是用《公事方御定书》来作为管理规范。到了明治维新时期,日本开始进行资产阶级启蒙化,但这个时期的刑法仍然具有浓厚的封建主义色彩。1868年,也就是明治元年,日本制定了《假刑律》(或曰《暂行刑律》《临时刑律》)替代了《公事方预定书》。《假刑律》是对以往刑法规定的系统整理,并没有对外公布,只是作为刑事审判的准则。随后制定的《新律纲领》(1870年)和《改定律例》(1873年)虽然开始效仿西方的模式,但内容上仍然是封建的。1880年7月,日本效仿法国刑法制定了历史上第一部资产阶级刑法,被后世称为旧刑法。这部刑法以市民自由主义为思想基础,将自由、平等、博爱等价值融入其中,具有现代刑法的特征。同时,旧刑法根据法定刑的种类和轻重,把犯罪分为重罪、轻罪和违警罪。1907年日本制定了新刑法,从次年开始实施并沿用至今,被人们称为新刑法。新刑法主要效仿德国刑法,将实证主义、社会防卫、教育主义的思想贯穿其中。新刑法没有采取犯罪的三分法,而是用1908年颁布的《警察犯处罚令》来代替违警罪的处罚。② 1948年5月,在《警察犯处罚令》的基础上,在刑法典之外制定了一部单行法——《轻犯罪法》。该法于1973年进行了修订,后来沿用至今。日本刑法认为,"所谓轻

---

① 《德国刑法典》,徐久生、庄敬华译,中国方正出版社2004年版,第8页。
② 参见张淼、徐辉:《中、法、德等国刑法对日本近代刑法发展的影响》,载《日本研究》2006年第2期。

犯罪法,乃是在国民日常生活中,就违反浅显道德之较轻犯罪与刑罚"①。日本刑法上关于轻重罪的划分,形式上是按照不同的法律文本,实质上根据的是行为的不同性质。与其他国家和地区的轻罪概念相比,日本的轻罪具有独特的含义,即单指那些违反日常生活中浅显道德的较轻的犯罪行为。日本的轻犯罪法最初列举了 34 种轻犯罪行为(微罪),后于 1973 年废除了关于虐待动物的罚则,故目前规定了 33 种轻犯罪行为(微罪),对于轻犯罪行为的处罚包括拘役 30 天以内,或者罚金 1 万日元以下。通过该部法律规定可以发现,该法处罚的都是十分轻微的行为(微罪),社会危害性甚至可以忽略不计,但是,面对日益复杂的社会关系和犯罪手段的高科技化,一些犯罪一旦发生对于社会的危害是不可估量的,因此日本选择了提前预防的立场,导致国家的整个制裁体系十分庞大繁杂,其各种形式的刑法规范和罪名不计其数。

(三)我国台湾地区的微罪体系

我国台湾地区"刑法"的历史源于清末。清朝末期,清廷开始逐渐注重立法的近代化,倾向于吸收大陆法系的法律文化和做法,尤其注重对日本法的直接学习。当时由沈家本主持制定,日本法学家冈田朝太郎等起草,出台了《大清新刑律》。随后清朝覆灭,国民政府建立,但《大清新刑律》的内容得到了国民政府的认可,只是将《大清新刑律》中不再适宜的条款予以删除,重新命名为《暂行新刑律》。《暂行新刑律》分为总则和分则两大部分,总则有 17 章,分则有 36 章,共 411 条。1914 年 12 月 24 日,又颁布了《暂行新刑律补充条例》,共 15 条。由此,国民政府的刑法体系初步建立起来。《暂行新刑律》传承了《大清新刑律》的内容和结构,并且基本上是在模仿日本旧刑法,于是在操作中产生了很多问题,难以执行。有鉴于此,国民政府在 1927 年 4 月交由王宠惠主持修法,于 1928 年 3 月 10 日公布了刑法草案,这就是我国台湾地区刑法史上所谓的"旧刑法"。旧刑法也分为总则和分则两部分,总则 14 章,分则 34 章,共 387 条。旧刑法在实施过程中主要面临的问题是,特别法过多,影响了刑法的统一性。国民政府立法院为了解决刑法的统一性问题,又不断对旧刑法进行修正,终于在 1935 年 1 月 1 日又出台了一部"新刑法",这就是我国台湾地区现行"刑法"的原型。这部"新刑法"总则 12 章,分则 35 章,共 357 条,仍然受到德日刑法的强烈影响,后历经 15 次修正,但其结构和内涵始终没有太大的

---

① 黄学贤、崔进文:《警察行政行为的司法控制探讨》,载《法律科学(西北政法大学学报)》2011 年第 2 期。

变化。

不论是"旧刑法"还是"新刑法",始终没有在刑法中建立"违警罪"体系,这和德日传统的做法迥然不同。我国台湾地区对于违警行为,选择了将其归于警察机关管辖范围之内,制定专门的违警法律体系。事实上,我国台湾地区的"违警罚法"是在清朝光绪年间(1906年)仿造日本旧刑法第四编违警罪的模式,单独制定了一部《违警罪章程》,不在刑法的范围之内。但是这部《违警罪章程》过于简单,不能满足清廷管理社会的需要和清廷警政权力扩张的状况,于是在1908年将这部《违警罪章程》进行修订,上升为《违警律》。到了国民政府时期,同样出于切合时宜的考虑,1915年将《违警律》修订为《违警罚法》。1928年,上述"旧刑法"出台,相应地也就带来了对《违警罚法》进行修正的要求,此次修正变化不大。1935年,"新刑法"出台,《违警罚法》又进行了修正,但由于抗日战争的爆发,这次修正直到1943年9月才公布。此后,"违警罚法"历经四次修正,直到1991年6月才被"社会秩序维护法"所取代。"违警罚法"分为总则和分则,是融合实体法与程序法于一体的一部规范性法律文件,共设立了七大类137种违警行为。对于违警行为的处罚包括人身自由罚、资格罚、财产罚和荣誉罚等。

"违警罚法"在实施的48年中,始终存在激烈的争论,其关键点在于属性不明确,即在行政和司法之间模糊、矛盾。首先,违警罚法系模仿德国的《违反秩序法》,将行政处罚法独立于刑法之外,但在规制的内容上却又模仿日本的《轻犯罪法》,对犯罪行为作出规定。其次,对违警行为的侦查、裁决、执行等工作全部由警察官署办理,实际上就意味着警察官署对于违警行为既是执法者又是司法者。最后,违警罚的种类包括拘留、罚役等人身自由罚,而在现代法治理念下,人身自由罚应当属于司法权管辖,现实中却由警察的行政权管辖。由于存在属性上的矛盾,台湾地区实务界和学术界长期都有人呼吁废除或者修正"违警罚法"。1980年11月7日,台湾地区"司法院"大法官会议作出的第166号解释明确指出,"违警罚法"原本规定由警察权裁决的人身自由处罚违反相关规定的旨意,应当由法院按照法定程序作出裁判。1990年1月19日"司法院"大法官会议又出台第251号解释,进一步指出将行为人交由相关处所进行矫正、教育、学习生活的处分同样属于对人身自由的限制,也应依法经由法院审判程序裁决,不再由警察官署裁决。正是由于第166号和第251号解释,才导致1991年6月"社会秩序维护法"出台并取代了"违警罚法"。

"社会秩序维护法"的出台,标志着我国台湾地区将违警行为(微罪)正式纳入了行政法的范畴。对于那些违反社会秩序的行为,由警察官署给予行政处分。但随着行政权的扩张、社会的发展,一些涉及经济、文化、卫生、科技等行政权管辖范围内的违法行为的严重性增强,需要将它们作为犯罪来处理。于是,我国台湾地区开始效仿日本,选择了附属刑法的形式。在一些行政法规之中规定了对于严重违反行政法规的行为如何适用刑法,并且出于行政上的目的,附属刑法在犯罪主体、共同犯罪、刑事责任等方面均有别于刑法典,我国台湾地区"刑法"总则第11条即规定:"本法总则于其他法律有刑罚、保安处分或没收之规定者,亦适用之。但其他法律有特别规定者,不在此限。"

三、域外模式评析

通过考察各国和地区微罪体系可以发现,无论是合并模式还是分立模式,都是在一个国家和地区整体法律制度体系的前提下作出选择,两种模式很难说孰优孰劣,而是各有特点。合并模式将各种类型的犯罪制度统一规定在一部法律之中,更加能够体现出刑罚或制裁的统一性,增强人们关于微罪的"犯罪"属性的认识,同时操作上只要按照一部刑法典即可执行。分立模式选择了单独制定一部法律来对微罪制度作出规定,这样做有利于增强微罪的独立性,突出微罪与重罪、轻罪的不同"待遇"。一般而言,微罪刑事政策在保护法益的基础上更倾向于对犯罪人人权的保障和回归社会的期待,因此非犯罪化成为近年来国际上对微罪的普遍态度,而重罪的刑事政策更倾向于惩罚性、补偿性和预防性,对于国家(或地区)、社会和公民的保护意识要强于对重罪犯罪人的"关怀"。

单从立法技术上而言,选择合并模式或是分立模式并不存在技术上的困难,各国和地区更多的是从法制体系、历史沿革、时代需要、法制体系的统一性等方面作出选择。由于很难在一部法律中解决两种不同的价值观,因此各国和地区正在或者已经完成了微罪与重罪的分化、分层处理。尽管随着时间的推移诸如德国、我国台湾地区将以往认定为犯罪的违警罪(微罪)甚至移出了刑事法体系,然而从实质上看,仍然是对行为轻微、危害性不大的行为进行调整,仍然需要通过司法程序才能作出处罚决定,故这类行为仍然属于实质上的微罪概念范畴。从各个角度看,德国的做法或许可以给我们一些启发。

第二节 我国大陆微罪体系的本土环境

任何一个国家(或地区)、民族的法律体系,只有与其本土的政治、经济、文化、社会等环境因素相匹配,才能达到预期的社会效果,否则将反作用于社会。我们要建设中国特色微罪体系,在对境外的经验开展学习研究的同时,更要深挖本土的影响因素,对我国的具体情况了然于心,这样才可以构建一个真正适应我国的微罪体系。

一、我国大陆刑法文化及犯罪观的影响

刑法文化是一个国家的文化在刑法领域的显现,是刑法规范、相关法律设施等外化法律实体的内在精神部分,具体地表现在一个国家的犯罪观和刑罚观上。① 马克思主义哲学认为,犯罪是私有制的产物,是社会发展产生了剩余产品,形成了人剥削人的阶级格局,然后国家作为阶级利益斗争的工具进而形成,随之也产生了犯罪。李居全认为,"犯罪与犯罪概念是不同的,犯罪产生到犯罪概念形成是一个从简单的、直观的、个别的、具体的感性认识通过分析、抽象、概括和综合上升到理性认识的过程,这个过程是一个漫长的过程。犯罪概念越深刻、越丰富,表明社会结构越复杂、阶级矛盾越深刻"②。但是应当注意到,犯罪观和犯罪、犯罪概念又有所不同,如果说犯罪是客观事物,犯罪概念是对客观事物的抽象认识,那么犯罪观则是对犯罪这一客观事物的具体和抽象的认识。也就是说,犯罪观的外延更广泛,除包括抽象的犯罪概念以外,也包括人们对于犯罪的直接认识。犯罪观也是在不断发展变化的,不同时期有着不同的犯罪观,甚至犯罪观也可能超前于犯罪概念的形成。比如,对于尚未形成国家的原始社会时期,用现在的概念标准来看杀人、放火行为无疑是犯罪,但当时并没有形成犯罪概念,人们无法认识到其同态复仇、血亲复仇的对象是犯罪行为,但他们知道杀人、放火是不对的,这就是他们的犯罪观。我国古代文献中最早对于犯罪概念的阐述是"天命有德,五服五章哉! 天讨有罪,五刑五用哉!"③意思是说,上天只会任用有德行的人,因此要给有德行的人授予相应的礼服,以便让天下的人都知道他们是有德之人,这些有德之人可以分为天子、诸侯、卿、大夫和士五类。上天惩罚有罪的人,要用墨、劓、剕、宫、大辟五种刑罚处治五者。可见当时关于犯罪与刑罚已经体系化。此后,关于罪与刑的论述不断增多——"大刑用甲兵,其次用斧钺,中刑用刀锯,其次用钻笮,薄刑用鞭扑,以威民也。故大者陈之原野,小者致之市朝,五刑

---

① 参见申柳华、李佩霖:《刑法文化对犯罪预防控制的影响——从四种刑法文化类型进行的分析》,载《河北法学》2007年第8期。
② 李居全:《论我国刑法史上犯罪概念的产生》,载《法学评论》1997年第4期。
③ 《尚书·皋陶谟》。

三次,是无隐也。"①"苗民弗用灵,制以刑。惟作五虐之刑曰法,杀戮无辜,爰始淫为劓、刵、椓、黥。"②"流共工于幽州,放驩兜于崇山,窜三苗于三危,殛鲧于羽山,四罪而天下咸服。"③"夏有乱政,而作禹刑;商有乱政,而作汤刑;周有乱政,而作九刑。"④正如赵秉志教授所言:"从'夏有乱政,而作禹刑'到现代法治文明,从'德主刑辅'到'依法治国',中华民族'立刑以明威,防患于未然',创造了令世界瞩目的中华法制文明。"⑤由此可见,犯罪在我国传统的文化观念中是与刑、罚、德、耻等词汇紧密联系在一起的,凡是被规定为犯罪的行为一定是非常严重的事情,其带来的后果也是十分严重,不但对犯罪人形成非常强的贬低感和否定感,而且将面临严厉的刑罚并且终身被认定为坏人,甚至会影响到家庭和后代的名誉。在这样的刑法文化观念之下,我国的刑法始终是一部"重罪法典",加上中华人民共和国成立后我们建立了行政处罚体系和行政强制措施体系对一般违法行为进行制裁,民众普遍习惯于我国现行的二元化制裁体系(即行政违法—行政处罚、犯罪—刑罚),更加强化了犯罪的"罪恶观",淡化了行政违法行为或违警行为的"犯罪色彩"。

微罪体系模式不但面临广大民众传统犯罪观的挑战,同时也会对这种犯罪观产生冲击。如果我们继续选择在刑法的框架内构建轻微罪体系,那么微罪的概念将始终停留在"轻罪"和"重罪"上,一些严重的行政违法行为也难以通过行政处罚或者行政强制措施来达到威慑预防的目的。如果我们将微罪脱离刑法的框架,那么就将面临传统观念的强大压力——既然都不在刑法之内了,为何微罪还叫"罪"?这显然是很多民众所难以接受的。尽管在西方很多国家民众已经将违法行为统称为犯罪,但在我国的传统文化下可能还需要很大的努力。甚至可以说,犯罪文化观念的转变,是微罪体系建构面临的首要难关,压力不仅仅来源于理论学术层面,更来源于社会基本认知方面。笔者认为,微罪在本质上符合我国刑法文化的内涵,也顺应了我国刑法文化的发展。首先,微罪将当下的违法犯罪行为予以分层处理,明确区分微罪、轻罪、重罪,并给予不同的处理,这样的效果是在实际生活中弱化人们关于微罪的"罪恶感",促进人们对违法犯罪形成理性认识,即微罪的犯罪人并非绝对的邪恶,仍然是属于这个社会的。事

---

① 《国语·鲁语》。
② 《尚书·吕刑》。
③ 《尚书·舜典》。
④ 《左传·昭公六年》。
⑤ 赵秉志:《中国刑法的百年变革——纪念辛亥革命一百周年》,载《政法论坛》2012年第1期。

实上,社会公众对犯罪行为的罪恶感和道德否定,是长期以来我国乃至世界各国和地区犯罪矫正工作不力的一个重要因素,认为有过犯罪前科的人就是"坏人",导致其终身难以回归社会。纵观各国和地区刑事司法改革的一个内在机理,包括犯罪分层、社区矫正、强制医疗等,都是在降低社会对犯罪(尤其是微罪)的"道德厌恶",使社会更容易接受犯罪人。其次,微罪虽然不及轻罪、重罪的危害性大,但依然是具有社会危害性的行为,应当受到社会的负面评价,因此微罪体系的建构更侧重于把微罪行为的价值否定置于恰如其分的程度。再次,更为重要的是,微罪体系主张通过司法化来加强对行政权的制约,从而更加有力地保障人权,这也是符合刑法学乃至整个法学的当下主流价值观的。最后,随着微罪体系的发展,今后还可能将一些严重的民事行为纳入微罪体系,从而应对公民私权遭到侵害后实在无能为力时,公权力介入保障私权的社会期望。因此,换个角度看,微罪虽然扩大了所谓的"罪"的概念范畴,微罪的立法模式有可能会将这个观念扩大化,但微罪本身顺应了刑法主流文化精神,利大于弊。如果单单是基本范畴或称谓问题,那么也完全可以不叫"罪",完全可以称之为"刑事性行政违法行为",这样既可去犯罪标签化也可留有"刑事"的实质与味道,且不丢掉我国现行法律体系中行政违法之形式,可谓一举两得。

二、我国现行犯罪概念界定模式的影响因素

我国《刑法》第 13 条规定:"一切危害国家主权、领土完整和安全,分裂国家、颠覆人民民主专政的政权和推翻社会主义制度,破坏社会秩序和经济秩序,侵犯国有财产或者劳动群众集体所有的财产,侵犯公民私人所有的财产,侵犯公民的人身权利、民主权利和其他权利,以及其他危害社会的行为,依照法律应当受刑罚处罚的,都是犯罪,但是情节显著轻微危害不大的,不认为是犯罪。"这被认为是我国对犯罪的权威定义,由该定义可以看出,我国关于犯罪的概念界定方式采用了"定性加定量"的模式。这与西方国家的犯罪概念是不同的,西方很多国家并没有违法行为和犯罪行为相区分的观念,它们认为只要是违法行为就是犯罪,只不过犯罪有重、有轻而已。比如偷一辆自行车、暴力恐吓、深夜喧嚣、大道上便溺,甚至使用不合格磅秤等行为,都可能构成犯罪。而在我国,小额诈骗、小偷小摸、轻微伤害、一般性的交通肇事等都够不上刑事犯罪,充其量构成治安违法。① 之所以与西方国家的犯罪概念不同,主要是因为我国刑法关于犯罪

---

① 参见屈学武:《轻罪之法价值取向与人身权利保护》,载《河北法学》2005 年第 11 期。

的概念除了加入定性因素,也加入了定量因素,如刑法分则很多罪名都以"情节严重""造成严重后果""数额巨大"等量的因素作为犯罪构成要件要素。有学者推断,刑法采用"定性加定量"的模式旨在通过实质的犯罪论,将具有刑事违法性但不具有严重社会危害性的"轻微犯罪行为"排除出刑法"犯罪"之外,通过定性区分为"刑事性行政违法"(微罪)、"轻罪"和"严重犯罪",通过定量来区分重罪、轻罪和微罪,从而区分犯罪与刑事性行政违法,实现法律制裁体系的协调,这样的出发点是好的。然而,各种定量因素的模糊性和不确定性导致我国刑事性行政违法和犯罪的区分在立法层面产生了模糊,进而使得司法实践也变得混乱,这不仅违反了罪刑法定原则关于明确性的要求,同时也严重威胁到对人权的保障,最终冲击破坏了我国的法治基础,因此应当以定性作为界定犯罪的唯一标准,进而将治安管理处罚法中与犯罪的行为特征相同或相近的那些本属于行政权管辖的行为,作为轻罪(微罪)来处理,从而解决上述问题。① 对于我国的犯罪概念界定机制,李洁教授在对中日两国关于轻微行为犯罪处理模式进行比较研究的基础上指出,评价"定性加定量"模式、"定性"模式、"立法定性、司法定量"模式的标准应当是人权保障与社会保护的效果,即看哪种模式更能发挥刑法的社会规范、社会保护和人权保障机能,这需要对我国犯罪概念的明确性、司法机关裁量权和规则效力等问题进行考察。可以发现,我国和日本的犯罪概念定义模式都是符合罪刑法定原则的,其实并不存在明显的优劣之分,更多的是选择问题。李洁教授进一步指出,我国的法律体系分为宪法、部门法和刑法三个层次,刑法是保障其他法律顺利实施的最后保障法。我国的制裁体系是首先由第二层次的各部门法作出制裁,最后才由刑法制裁,所以我国刑法所规定的很多犯罪行为其实都是"重罪",由此而设定的那些情节、数量、结果等定量因素也是符合我国的法体系特征和立法习惯的,并不意味着与罪刑法定原则相背离。但是为了解决我国刑法分则中关于情节、结果、后果的弹性问题,应当从立法上删除关于量的规定,将其统一作为司法问题,刑法只保留总则的情节性宣言或规定。② 李洁教授对于我国犯罪概念定义模式及问题根源、对于我国刑法所处的法治环境、对于我国司法实践的实际情况等内容分析得非常透彻,这种论述具有很高的权威性。笔者非常赞同李洁教授关于我国刑法保留"定性加定量"模式的观点。

笔者认为,"定性加定量"模式与微罪概念并不矛盾。应当看到,在我

---

① 参见陆岸:《犯罪的边界——我国轻罪制度的立法思考》,载《河北法学》2012年第7期。
② 参见李洁:《中日涉罪之轻微行为处理模式比较研究》,载《法律科学》2002年第4期。

国当前刑法结构之下,"定性加定量"模式在未来很长一段时间内应该不会改变,这是一个现实状况;同时诚如李洁教授分析的,"定性加定量"模式与其他模式并没有明显的优劣之分,那么刑法就更没有作出改变的必要;如果真的改变这种模式,那么我国刑法将发生天翻地覆的变化,鉴于我国法律发展的历史,这基本上是不可能的事情。事实上,根据犯罪学意义上的犯罪本质特征是社会危害性和惩罚必要性,犯罪概念天生就包含定量的因素。无论是社会危害性还是惩罚必要性,都包含"量"的因素——一个行为达到什么样的程度才具有社会危害性?社会危害性达到什么样的程度才具有惩罚必要性?如果把"量"的因素排除出犯罪的概念,那么刑法就会在价值和功能上失去意义。正是因为考虑到"量"的因素,所以我们能够区分出微罪与重罪,所以能够将行政权视野下的人身自由行政处罚或行政强制措施提升到罪的层面。所以,正是因为"定性加定量"模式让我们框定了微罪的范围,进而为微罪立法的属性和模式指明了方向。当然,笔者主张,在微罪体系之内排除"量"的因素,根据行为的性质来作出处理,而不再分层或者分类处理。

三、我国刑法的稳定性及其影响

虽然新中国第一次制定《刑法》是 1979 年,但我国关于刑法建设的工作却开始得很早。1951 年,我国就颁布了《惩治反革命条例》和《妨害国家货币治罪暂行条例》,1952 年又颁布了《惩治贪污条例》,这些条例以单行刑法的方式为巩固新生政权、维护经济社会稳定发挥了重要的作用。1954 年,我国开始起草刑法,到了 1957 年 6 月就已经写出了 22 稿。但随着"反右运动"的到来,刑法起草工作被搁置下来,接着 1964 年的"四清"、1966 年至 1976 年的"文化大革命",一晃就耽误了几十年的时间。① 粉碎"四人帮"后,我们的刑事立法逐步恢复。1979 年 7 月 1 日,第五届全国人民代表大会第二次会议一致通过了《刑法》。1979 年《刑法》虽然也发挥了保护公民、打击犯罪、维护社会秩序等作用,但受到当时的政治、经济、社会和文化等现实情况的制约,该法在实体规范、体系结构、立法技术等方面都留下了遗憾。又恰逢改革开放后的社会急速发展,立法者只能采取单行刑法的方式对 1979 年《刑法》作出修改和补充,于是在 1981 年至 1997 年的十余年间,全国人大常委会一共制定了 25 部单行刑法,同时在 107 个非刑事法律中增设了很多附属刑法规范,从而使得刑法中的罪名由 1979 年《刑法》

---

① 参见高铭暄:《中华人民共和国刑法的孕育和诞生》,法律出版社 1981 年版,第 2—3 页。

中的130个增加到263个。① 虽然刑法的内容更加全面,体系更加完整,但是刑法的稳定性却在这一部部单行刑法的制定中遭到很大的打击。到了1992年党的十四大后,我国的刑法建设进入了"全面修订"时期:全国人大常委会从1993年开始组织重写刑法并于1997年第八届全国人民代表大会第五次会议通过(即1997年《刑法》)。在接下来的十多年中,以单行刑法和修正案的方式先后十二次修正刑法,包括2015年8月29日第十二届全国人民代表大会常务委员会第十六次会议通过《刑法修正案(九)》、2017年11月4日第十二届全国人民代表大会常务委员会第三十次会议通过的《刑法修正案(十)》、2020年12月26日第十三届全国人民代表大会常务委员会第二十四次会议通过的《刑法修正案(十一)》、2023年12月29日第十四届全国人民代表大会常务委员会第七次会议通过的《刑法修正案(十二)》。

我国刑法的发展历程表明,我国现行刑法自从1997年制定以来,几乎一两年就要对其作出修改和补充,尤其是《刑法修正案(八)》《刑法修正案(九)》《刑法修正案(十一)》,可以说对刑法进行了大改。在一次又一次的修正之中,刑法的稳定性受到了严峻挑战。我们知道刑法具有规范引导、法益保护、人权保障三大功能,其中规范引导就是要通过刑法的稳定性才能为公民的行为提供标准,形成预测。刑法是最严厉的法律,如果连刑法都不能保持稳定,那么公民有何理由对国家法律产生安全感。而且刑法的稳定性与刑法的权威性又密切相关,对刑法修改的不理性就会使刑法的权威性丧失殆尽。② 从人类法治文化发展的历程来看,法治环境的稳定对于一个国家和地区的政治、经济和社会发展具有重要意义,法不稳则民不安。《法国刑法典》的修订,从1810年到1994年历经近二百年,且修订过程中经过了大量的论证、协商和博弈。对于我国刑法建设的启发,至少说明国家基本法律制度的制定和修改必须充分体现民主性、科学性和实效性,不能随意碰触。因此,从保持刑法稳定性的角度来看,微罪立法避开了刑法体制框架,在刑法之外寻求扩展微罪的范围,这既保障了刑法的稳定性,又促进了我国制裁体系的科学性。

四、我国法治进程的阶段性影响

中华人民共和国成立以来,我国法治建设经历了漫长曲折的历程,取得了显著成绩,目前已经基本上形成了中国特色社会主义法治体系。对于

---

① 参见高铭暄、赵秉志:《中国刑法立法之演进》,法律出版社2007年版,第44—45页。
② 参见于志刚:《刑法修正何时休》,载《法学》2011年第4期。

中国法治发展,尤其是刑事法治的发展历史进行回顾,对于我们了解实际国情,建立有中国特色的微罪制度具有积极的意义。

1949 年 9 月 29 日通过了《中国人民政治协商会议共同纲领》,作为新中国的宪法性文件,其第 17 条规定:"废除国民党反动政府一切压迫人民的法律、法令和司法制度,制定保护人民的法律,法令,建立人民司法制度。"通过该规定,新中国废除了国民党政府制定的法律体系,即"六法全书",决定建立新中国的法律制度体系。当时的现实情况是,新中国白手起家、百废待兴——国家内部的经济社会基础几乎为零,需要从头开始建设,内忧外患,危机重重——外部西方资本主义列强、国民党残余势力不断侵扰,这时我们的立法工作决定根据当时的中心任务和人民群众的所急所需,先把成熟的做法和经验转化为法律制度,从而由简至繁、由通则而细则、由单而整。① 按照这个政策,立法并没有追求不成熟、不急需的全面细密的法律体系,先后有针对性地制定了多部法律制度,如 1950 年 4 月通过了《婚姻法》、1950 年 6 月通过了《土地改革法》、1951 年 2 月通过了《惩治反革命条例》、1952 年 3 月通过了《惩治贪污条例》等法律法规,就当时亟待解决的各种政治、经济、社会问题作出了规定。可见当时的立法政策和立法工作带有明显的革命性、政治性,为新中国政权的巩固提供了坚实的法律保障。

1953 年的社会主义改造运动结束,新中国基本上解决了三座大山在国内的残余势力,党和政府的主要工作从革命转向全面恢复、建设国家经济上来,这时就需要给社会主义经济建设配备比较成熟、完善的法制体系和环境,从而促进经济社会发展。② 1954 年召开的第一届全国人民代表大会第一次会议,制定了新中国政权的第一部《宪法》——"五四宪法",同时关于全国人大、国务院、地方人大和人民委员会、法院和检察院的五部组织法也被制定出来,我国的政治制度和司法制度由此作为法律被确定下来,同时大会还提出了法律面前人人平等、严格遵守宪法和法律等原则和要求。"五四宪法"作为一部体现了无产阶级革命家高超的法治思想和人民本位思想的立法,在当时具有相当的先进性和正确性,后世的评价也印证了这一点。1954 年 12 月,全国人大常委会通过了《城市居民委员会组织条例》和《逮捕拘留条例》、1958 年国务院公布《国家建设征用土地办法》、1957 年全国人大常委会通过《治安管理处罚条例》、1957 年国务院公布《关于国家行政机关工作人员的奖惩暂行规定》等一系列法律法规。1955 年全国

---

① 参见 1951 年 5 月 11 日彭真同志在政务院会上的工作报告《关于政法工作的情况和目前任务》。
② 参见 1953 年 9 月 16 日彭真同志在中央人民政府委员会上的报告《政法工作的主要任务》。

人大常委会通过了《关于解释法律问题的决议》,这标志着我国法律解释工作的开始。1956年,中国共产党第八次全国代表大会(党的"八大")继续提出了加强经济建设的要求,并提出了影响深远的"有法可依,有法必依"。应当说,中华人民共和国成立后的第一个立法繁荣时期,"五四宪法"和党的八大的很多思想、方针、政策和制度都是科学的,但由于当时人们对于法制建设的重要性还不能完全认识,加上随后的各种政治运动的冲击,我国的法治建设逐渐转向低谷。1966年,"文化大革命"开始。进入了中华人民共和国成立以来最为困难、最为动荡的时期,法律被认为是资本主义产物而被抛弃,各项法治建设、法学教育和理论研究工作停滞下来,人们在政治运动中走向迷茫和冲动。至今人们在总结"文化大革命"的教训时,总是将"没有能把党内民主和国家政治社会生活的民主加以制度化、法律化,或者虽然制定了法律,却没有应有的权威"作为重要原因。[①]

1976年10月,"文化大革命"结束,1978年中国共产党第十一届三中全会指出:"宪法规定的公民权利,必须坚决保障,任何人不得侵犯。为了保障人民民主,必须加强社会主义法制,使民主制度化、法律化,使这种制度和法律具有稳定性、连续性和极大的权威,做到有法可依,有法必依,执法必严,违法必究。"[②]这些标志着我国法治建设的复苏。很快,一系列法律制度便建立起来:1979年7月,第五届全国人大第二次会议通过了《刑法》《刑事诉讼法》《中外合资经营企业法》《人民法院组织法》《人民检察院组织法》等七部法律。1982年12月,第五届全国人民代表大会第五次会议审议通过的《宪法》,即"八二宪法",将法律至上、民主、自由等现代法治价值上升到规范层面。一些部门和制度机制也在恢复:全国人大陆续决定恢复人民检察院(1978年)、司法部(1979年)、律师制度(1979年)、中央政法委员会(1980年)、监察部(1986年)等制度和机制;在"文化大革命"中受到影响的原司法人员陆续回归到队伍中来;1986年举办了第一次全国律师资格考试。这个时期虽然法治建设恢复较快,但是仍然坚持较强的法律工具主义,阶级斗争倾向还是比较明显的,法律尚未上升到政治结构的顶层设计中来。虽然1979年废除了党委审批案件制度,但1980年恢复的中央政法委员会开始"接管"司法工作的领导权,负责"管方针、政策,管干部,管司法政治工作";这一时期还出现了将转业军人纳入司法机关的做法。

---

① 参见1981年6月中国共产党第十一届六中全会《关于建国以来党的若干历史问题的决议》。
② 1978年12月22日《中国共产党第十一届中央委员会第三次全体会议公报》。

20世纪90年代以后,随着对西方法学理论的认识和了解,人们开始对"法治"和"法制"进行深刻的思考,并将法治所蕴含的民主、自由、平等、人权的价值观通过理论研究、教学活动和立法、司法活动逐渐渗透到民众的心中。崇尚法治,成为不可阻挡的历史潮流。1997年9月,中国共产党第十五次全国代表大会将"依法治国,建设社会主义法治国家"写入党章。1993年将"国家实行社会主义市场经济"写入宪法;1999年"中华人民共和国实行依法治国,建设社会主义法治国家"被写入宪法;2004年"保障人权"被写入宪法……我国的法治建设在新世纪的十年飞跃发展,制定、修改和废止了数百件法律、法规和政府规章。经过长达数十年的努力,我国的法治建设突飞猛进,吴邦国同志在2011年3月的第十一届全国人大四次会议上宣布:"中国特色社会主义法律体系已经形成。"由此开始,我国法治建设开始进入了一个平稳、系统的发展期。主要表现为:行政权运行更加规范科学,法治成为行政管理和社会治理的重器;司法之于国家社会的重要性凸显,司法工作的地位日益提升,司法审判的领域不断扩展;权利观念和法治观念深入人心。2014年11月1日,第十二届全国人民代表大会常务委员会第十一次会议将每年的12月4日设立为国家宪法日。当然,我国还面临公权力制约不足、权力运行不规范、政府和司法的公信力不够权威,民众对社会公平正义感受不强烈,个体权利和利益的保护、救济不全面等诸多棘手问题。造成这些问题还与我国政治、经济、社会、文化、环境等各个领域的发展密切相关。面对这些问题,2013年中国共产党第十八届三中全会、2014年中国共产党第十八届四中全会对法治作出了新的、更高的诠释,法治成为我国全面深化社会改革的顶层设计内容,要求全面推进依法治国建设。基于此,近年来我国反腐败的力度不断加大;简化并规范行政权力运行的推进更深更细;以人为本的权利保护更全面,废止了劳动教养制度、开启了户籍制度改革;司法公信力开始提升,司法改革即将全面开始。①

中华人民共和国成立至今我国法治建设的历史表明,我国的法治发展总体上具有以下趋势特征:一是更加尊重法治建设和发展的基本规律。我们的立法和司法实践表明,法治建设及其发展是有客观规律的,既不能随意妄为,也不能操之过急,只有在坚持并尊重法治规律的基础上才能保障法律工作产生良好的效果。比如对于权力应当加强监控,把权力放进制度的笼子,这样才能保证法治的正当性;对于公民权利

---

① 参见侯欣一:《30余年中国法治进程全梳理》,载人民论坛网,访问时间:2014年10月27日。

的保护和救济要更加周到全面,这样才能提高法治的公信力;对于程序的设计要更加细致科学,这样才能促进实体价值观的实现。法治发展的规律,暗含着人类文明发展的共同价值,我们虽然区分社会主义与资本主义、发展中国家与发达国家,但对于人类共同追求的价值仍需要坚守。二是更加努力实现法治建设和发展的本土化。就是说,法治建设和发展必须符合我国的实际情况。西方国家的经验和做法,不一定符合我国的实际情况,因此应当坚持法治的自主性。从制度建设、法治文化、路径选择等方面坚持有中国特色社会主义法治道路。三是更加贯彻落实以人为本的科学发展观,不断推动法律制度和理念的前进。以人为本与保障人权、彰显正义、维护秩序等内容是内在统一的,以人为本是对各种正当价值、理念和思想的高度总结,也是实现它们的充分条件,只要我们坚持以人为本的思路和方法,就必然会产生良好的效果。社会主义法治建设与发展应当坚持用以人为本的思维去审视我们的立法、司法、执法工作,把人的权利的维护和实现作为所有工作的核心。四是更加坚持科学和正义的原则,努力实现形式法治和实质法治的统一。法治包括形式法治和实质法治,两者缺一不可、相辅相成。我国传统法律文化中就是重实体、轻程序,忽略了形式法治的独立价值。改革开放以来三十多年的前半程,我国着重将形式法治的观念和制度深化到社会各个领域、各个层级。现在我们又开始在形式法治的基础上,逐步增强实质法治建设,体现为对人性的尊重、对人权的保障、对行政权力的制约、对公平正义的维护。我国微罪模式的设计必须符合我国法治建设发展的规律和趋势,才能使它具有针对性、时效性和科学性。同时,微罪模式下的具体制度在涉及公权力的设定与约束、私权力的保护和救济、法制体系的协调和体系方面符合我国法治建设发展的基本价值和原则,才能具有本土化了的正当性和合理性。最重要的是,微罪体系及其立法模式必须把人权放到最核心的地位,围绕尊重和保护人权来进行构建,才能体现出中国特色社会主义法治的时代性和优越性。

我国的微罪体系模式应遵循这样几项原则:(1)要符合现行法制体系的整体框架,不能对现行法律体系进行颠覆性破坏或者破坏较大。只有在我国社会主义法制框架内进行设计建构才能与其他的法律制度或体系良好地衔接起来,否则微罪体系很难得到国家和人民的认可并顺利操作。(2)适应我国国情,不能照抄境外的现行立法与制度。关于我国微罪体系的模式主要有三种观点:一是张明楷教授主张将治安管理处罚条例、劳动教养法规中的各种危害行为纳入轻犯罪法(微罪),通过简易程序进入司法程序。① 二是刘仁文教授主张仿照国外犯罪分层模式,在调整现行刑法结构的基础上,将轻罪制度纳入刑法。② 三是有学者提出制定《违法行为矫治法》或《违反社会秩序法》等专门性法律来承载轻罪(微罪)制度。第一、二种观点中,轻罪制度仍从属于刑法体系,属于刑法中的特殊法;第三种观点将微罪体系置于刑法之外,但违反社会秩序法的建立仍难以逾越行政法的范畴。因此,可以说目前我国微罪体系的建构主要是采合并说。然而,微罪体系的模式选择不仅涉及微罪法的框架结构,也涉及微罪法的内容,两者之间是"骨骼"与"血肉"的关系,都是微罪体系建构要考虑的问题。如果"骨骼"与"血肉"不搭,则会制造出"怪物";只有两者融合恰当,才能产生完美的微罪体系。我们目前还不能简单地选择合并说还是分立说,微罪制度的根基只有扎根于本土实际,才能存活并开花结果。本土的国情包括政治环境、法治环境、文化环境、社会环境等方方面面的因素,需要对其作出深刻、全面的考察。(3)明确微罪制度及其体系建构的旨意,抛弃以往"大而全""什么都管"的思路,在对微罪制度建构的意义和功能进行深刻思考的基础上,坚持精细化制度建构。(4)坚持科学选择微罪制度的立法模式,遵循法治的基本原则以及微罪体系建立和发展的客观规律,把微罪制度的先进性和合理性有机统一起来。也就是说,只有在这四个原则的基础上,才能构建适合中国国情的微罪体系。

第三节　独立模式:我国大陆微罪体系的方案选择

在现行的政治、经济、社会环境下,笔者认为,我国应当建构独立的微罪体系,形成"行政法—微罪法—刑法"新三级制裁体系。

一、建构微罪体系的法文化氛围已初步形成

诚如前文对我国法治建设的发展所言,我国目前已经进入人权法治时代,法律不再仅仅是政治统治的工具,更成为政治发展的原生动力。对人权保护的不断强化,必然要求法治建设与时俱进,大量行政法律法规中存在的未经司法程序便剥夺公民人身自由权利、资格权利乃至财产权利的规范并不能满足当下人们对公平正义的追求,将这些内容笼统地纳入刑法又将造成刑法体系的尾大不掉。同时,微罪制度的内容比较丰富,如果将其纳入刑法将造成刑法结构更加混乱,不利于刑法的明确性。一个法部门的

---

① 参见张明楷:《刑事立法的发展方向》,载《中国法学》2006年第4期。
② 参见刘仁文:《关于调整我国刑法结构的思考》,载《法商研究》2007年第5期。

形成,必须有广泛而又专门的调整对象,而且有特定的调整方法,微罪法虽然是调整轻微犯罪法律关系的法,但其调整对象和功能具有明显的倾向,不同于刑法的"重罪重刑"特征,同时微罪法的调整方法也与刑法重视刑罚手段不同。

微罪体系的独立性并不意味着否定了其相对性,虽然在刑法之外制定一部轻罪法,但是微罪法仍然与刑法、行政法具有千丝万缕的关系,体现在目的、功能、原则、制度和机制等各方面。选择这种体系模式,一方面,可以增强突出微罪制度所拥有的独特的理念、原则、规定和程序,从而使得重罪、轻罪、微罪的层次一目了然,也使得重罪罚、轻罪罚、微罪罚、行政处罚之间的衔接更加顺畅。另一方面,这种模式又保持了我国法律制裁体系的整体稳定性。事实上,日本的轻犯罪立法(微罪)及其实施为我们提供了很好的借鉴机会,但我们要建立的微罪体系又与日本不同。一方面,我们的微罪立法既要有程序内容又要有实体内容,而且以程序内容为主,所谓的独立事实上是指程序独立而非实体独立,其中的实体法规范是对现行行政法规范的归纳整理而非新制定;另一方面,我国在刑法之外还有行政拘留、专门矫治教育及强制戒毒等内容,甚至未来还有可能制定以处罚"人身危险"为对象的"保安处分"单行立法,等等,这些都包含在微罪体系的范围之内。

二、独立的微罪体系更符合微罪制度的旨趣

微罪体系的建构旨在解决当前刑法与行政法衔接不严密、重大行政处罚和行政强制措施非正当性以及社会政策"唯刑法论"的诸多问题,进而实现保障人权、促进法治体系协调一致和依法治国的良好局面。由此赋予微罪体系所承担的法治任务应当是:一是将现行行政处罚中涉及人身自由罚、资格罚和大额罚款等处罚先行司法化,纳入微罪体系;二是将治安管理处罚法中与刑法相竞合的违法行为(即刑事性行政违法行为)规定于微罪法的实体部分。微罪体系的具体立法建构也将围绕这些方面作出考量,尤其以刑法与行政法的衔接、行政处罚的严厉程度等因素为建构标准,对刑法各类罪名进行梳理,划定微罪及其体系的内容。基于此,微罪体系的实体内容也对微罪体系选择哪种模式产生作用。

(一)独立模式下的微罪体系有利于解决刑法边界问题

众所周知,导致行政执法与刑事司法不能有效衔接的根本原因就是我国是"既定性又定量"的刑法构罪标准,可以说这是困扰我国一般违法行

为与犯罪行为不能很好对接的核心问题,不仅存在执法与司法严重不公的现象,甚至因此也产生大量的司法腐败,造成社会矛盾的隐患以及社会的不稳定。为此,我国 1996 年《行政处罚法》第 7 条第 2 款规定:"违法行为构成犯罪的,应当依法追究刑事责任,不得以行政处罚代替刑事处罚。"2001 年 7 月 9 日国务院颁布的《行政执法机关移送涉嫌犯罪案件的规定》第 14 条第 1 款也规定:"行政执法机关移送涉嫌犯罪案件,应当接受人民检察院和监察机关依法实施的监督。"最高人民检察院 2001 年 12 月 3 日印发《人民检察院办理行政执法机关移送涉嫌犯罪案件的规定》,并会同全国整顿和规范市场经济秩序领导小组办公室、公安部于 2004 年 3 月 18 日共同发布了《关于加强行政执法机关与公安机关、人民检察院工作联系的意见》,其核心内容是确立了行政执法与刑事司法相互衔接的工作机制及其基本内容与框架。最高人民检察院于 2006 年 1 月 26 日会同公安部、监察部、全国整顿和规范市场经济秩序领导小组办公室发布了《关于在行政执法中及时移送涉嫌犯罪案件的意见》,其核心内容是进一步明确了各自在行政执法和刑事司法衔接工作中的具体工作职责,并对一些工作规程进行了细化和部署。2011 年 2 月 9 日,中共中央办公厅、国务院办公厅以"两办"文件形式转发了国务院法制办、中央纪委、最高人民法院、最高人民检察院、公安部、国家安全部、司法部、人力资源社会保障部《关于加强行政执法与刑事司法衔接工作的意见》,进一步完善了"两法衔接"机制。然而,即便如此,行政执法与刑事司法的衔接问题仍旧令司法机关和理论界头疼,包括:行政机关在办案过程中虽然发现有些案件已经构成犯罪,但出于种种原因和考虑并没有及时移交;司法机关办理的案件最终不构成犯罪,但明显违法,也没有及时交给行政机关处理;由于刑法与行政法规定的界限不明,许多行政机关或司法机关执法随意,把本属于行政案件故意作为刑事案件处理,或把本属于刑事案件故意作为行政案件处理等,最终导致执法、司法不公或执法、司法腐败的事件屡有发生。

因此,如何解决行政执法与刑事司法中出现的突出矛盾与问题,就成为理论界和司法实务界急需研究的重中之重。首先从立法上讲,什么是行政违法?什么是刑事犯罪?行政执法和刑事司法如何衔接?刑事立法究竟是集中好还是分散好?是集中在一部刑法中好还是分散在其他法律(如行政法、经济法)中好?哪些需要集中、哪些需要分散?等等,均是刑法学与行政法学中争论不休的问题。其次从执法与司法上讲,行政执法与刑事司法如何衔接?如何移交案件?不移交案件会承担什么责任?等等,均是行政执法与刑事司法活动绕不开的话题。中国如此,其他国家和地区也如此。因此轻罪法早在 20 世纪初就出现在德国,以便有助于解决立法与司法衔接中的矛盾与冲突。长期以来,我们一直梦想着有一部极其完备的刑法,1997 年我国《刑法》的系统修改试图实现这一梦想。但随后又带来了新的问题,这就是由于我国市场经济体系仍在逐步构建、完善和发展过程中,其中的不确定因素甚多。另外,由于我国的行政权力过大,行政处罚不公和行政处罚的随意性现象普遍存在,劳动教养制度被废止后仍旧有些行政拘留、专门矫治教育、强制戒毒等剥夺人身自由的所谓微罪,因此会面临这些法律的立法改革和行政执法司法化的问题。因此,微罪法的研究必然为这些问题的解决创造有利条件,这正是我们研究微罪法的重大理论意义与实际意义之所在。

所以在刑法之外建构微罪法,一方面应理顺我国的刑事制裁体系,变现在"一元结构"的刑罚单一制裁体系为刑法、微罪法与行政法"三元结构"的制裁体系,真正实现行政执法与刑事司法的有效衔接;另一方面顺势整合我国类似"保安处分"的治安处罚、专门矫治教育、强制戒毒、强制治疗等不规范立法与执法,真正实现行政处罚中"人身自由罚"的司法化,使行政罚与刑事罚真正做到有效衔接,实现执法与司法公平,以维护社会的长期稳定。其中最核心的问题,就是把刑法中规定的因数额、情节尚不构成犯罪的具有刑事性的违法行为,统统纳入新建构的微罪法的范畴,并予以适当的规制与惩处。也只有这样,才能够真正使微罪法同刑法有一个有机的衔接,也才能够彻底解决长期以来行政执法与刑事司法因衔接问题所带来的一切社会隐患与司法矛盾。根据德国轻罪法理论的研究,以及德国"经济刑法"和"违反秩序法"的立法例和日本等国"轻犯罪法"(微罪)设立的经验,甚至包括美国等西方国家设立重罪、轻罪和微罪体系的做法,通过微罪法和微罪理论的研究,在我国现有法律框架下设立微罪法,以及建立微罪体系等均是有可能的。实际上,微罪法建构就是具有我国特色的微罪体系的有机建设。应当说,这也是解决我国行政执法与刑事司法衔接最为有效的途径与方法。

(二)独立模式下的微罪体系更有利于推进刑罚制度的发展与完善

我国刑法的处罚是"一元结构"的体系设计,即在刑法中只有刑罚体系,而没有西方的所谓"保安处分体系"。理论界将西方的这种刑罚体系称作"二元结构"的制裁体系,既包括刑罚制裁体系,也包括保安处分制裁体系。比如,虽然刑法中有"有罪宣告判决",但司法实践中很少使用,即使使用,一方面难以震慑犯罪,另一方面如此轻的判决同样会给行为人带上"犯罪标签"这项帽子,不仅给刑事登记带来麻烦,也给行为人的生活与工作带来危机。刑法实践告诉我们,有条件地适用有罪宣告既有利于减少关押人数、减轻国家负担,也有利于犯罪分子避免被其他犯罪人交叉感染,使其更快地重新成为守法公民。事实上,这两种刑事责任承担方式对于处理青少年犯罪案件也具有特别重要的意义,因此司法部门应当提高对有罪宣告的应有认识,充分运用这一措施为保卫社会和公民服务。所以我们也设想,在建构我国微罪法新的体系和框架时,将有罪宣告移入微罪法,以便其发挥更大更好的作用。

另外,很多学者多年来一直呼吁的刑罚轻缓化制度措施,实际上都可以归入保安处分或者刑罚代替措施的概念之中。[①] 我国现行法律、法规甚至包括刑事政策分散性地规定了多种具有保安处分性质的措施。如刑法中规定的驱逐出境、专门矫治教育,行政法律、法规及规章中规定的强制戒毒、保安监禁、强制医疗、没收财物、吊销驾驶执照和禁止从业,刑事政策中规定的工读教育、社会帮教等。但是由于长期以来重监禁刑的思维,导致这些有效的刑罚替代措施并没有真正得到重用,一直被束之高阁,如管制的适用就是一个鲜明的例证。目前我国并没有专门的保安处分立法,包括刑法之内和刑法之外,但却规定了大量的类似于"保安处分"的制度,虽然这些制度没有比较"硬气"的合法性地位,在执行中也没有正当程序的切实保障,正像有学者指出的那样,"可以断言,我国现行社会控制体系中无保安处分之名却有保安处分之实"[②]。因此,可以说,微罪制度的建构为保安制度的发展提供了有益的空间,可以将人们期望但难以落实到以重罪为主的刑法之中的这些刑罚替代措施或者保安处分措施纳入微罪体系。

(三)独立模式下的微罪体系有利于推进行政处罚正当化

目前世界各国和地区的行政处罚司法化已成为行政处罚程序正当性的根基,甚至逐步形成法治国家与法治社会的一个极其重要的标志。但在我国行政处罚司法化过程中,却始终存在现代化程序相对较低、有关告知和申辩的内容规定得太笼统、听证程序存在缺陷等问题,导致行政处罚的正当性始终受到质疑。故有学者指出,确立宪法正当法律程序、大力发展

[①] 参见梁根林:《保安处分制度的中国命运——兼论劳动教养的出路》,载储槐植、陈兴良、张绍彦主编:《理性与秩序:中国劳动教养制度研究》,法律出版社2002年版,第177页。

[②] 梁根林:《保安处分制度的中国命运——兼论劳动教养的出路》,载储槐植、陈兴良、张绍彦主编:《理性与秩序:中国劳动教养制度研究》,法律出版社2002年版,第174页。

听证程序等是解决问题的关键。① 我国的行政处罚主要涉及人身自由罚、财产罚和资格罚。其中,资格罚与人身罚其实是有一定关联性的,虽然资格罚不涉及人身自由问题,但其涉及择业自由,甚至涉及一个人生存条件的被剥夺与否。从某种程度上来讲,资格罚一点不亚于人身罚的处罚力度。

在我国,关于人身自由的行政处罚是以治安处罚为主体的。治安处罚制度最早于1957年确立,即《治安管理处罚条例》。当时我国连刑法都没有,包括后来学术界公认《治安管理处罚法》是"小刑法"。该条例经过1986年、1994年两次修改,2005年8月28日第十届全国人大常务委员会第十七次会议通过《治安管理处罚法》。值得一提的是,在2005年修改的《治安管理处罚法》中,删去了"劳动教养"的所有内容,可见在当时,立法者就预见到要解决劳动教养问题。然而,长期以来我国的治安管理处罚权具有主体的专一性、行为的命令性、实施的广泛性、强制措施与处罚的人身强制性等特点。治安管理处罚权在实践中也一直被滥用,主要表现在刑讯逼供、处罚随意、不规范地采取强制措施和使用警械等。显然,被滥用的根本原因就在于该权力在运行过程中始终缺乏来自其他权力的有效制约与监督,至今还是由公安机关一家说了算。所以有学者建议,"必须加强对治安处罚权的制约与监督,包括采用由检察机关签发令状,对行政强制措施进行控制;由法院行使对公民权利义务影响较大的行政处罚裁决权,对行政处罚予以控制"②。也即行政处罚的司法化问题,包括将其处罚权尤其是"人身自由罚"的处罚权,一并纳入刑法之外的微罪法的制裁体系,尽快完成微罪法与治安处罚法的有效对接。在行政处罚司法化的过程中,首先需要解决的是行政处罚法中"人身自由罚"(包括行政拘留、专门矫治教育、强制戒毒等)的正当化问题,并在此基础上逐步推进与人身罚有关的财产罚等的正当化。因为,长期以来我国行政处罚对于人身自由的处罚和限制,属于既是裁判员又是运动员的角色,并不具有充分的正当性。笔者认为,人身自由处罚的司法化是解决问题的主要手段,微罪法建构应当以治安管理处罚法中的"人身自由罚"为核心。即对人身自由罚的监督和制约,也就是说,司法化监督要硬、掌握应严。因此,无论是在程序上还是在实体上,均要关注和重视行政处罚的正当化问题,尽管可以根据我国的国情和司法环境,分清主次、分期分批、逐步实现。

---

① 参见葛炜:《我国行政处罚程序司法化研究》,载《玉溪师范学院学报》2006年第1期。
② 崔进文:《治安管理处罚权的司法控制》,载《人民检察》2010年第12期。

(四)独立模式下的微罪体系有利于"专门矫治教育""强制戒毒"等的改革

实际上,我国最早在1979年《刑法》中就规定"收容教养",对象是"不满十六岁不处罚的"群体,但收容的年限刑法并没有作出明确规定。然而,最高人民法院、最高人民检察院、公安部、司法部、内务部早在1956年就联合发出《对少年犯收押界限、捕押手续和清理等问题的联合通知》,公安部1982年也作出了《关于少年犯管教所收押、收容范围的通知》,规定收容教养的期限为1~3年,最长可达4年。当然,严格讲这些通知一方面分别出现在1979年《刑法》之前和1997年《刑法》之前,另一方面也是没有立法根据的,所以需要根据《刑法》第17条的规定进行正式立法和规范。长期以来,政府收容或专门矫治教育虽然有刑法的明确规定,但在执法与司法实践中做得并不那么尽如人意,甚至有些地方根本没有落实,有的地方有落实,但这种限制人身自由的处罚由于没有专项立法,其合法性和适宜性也普遍遭受质疑。微罪程序既然要解决微罪法与刑法的衔接问题,那么也就必然要深入思考和慎重处理好这一问题。准确来讲,既然是一项特殊的教育措施,也就必须由立法或基本法规作出明确的规制与规定。比如,进行更加细致的"实施办法"专项立法,或是制定实施细则或条例,具体规定启动的主体、主管部门、收容场所、具体程序和司法裁决等具体事宜,以及教育过程的具体管理、教育结束时的出站及与社会的对接等一系列问题和规定,以真正实现公平、公正的司法化,为社会安宁与稳定创造条件。当然,立法化的过程只是解决了一个法律明确和合法性的问题,接下来的重点更是司法化的问题。

与收容教育相关的还有我国的"工读教育"问题,该制度诞生于20世纪50年代,我国第一所工读学校1955年在北京成立,主要接收13~18周岁失足的未成年人,本着"立足教育,挽救孩子,科学育人,造就人才"的方针对其进行教育。"文化大革命"期间曾经停办,改革开放后的1981年开始恢复,办学高峰时全国工读学校的数量达到150所。"工读"二字是由苏联教育家马卡连柯创办的专门教育孤儿和社会流浪儿的"工学团"演化而来的。所谓工读教育,"是指对具有违法或轻微犯罪行为的中学生进行半工半读的一种特殊的行政性教育措施,也是实施九年制义务教育的一种特殊形式"[①]。1999年6月28日通过的《预防未成年人犯罪法》第35条第2

[①] 熊伟:《我国工读教育面临的问题与对策》,载《青少年犯罪问题》2011年第5期。

款规定:"对有本法规定严重不良行为的未成年人,其父母或者其他监护人和学校应当相互配合,采取措施严加管教,也可以送工读学校进行矫治和接受教育。"这或许就是进行"工读教育"的法律根据。之后,2004年2月26日发布的中共中央、国务院《关于进一步加强和改进未成年人思想道德建设的若干意见》提出,加强工读学校建设,对有不良行为的未成年人进行矫治和帮助。如今,工读教育被定位为"义务教育的补充",属于特殊教育的范畴。其主要职责是为学校、家庭、社会服务,接纳的往往多是厌学、行为偏常的"问题学生",但不满14周岁的人犯了罪,也常常被送到"工读学校"进行特殊的教育与培养。

显然,工读教育是针对有违法和轻微犯罪行为,而不适于在一般学校受教育的未成年人,通过一边劳动工作、一边读书学习的方式对其进行的一种特殊教育措施。根本目的在于,通过半工半读使这类人群懂得法制、认识错误、转变思想,最终成为正常的积极向上的社会成员。然而,至今国家对工读教育并没有明确的立法及送入工读学校的具体标准与条件,尤其是一部分家庭坚决抵制把自己的孩子送进工读学校,进行工读教育。也有一部分学生不愿意进入工读学校,经常逃跑或跑回家。长期以来我国工读教育存在的问题是:(1)办学性质司法化,即把教育对象犯罪化,实行封闭式的看管,这样不利于未成年人的身心健康;(2)学校"大染缸"效应,相互交叉感染的情况严重;(3)犯罪标签化严重,不利于这些未成年人重返社会。因此,笔者建议对工读教育一方面要强化适用工读教育制度的强制性色彩;另一方面也要将其定位于"一种特殊的教育培养措施"。在此基础上,再进一步研究是否将工读教育纳入微罪体系。

总之,收容教育或专门矫治教育是学界早就关注和讨论的一个问题。如有学者早在多年前就指出的,收容教养决定是一种具体行政行为并具有可诉性。但由于"收容教养"缺乏具体的立法根据,故公安机关也好司法机关也好,在对一个人作出"收容教养"决定时往往感到依据不足。结合现行法律规定,从职权主体、事实、法律适用、程序四个方面对收容教养决定进行司法审查不失为一种较好的方法。[①] 也可以说,这是较早提出用"司法化"方式解决收容教养问题的学者之一。当然,由于当时的环境与法治现实,显然提出彻底废除收容教养或彻底进行"司法化"改造是不现实的。在那个时候,明确提出在行政法范围内进行必要的"司法审查",以较好地解决收容教养的合法性与合宪性,都已经是很好的执法与司法方

---

① 王韶芳:《试论对收容教养决定的司法审查》,载《安阳大学学报(综合版)》2003年第4期。

案。然而,至今专门矫治教育的立法问题始终未能得以解决,如果能够在微罪体系中予以解决,相信会是个令人满意的结果。在我国"新三级制裁体系"指引下,选择微罪体系作为我国微罪制度的"骨骼框架",更有利于微罪体系的具体建构。

第五章　微罪体系的实体法建构

　　立法模式的选择是微罪体系的"骨骼",微罪法规范则是微罪体系的"血肉"。将哪些行为纳入微罪法调整是微罪体系建构的重点,决定着微罪体系在整个社会主义法制体系中的定位。我国违法犯罪制裁体系面临诸多问题,如处罚对象行为特征竞合引起的定罪混乱、劳动教养废止进一步冲击了制裁体系的完整性、违法犯罪处罚程度失衡、权力运行机制内在冲突、执法与司法界限混乱,等等,这些问题导致我国制裁体系一方面不能充分发挥其功效,另一方面权利保护与权力运行上也颇不顺畅,而通过微罪体系的建构来缓解乃至解决当前困境是本书研究的目的。对于微罪体系定位、功能以及正当性和必要性的论证也进一步揭示出微罪体系的建构方向,下面通过进一步分析来完成微罪法规范及其体系的基本设计。

第一节　微罪体系实体法建构的理论支撑:灰色理论

　　所谓灰色理论也称灰色系统理论,是指针对客观世界中大量存在的既不是白色系统(信息完全明确)也不是黑色系统(信息完全不明确),而是中间过渡的灰色系统,从而产生的解释这种现象或阐述其原理的理论知识体系。微罪法的定性问题,既不属于刑法问题也不属于行政法问题,或者既像刑法问题又像行政法问题,是位于中间地带或称"灰色"区域的一个范畴。也就是说,该理论以这种大量存在的灰色系统为研究对象并获得进一步发展。有学者指出:"它是一门研究信息部分清楚、部分不清楚并带有不确定性现象的应用数学学科。"[1]该理论一经诞生,就受到学界的广泛关注,许多学者纷纷加入灰色系统理论的研究行列,先后创设了"灰色控制理论""灰色混沌理论""灰色医学""灰色育种学""灰色水文学""区域经济灰色分析"等新兴灰色学科与交叉学科。

---

[1]　邓聚龙:《灰色控制系统》(第2版),华中理工大学出版社1993年版,第1页。

一、灰色理论在微罪体系中的运用

本书并非想创设"灰色法学",但适当运用"灰色系统"思维来分析和解决建构微罪理论及其体系中的困惑,甚至运用其解决微罪理论建构中的部分难题不仅可以而且可行。在过去的研究中,我们无论从方法还是思维上也借鉴过"交叉学科"或"交叉思维",至今我们仍然认为,这些方法应用到微罪法的研究中是可行和有益的,包括灰色理论,在解释行政法与刑法交叉、交汇或模糊区域的"微罪体系"时,以及在探讨行政执法与刑事司法中间过渡层次时,都会使用到"交叉方法"和"灰色理论",以至于对其作出合理的解释或进行准确的界分。

我国长期存在行政执法与刑事司法衔接难的问题,以至于中央政法委及最高人民检察院和最高人民法院也多次下发文件、法规或司法解释进行协调,但目前仍没有取得实质性进展,也即未能从根本上彻底解决问题。究其原因,除上述提及的由于国家行政权能过大,而导致的行政权侵入司法领域的客观现实外;还有就是在刑法和行政法之间存在着模糊性,如行政处罚中有人身自由罚问题,但长期以来未能"以其人之道还治其人之身",也来一个模糊或灰色的对策研究。很难想象盗窃999元与盗窃1000元在社会危害性上有多大的差别,甚至能绝对地判定前者就一定比后者的社会危害性小。如果后者是因为给母亲看病,而前者完全是为了追求更奢侈的生活,又能作出一个怎样的最终判决呢?正因为这样,尤其是在行政处罚和刑罚不能相互对接,以及行政执法与刑事司法不能有效衔接的情况下,客观上非常需要在行政法和刑法之间有一种过渡和缓冲。根据上述灰色理论,深入解释在行政法和刑法之间为什么要建构或设立一个"微罪法"的概念及其体系,以解决二者之间界限不清的难题。

二、刑法与行政法的有效对接

在整个刑事制裁体系中,包括刑事制裁体系与民法、行政法制裁体系之间的协调,都需要一个衔接和中间过渡。微罪法及其体系也是这样,它担负着行政法与刑法之间的衔接与协调,尤其是各个国家或地区的刑事法网都有一个入罪、出罪机制,也叫犯罪圈的大小与扩张。如果能够把微罪法及其体系打造和建设成一个刑法出入罪的缓冲地带或平台,即从刑法中出罪的先到微罪法及其体系中进行缓冲或过渡,再平缓过渡到行政法,是再好不过的事情。比如,"虚报注册资本罪"和"虚假出资、抽逃出资罪",由于《公司法》的修改,以及政策性的变化等,需要出罪,但有些案件已经诉至法院,现在的做法是只要开一次庭,检方说撤回起诉,也就取消了对该罪的起诉。但这样做是否太不严肃了?如果能够在微罪法中过渡一下,更加能够使法律保持一种平稳。再比如,一个行为入罪,最好不要突然就规定到刑法之中,可以先在微罪法中有一个过渡,当然亦是一种缓冲,成熟之后再将其正式纳入刑法,使整个立法稳健、成熟和平缓。

实事求是地说,一个法律部门或法域的界分,有可能导致一个部门法或一个学科的诞生,甚至促成行政法和刑法的严密对接,以及改变整个行政执法与刑事司法的衔接效果。像模糊数学,说起来是关于事物模糊问题的分析,而实际上越是模糊的反倒是越准确或越精确。灰色理论既然是客观存在的,那就一定具有它自身的合理性。正如我们所看到的,由于我国微罪法中违法行为的不纯洁性(既有违反行政法规范性质的行为,又有违反刑事法规范性质的行为),导致制裁体系中掺杂了人身自由罚、资格罚、财产罚等属于刑事制裁性质的措施。因此,在这个灰色地带或灰色领域,微罪法及其体系才能起到缓冲或过渡的作用。

尤其对犯罪与一般违法行为的区别,以及刑罚与行政处罚的真正对接,还有行政执法与刑事司法的有效衔接等问题,长期以来立法、执法和司法始终未能予以很好地解决。比如,行政处罚中的人身自由罚,其本身就是一种刑事性质的措施,竟然未能进入司法化;再比如,已经废止的劳动教养、收容教育等比刑罚的制裁时间还长,也未能实现司法化,而都由行政机关作出处罚决定。实事求是地说,由于我国刑法规定的构罪标准是"既定性又定量",所以在刑法之外总是存在违反的是刑事性质但尚达不到犯罪标准的行为,对此只能按照灰色理论或模糊理论来处理。故在微罪法及其体系的建构中,我们要按照灰色理论,在执法与司法的中间地带设置一个"灰色"区域,解决"双违性"都有、"两罚性"都存在的模糊现象,并对其区分进行严格把握。

三、出罪与入罪的缓冲地带

微罪法及其体系的一个突出特点就是刑法与行政法的相互交叉性和动态性关系,如图 5-1 所描述的,一般违法行为(行政法规范)、违反微罪法行为(微罪法规范)、犯罪行为(刑法规范)之间实际上是一个互动的渐变、置换或转化的关系。该特点和机制正好完成出入罪平台和缓冲过渡的设计。

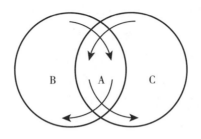

图 5-1 一般违法行为、违反微罪法行为、犯罪行为间转化关系图

图 5-1 中 A 代表违反微罪法行为(微罪法规范),B 代表一般违法行为(行政法规范),C 代表犯罪法(刑法规范),也就是说,图 5-1 示意的是,A、B、C 之间不是一个绝对的静态关系,而是一个相对的静态关系,或称绝对的动态关系,相互之间的具体内容或范围会进行不断的调整和置换。具体表现在,B 中的内容会不断地进入 A 中,或在 A 中暂时停留或又升级进入 C 中,或又返回 B 中;C 中的内容也会不断地进入 A 中,或可能在 A 中暂时停留或又降级进入 B 中,还可能返回 C 中;A 中的内容会不断地升级进入 C 中或降级进入 B 中,以使 A、B、C 之间不断互换、互动与循环。这就是"入罪""出罪"的一般过程,是目前各国和地区行政违法行为(行政法规范)、犯罪行为(刑法规范)、违反微罪法行为(微罪法规范)内容与规范不断演化的现实,同时也与长期以来国际上犯罪化与非犯罪化及其嬗变规律相吻合,更是出罪与入罪的一个缓冲地带和平台。

如上所述,从 20 世纪中叶开始,随着全球犯罪规律的不断变化,各国和地区在刑事政策上出现了犯罪化与非犯罪化(即"轻轻重重"刑事政策)的反复。所谓犯罪化,是指在刑事立法过程中将那些并非入罪的行为经过合法程序入罪的过程。其包括基于法治的理念,积极追求严密刑事法网和严格执法,逐渐将犯罪圈扩大;也包括针对累犯率上升、犯罪有组织化、犯罪暴力化、犯罪国际化、政治犯罪恐怖化、经济犯罪严重化和新出现的犯罪类型等,运用"轻轻重重、以重为主"的刑事政策和司法操作。显然,其旨在扩大法定犯罪圈,严密、严厉打击刑事犯罪。非犯罪化包括基于人权的理念,积极追求宽松的刑事政策,逐渐将犯罪圈缩小;也包括针对"无被害人的犯罪",如通奸、近亲相奸等,运用"轻轻重重、以轻为主"的刑事政策。显然,其旨在收缩法定犯罪圈,准确而又恰如其分地规定犯罪对象,分清犯罪行为与道德违反行为、民事违法行为和行政不法行为的界限。这种犯罪化与非犯罪化、"轻轻重重、以重为主"或"轻轻重重、以轻为主"的刑事政策和司法操作,同样牵动了各国和地区行政违法行为(行政法规范)、犯罪行为(刑法规范)、违反微罪法行为(微罪法规范)规范内容的相互嬗变,甚至这种双向演变的刑事政策发展态势一直延续至今。因此,这种双向演变情势与态势不可能不影响微罪法的形成与发展,以及未来的学科定位。故在进行微罪立法时,要充分考虑出罪、入罪这一平台,并做好行政法、微罪法和刑法等法律规范之间的相互衔接。

第二节 灰色理论的现实映照:
双重违法性行为的证成

灰色理论揭示的是处于违法和犯罪边缘或者交叉地带的行为的衔接,其危害性介于轻与轻微之间,应对措施处于刑罚或者行政处罚的模糊状态,因此,从公平正义、保护人权或者社会教化的角度,将这类灰色行为放入微罪体系,与刑罚的严苛和行政处罚的随意相区分,更能够达到制裁政策的社会效果。现实中,确实存在着灰色理论的现实表现,因此我们提出了双重违法性行为的观点,并在此进一步证成。双重违法性是既具有刑事违法性又具有行政违法性的行为,即指那些既违反了刑法规范又违反了行政法规范的"行政性刑事违法行为"。由于我国刑法采取的是"既定性又定量"的构罪模式,导致立法和司法上的"两法衔接"并不顺畅,同时由于我国采取了行政处罚、刑罚的递进式制裁体系,因此这种不顺畅集中体现在"双重失范"的行为方面。将双重违法性行为纳入微罪体系,有利于从根本上解决两法的衔接问题,促进我国制裁体系的协调统一。如上所述,这部分内容重点解决的是刑法和治安管理处罚法相关条文及犯罪行为和行政违法行为的竞合问题,需结合修改治安处罚法来完成。

以往人们并不重视双重违法性行为,普遍将其视为"行政犯罪",进一步认为刑法的严厉性和保障性决定了行为一旦构成刑事违法性便应追究刑事责任,这时的刑事违法性吸收了行政违法性,应适用"一事不二罚"原则,故将研究重心放在了刑法。随着"两法衔接"问题的日益突出,人们开始意识到双重违法性行为本身应当是研究的重点,甚至应根据我国法律体系和执法与司法矛盾的具体情形将微罪法的研究视野放在刑法框架之外。实际上,双重违法性行为本身的属性决定了其对刑事立法和行政立法具有同等重要的作用,主要体现在二者立法机制的平衡及其规律方面,我国特色的微罪体系建构及微罪立法就是这种尝试。

一、故意犯罪既遂与行政违法的立法形态

我国刑法分则是以描述故意犯罪的既遂形态为基本模式,对于未遂犯、中止犯则比照既遂犯处罚。故意犯罪的既遂形态可以分为:结果犯、危险犯、情节犯、行为犯四种类型。结果犯是以犯罪行为导致犯罪构成要求的结果要件而既遂的犯罪形态;危险犯是以危险状态要件的发生而既遂的犯罪形态;情节犯是行为具有某种情节而既遂的犯罪形态;行为犯是以行为要件的完成而既遂的犯罪形态。同时,我国刑法采用的是"定性加定量"的构罪标准,不同类型犯罪既遂形态所要求的"量的标准"(即追诉标准)又不同。与刑法相应,行政违法行为大体分为结果违法犯、危险违法犯、情节违法犯、行为违法犯。这样,不同类型的犯罪既遂形态和行政违法行为形态之间就可能产生不同的衔接机理。比如,结果犯以某种危害后果为要件,如果相应的行政违法行为是以行为、危险状态为构成要件,则比较容易在犯罪与违法行为之间划定清晰的界限;但如果行政违法行为也是以某种结果或者某种严重情形为要件,则可能会产生界限模糊的情形。

通过对犯罪行为和违法行为形态的梳理,可发现以下几种情形比较容易划分罪与非罪的界限:①结果犯——结果违法,即犯罪行为和行政违法行为具有各自明确的标准;②结果犯——危险违法,即犯罪行为有结果标准,行政违法行为只需达到危险状态;③结果犯——行为违法,即犯罪行为有结果标准,行政违法只要实施就构成;④危险犯——行为违法,即犯罪行为要求具有危险状态,行政违法只要实施就构成;⑤情节犯——行为违法,即犯罪行为要求具有一定情节,行政违法只要实施就构成;⑥情节犯——结果违法,即犯罪行为要求具有特殊的情节,行政违法则要求一般的危害结果。由此推论:"上重下轻"格局更有利于明确划分罪与非罪的界限。所谓"上重下轻",是指作为制裁法律顶层的刑法规定了较严格的要件,处于下位的行政法律法规规定相对宽松。同时还可以演绎出:"平行"或者"上轻下重"格局下容易导致罪与非罪界限的模糊。现实中,"上轻下重"的情况通常不会出现,比如"危险犯——结果违法""行为犯——结果违法"。"平行"格局则是"两法衔接"中较常见的,表现为:①危险犯——危险违法,即犯罪行为和行政违法行为都要求具有危险状态,但对何为危险状态无法在立法上明确;②情节犯——情节违法,即犯罪行为和行政违法行为都要求具有某种情节,或者情节达到某种严重程度,但很难在立法上明确;③行为犯——行为违法,即犯罪行为和行政违法行为都只

要求实施了某种行为。

由此可见，如果不能在立法时认识到"上重下轻"的客观规律以此来设定犯罪行为和行政违法行为的规范，则可能导致两法本质上难以衔接。

二、双重违法性的现实立法形态

以直接故意犯罪既遂为分类依据，当前我国刑法和行政法律法规中，关于双重违法性行为的规定主要有以下几种形态：

（1）刑法及其司法解释对某些结果犯规定了明确的追诉标准。如刑法将交通肇事罪设定为结果犯，犯罪成立的结果要件是2000年11月15日公布的最高人民法院《关于审理交通肇事刑事案件具体应用法律若干问题的解释》的规定："（一）死亡一人或者重伤三人以上，负事故全部或者主要责任的；（二）死亡三人以上，负事故同等责任的；（三）造成公共财产或者他人财产直接损失，负事故全部或者主要责任，无能力赔偿数额在三十万元以上的。"同时，交通肇事致1人以上重伤，负事故全部或者主要责任，并具有下列情形之一的，也以交通肇事罪定罪处罚："（一）酒后、吸食毒品后驾驶机动车辆的；（二）无驾驶资格驾驶机动车辆的；（三）明知是安全装置不全或者安全机件失灵的机动车辆而驾驶的；（四）明知是无牌证或者已报废的机动车辆而驾驶的；（五）严重超载驾驶的；（六）为逃避法律追究逃离事故现场的。"可见，交通肇事罪的追诉标准比较清晰。同时《道路交通安全法》第99条规定，对于将机动车交由未取得机动车驾驶证或者机动车驾驶证被吊销、暂扣的人驾驶，以及机动车行驶超过规定时速50%的，可以吊销机动车驾驶证。对于未取得机动车驾驶证、机动车驾驶证被吊销或者机动车驾驶证被暂扣期间驾驶机动车的；造成交通事故后逃逸，尚不构成犯罪的；强迫机动车驾驶人违反道路交通安全法律、法规和机动车安全驾驶要求驾驶机动车，造成交通事故，尚不构成犯罪的；违反交通管制的规定强行通行，不听劝阻的；故意毁损、移动、涂改交通设施，造成危害后果，尚不构成犯罪的；非法拦截、扣留机动车辆，不听劝阻，造成交通严重阻塞或者较大财产损失的，可以并处15日以下拘留。这类行为均是违反交通行政管理法律法规且尚未达到"交通肇事"标准的行为，因此只能由微罪法予以处罚。

（2）刑法及其司法解释对某些结果犯未能规定明确的追诉标准，行政法律法规中同时规定处罚这些行为，导致罪与非罪的界限模糊。如非法集会、游行、示威罪的成立要件要求造成严重破坏社会秩序的危害后果，即："举行集会、游行、示威，未依照法律规定申请或者申请未获许可，或者未按照主管机关许可的起止时间、地点、路线进行,又拒不服从解散命令,严重破坏社会秩序的,应予立案追诉。"①至于何为"严重破坏社会秩序"并无明确的解释,于是容易与《治安管理处罚法》第55条规定的"煽动、策划非法集会、游行、示威,不听劝阻"的行为,以及《集会游行示威法》第28条第2款规定的"(一)未依照本法规定申请或者申请未获许可的;(二)未按照主管机关许可的目的、方式、标语、口号、起止时间、地点、路线进行,不听制止"的行为相重叠。

(3)刑法及其司法解释对某些危险犯规定了明确的追诉标准。如生产、销售不符合安全标准的食品罪的追诉标准,就要求具体违法犯罪行为及其危险性足以达到或者造成严重食物中毒或者其他严重食源性疾病危险的后果。最高人民法院、最高人民检察院《关于办理危害食品安全刑事案件适用法律若干问题的解释》对该罪的危险状态解释为:"(一)含有严重超出标准限量的致病性微生物、农药残留、兽药残留、生物毒素、重金属等污染物质以及其他危害人体健康的物质的;(二)属于病死、死因不明或者检验检疫不合格的畜、禽、兽、水产动物肉类及其制品的;(三)属于国家为防控疾病等特殊需要明令禁止生产、销售的;(四)特殊医学用途配方食品、专供婴幼儿的主辅食品营养成分严重不符合食品安全标准的;(五)其他足以造成严重食物中毒事故或者严重食源性疾病的情形。"同时我国《食品安全法》第123条、第124条对生产、销售不符合安全标准的食品的行为作了规定,对于尚不构成犯罪的适用行政处罚。

(4)刑法及其司法解释对某些危险犯未能规定明确的追诉标准,导致与行政法律法规中规定的违法行为重合,无法明确区分罪与非罪。如《刑法》第117条规定的破坏交通设施罪显然是危险犯,该罪要求足以造成汽车、火车、电车、船只、航空器发生倾覆、毁坏危险的后果。但是关于何为"足以"尚无具体的标准。同时根据《道路交通安全法》第99条的规定,"故意损毁、移动、涂改交通设施,造成危害后果,尚不构成犯罪的",处200元以上2000元以下罚款,同时可以并处15日以下拘留。何为"造成危害后果,尚不构成犯罪"也不明确,于是与刑法规定发生了重叠,造成行为定性上的困难。

(5)刑法及其司法解释对某些情节犯规定了明确的追诉标准。如虚假广告罪是情节犯,其追诉标准,根据2022年修订的最高人民检察院、公安部《关于公安机关管辖的刑事案件立案追诉标准的规定(二)》,是

---

① 2008年6月25日发布的最高人民检察院、公安部《关于公安机关管辖的刑事案件立案追诉标准的规定(一)》第38条。

指具有以下严重情节的情形:"(一)违法所得数额在十万元以上的;(二)假借预防、控制突发事件、传染病防治的名义,利用广告作虚假宣传,致使多人上当受骗,违法所得数额在三万元以上的;(三)利用广告对食品、药品作虚假宣传,违法所得数额在三万元以上的;(四)虽未达到上述数额标准,但二年内因利用广告作虚假宣传受过二次以上行政处罚,又利用广告作虚假宣传的;(五)造成严重危害后果或者恶劣社会影响的;(六)其他情节严重的情形。"根据《广告法》第55条的规定,广告主发布虚假广告,以及广告经营者、广告发布者明知或者应当知道是虚假广告,仍旧为其设计、制作、代理和发布的,上述行为人两年内有3次以上违法行为或者有其他严重情节的,在对其进行罚款的同时,可以并罚吊销营业执照、暂停广告发布业务。可见,虚假广告违法犯罪行为的边界是比较清晰的。

(6)刑法及其司法解释对某些情节犯虽然规定了明确的追诉标准,但由于行政法律法规中同时规定了"情节严重"要件且无明确标准,导致罪与非罪的界限模糊。如雇用童工从事危重劳动罪是情节犯。最高人民检察院、公安部《关于公安机关管辖的刑事案件立案追诉标准的规定(一)》第32条对何为"严重情节"作了明确规定,即:"(一)造成未满十六周岁的未成年人伤亡或者对其身体健康造成严重危害的;(二)雇用未满十六周岁的未成年人三人以上的;(三)以强迫、欺骗等手段雇用未满十六周岁的未成年人从事危重劳动的;(四)其他情节严重的情形。"同时我国《劳动法》第94条也规定:"用人单位非法招用未满十六周岁的未成年人的,由劳动行政部门责令改正,处以罚款;情节严重的,由市场监督管理部门吊销营业执照。"对于何为《劳动法》上的"情节严重"尚不明确,以至于无法判断吊销营业执照是否必须达到刑事追诉标准。

(7)刑法及其司法解释对某些情节犯未能规定明确的追诉标准,行政法律法规中又规定处罚这类行为,有的同时设定了"情节严重"的要件,导致罪与非罪的模糊。如《刑法》第243条规定的诬告陷害罪要求诬告陷害他人达到情节严重的程度才追究刑事责任,但司法解释对何为"情节严重"并无规定。我国《治安管理处罚法》第42条对诬告陷害的一般违法行为设定了行政处罚,同时将诬告陷害的行政违法行为分为一般情节和严重情节两个层次。一方面,对于行政处罚法上的严重情节和刑法上的严重情节的关系如何认定存在很大争议;另一方面,也导致罪与非罪定性更加模糊。又如侵犯他人通信自由,情节严重的,将构成侵犯通信自由罪。但是何为刑法上的"情节严重",尚无明确的司法解释。《邮政法》和《治安管理处罚法》对这类行为的行政处罚措施也作出了规定,且不以"情节严重"为要件,导致罪与非罪模糊。

(8)刑法及其司法解释对某些行为犯规定了明确的追诉标准。如醉酒驾驶是危险驾驶罪的主要内容。根据2013年12月18日公布的《关于办理醉酒驾驶机动车刑事案件适用法律若干问题的意见》的规定,在道路上驾驶机动车,血液酒精含量达到80毫克/100毫升以上的,属于"醉酒驾驶",应当追究刑事责任。对于该标准以下的酒后驾驶机动车的行为,根据《道路交通安全法》的规定,暂扣6个月机动车驾驶证,并处1000元以上2000元以下罚款。因饮酒后驾驶机动车被处罚,再次饮酒后驾驶机动车的,处10日以下拘留,并处1000元以上2000元以下罚款,吊销机动车驾驶证。饮酒后驾驶营运机动车的,处15日拘留,并处5000元罚款,吊销机动车驾驶证,5年内不得重新取得机动车驾驶证。

(9)刑法及其司法解释对某些行为犯虽然规定了明确的追诉标准,但与行政法律法规的规定重合,导致行为既符合犯罪构成要件,又符合行政违法要件,导致罪与非罪的模糊。如根据《关于公安机关管辖的刑事案件立案追诉标准的规定(一)》第31条的规定,强迫劳动罪的追诉标准比较明确。由于强迫劳动罪是行为犯,只要实施了司法解释中规定的行为,就应当追究刑事责任。而《治安管理处罚法》第40条对以暴力、威胁或者其他手段强迫他人劳动的违法行为也作了规定,于是导致使用暴力、胁迫或者其他手段强迫他人劳动的行为既构成行政违法,又构成刑事犯罪,到底适用哪部法律产生模糊。

(10)刑法及其司法解释对某些行为犯未能规定明确的追诉标准,但行政法律法规中规定了这类行为,有的还规定了"情节轻微,尚不构成犯罪""情节严重"等条件,导致罪与非罪的模糊。如《刑法》规定的非法拘禁罪是行为犯,没有规定追诉标准,实践中判断是否构成非法拘禁罪主要看犯罪情节轻重、危害大小、犯罪动机、拘禁时间长短等因素。同时《治安管理处罚法》第40条也规定了对非法拘禁行为的处罚,于是与刑法的规定产生交叉重叠。实践中确实存在着公安机关将本应作为犯罪处理的非法拘禁行为,只处以治安管理处罚的情形。又如侮辱国旗、国徽罪,是指在公众场合,故意以玷污、涂划、焚烧、践踏、毁损等侮辱性的方式损害中华人民共和国国旗、国徽的行为。根据刑法规定,只要实施了上述行为就构成犯罪。然而《国旗法》和《国徽法》又规定对于侮辱国旗、国徽情节较轻的行为,由公安机关处以15日以下拘留。又如骗取出境证件罪,是指只要行为人实施了骗取出境证件的行为就应当追究刑事责任。同时我国《出境入境管理法》第73条对弄虚作假骗取签证、停留居留证件等出境入境证件的行为也规定了行政处罚,并设定了"情节严重"的分层模式,但对于何为"情节严重"并不明确。这些情况都属于在刑法上是行为犯,在行政法上是情节违法犯,从而导致罪与非罪的模糊。

(11)刑法及其司法解释对某些行为犯未能规定明确的追诉标准,但对行为方式、对象、主体等作了特殊要求,而行政法律法规对类似行为作出了规定,对于不具备刑法规定的特殊要求的这类行为,应当纳入微罪体系。如对于聚众哄抢罪的追诉标准并不明确,主要看数额和情节,各地一般参照上海市高级人民法院规定的4000元的标准。但是,刑法对聚众哄抢罪的处罚对象是首要分子和积极参加者,对于一般哄抢行为按照《治安管理处罚法》第49条的规定处理。又如我国《刑法》中规定的妨害公务罪,要求行为人当场使用暴力、威胁等手段非法阻碍国家机关工作人员、全国人大代表和地方各级人大代表依法执行职务,或者在自然灾害和突发事件中,以暴力、威胁等方法阻碍红十字会工作人员依法履行职责的行为。我国《治安管理处罚法》第50条第1款第(二)、(三)、(四)项规定了对阻碍国家机关工作人员依法执行职务的,阻碍执行紧急任务的警车、消防车、救护车、工程抢险车等车辆通行的,以及强行闯入公安机关设置的警戒带、警戒区等妨害公务情节严重的行为,予以严厉的行政处罚。实践中通常以是否使用暴力、威胁等手段作为区分罪与非罪的标准。

上述各类形态中,第(1)、(3)、(5)、(8)、(11)种形态由于有比较明确的追诉标准或者特别规定,能够在实践中有效区分罪与非罪,故属于清晰的双重违法性。其他类型或多或少地存在着罪与非罪的认定困难,属于不清晰的双重违法性。这些形态又可以进一步分为三大类:第一类是以第(2)、(4)、(7)、(10)种形态为代表,表现为刑法上"量"的缺失,即刑法及其司法解释没有规定犯罪的追诉标准,行政法律法规对同种或者同类行为同时作出了规定,属于行政违法性清晰、刑事违法性不清晰的情形。第二类是以第(6)种形态为代表,表现为行政法上"量"的越界,即刑法及其司法解释规定了明确的追诉标准,但由于行政法律法规设定了程度标准,导致罪与非罪的模糊,属于刑事违法性清晰、行政违法性不清晰的情形。第三类是以第(9)种形态为代表,表现为刑法与行政法上"质与量"的重叠,即刑法与行政处罚法的规定重复,导致罪与非罪的模糊,属于刑事违法性与行政违法性的冲突。

三、微罪实体法的建构:双重违法性行为的微罪化

由于我国立法上关于双重违法性行为的规范并没有想象中那么合理,导致现实中两法衔接存在"天生"的弊病,因此应尽快对有关刑法及行政法律法规进行修改。一种方案是将刑法、行政法律法规中尚未明确的追诉标准、行为标准和处罚标准等尽快予以明确;另一种方案是将确实难以明确,或者短期内难以明确的双重违法性行为,纳入微罪体系规定在微罪法中,由司法机关统一判断行为的性质及进行处罚。笔者认为,在现行制度格局下,即使将刑法、行政法律法规中的各种标准予以明确,也难以保证两法衔接的顺畅性。更何况,"人类没有神明的预见力,人类没有理想的、清晰的语言"①,"不确定概念"本就是法的一个固有属性,诚如台湾地区学者翁岳生所言,不确定概念是实证法国家或地区永远无法避免的趋势和"先天不足"的结果。② 因此,采取将双重违法性行为统一纳入微罪体系的方案可能更为有效、实际。按照这一思路,我们将进一步梳理、揭示哪些行为应当纳入微罪体系。

第三节 移入微罪法的行政处罚和行政强制措施(一):人身自由罚

我国在刑法之外有大量剥夺人身自由的措施,这些措施有行政处罚如行政拘留,有行政强制措施如收容教育、强制戒毒(实则是行政处罚或者刑罚),由于它们均具有剥夺人身自由的实质,故我们在此统称为"人身自由罚"。当然,严格来讲行政处罚和行政强制措施是有区别的,主要表现在:(1)前者是对行政违法人权利的最终剥夺,如罚款、没收财产;而后者是对行政违法人权利(如财产权和人身权)的一种临时限制,如查封财物和收容教育等。(2)前者是一种制裁行为,必须以行为违法为前提;而后者不是一种行政制裁,可以针对违法行为,也可以针对合法行为。(3)前者是一种针对违法行为的处理结果,表明案件已被处理完毕,如没收财物表明对该财物的最终处理结果;而后者是一种中间行为或临时性保护措施,没有表现出对案件的最终处理结果,如扣押财物和强制医疗,扣押或强制本身不是最终的目的,而是一种临时性保全或保护措施。诚然,我国的行政

---

① 〔英〕丹宁勋爵:《法律的训诫》,杨百揆、刘庸安、丁健译,法律出版社1999年版,第13页。
② 参见翁岳生:《行政法与现代法治国家》,中亨有限公司1982年版,第63页。

强制措施,如行政拘留、专门矫治教育、强制戒毒等,实际上是以前置违法行为为前提的,或者称其为近似于境外的"保安处分",也具有处罚性质,故也可称为准人身自由罚。

通过对我国刑法以及行政法律法规的梳理可见,绝大多数行政拘留行为都可以在刑法罪状表述中对应找到,也就是大多数行政性质的人身自由罚同时具有刑事违法性,即双重违法性行为,因此,笔者主张行政处罚中的人身自由罚应当尽快司法化,故自由罚是当下微罪体系建构的重点内容,我们建议尽快作出改革调整,作为微罪法的前期重点推进项目。

一、人身自由罚(一):行政拘留

我国的行政处罚像治安处罚制度,最早是在1957年确立的,即《治安管理处罚条例》,即并经过1986年和1994年两次大的修改沿用至今。第十届全国人大常委会第十七次会议于2005年8月28日通过了《治安管理处罚法》,该法第10条规定,我国治安管理处罚的种类可分为:"(一)警告;(二)罚款;(三)行政拘留;(四)吊销公安机关发放的许可证。对违反治安管理的外国人,可以附加适用限期出境或者驱逐出境。"其中行政拘留是人身自由罚,而罚款是财产罚。这里我们把以拘留为主的严重行政处罚纳入微罪法的范围,并将其司法化,最终由法院进行裁决,而不是像《治安管理处罚法》所规定的那样,由公安机关最终决定。

众所周知,《治安管理处罚法》中的"人身自由罚"大量存在,通常情况下是5日以上15日以下。但该法第16条规定:"有两种以上违反治安管理行为的,分别决定,合并执行。行政拘留处罚合并执行的,最长不超过二十日。"显然,合并处罚不得超过20日。此外,该法第21条规定:"违反治安管理行为人有下列情形之一,依照本法应当给予行政拘留处罚的,不执行行政拘留处罚:(一)已满十四周岁不满十六周岁的;(二)已满十六周岁不满十八周岁,初次违反治安管理的;(三)七十周岁以上的;(四)怀孕或者哺乳自己不满一周岁婴儿的。"

除治安行政拘留外,我国的行政处罚中还有《道路交通安全法》中的"行政拘留",《海关法》缉私中的"行政拘留"。2014年4月24日第十二届全国人大常委会第八次会议通过了《环境保护法》的修订,其中第63条规定有"行政拘留"的处罚措施。2016年11月7日第十二届全国人大常委会第二十四次会议通过了《网络安全法》,分别在第63条和第67条规定有"行政拘留"的处罚措施。可以说,这是我国行政处罚中规定"行政拘留"措施上的重大突破,也是我国行政处罚中"人身自由罚"权能的又一次扩张。

行政拘留是指对行政违法行为的处罚措施,它是一种实体行政处罚。如上所述,行政拘留又有治安拘留、交通拘留、海关拘留、环保拘留和其他行政拘留等之分。当然,行政拘留不同于行政强制措施,也不同于刑事拘留和司法拘留。在本书中讨论"行政拘留",核心问题是对其性质的认定,即是行政处罚还是刑事处罚,或称之为"准刑事处罚"? 就目前"行政拘留"的性质而言,其属于行政处罚,当然是因为它被规定在行政法中。然而,长期以来学界将《治安管理处罚法》称之为"小刑法"也非毫无根据,甚至颇有道理。因为人身自由罚本质属于刑事性质,在法理上也就必然归属于刑法范畴。由此可见,我国把行政处罚中的人身自由罚——"行政拘留"规定在行政法中有其历史原因,此外也有立法技术方面的原因。表现在:(1)就《刑法》和《治安管理处罚法》的内容而言,如盗窃、诈骗、伤害、抢夺、侮辱等,均可分别在《刑法》和《治安管理处罚法》中找到相同的表述。就其侵犯法益而言,均具有刑事违法性质,只是由于我国刑法"既定性又定量"的构罪标准,故其因达不到刑法规定的数额和情节而无法入罪,但即便不构成犯罪也必然构成违反治安管理的行为。因此,认定违反治安管理的行为性质是"准刑事性质",尤其是"行政拘留"是"准刑事处罚"性质,可以说并没有法理上的障碍。(2)就其处罚程序而言,基本上适用的是刑事程序,且在该方面境外也有立法先例。然而,为了提高执法与司法效能,各国和地区通常有实行程序简化的做法,类似于我国的"简易审""速裁程序"和"认罪轻罚"。这似乎也涉及证据采信、认定和办案效率的考核,由于此类案件的证据要求与刑事案件不同,不需要达到"排除一切合理怀疑"的标准。当然,此种程序处理的案件也不宜进入刑事登记,以避免犯罪学中"标签理论"的负面效应。(3)无论刑罚还是治安处罚均属人身自由罚的范畴,故通常学界把剥夺人身自由的"处罚"看成刑事问题,这种认知似乎比较一致。由此可得出结论,规定在治安管理处罚法、道路交通安全法、海关法和环境保护法等中的"行政拘留"处罚,就其性质而言认定为"准刑事性质"比较合适,这当然也考虑了我国法律体系的现实性。① 且本书想就此引申出"微罪"的概念,并放在刑法之外进行深入分析和讨论。

二、人身自由罚(二):专门矫治教育

"专门矫治教育"虽然是 2020 年 12 月 26 日第十三届全国人大常委会

---

① 参见李晓明:《"行政拘留"的扩张与行政刑法的转向》,载《法学评论》2017 年第 3 期。

第二十四次会议通过的《刑法修正案(十一)》中出现的新称谓,但在国内与域外却都有迹可循,在我国,"专门矫治教育"的前身就是"收容教养",在国外,矫治教育制度源起于18世纪英国监狱改革者约翰·霍华德著的《英格兰及威尔士的监狱情况》一书,该书主张,法律应当与人道主义相互结合,保障罪犯生理与心理的健康,通过感化或教导的方式提高罪犯的道德意识,矫治罪犯。① 在我国第一次提出"收容教养"概念是在1956年《对少年犯收押界限、捕押手续和清理等问题的联合通知》中,充分了解当年的收容教养制度,对于理解现在的专门矫治教育制度具有重要意义。

1956年2月7日最高人民检察院、最高人民法院、内务部、司法部、公安部联合下发的《对少年犯收押界限、捕押手续和清理等问题的联合通知》中明确规定:对于年龄在13周岁以上未满18周岁的所谓少年犯,"如其犯罪程度尚不够负刑事责任的……对无家可归的,则应由民政部门负责收容教养"。在《刑法修正案(十一)》通过之前,我国《刑法》第17条第4款规定:"因不满十六岁不予刑事处罚的,责令他的家长或者监护人加以管教;在必要的时候,可以由政府收容教养。"前半句规定了责令"管教",对不满16周岁的人不予刑事处罚时首先责令家长或监护人"加以管教",后半句才是必要时由政府"收容教养"。显然,二者之间具有前因后果的关系。尽管刑法进行了明确的规定,但是"责令"还仅仅是一种形式的规定,家长或者其他监护人对于执行法院决定的效果难以监管。多数犯罪的未成年人都是出于家长管教的缺失,责令家长或监护人管教如果不能有更加明确和有效的规定,责令管教就只能流于形式主义。②

公安部1982年3月23日发布的《关于少年犯管教所收押、收容范围的通知》中规定,"少年收容教养"的对象将统一由"少年犯管教所"负责执行,"收容教养的期限,一般为一至三年"。然而,由于我国少年管教所是国家的刑罚执行机关,与"少年收容教养"的性质可以说完全不一样,故1996年1月22日司法部又发出《关于将政府收容教养的犯罪少年移至劳动教养场所收容教养的通知》,此后"少年收容教养"的对象开始由"劳动教养场所"收容,因而出现了"未成年犯"和"成年犯"混押或混杂管教的不正常情况。当然,从上述最初的一些通知、规范的具体规定来看,"少年收容教养"最初的性质带有较强的"社会救济功能"或对未成年人的保护功能,相对而言处罚性确实较弱。但是,自从1979年我国《刑法》颁布以后,包括经1997年修订后的现行《刑法》,"少年收容教养"的性质具有明

---

① 参见吴宗宪:《西方犯罪学史》,警官教育出版社1997年版,第80页。
② 参见李晓明:《刑法学总论》,北京大学出版社2016年版,第480页。

显的"惩戒或处分性质",相反其社会救济性趋弱。分析其原因,一方面"责令管教"或"政府收容"存在具体落实的立法缺位问题,另一方面"政府收容"的审批权归属于公安机关,不仅没有任何司法程序,甚至没有救济渠道。这不仅对于问题少年个人和家庭的行为缺乏规范,也对同学校的其他同学的保护缺乏保障,甚至使得执法与司法部门于法无据。因此,这里需要对其进行专门立法方面的规范。

从立法层面来讲,"责令管教"意味着一种命令,有了命令则必然产生义务。那么,有履行义务的能力而不履行或履行不完全就应当承担法律责任。如上所述,我国刑法、预防未成年人犯罪法、未成年人保护法及治安管理处罚法等均明确规定了"责令管教"的对象、负有管教职责者或"责令"主体,然而效果不佳,主要是未能形成有效的法律责任的严格执行与追究。我们知道,依据相关规定,在未成年人造成他人人身和财产损害时,家长需要承担民事赔偿责任。但民事责任是否能够帮助解决管教不到位的法律责任问题?显然不能,因为类似民事侵权和刑事侵权的民事经济赔偿针对的是未成年人给受害人造成的实际损失,而非针对监护人不履行管教义务的行为本身。包括《未成年人保护法》第108条规定的"撤销监护人资格",也不能从根本上解决管教义务的履行问题。因此,必须寻找其他途径,也即监护人必须承担其他形式的法律责任,比如行政责任。

有学者将行政责任具体分为两种情况:(1)若监护人为自然人,行政拘留是较为适宜的,罚款则不甚适合。因为交钱了事的做法向来不被老百姓认可,一方面无法起到教育作用,另一方面也给行政机关的形象带来负面影响。相对来说,行政拘留比较合适,因为人身罚对监护人具有威慑性,能够引起重视。(2)若监护人为单位或法人,对其罚款和对负责人或主管人员行政拘留都是可行的。① 那么,是否还有更严厉的法律责任呢?比如比民事责任和行政责任都严重的刑事责任。其实,这方面国外有相对成熟的立法例。比如《德国刑法典》第171条规定:"严重违背对未满16岁之人所负监护和教养义务,致使受监护人身心发育受到重大损害,或致使该人进行犯罪或卖淫的,处3年以下自由刑或罚金刑。"罪名是"违背监护或教养义务罪"。

新《法国刑法典》第227-17条第1款规定:"合法父亲或母亲……无合法原因,拒不履行法定义务,致其未成年子、女……精神或教育受到严重损害的,处2年监禁并科30000欧元罚金。"罪名是"拒不履行子女教养义

---

① 参见姜雯:《论"责令管教"的法律后果——预防未成年人犯罪的新视角》,载《河北法学》2010年第4期。

务罪"。《瑞士联邦刑法典》第 219 条规定:"违背对未成年人的照料或教养义务,或者疏于此等义务的履行,因而使得未成年人的身心发育受到危害的,处监禁刑。行为人过失犯此罪的,可科处罚金刑代替监禁刑。"罪名是"违背照料或教养义务罪"。《匈牙利刑法典》第 195 条第 1 款规定:"有义务对某一未成年人进行教育、监督、照料的人,严重地违反由这些义务产生的职责,因此危害该未成年人的身体发育、智力发展与道德培养的,构成重罪,处 1 至 5 年监禁。"罪名是"危害未成年人罪"。《俄罗斯联邦刑法典》第 156 条规定:"父母或对未成年人负有教养义务的其他人……不履行或不正确履行对未成年人的教养义务……处……的罚金;或处 3 年以下剥夺担任一定职务或从事某种活动的权利;或处……强制性社会公益劳动;或处 1 年以下的劳动改造;或处 3 年以下的限制自由。"罪名是不履行对未成年人的教养义务。由此可见,要想提高整个民族的文化与素质,包括教育素质,稳定社会和少产生犯罪,提高全民族的生活质量与生活水准,必须动用刑法来强化家长或监护人对子女管教的社会责任。

对于我国实际而言,在未成年犯监护人不存在监护过错的前提下,追究其监护方面的行政责任或者刑事责任,显然违反了罪刑法定原则,不具有合法性和正当性。同时,现代法治国家,刑法和刑罚的功能早已不是唯一惩罚论,通过刑事古典学派和刑事近代学派的相互融合与发展,预防、教育、保护等功能也同等重要地成为现代刑法的基础价值支柱。尤其未成年人收容教育制度(事实上,根据《预防未成年人犯罪法》第 45 条的规定,应该称"专门矫治教育"更准确,考虑到上下文的连贯性和人们通常认识,本书仍沿用收容教育的表述),本源上是立足于社会防卫论而产生的一项保安处分制度,其核心旨意在于防卫人身危险性,并不在于惩戒,由此对监护人追究责任也是毫无意义的。因此,我们认为,还是应当立足于未成年人犯罪管教制度这个根本,来探讨如何破解当前实践中面临的立法缺位、操作性不强和理论研究薄弱等问题。

(一)在立法上存在缺位:没有具体的实施办法

虽然 1979 年《刑法》和 1997 年《刑法》都规定有收容教育,《刑法修正案(十一)》通过之后改为"专门矫治教育",但四十多年来并没有针对此制定过具体的实施办法。1954 年政务院通过了《劳动改造条例》,其中第 3 条第 3 款规定:"对少年犯应当设置少年犯管教所进行教育改造。"同时还规定了少年管教所的管理教育、人员、收容对象等内容。可以说,从根本上确立了未成年人作为独立于成年人的特殊群体,具有专门的劳动矫治场所与相匹配的人员、制度,也标志着专门针对未成年人的矫治制度得以确立。此后全国约有15个省、市成立了少年犯管教所,但由于人员配备、管理模式、规章制度等方面都未形成行之有效的体系,导致实际工作阻碍重重。针对此,1957年教育部、公安部发布了《关于建立少年犯管教所的联合通知》,指出对少年犯应该坚持"教育矫治为主,劳动为辅"的方针,对少年犯管教所的建设应参照一般中小学的设施标准,建立如图书阅览室、运动操场、习艺场所等必要的设施场地。1957年教育部、公安部在原有通知的基础上又颁布了《〈关于建立少年犯管教所的联合通知〉的几点补充意见》,文件的出台进一步合理化和规范化矫治工作。①

1966年至1976年的"文化大革命"对少年犯管教所形成不小的冲击,无数少管所被撤销或者砸乱,直到党的十一届三中全会之后未成年矫治工作才得以恢复和发展。1979年党中央提出了对违法未成年人应实行教育、挽救和改造的方针,1981年《第八次全国劳改工作会议纪要》明确指出,对待未成年人犯罪问题,应像医生对待病人、教师对待犯错的孩子一样尽心地教育、感化和挽救。在矫治期间,组织未成年人学习文化、技术、科学和政治等,最大限度地关心他们的吃穿住行,为其创造良好的环境。1985年,司法部召开第二次全国少年管教工作会议,对新情况和新形势作出了正确预判,制定与新的法治环境相匹配的制度。1986年司法部制定的《少年管教所暂行管理办法(试行)》再次推动矫治教育工作的正向发展,对未成年人学习、劳动的形式等内容制定了正确有效的方针,为1991年《未成年人保护法》的出台奠定了基础。

《未成年人保护法》自1991年开始实施并于2006年、2020年两次修订,《预防未成年人犯罪法》自1999年开始实施并于2020年进行修订,两部法律的颁布实施与修订完善对预防未成年人违法犯罪与矫治教育触法未成年人具有重要意义。目前,我国尚未形成专门的少年司法,更没有专门的未成年人矫治教育法。《刑法》《未成年人保护法》和《预防未成年人犯罪法》中对少年司法以及矫治教育都只作了原则性的规定。2020年修订的《未成年人保护法》虽然明确了未成年人权利、突出政府责任、要求提高家庭教育能力、落实困难群体的教育权、重申素质教育重要性、要求增强校园安全、强调政府的责任、确保工读学校办学条件、鼓励政府民间组织共同参与,但至今未能见到专门落实《刑法》第17条第5款"专门矫治教育"的实施办法出台。另外,修订后的《未成年人

---

① 参见沈颖尹:《刑法第17条第5款专门矫治教育制度研究》,苏州大学2022年博士学位论文,第75页。

保护法》从司法、社会、家庭和学校方面,强调对未成年人的保护,并未对其矫治工作作出具体规定和安排,这在制度安排上不仅存在漏洞,甚至存在偏颇。

(二)在法律适用上操作性不强:没有具体管理部门和场所

主要表现在:(1)"专门矫治教育"的性质不明确。从上文的现行规定可以看出,专门矫治教育或收容教养的规定只是散见于部分法律和通知中。多数案件不可能到达审判阶段,实践中一般都由公安机关作出决定。即便由法院作出不予刑事处罚的决定,也要再交由公安机关作出决定。理论界关于专门矫治教育或收容教养的性质众说纷纭。有刑事处罚说、准刑事处罚说①、刑事强制措施说,也有司法保护措施说。因此,必须要明确收容教养的性质。(2)"专门矫治教育"的适用条件、审批程序不明确。《刑法》规定与《预防未成年人犯罪法》第38条、公安部1993年颁布的《关于对不满十四岁的少年犯罪人员收容教养问题的通知》,从表面上看是一致的,实质上针对《刑法》第17条第2款规定中的八类犯罪,符合刑事责任承担年龄的,就不用专门矫治教育或收容教育了,但是依据公安部通知,可以收容教养,二者实质上是矛盾的。因此,现行"专门矫治教育"的适用对象规定不明确、适用条件也过于宽泛。法律规定"必要的时候",如何解释?法条及司法解释都没有作出明确的规定,法官在实际个案中如何适用难以有统一的标准。在实际办案过程中,关于未成年人收容教养的审批程序混乱,审批主体不明确,造成多方责任主体相互推诿。(3)"专门矫治教育"的内容、矫治方式规定不明确。目前的"专门矫治教育"场所在教育内容、师资力量、学习场地等许多方面不能满足,非常不利于矫治人员的改造。② 因此,需要进行专门立法和规范。

那么,"专门矫治教育"制度如何进行改革呢? 一是在立法上依据我国《立法法》,真正确立这些制度的合法依据。比如统一纳入未来可能制定的"违法行为矫治法"或"保安处分制度"中,或者专门指定针对该群体的"专门矫治教育实施办法",以及制定专门的"少年教养法"等,以解决这些立法的合法性问题。二是设置"专门矫治教育"的决定程序,以解决这些制度的司法化或正当程序问题。三是建立少年违法犯罪的社会防治体系,做好对问题少年的监管和全面保护。即是说,无论如何改革,其目的不外乎将其通过立法和司法化纳入保安处分体系,成为"微罪"承担方式的

---

① 参见李晓明:《刑法学总论》,北京大学出版社2016年版,第482—490页。
② 参见李晓明:《刑法学总论》,北京大学出版社2016年版,第483—484页。

有机组成部分,使之在维护社会秩序、规范行为人行为方面最大限度地发挥其积极效用,避免或者减少其消极方面所带来的不利后果,从而合理地发挥其应有效果。

(三)在理论研究上重视不够:理论体系化相对薄弱

如上,专门矫治教育之所以执行难,一方面根本原因在于缺乏相关立法和实施办法或实施细则的制定。目前,我国尚未制定专门的与《刑法》第17条第5款相配套的诉讼规则与实施细则。这就容易导致"未成年人"只是作为免除、从轻或减轻处罚的一个法定情节。① 另一方面没有具体的矫治办法与措施,尤其是当实体性和程序性都缺乏行之有效、具体针对性处遇机制的情形下,就会导致只保护不管理、不矫治异化与极端。深入思考这些情况,除在立法、司法上重视不够外,也同时表现在理论研究上的薄弱。有学者做过统计,根据知网数据显示,以"收容教养"为题目的文章仅有200篇左右(图5-2)。在著作方面,更是寥寥无几,与收容教养制度相关的研究大多散见于关于未成年人刑事政策、司法制度、社区矫正等著作中,单独的著作比较罕见。关于"专门矫治教育"的理论性文章更是处于匮乏状态,在知网以"专门矫治教育"为关键词进行搜索,相关文献只有31篇(图5-3)。专门针对新制度进行的研究只有20余篇。②

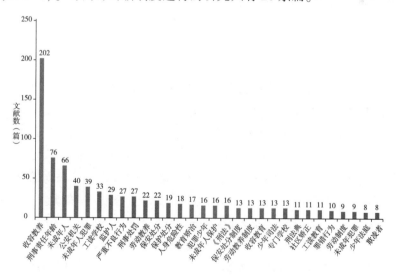

图5-2 "收容教养"相关文献数据统计图

---

① 参见戴相英等:《未成年人犯罪与矫正研究》,浙江大学出版社2012年版,第115页。
② 参见沈颖尹:《刑法第17条第5款专门矫治教育制度研究》,苏州大学2022年博士学位论文,第80—81页。

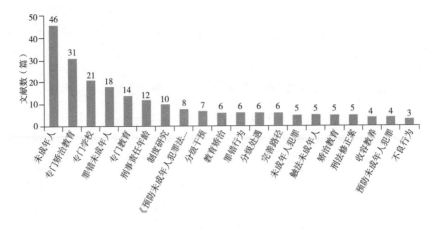

图 5-3 "专门矫治教育"相关文献数据统计图

理论研究的薄弱性主要折射出三个问题:(1)关于专门矫治教育制度的性质与定位等最为基础的理论问题尚未达成一致意见;(2)专门矫治教育的程序性及实体性设计不明确,甚至可谓粗糙,这与实践中对触法未成年人日益增长的矫治教育需求相违背;(3)具体执法过程中,既缺乏对专门矫治教育制度实施情况全面科学的实证性研究,又缺乏对之前存在的问题包括教训与经验的总结,这将导致没有足够的理论做支撑甚至影响理论体系的整体构建与制度的全面论证。具体内容包括:一是《预防未成年人犯罪法》中规定的专门矫治教育"闭环管理"如何开展?其具体的理论依据和原理支撑是什么?二是专门教育指导委员会在实践中究竟由哪些部门或机构组成?难道只有教育行政部门和公安机关而不让司法机关参加吗?以及如何发挥案件评估和决定作用?如是否需要进行听证等?三是在"教育行政部门会同公安机关决定"的程序中,两个部门之间职责如何分配,如何能够更好地适用干预措施。① 四是根据《预防未成年人犯罪法》的相关规定,将未成年人送入专门学校需经专门教育指导委员会评估同意,在经过教育矫正之后需经原机关决定是否转回普通学校就读。但在实践中,无论是送入或转出,都未设定明确标准,甚至多地未设立专门教育指导委员会,导致上层建筑先行,配套设施乏力等问题,这些都需要在理论上研究清楚。五是触法未成年人是否实施了该行为、情节是否轻微、是否有必要适用专门矫治教育等,应当由司法机关遵循严格的司法程序作出,不宜由教育行政机关、公安机关在缺乏相应程序规范的情形下作出,否则这

---

① 参见何挺:《进一步细化落实罪错未成年人分级干预体系》,载《团结》2021 年第 2 期。

不仅会带来权力滥用的隐患,而且难以保障未成年人的合法权益。① 六是《预防未成年人犯罪法》有关专门学校的规定未进一步细化,如专门矫治教育如果仅仅是将触法未成年人送入专门学校,显然在分级分类处遇中没有能够形成完整体系,存在缺失。② 故有学者认为,专门矫治教育的处遇措施应当更为多样化,不仅包含专门学校这一机构化处遇措施,触法行为导致的否定性法律评价,应当继续以扩大层级的方式由各适格主体进行承担,形成完整的矫治责任主体层级体系。③

三、人身自由罚(三):强制医疗

近些年来,由于社会与经济的迅猛发展,生活节奏的加快,屡屡曝出精神病人事件,这类人群与事件中,当事人被强行反复使用镇静药物、人身自由长期受到限制,且申诉无门,身体和精神都受到了极大伤害,甚至酿成社会问题。于是,2013年1月1日生效的修正后的《刑事诉讼法》第五编第四章专门规定了"依法不负刑事责任的精神病人的强制医疗程序"。《刑事诉讼法》第302条规定:"实施暴力行为,危害公共安全或者严重危害公民人身安全,经法定程序鉴定依法不负刑事责任的精神病人,有继续危害社会可能的,可以予以强制医疗。"此次我们进行微罪体系的建构,可以考虑把强制医疗纳入微罪法的管辖范围,当然鉴于精神病人强制医疗已经司法化了,故可暂缓推进。

虽然强制医疗会使被强制人失去人身自由,但其不应当算作"罚"的性质与内容。新古典自然主义仍然是当前刑事法学的主流理论,"罚"仍然需要以"罪过""责任"为前提。准确地讲,强制医疗和强制戒毒是对当事人或称对象的人道主义保护性措施,也是社会法学主义强调的对社会的防卫。对于"强制医疗"问题,目前虽然解决了程序问题,即《刑事诉讼法》第302条的规定可以随时启动对一个人进行"强制医疗"的法律审理与认定。一方面体现了对"精神病人"的一种强有力保护,因为如果他真的是"精神病人",让其承担刑事责任是没有任何意义的,因此只有通过正当程序并将其确定为"精神病人"才能免除处罚。另一方面也体现了对社会或他人再次受害的一种法律预防,因为如果是"精神病人",必须使其尽快得到身体上的"控制"和"治疗",否则有可能再次对他人或社会导致伤害,必

---

① 参见安琪:《我国未成年人分级处遇机制的评述及完善审思》,载《青年探索》2021年第5期。
② 参见林琳:《我国罪错未成年人司法处遇制度的问题及完善路径》,载《北京科技大学学报(社会科学版)》2021年第4期。
③ 参见沈颖尹:《刑法第17条第5款专门矫治教育制度研究》,苏州大学2022年博士学位论文,第77页。

要时要对其进行强制治疗。

然而,根据多年来的司法实践,对精神病人的实体鉴定标准存在严重混乱,建议国家立法机关通过规范进一步明确精神病人的鉴定标准及其执行程序。目前世界卫生组织制定有《精神与行为障碍分类》一些参照标准和规范,但这些规范对于我国来讲毕竟不是国家正式立法,因此并不具有强制力。当然,此外还有中华医学会制定的《中国精神疾病分类及诊断标准》等,众所周知,"司法精神病鉴定的关键在于鉴定程序的后一个步骤,即评估精神障碍对个人民事行为能力或刑事责任能力的影响程度,然而这个过程却没有统一的标准可以依据"[1]。因此,在司法鉴定实践中,经常出现针对一例鉴定对象出现多个鉴定结论,甚至出现截然相反的鉴定结论的情形。许多鉴定结论往往不是鉴定者通过自己观察,利用自己的专业能力和水平作出的严谨科学的鉴定结论,而是掺杂或主要依据被鉴定对象的邻居或熟悉的人的证人证言作出的所谓"鉴定结论"。如此的话,还需要技术上的精神病鉴定专家做什么?然而,我们注意到,2010 年 6 月 7 日北京市司法鉴定业协会发布了《北京市司法精神病学法律能力鉴定指导标准》,显然该标准只是行业协会的内部参考标准,并非国家层面统一的规范性的精神病鉴定标准,故我们建议应在《精神障碍鉴定法》"司法精神病鉴定"一章明确这一标准,或授权司法机关和卫生行政部门共同制定标准。另外,由于工作与生活节奏的加快,一些专业和司法鉴定人员的情绪也是十分浮躁,往往一个精神病鉴定书的出具非常仓促,甚至鉴定意见形成的过程非常不慎重。如上所述,有些精神病鉴定意见书不是经过鉴定人员的严谨考察或长时间观察,而是依据所谓的周围熟人的反映观察,或听非专业人员说其精神是否正常,甚至到精神病院或鉴定对象家中观察几分钟即认定其是否有精神疾病。殊不知,精神疾病鉴定是一个严肃、科学的研究过程,绝不是儿戏,建议严格规范鉴定过程也是十分重要的措施,以保证司法公正。

四、人身自由罚(四):强制戒毒

强制戒毒是指对吸食、注射毒品成瘾人员,在一定时期内通过行政措施对其强制进行药物治疗、心理治疗和法制教育、道德教育,使其戒除毒瘾的一种法律措施。1995 年 1 月 12 日发布的国务院《强制戒毒办法》明确规定:"强制戒毒工作由公安机关主管。县级以上地方各级人民

---

[1] 庞涛:《制定精神障碍鉴定法,规范司法精神病鉴定》,载《检察日报》2013 年 5 月 20 日,第 6 版。

政府卫生部门、民政部门,应当配合同级公安机关做好强制戒毒工作。"虽然笔者认为,强制戒毒是一种对吸毒人员进行治疗的保护措施,但其毕竟也是一种限制人身自由的方法与措施,且以行为人有吸食毒品的行政违法行为为前提,有"人身自由罚"的嫌疑,故将其纳入微罪法也是顺理成章的。

制度的构建不仅要符合形式法律层面的期待,也要符合实质层面的合理正当需求,从有关强制隔离戒毒制度的法律渊源着手,立足于强制隔离戒毒制度立法变迁来探讨不同立法意旨是展开强制隔离戒毒合理性分析的前提。

1. 强制隔离戒毒的性质辨析

(1)强制隔离戒毒制度的走向。基于我国特殊的历史背景,毒品一直以来被视为社会的污染源,吸毒者也被公众普遍评价为"自律性差、道德缺失"的"社会不良人",国家对其进行处罚、管理具有天然的正当性,这点从我国早期的戒毒法律规范不难看出。1990年全国人民代表大会常务委员会《关于禁毒的决定》是在《禁毒法》颁行之前规定我国的戒毒模式的文件,其中第8条规定:"吸食、注射毒品的,由公安机关处十五日以下拘留,可以单处或者并处二千元以下罚款,并没收毒品和吸食、注射器具。吸食、注射毒品成瘾的,除依照前款规定处罚外,予以强制戒除,进行治疗、教育。强制戒除后又吸食、注射毒品的,可以实行劳动教养,并在劳动教养中强制戒除。"该规定表明早期我国采取严格的戒毒政策,主要包括强制戒毒和劳教戒毒两种方式,对于吸毒人员没有更多地考虑戒除毒瘾的医疗、救治功能,而是企图通过惩治措施达到提升对吸毒者的控制能力,恢复社会所要求的道德水平,企图通过惩罚现有吸毒者达到对潜在吸毒者的威慑作用。随着法律观念逐渐人道化以及对于毒品认识的不断深入,我国对于戒毒产生了更为理性的认识,2008年《禁毒法》以强制隔离戒毒代替了早先的强制戒毒和劳教戒毒,其中第31条第1款规定:"国家采取各种措施帮助吸毒人员戒除毒瘾,教育和挽救吸毒人员。"长期的社会实践使我们逐渐认识到吸毒行为并非仅归因于吸毒人员自身道德问题,还与社会因素有着巨大关联,国家应当将重心放在如何更好地对吸毒者加以治疗和使其康复,而不是对吸毒者进行处罚。我国立法明确对吸毒者采取措施的目的在于治愈、教育、挽救,也表明我们对待吸毒者的认识与观念正在转变,这无疑是我国禁毒理念的巨大进步。①

---

① 参见包涵:《戒毒措施"医疗化"与我国戒毒制度的走向》,载《河南警察学院学报》2018年第1期。

（2）强制隔离戒毒的性质。不同性质的行政行为具有不同的执法要求,对行政行为性质存在不同理解,容易导致执法的随意性与不规范性,探讨强制隔离戒毒的合理性问题的前提就是厘清其性质与地位,笔者认为将强制隔离戒毒的性质认定为"行政强制措施"符合我国强制隔离戒毒制度的走向和戒毒观念的变化。从行政法的法理层面进行分析:首先,行政目的不同:行政处罚具有惩罚性色彩,具有明确的否定性评价的目的;而行政强制措施更注重对危险状态的预防与社会秩序稳定的保障。通过上述分析不难看出,吸毒人员染上毒瘾并非完全归因于自身,社会文化环境的原因使得强制隔离戒毒对吸毒人员的惩治性逐渐弱化,国家更多是从"家长主义"的角度对吸毒人员进行医治、救助。其次,是否以违法为前置条件不同:行政处罚以行政违法行为的确认为前提,因为行政处罚的对象是违法行为人;而行政强制措施则并不需要,行政强制措施扮演的是确认行为是否违法的前置程序。对于强制隔离戒毒措施而言,戒毒人员是病人,是毒品的受害者,显然不符合行政处罚的前提要求。最后,法律效果不同:行政处罚是行政主体进行一个完整行政执法程序的终点,通过调查、陈述申辩对相对人的行为作出最终否定性评价并针对相对人的人身或财产权利予以限制或者剥夺;行政强制措施往往发生在行政主体执法过程中的起点,对于行为人的人身或财产权利并非终局性剥夺,而是通过临时、短暂的限制,达到保障性、预防性的目的。结合强制隔离戒毒的执行效果来看,剥夺吸毒人员的人身权并非机械性、终局的剥夺,而是结合吸毒人员的毒瘾戒除效果评估情况变更强制戒毒期限或者解除强制戒毒措施是临时的保障性措施,将强制隔离戒毒的性质认定为"行政强制措施"更符合法理。

2. 强制隔离戒毒手段的正当性

强制隔离戒毒作为一种行政措施应当满足行政法上的比例原则,即行政行为不仅在法律授权范围内行使,还必须在造成相对人损害最小的范围内行使,主要是通过对于行政手段和达到目的之间的路径的平衡与选择来进行判断,具体而言需要满足三个子要求:(1)合目的性原则,即行政机关所采取的行政行为均必须以有助于行政目的的实现为唯一准则。如上所述,强制隔离戒毒措施所欲达到的行政目的是帮助吸毒人员戒除毒瘾,诊断评估必然成为一项重要制度,而纵观《禁毒法》和《强制隔离戒毒诊断评估办法》均没有将诊断评估的标准具体化、细节化,导致实践中各地诊断评估标准不一,没有形成统一的程序,行政人员凭借主观臆断操作成为常态,这也加剧了强制隔离戒毒作为一项具有预防、教育功能的行政措施畸形发展为具有强烈惩罚性质的行政行为,导致戒毒人员认为他们并非接受治疗，而是在服刑的普遍现象。为了达到治疗、教育的目的而必备的诊断评估程序并未具体落实，而单纯将限制人身自由这一辅助性手段作为治疗的主力，这实在难以承认强制隔离戒毒手段具备合目的性。(2)必要性原则，这一原则强调当实现行政目的的方法有多种时，行政机关并非具有广泛的自由裁量权，而是应当进行衡量，从中选择对相对人损害最小的方式。强制隔离戒毒这一措施针对的客体具有特殊性，其针对的是人身自由这一最高基本权利，而强制隔离戒毒存在的目的仅仅是治疗与教育，其作为社会危害性比违反治安管理行为还要轻微的行为，却匹配限制人身自由这一行政手段，显然是一种不必要的措施。(3)相当性原则，即行政机关行使的行政行为对相对人产生的不利后果不得明显超出实现行政目的可能造成的侵害，行政手段与不利后果之间应当保持均衡，不得过于严苛，否则违背此原则。后两个原则实际上是对手段与目的实现的一个问题的两个方面的要求，也是检验行政行为是否具备合理性的重要依据。我国强制隔离戒毒采取的方式是限制吸毒人员的人身自由并针对其进行治疗和教育，《禁毒法》中对于戒毒人员的人身自由限制的期限一般为2年，最多可延长至3年，相较于《刑法》中拘役期限是1个月以上6个月以下，数罪并罚不超过1年的规定，严厉性在一定程度上超过了刑罚，这种与其本身属于行政行为的属性严重背离，导致其在手段的正当性和比例性上一直饱受争议。作为最高价值的人身自由如果没有经过严格的法定程序便被置于国家公权力的任意处置下，最终只能使得这项立足于帮助戒毒人员戒除毒瘾目的的措施沦为戒毒人员无法避开的惩罚。

第四节 移入微罪法的行政处罚措施(二)：资格罚

这里讨论的资格罚是广义上的，即以剥夺、限制违法犯罪人从事某种行为的资格或享有某种权利、荣誉的资格的一种处罚方法，包括但不限于吊销营业执照、许可证或职业资格等。与其他处罚方法一样，资格罚有对行为人政治及社会活动否定评价的内容，有助于限制其再犯的功用，符合刑罚特殊预防的目的。但其自身也存在缺陷，如可能会导致"处罚过剩或过狠"，如剥夺一个人从事某种行业的资格，有可能危及其生存权，甚至资格罚有时还附加于自由罚适用。

狭义上的资格罚是指规定在我国刑事法律中的限制或剥夺犯罪人行使一定权利的资格，如刑罚体系中规定的各种各样的资格刑，如我国刑法中目前规定有剥夺政治权利、驱逐出境、禁止令等。其中剥夺政治权利涉及对选举权和被选举权的剥夺以及言论、出版、集会、结社、游行、示威权利的剥夺。而驱逐出境是一种专门适用于外国人的刑罚,不具有普遍适用性。虽然立法者在出台《刑法修正案(八)》时明确表示"禁止令"不是一种"刑种"而是一种我国刑罚制度的创新,但有学者认为"禁止令更接近于保安处分"①,故存在争论。由此可以看出,仅仅依靠刑法中的资格刑是难以满足现实需要的。然而,在刑罚体系外又存在大量的实质为资格刑的行政处罚。这些法律制裁以行政处罚之名而行资格罚之实,故可将其称为"刑罚体系外资格罚"②。

这些数量可观的刑罚体系外的资格罚,被分散规定在各类行政性法规中,可以与规定在刑罚体系中的资格罚一起被视为广义上的资格罚,其具体包括如针对个人的剥夺从事相关职务权利的资格罚,以及针对单位或法人的责令停产停业、吊销营业执照等,把这些结合起来,就形成了我国比较完整的资格罚体系。而对于构建违法犯罪制裁体系而言,资格罚作为承担行政责任或刑事责任的方式之一,应当符合其自身独有的特点,在设定具体承担方式时也应该考虑到其作为行政处罚和刑罚之间衔接的独特性质,经过细致的对接,将其纳入微罪责任承担方式,构建微罪法的资格罚体系。

综上,我们提出一个归属于微罪体系下的资格罚体系,主要包括四个方面:剥夺人身相关资格权;剥夺执业资格及营业权;剥夺职业资格权(担任一定公职以及从事特定的职业);剥夺荣誉、勋章。这些都是微罪体系要纳入的内容,只不过考虑到我国的现实情况,对有些资格罚有必要尽快纳入微罪体系(如前文所述具有双重违法性行为的资格罚),有些则需要在未来逐步纳入,如部分剥夺人身权、财产权的行为等。

一、剥夺人身相关资格权

(一)出入境资格权

《刑法》第 35 条规定:"对于犯罪的外国人,可以独立适用或者附加适用驱逐出境。"除此之外我国还有作为行政处罚方法的驱逐出境。2009 年修正的《国家安全法》第 30 条规定:"境外人员违反本法的,可以限制离境

---

① 参见李晓明、杨平:《论我国〈刑法修正案(八)〉中"禁止令"的性质及其适用控制》,载朱孝清、莫洪宪、黄京平主编:《社会管理创新与刑法变革》,中国人民公安大学出版社 2011 年版,第 482 页。

② 参见李荣:《我国刑罚体系外资格刑的整合》,载《法学论坛》2007 年第 2 期。

或者驱逐出境。"《外国人入境出境管理法》第 30 条规定："有本法第二十九条所列行为情节严重的,公安部可以处以限制出境或者驱逐出境惩罚。"同时《治安管理处罚法》第 10 条第 2 款规定："对违反治安管理的外国人,可以附加适用限期出境或者驱逐出境。"就驱逐出境的法律性质而言主要有三种观点:(1)驱逐出境是一种刑罚方法,而且是一种附加刑。(2)驱逐出境是一种行政强制措施。(3)"驱逐出境既是一种刑罚方法,又是一种行政强制措施。"① 而且通常情况下,传统的教科书都将"驱逐出境"放置在"附属刑法"的位置。当然也有不同观点,认为"在理论上,驱逐出境属于资格刑","驱逐出境作为一种刑事责任的承担方式,是国家主权及司法自治权的体现"。②

在法律的具体适用上,驱逐出境这种处罚或强制措施,既可以作为行政处罚方法适用于处罚一般违法行为,也可以作为附加刑适用于犯罪,当然只适用于外国人。作为刑罚的驱逐出境和作为行政处罚方法的驱逐出境,前者是一种刑事处罚方法,后者是一种行政处罚措施。在适用方式上,前者要经由合法的诉讼途径,由适格的人民法院判决;后者由公安机关依程序向公安部汇报,由公安部作出最终的决定。

在构建微罪法制裁体系时,可以考虑将驱逐出境纳入其体系,因为违反微罪法所承担的责任为微罪责任,其中既应当有行政处罚的内容又应当有刑罚的内容,把这两者有机结合的最好途径就是行政处罚的司法化,即在微罪法制裁体系的责任承担方式中可以采用与行政处罚或刑罚相似的处罚方法,但是在适用程序上逐步司法化,尤其是与类似驱逐出境这类刑罚中已有处罚方法的衔接,以及如何对刑罚体系内的和微罪法制裁体系内的相同制裁方式进行严重程度的区分,都是我们要着重考虑的问题。笔者认为,可以通过将所承担的微罪责任不纳入刑事登记的办法,以及适用简易化的司法程序进行区分。

我国现有的关于人身方面的资格刑只有驱逐出境,由于其一般适用于现处于我国国境范围之内的外国人,这就导致忽视了一种情况,即对现处于我国国境范围之外的外国人犯罪后再次进入我国国境范围之内的权利的限制。③ 因此,可以借鉴法国的相关规定,《法国刑法典》第 131-30 条第 1 款规定,对于犯重罪或微罪的任何外国人,在法律有规定时,得宣告永久

---

① 马克昌主编:《刑罚通论》,武汉大学出版社 1999 年版,第 239 页;陈兴良主编:《刑种通论》(第 2 版),中国人民大学出版社 2007 年版,第 402 页。
② 李晓明:《刑法学总论》,北京大学出版社 2016 年版,第 449 页。
③ 参见邓文莉:《刑罚配置论纲》,中国人民公安大学出版社 2009 年版,第 279 页。

性或最长10年期间禁止进入法国的国境。

此外,我国刑法对于驱逐出境的规定过于笼统,没有明确驱逐出境的复权制度以及期限限制。驱逐出境类资格刑可分设两种,即永久性驱逐刑和阶段性驱逐刑。这种位阶有高低之分的刑罚元素设置,旨在为减刑制度以及资格刑的复权制度的构建创造可能性,在实践中可以针对不同的犯罪情节以及实际情况作出具体的适用判决。

(二) 考试资格权

考试在我国拥有非常久远的历史,我国不仅是世界上最早采取考试取士的国家,也是世界上最早采用考试对学校教育进行评价的国家。目前我国考试立法还很不完善,对于组织考试的权限、程序、公民享有的考试权利等,法律都没有明确的规定,这使得考试参加者在考试的过程中处于相对弱势的地位,对于有关考试的其他信息,如考试的组织者、考试的程序、考试成绩的评定标准、享有的权利等知之甚少。[①]

相反确有大量的不同行政主体乃至各高校关于剥夺考试权的规章以及各类条例、通知、发文等,而且此类规章制定主体权力来源是否正当、是否有法律依据和普遍适用效力都值得怀疑。而且相关的考试法律法规内容显得空乏,缺乏实践操作性,震慑力不足。

2004年5月19日教育部发布了《国家教育考试违规处理办法》,我国最初提议制定考试法的动因是为了抵制考试作弊,在考试法草案形成的过程中,对如何惩处考试舞弊的讨论也是最多的,并且最终形成的意见是,对考试舞弊行为,情节非常严重的可以追究刑事责任。现行《国家教育考试违规处理办法》第9条规定:"考生有第五条所列考试违纪行为之一的,取消该科目的考试成绩。考生有第六条、第七条所列考试作弊行为之一的……当次考试成绩各科成绩无效……参加高等教育自学考试的考生……也可以给予延迟毕业时间1至3年的处理,延迟期间考试成绩无效。"第10条规定:"考生有第八条所列行为之一的,应当终止其继续参加本科目考试,其当次报名参加考试的各科成绩无效;考生及其他人员的行为违反《中华人民共和国治安管理处罚法》的,由公安机关进行处理;构成犯罪的,由司法机关依法追究刑事责任。"

由此可以看出,我国行政法规中关于取消考试成绩以及给予停考1年至3年的处罚是属于考试权剥夺的内容。这种做法使国家考试的权威和

[①] 参见戚静:《考试权独立行使之法律问题初探》,载《安徽工业大学学报(社会科学版)》2009年第2期。

尊严得以加强,并使国家考试方面的法律法规得以进一步完善。当然,《国家教育考试违规处理办法》的局限性在于,其适用范围只包括由国家教育部门组织的所谓教育类的各种考试,如每年一度的国家高等学校入学考试、研究生和博士生入学考试、大学英语及计算机等级考试、适用于成人教育的自学考试等。此外,其他部门或社会其他机构组织的各种考试,如法律职业资格考试、会计师职业资格考试、托福考试、雅思考试、出国留学人员的 WSK 英语考试,以及国外在中国举行的外语考试 SAT/LSAT 等不包括在内。

  考试是国家选拔人才、认定资格的重要方式。而我国目前的国家考试往往分散于许多社会领域,分属不同部门主管。针对此种情况急需建立针对考试权利的相关法律体系,尤其是在考试权利剥夺方面。考试权作为一项比较重要的公民权利,由不同的行政主体任意处置显然有损权利的尊严,因此笔者认为应当由统一的权力主体通过设立普适性的法律进行归置。最佳选择就是将剥夺考试权作为微罪责任资格刑的一种。这样既能保证考试权剥夺主体权力来源的合法性,又能保证其作为一种重要权利的尊严所在。尤其是对于那些情节较为严重的情况,可以纳入微罪体系,既可以体现其行政违法性的特质,又可以通过准司法途径予以处罚,同时保证了如果对该权利的剥夺具有不法性的情况下权利的救济途径。

  值得一提的是,为了规范考试权,《刑法修正案(九)》在《刑法》第 284 条之后增加了一条第 284 条之一,连续规定了组织考试作弊罪,非法出售、提供试题、答案罪和代替考试罪三个罪名。笔者认为,像这样的违法犯罪行为均应规定在微罪体系中,因为它们没有更大的社会安全或治安的危险性或危害性,完全没有必要采取人身自由刑罚的方式,通过资格罚、罚金等措施足以形成对这类犯罪的一般威慑和特殊预防。这三个罪名的设立,再加上近年来新设立的危险驾驶罪(以醉驾为主)等,恰好说明了我国刑事立法犯罪化的门槛比较低、随意性比较强,在没有对行为入罪的必要性、可行性充分论证以及普遍征求民意的情形下,就基于某种行政管理上的便利将某类行为犯罪化,进而使得刑法很不稳定、权威感下降。① 因此,我们一再强调建议将准备犯罪化的行为先纳入微罪体系,通过微罪法的"灰色

---

① 迄今为止,犯罪化能够从多大程度上发挥遏制、预防犯罪的作用尚难以证明,除危险驾驶罪以外,拒不支付劳动报酬罪、考试作弊等罪名的适用仍然是少数。即使是醉驾,虽然官方通过对比醉驾入刑前后的交通事故死亡数据,力图证明醉驾入刑的必要性,但其实仍然是"刑法万能"思维下的产物,近期可能发挥了一般预防的作用,但却导致大量的人员有了犯罪前科,增加了社会整体的不稳定性。事实上,通过吊销驾驶证的行政手段,足以形成对醉驾的一般预防与特殊预防,将其犯罪化是对刑法谦抑性的巨大挑战。

地带"功能来实现对这类行为的妥善处置。

(三)城市居住资格权

居住权的内涵十分丰富,在国际公约及宪法中,通常的表述是居住的权利或称住房权、住宅权。在私法领域,居住他人房屋的权利具体可从两个方面的法律关系进行创制和设计:(1)可通过民法中物权的法律关系进行创制和设计,也即产生作为民法上的他物权的居住权。(2)可通过民法中债权的法律关系进行创制和设计,也即通过民法上的承租权、借用权等方式产生居住权。从居住权的源流中,我们可以清晰地看到,居住权作为用益物权中的人役权,其主要功能不仅是基于生活需要而对房屋使用价值的利用,其主体往往是妇女、老人、未成年人等群体,而且包括对于房屋经济价值的利用和收益。[1]

在近几年,有些地方出现了一些案例,对于犯罪人剥夺了在个别大城市的居住权。这类案例中明显把大城市居住权作为一种资格加以剥夺。此种做法是否妥当有待探讨,但笔者认为至少需要司法化的程序作为对当事人的保障。

(四)禁止驾驶(吊销驾驶执照)

我国刑法对资格刑的规定采取了"概括式"的立法模式,只要剥夺政治权利就是剥夺《刑法》第54条所列举的全部权利。在国外的刑法规定中,如《法国刑法典》有关资格刑的规定,也采用的是一种较为灵活的立法方式——选择式立法,即是说法官可视具体犯罪性质及所具有的人身危险性程度,在资格刑的内容中有选择地判处行为人一种或几种资格刑,目的就是针对行为人的具体情况,选择对其更加适合的刑罚或资格刑方式,以有效剥夺行为人再犯的可能性或人身危险性,使其不能再犯或继续犯罪。尤其是在与驾驶有关的资格刑方面,许多国家都规定了暂停或吊销驾驶执照的处罚方式。通常方式有三种:(1)暂停或吊销所有驾驶执照。在这种情况下,犯罪人不得驾驶任何类型的车辆。(2)暂停或吊销特种车辆的驾驶执照。在这种情况下,犯罪人不能合法地驾驶特定种类的车辆。(3)混合规定暂停或吊销驾驶执照。[2]

具体而言,不同国家在规定的方法上也有不同,《法国刑法典》中把吊

---

[1] 参见阮传宝:《从居住权制度的源流看我国设立居住权制度的必要性》,载《商丘师范学院学报》2011年第4期。
[2] 参见吴宗宪等:《非监禁刑研究》,中国人民公安大学出版社2003年版,第330页。

销驾驶执照作为处罚轻罪的资格刑之一，对轻罪犯罪人在判处监禁刑的同时，可以附加宣告吊销驾驶执照措施。而《德国刑法典》中实行"刑罚双轨制"，在规定与驾驶有关的处理措施时，同时规定了"禁止驾驶"附加刑以及"吊销驾驶执照"或"禁止授予驾驶执照"的保安处分措施。可见，"欧洲国家把禁止驾驶作为违反交通法规构成犯罪的人剥夺其驾驶权利或资格的一种刑罚"[①]。

在我国，2021年修正的《道路交通安全法》第91条规定："饮酒后驾驶机动车的，处暂扣六个月机动车驾驶证，并处一千元以上二千元以下罚款……"同时《刑法修正案(八)》将醉酒驾驶纳入刑法，表明我国近年来对于与驾驶相关的犯罪加大了打击力度，但是在《刑法修正案(八)》中对于醉酒驾驶只规定了拘役和罚金两种刑罚处罚方法，没有附加剥夺驾驶资格等内容的资格刑。在《道路交通安全法》这一行政法规中规定了剥夺驾驶资格的处罚方法，而在刑法中却没有相关内容，这显然没有体现出酒后驾驶这一行为的特性，同时也与刑罚特殊预防的目标相悖。刑法频繁变动会影响法律的尊严及其稳定。因此，笔者建议将禁止驾驶、吊销驾驶执照纳入微罪体系，原因有两方面：(1)虽然依照我国法律的规定，达到醉酒驾驶标准的犯罪嫌疑人在受到刑罚处罚的同时还要接受行政处罚，但是把禁止驾驶的相关内容纳入微罪法制裁体系，作为其体系内资格刑的内容之一，其性质是微罪处罚方法，与一般的行政处罚在性质上和严重程度上是不同的。(2)能够避免在现行违法制裁体系实践中出现"以罚代刑""只刑不罚"等不合理现象。因为产生这一现象的原因本质上在于微罪责任的立法尚不明确，尤其是承担责任的各类形式尚不完备，如果能把禁止驾驶的内容纳入微罪法的调整范围，通过司法化的程序处理，是符合现代法治的必然趋势，以及行政处罚司法化的内容的。

二、剥夺执业资格及营业权

剥夺实施相关行为资格的处罚方法在某些学者关于行政处罚的分类中又可以称为行为罚，是以限制或剥夺被处罚人的特定行为能力为特征的处罚方法。行为罚虽然通常会间接造成被处罚人的经济损失，但是其直接目的是限制或剥夺被处罚人的行为能力，而不是限制或剥夺被处罚人的财产。[②] 在许多国家的法律中都有关于剥夺实施相关行为的权利以及吊销与行为相关的许可证、执照等的资格刑的规定。现行的《法国刑法典》暂

---

① 赵秉志主编：《英美刑法学》(第2版)，科学出版社2010年版，第243页。
② 参见冯军：《行政处罚法新论》，中国检察出版社2003年版，第117页。

时吊销驾驶执照、禁止驾驶特定车辆、撤销驾驶执照、禁止持有或携带须经批准的武器，收回打猎执照，禁止签发支票及使用信用卡付款，禁止从事某种职业或社会活动的规定，都是为了能有效防止罪犯利用职业资格再次实施犯罪。同时，我国的一些行政法规，如《矿山安全法》等规定了吊销许可证、营业执照等处罚措施，这实际也是对实施具体行为资格的剥夺。把这些刑罚体系外的资格刑进行整合的途径就是纳入行政、刑事责任制裁体系。可以把因行政违法而应剥夺实施相关行为权利的处罚留归行政法规管辖，将因犯罪而应剥夺行为资格的处罚归入行政刑罚的范畴。实践中，可以在我国的刑罚体系中增设以禁止从事特定行为为内容的资格刑。在刑法分则中，在行为人利用其依法或依申请获得的资格、许可、执照等实施犯罪的情况下，条款中可增设附加或独立适用禁止从事特定行为活动或吊销相关资格证、许可证、执照的内容。

(一) 吊销、暂扣许可证、营业执照

营业执照是企业或组织合法经营权的凭证。许可证，是指某种非所有人都有权涉及受限制的行为或事件，相关权力机构授予其相关权利的书面证明。我国《治安管理处罚法》中规定了对公安机关发放的许可证的吊销，是指公安机关依法收回违反治安管理行为人已获得的从事某种活动的权利或资格证书，从而剥夺其从事某种行为的权利。

可以看出，相比较其他国家和地区的相关立法而言，我国吊销、暂扣许可证、营业执照的内容是规定在行政责任承担方式中的。《法国刑法典》中把吊销驾驶执照作为处罚轻罪的资格刑之一，《德国刑法典》中实行"刑罚双轨制"。因此，一般意义上我国行政处罚所针对的是"尚未构成犯罪的"行为，公民、组织违反行政法规达到触犯刑律的程度，以致构成犯罪需要承担刑事责任时，刑事责任可以将行政责任吸收，法院追究了刑事责任的，行政机关不应再行处罚。但是行政责任和刑事责任并不是一一对应的关系，前者不能完全包容在后者之内，两者也可能存在交叉的情况。[1] 最典型的就是暂扣、吊销许可证和营业执照及责令停产停业，这两者行政责任形式就无法为刑事责任所包容，因此，在此种情况下就可能出现行政责任和刑事责任的并存。实践中，通常先由法院追究刑事责任，对于行政责任部分由相关行政机关作出处理。同一起案件若同时适用了刑事程序和行政程序，这不仅会导致资源的浪费，也可能会造成处理的不公、救济的困

---

[1] 参见冯军：《行政处罚法新论》，中国检察出版社 2003 年版，第 34 页。

难。解决这一问题的最佳途径,就是将吊销、暂扣许可证和营业执照的内容纳入微罪法制裁体系资格刑的承担方式。增加这种资格刑后,虽然它们对受罚者来说没有什么不同,但实质上是有本质区别的。作为资格刑的一种,需经人民法院判决,必要时可以附加适用或者独立适用,且该行政处罚一旦作出,必须经复核程序方可重新获得。① 当然,考虑到我国立法法规定法律、行政法规可以设定吊销、暂扣许可证、营业执照类型的行政处罚,现实中大量行政法规中都设定了吊销、暂扣许可证、营业执照的处罚,将这些行为一次性全部纳入微罪体系会比较仓促,也难以与当前的行政立法体制衔接。因此,我们建议可以把具有双重违法性且法定裁量为吊销、暂扣许可证照的那些行为,首先纳入微罪体系。

(二)责令停业、限制从业或责令撤销

责令停业,是指在一定的期限内,剥夺犯罪单位从事工商活动的权利的一部或全部的刑罚。这种刑罚有人称之为"停止营业刑"。"所谓限制从事业务活动,是指在一定的期限内,禁止犯罪单位从事某种业务活动,限制其业务活动范围的刑罚。"②

限制从业主要包括三个方面:(1)限制经营范围;(2)限制活动区域;(3)限制业务对象,如禁止与关联公司交易等。对情节特别严重的可以采取撤销的方法,对相对较轻的可以采取几年内关闭或彻底关闭其一个或几个部门的方法。解散法人、禁止营业作为刑罚方法,反映了国家对法人犯罪的否定评价程度,它和行政领域、经济领域的责令停产、停业有不同的法律后果。我国行政处罚把责令停产、停业等作为行政处罚手段,但事实上有必要将其上升为司法制裁手段。因此,应当考虑将其纳入微罪体系,当然限于当下的行政法结构,大多数责令停业、限制从业的规范存在于行政规章中,如果简单地"一刀切"可能不符合行政权实施现状,故建议可以逐步推进。

(三)经济资格权

经济资格权,一般意义上是指与开展某种经济活动有关的自由权利。国际上,有许多国家把剥夺与经济有关的利益或便利作为剥夺资格刑的一种。对于经济资格权,一般可以划分为对某些物品、有价证券、票据等的

---

① 参见邵卫锋:《刑种与替刑制度》,云南人民出版社2007年版,第153页。
② 吴平:《增设以单位犯罪为适用对象的资格刑刍议》,载《河南公安高等专科学校学报》2004年第2期。

使用权、进入特定场所的权利等。一些国家的刑法规定,对于实施了相关犯罪的行为人,可以禁止他们使用高档商品,禁止他们行使签发支票等有价证券的权利。如《法国刑法典》第131-6条规定:"对于判处监禁刑的轻犯罪人,在判处监禁刑的同时,可以禁止签发支票以及用信用卡付账,最长时间为5年。"①有的国家不允许犯罪人在被假释或刑满释放后的一定期限内进入某些场所,以防止诱发再次犯罪,这些场所一般包括酒店、娱乐场所或赌博场所等。如《瑞士联邦刑法典》第56条明确规定:"1.重罪或轻罪是在过量饮酒后实施的,除科处被告刑罚外,法官还可禁止被告在6个月至两年期间内进入出售含酒精饮料的商店。2.各州对公布被禁止的酒店作出规定。3.禁止酒店的命令随判决生效而生效。判决中所科处的是自由刑的,禁止进酒店的期间自自由刑被执行完毕或被赦免之日起计算。被附条件释放者在考验期间经受住考验的,禁止进入酒店的期间自被附条件释放之日起计算。在被告经受住考验的情况下,法官可撤销禁止进入酒店的命令。"②由此可以看出,瑞士已经在刑法典中形成了较为完备的经济权资格刑制度,不仅规定了权利的剥夺条件,也明确了资格刑的复权制度。我国也正在建立这类制度,但由于长期的行政管理惯性思维,做法上习惯于刑事上作出原则规定,具体操作由行政权控制,致使很多本应由司法程序调控的措施变成行政处罚或者行政强制措施,对此我们建议考虑逐步纳入微罪体系。

三、剥夺职业资格权

剥夺职业资格就是剥夺从事某一职业的条件和身份。职业包括公职和其他特定职业。公职不仅仅指《刑法》第54条规定的担任国家机关、国有公司、企业、事业单位和人民团体领导职务,泛指在国家机关或公共企业、事业单位、人民团体中担任的正式职务,即指纳入编制的、由国家财政负担工资福利,办理公共事务,为公共利益服务的职务。具体如法官、检察官、政府部门职员、高校校长、国有公司经理等。其他特定职业包括律师、会计、拍卖师、公司董事、监事等。剥夺职业权利即包括以上两种职务。

我国现行刑法规定了两种资格刑,即剥夺政治权利和驱逐出境。在剥夺政治权利中也涉及禁止行使担任公职的权利,但在刑罚体系外还存在大量的事实上"资格刑",也即微罪法所要研究的微罪法制裁措施的内容,它们大都分散在各法律法规中,大致有以下几类:

---

① 罗结珍译:《法国刑法典》,中国人民公安大学出版社1995年版,第14页。
② 徐久生译:《瑞士联邦刑法典(1996年修订)》,中国法制出版社1999年版,第20页。

(一) 剥夺公职

首先,对于公职的剥夺体现在我国《刑法》第 54 条规定的剥夺政治权利中的剥夺"担任国家机关职务的权利"和"担任国有公司、企业、事业单位和人民团体领导职务的权利"。剥夺政治权利适用于危害国家安全的犯罪人,故意杀人、强奸、放火、爆炸、投毒、抢劫等严重破坏社会秩序的犯罪人,被判处死刑、无期徒刑的犯罪人,以及刑法分则中规定的剥夺政治权利的犯罪人。经笔者整理,刑法分则中规定剥夺政治权利的处罚措施的罪名有:伪造、变造、买卖武装部队公文、证件、印章罪,伪造、变造、买卖居民身份证件罪,伪造公司、企业、事业单位、人民团体印章罪,盗窃、抢夺武装部队公文、证件、印章罪,盗窃、抢夺、毁灭国家机关公文、证件、印章罪,非法获取国家秘密罪、破坏选举罪、煽动民族仇恨、民族歧视罪、侮辱罪、诽谤罪、非法拘禁罪、聚众扰乱社会秩序罪、聚众冲击国家机关罪、非法集会、游行、示威罪、破坏集会、游行、示威罪、组织、领导、参加黑社会性质组织罪、侮辱国旗、国徽、国歌罪、聚众冲击军事禁区罪、非法携带武器、管制刀具、爆炸物参加集会、游行、示威罪、冒充军人招摇撞骗罪、招摇撞骗罪、煽动暴力抗拒法律实施罪、聚众扰乱军事管理区秩序罪等。

从以上剥夺政治权利的规定来看,对于剥夺从事公职的范围较小,具体表现在以下两个方面:一是只禁止担任国家机关职务以及国有公司、企业、事业单位和人民团体领导职务,而在国有公司、企业、事业单位和人民团体中从事其他公务,被国家机关、国有公司、企业、事业单位委派到非国有公司、企业、事业单位、社会团体中从事公务,以及其他依照法律从事公务则不被禁止。二是适用的对象范围较狭窄,从上述整理的犯罪中可以看出,对于利用职务之便贪污贿赂、挪用公款、渎职类犯罪刑法并没有规定适用剥夺政治权利。但是笔者认为,贪污贿赂、挪用公款、渎职类犯罪正是利用了担任公职的便利或者不认真履行公职而构成的犯罪,这类犯罪在刑法中没有规定剥夺公职资格,笔者认为不妥。既然刑法没有规定,这就为微罪法研究留下了空间,故这些应当是微罪责任中剥夺公职研究的重点。

虽然对于有些犯罪我国刑法没有规定剥夺从事公职的资格,但在有些法律中规定犯罪后即丧失某些权利和资格,事实上这起到了因犯罪而被剥夺从事公职资格的效果,相互之间形成弥补。如我国《公务员法》第 26 条、《人民警察法》第 26 条、《检察官法》第 13 条、《法官法》第 13 条均规定,受到刑事处罚的不得再担任公务员、人民警察、检察官、法官。《公证员执业管理办法》第 9 条明确规定,"因故意犯罪或者职务过失犯罪受过刑事处罚的",不得担任公证员。《行政机关公务员处分条例》第17条第2款也明确规定:"行政机关公务员依法被判处刑罚的,给予开除处分。"根据2006年8月中央组织部、人事部颁布的《工会、共青团、妇联等人民团体和群众团体机关参照〈中华人民共和国公务员法〉管理的意见》的规定,对于工会、共青团、妇女联合会等人民团体、群众团体机关中,除工勤人员以外的机关工作人员,列入参照《公务员法》管理范围。这部分人员因犯罪受到刑事处罚后的惩戒问题,应当参照《公务员法》的相关规定进行处理,即这类人犯罪的,也不得担任人民团体机关中的相关公职。

除上述因犯罪而被禁止担任公职的以外,还有其他禁止担任公职的规定,这些规定在现行处罚体系中还属于行政处分。如《行政机关公务员处分条例》第三章违法违纪行为及其适用的处分中存在大量这样的规定,如该法第18条规定,有下列行为之一,情节严重的,给予开除处分:"(一)散布有损国家声誉的言论,组织或者参加旨在反对国家的集会、游行、示威等活动的;(二)组织或者参加非法组织,组织或者参加罢工的……"《公证法》第六章法律责任部分也有类似规定,如第41条规定,公证员有下列行为之一,情节严重的,对公证员处1000元以上5000元以下罚款,并可以给予3个月以上6个月以下停止执业的处罚;有违法所得的,没收违法所得:"(一)以诋毁其他公证机构、公证员或者支付回扣、佣金等不正当手段争揽公证业务的;(二)违反规定的收费标准收取公证费的……"在《人民警察法》《法官法》《检察官法》《公务员法》中都有类似规定。

除此之外还要考虑微罪制裁与刑罚制裁的衔接,公职是代表国家行使职务,涉及国家事务的管理,具有社会公共性质,笔者认为不仅仅是犯罪,因受过微罪处罚的也不得担任公职。但毕竟微罪违法行为的社会危害性没有犯罪行为那么大,微罪处罚也没有刑罚那么严厉,可以考虑将剥夺担任公职的资格限定一定的期限,实施了微罪违法行为的在一定期限内不得担任公职。比如规定,曾因受过微罪制裁的,在执行完毕之日起两年内不得担任人民警察、检察官、法官、公务员、公证员、事业单位人员等。对于应受到行政处分而被剥夺公职的情形,笔者认为也可以纳入微罪体系,并通过司法程序予以决定。

我们注意到,2018年9月7日第十三届全国人大常委会公布的立法规划(共116件)中"政务处分法"位于第一类项目,并表示条件成熟、任期内将提请全国人大审议该法律草案。也就是说,除上述法律规定有"剥夺公职"的规范外,就公务人员的"剥夺公职"问题将由"政务处分法"予以系统规定,相信在该法中相关规定将更加全面。

(二)剥夺股东资格(投资资格)

股东是有限公司和股份公司中的概念,股东资格的取得方式有两种:一种是原始取得:直接认购出资或股份而成为股东,因向有限公司履行出资义务或者认购股份公司股份而取得股东资格。这里的出资义务可以是认缴,即股东资格的取得不一定以全部缴纳出资为条件。通常情况下,一个公司股东身份的获得或取得主要是基于其对该公司的出资行为,也就是说,股东因出资而对公司享有一定的权利,包括共益权、自益权等财产权以及其他权利,这些权利是其转让了原本的对财产的所有权而取得的股权的表现,是其出资行为的一种对价。另一种是继受取得:因转让、继承、合并等继受取得公司出资或股份并成为公司股东。股东资格的丧失有以下事由:(1)所持有的股权已经合法转让;(2)未依公司章程的约定履行股东义务,而受到除名处置的;(3)因违法受到处罚而被剥夺股权的(如没收财产、罚款、罚金等);(4)法律规定的其他事由。我国法律没有特别规定因实施了某种违法犯罪行为而剥夺股东资格,在因其他违法犯罪行为被处以财产罚的时候才可能引起股权的转移及股东资格的丧失。

在合伙企业中,普通合伙企业的合伙人只要是具有完全民事行为能力的自然人都可以,特殊合伙企业的合伙人还应具有相应的专业知识和专门技能。合伙人资格的丧失即合伙人退出合伙企业,《合伙企业法》规定了三种退伙方式,分别为协议退伙、当然退伙、除名退伙。当然退伙包括下列几种情形:(1)作为合伙人的自然人死亡或者被依法宣告死亡;(2)个人丧失偿债能力;(3)作为合伙人的法人或者其他组织依法被吊销营业执照、责令关闭、撤销,或者被宣告破产;(4)法律规定或者合伙协议约定合伙人必须具有相关资格而丧失该资格;(5)合伙人在合伙企业中的全部财产份额被人民法院强制执行。合伙人有下列情形之一的,经全体合伙人一致同意,可以决议将其除名:(1)未履行出资协议;(2)因故意或重大过失给合伙企业造成损失;(3)执行合伙事务时有不正当行为;(4)发生合伙协议约定的事由。在个人独资企业中,投资人只要求是自然人,国家公务员等法律、行政法规禁止从事营利性活动的人,不得作为投资人申请设立个人独资企业。《个体工商户条例》中规定,有经营能力的公民,都可以申请登记从事工商业经营;该条例同时规定个体工商户实施某些违法行为的,由登记机关撤销注册登记或者吊销营业执照。此外在中外合资经营企业、中外合作经营企业以及外资企业中,对投资人也没有更多具体的要求。

投资是一种市场经济活动,市场经济主要遵循的是自由竞争、私法自治原则,笔者认为,这也是我国法律对投资资格限制颇少的原因。即使剥夺股东或者合伙人的资格也大多建立在公司章程约定或者合伙人一致同意的情况下,只有在因为违法犯罪行为受到财产处罚的情况下,因为强制执行股权或财产份额的才间接剥夺了其投资者身份。根据《公司法》第199条、第200条的规定,公司的发起人、股东虚假出资、抽逃出资的,对发起人、股东处以罚款。笔者认为,对于此类行为,可以考虑增加直接剥夺行为人投资资格的处罚,并附加一定的期限。并且,按照我们的设想,将这种财产罚和剥夺投资资格的处罚一并纳入微罪体系,由司法机关经过法定程序予以确认,这种剥夺投资资格的处罚不仅能够对症下药,而且也可以预防行为人再犯。

(三)剥夺企业职务资格(法定代表人、厂长、经理)

企业职务资格主要是指在企业中担任公司董事、监事、高级管理人员、法定代表人、厂长、经理等职务的资格。在现代公司制度的设计与运行中,经常出现公司的经营权和所有权的分离,可以说这也是现代公司制度的一大特征。在股份有限公司中自不必说,即便是有限责任公司,很多公司的股东也并非都参与公司的经营,也即经营权与所有权分离。但是其他企业如合伙企业、个人独资企业等仍实行经营权和所有权合一,企业厂长、经理一般就是投资人,所以此处主要讨论公司董事、监事、高级管理人员等担任公司职务的资格。根据《公司法》第146条的规定,因挪用财产、侵占财产或者破坏社会主义市场经济秩序,包括贪污、贿赂被判处刑罚,执行期满未逾5年或因犯罪被剥夺政治权利,执行期满未逾5年的,不得担任公司的董事、监事、高级管理人员。

我国《证券法》第124条也规定:"证券公司的董事、监事、高级管理人员,应当正直诚实、品行良好,熟悉证券法律、行政法规,具有履行职责所需的经营管理能力……有《中华人民共和国公司法》第一百四十六条规定的情形或者下列情形之一的,不得担任证券公司的董事、监事、高级管理人员:(一)因违法行为或者违纪行为被解除职务的证券交易所、证券登记结算机构的负责人或者证券公司的董事、监事、高级管理人员,自被解除职务之日起未逾五年;(二)因违法行为或者违纪行为被吊销执业证书或者被取消资格的律师、注册会计师或者其他证券服务机构的专业人员,自被吊销执业证书或者被取消资格之日起未逾五年。"

因此,笔者认为,对于公司董事、监事、高级管理人员,企业法定代表人、厂长、经理，因贪污、贿赂、侵占财产、挪用财产或者破坏社会主义市场经济秩序，受到微罪法制裁的，可以规定在一定期限内不得从事上述职业。

(四)剥夺其他特定资格

其他特定资格主要有教师、律师、医生、会计师、注册会计师、拍卖师等。我国《教师法》第14条规定，受到剥夺政治权利或者故意犯罪受到有期徒刑以上刑事处罚的，不能取得教师资格；已经取得教师资格的，丧失教师资格。我国《律师法》第7条明确规定，受过刑事处罚的，但过失犯罪的除外，不予颁发律师执业证书。我国《拍卖法》第15条也规定，因故意犯罪受过刑事处罚的，不得担任拍卖师。我国《会计法》第40条规定："因有提供虚假财务会计报告，做假帐，隐匿或者故意销毁会计凭证、会计帐簿、财务会计报告，贪污，挪用公款，职务侵占等与会计职务有关的违法行为被依法追究刑事责任的人员，不得再从事会计工作。"我国《注册会计师法》第10条明确规定："有下列情形之一的，受理申请的注册会计师协会不予注册：(一)不具有完全民事行为能力的；(二)因受刑事处罚，自刑罚执行完毕之日起至申请注册之日止不满五年的；(三)因在财务、会计、审计、企业管理或者其他经济管理工作中犯有严重错误受行政处罚、撤职以上处分，自处罚、处分决定之日起至申请注册之日止不满二年的；(四)受吊销注册会计师证书的处罚，自处罚决定之日起至申请注册之日止不满五年的；(五)国务院财政部门规定的其他不予注册的情形。"我国《医师法》第16条也规定："有下列情形之一的，不予注册：(一)无民事行为能力或者限制民事行为能力；(二)受刑事处罚，刑罚执行完毕不满二年或者被依法禁止从事医师职业的期限未满；(三)被吊销医师执业证书不满二年；(四)因医师定期考核不合格被注销注册不满一年；(五)法律、行政法规规定不得从事医疗卫生服务的其他情形。受理申请的卫生健康主管部门对不予注册的，应当自受理申请之日起二十个工作日内书面通知申请人和其所在医疗卫生机构，并说明理由。"由此可见，受过刑事处罚的，在职业就业方面受到了极大的限制。

上述列举的情况，都是在犯罪后作为附随处罚的资格剥夺，这种资格剥夺虽然不是由司法机关直接将其作为刑罚进行宣告的，但通过各类部门法或行政法的规定予以限制或处罚，实质上却是犯罪所产生的附随后果，达到了剥夺职业资格权的效果，具有刑罚的性质。这种类似的情况，在法国，学者们称为从刑。这种从刑虽然没有被规定在刑法中作为刑罚处罚措施,但是在各类部门法中都规定犯罪或故意犯罪,或有与从事职业有关的犯罪的,不得从事公职或其他特定职业,同样因为犯罪行为受到了职业限制的处罚。再者,上述列举的各类部门法都符合我国立法法有关修改或者补充有关犯罪和刑罚的事项,属于附属刑法,上述列举的职业禁止的规定实质上都具有刑罚的性质,不是我们所认为的微罪法制裁措施,笔者认为,对于这部分"从刑"不需要纳入微罪法制裁体系。

另外,在上述列举的各类部门法中,还存在另一种剥夺职业资格权的情况。如《律师法》第47条规定:"律师有下列行为之一的,由设区的市级或者直辖市的区人民政府司法行政部门给予警告,可以处五千元以下的罚款;有违法所得的,没收违法所得;情节严重的,给予停止执业三个月以下的处罚:(一)同时在两个以上律师事务所执业的;(二)以不正当手段承揽业务的;(三)在同一案件中为双方当事人担任代理人,或者代理与本人及其近亲属有利益冲突的法律事务的;(四)从人民法院、人民检察院离任后二年内担任诉讼代理人或者辩护人的;(五)拒绝履行法律援助义务的。"第49条规定:"律师有下列行为之一的,由设区的市级或者直辖市的区人民政府司法行政部门给予停止执业六个月以上一年以下的处罚,可以处五万元以下的罚款;有违法所得的,没收违法所得;情节严重的,由省、自治区、直辖市人民政府司法行政部门吊销其律师执业证书;构成犯罪的,依法追究刑事责任:(一)违反规定会见法官、检察官、仲裁员以及其他有关工作人员,或者以其他不正当方式影响依法办理案件的;(二)向法官、检察官、仲裁员以及其他有关工作人员行贿,介绍贿赂或者指使、诱导当事人行贿的;(三)向司法行政部门提供虚假材料或者有其他弄虚作假行为的;(四)故意提供虚假证据或者威胁、利诱他人提供虚假证据,妨碍对方当事人合法取得证据的;(五)接受对方当事人财物或者其他利益,与对方当事人或者第三人恶意串通,侵害委托人权益的;(六)扰乱法庭、仲裁庭秩序,干扰诉讼、仲裁活动的正常进行的;(七)煽动、教唆当事人采取扰乱公共秩序、危害公共安全等非法手段解决争议的;(八)发表危害国家安全、恶意诽谤他人、严重扰乱法庭秩序的言论的;(九)泄露国家秘密的。律师因故意犯罪受到刑事处罚的,由省、自治区、直辖市人民政府司法行政部门吊销其律师执业证书。"由此可见,对于从事法律职业人员资格的严格要求。《律师法》第六章法律责任中规定了很多律师实施某种行为,情节严重的,给予停止执业一定的期限或者由相关司法行政部门吊销律师执业证书。再如《拍卖法》第62条规定,拍卖人及其工作人员违反本法第22条的规定,参与竞买或者委托他人代为竞买,情节严重的,由工商行政管理部门吊销营业执照。对于这类由行政部门剥夺职业资格的措施,笔者认为应该纳入微罪法制裁体系。我国《宪法》第 42 条第 1 款规定,中华人民共和国公民有劳动的权利和义务。职业权的行使关系到公民个人的生存和发展问题,根据我国现行的制裁体系,行政部门可以任意地剥夺公民个人的某些职业资格,很容易造成对公民人权的践踏。因此,应将各种法律、法规、规章以及司法解释中有关剥夺职业资格的规定进行整理、取舍,将那些行政违法情节严重的、由行政机关剥夺职业资格的行为纳入微罪法制裁体系,通过司法程序由法院予以裁决,以保障公民的人权。

具体做法是将因严重行政违法行为应被剥夺职业资格的处罚纳入微罪法制裁体系,作为该体系中禁止从事特定职业或活动之一资格刑的内容,对特定职业或活动的禁止应该视情况规定不同的期限,这样既可以达到预防再犯的目的,也不至于使行为人彻底丧失从事某一职业的机会,不至于使行为人丧失其生存能力从而重新走上违法犯罪的道路。至于处罚方式,可在人民法院判决生效后交由相关行政主管部门具体实施,如被剥夺律师资格的行为人,其职业资格由具有相关权限的司法行政机关予以取消;被剥夺营业执照的拍卖人,其职业资格由有关工商行政部门予以取消。以往计划经济体制和人情社会情形下,人们不会对资格给予高度的重视,因为即使不具有某个资格,人们也不会为生存过度担忧。随着市场经济社会的形成,我国已经进入"竞争社会",伴随的是"资格社会",即高度竞争性、资源稀缺性的社会生态决定了资格将长期成为影响人们生存和发展的重要因素,因此绝大多数行业都要求这样或者那样的职业资格证书。虽然国务院近年来取消了一大批职业资格审批事项,然而现实中取得资格、资质仍然为人们所信赖。正是因为资格变得如此重要,立法上才应当高度重视,不应当将其再作为"从刑",甚至应当上升为与吊销许可证、责令关闭等处罚同等的高度。同时也要客观地看到,我国的法治水平要达到那一步还有很长的路要走,比如开除公职目前还是行政处分,属于内部行政行为,救济途径很窄,甚至还不能提起行政诉讼,若想将其一步解决纳入微罪法制裁体系,难度可想而知。但是我们相信,随着我国法治化水平的不断提升,重大资格处罚纳入微罪法制裁体系以彰显公平正义是迟早要实现的。

四、剥夺荣誉资格

剥夺荣誉资格是指剥夺由公民个人、单位享有的因自己的突出贡献或特殊劳动成果而获得的光荣称号或其他荣誉权利。荣誉权是社会给予公民、法人、集体或者其他组织的一种正式的评价，依据是否获得荣誉的事实而定，因此荣誉权具有专属性。具体包括军衔、警衔、职务头衔、勋章、奖章、专门称号、其他荣誉等。不管是军衔、警衔还是勋章、称号都是获得荣誉的表现，故下文统一阐述为荣誉资格。

（一）军警衔等

警衔是现代警察衔级制度的简称，是区分警察级别、表明警察职业身份的称号和标志，是国家授予每一个警察的崇高荣誉。根据《人民警察警衔条例》第 13 条的规定，公安部主管人民警察警衔工作，总警监、副总警监、一级警监、二级警监由国务院总理批准授予；三级警监、警督由公安部部长批准授予；警司由省、自治区、直辖市公安厅（局）厅（局）长批准授予；警员由省、自治区、直辖市公安厅（局）政治部主任批准授予。公安部机关及其直属机构的警司、警员由公安部政治部主任批准授予。该条例第 22 条规定，人民警察被开除公职的，其警衔相应取消。人民警察犯罪，被依法判处剥夺政治权利或者有期徒刑以上刑罚的，其警衔相应取消。离休、退休的人民警察犯罪的，适用前款的规定。根据我国《人民警察法》第 48 条的规定，对受行政处分的人民警察，按照国家有关规定，可以降低警衔甚至取消警衔。军官的军衔，是区分军官职级高低的等级，也表明军官的身份与称号、标志与荣誉，按照军官的服役性质分为现役军官军衔和预备役军官军衔。首次授予军官军衔的，上将、中将、少将、大校、上校，由中央军事委员会主席批准授予；中校、少校，由人民解放军各总部、大军区、军兵种或者其他相当于大军区级单位的正职首长批准授予；少尉、中尉、上尉，由集团军或者其他有军官职务任免权的军级单位的正职首长批准授予。《中国人民解放军军官军衔条例》第 28 条规定："军官犯罪，被依法判处剥夺政治权利或者三年以上有期徒刑的，由法院判决剥夺其军衔。退役军官犯罪的，依照前款规定剥夺其军衔……"我国刑法没有规定剥夺军警衔的刑事处罚措施，但是根据《人民警察警衔条例》和《中国人民解放军军官军衔条例》的规定，犯罪会导致剥夺犯罪人警衔和军衔的后果，另外，受到行政处分的人民警察其警衔也可以被取消，即取消警衔作为行政处罚的一种法律后果。在《中国人民解放军军官军衔条例》中，则直接明确了法院对于剥夺军衔的判决权力，剥夺军衔虽然不是刑罚处罚措施，但事实上充当了刑罚的角色，发挥了刑罚的功能。这给我们这样的启示：笔者认为的违反微罪法的行为也需要通过司法程序，最终通过法院的判决定量量刑。既然法院可以因犯罪而剥夺军衔，同样法院也可以因微罪违法行为而剥夺军衔。

再进一步扩大,警衔和军衔都是职务的标志,都是国家授予的荣誉,法院可以判决剥夺犯罪人的军衔,那么作为性质相同的警衔,法院也有权因犯罪或微罪违法行为而予以剥夺。

(二)勋章、奖章、荣誉称号

勋章是授给有功者的荣誉证章。我国的勋章包括:八一勋章、独立自由勋章、解放勋章、英雄模范勋章。

八一勋章授予中国工农红军时期(1927年8月1日至1937年7月6日)参加革命战争有功的人员;独立自由勋章授予抗日战争时期(1937年7月7日至1945年9月2日)参加革命战争有功的人员;解放勋章授予在解放战争时期(1945年9月3日至1950年6月30日)参加革命战争有功的人员。八一勋章、独立自由勋章、解放勋章由1955年全国人大常委会决定,中华人民共和国主席授予。英雄模范勋章是2010年5月4日通过的《中国人民解放军纪律条令》第15条规定设立并于2011年8月1日启用的勋章,为中国人民解放军目前唯一设立并颁授的勋章。分为两个等级:一是由中央军事委员会批准的,授予一级英雄模范勋章。二是由军区以及其他相当等级的单位批准的,授予二级英雄模范勋章。《中国人民解放军纪律条令》第15条第1款规定:"对获得三等功、二等功、一等功奖励的个人,分别授予三等功、二等功、一等功奖章。对获得荣誉称号奖励的个人,由军区以及其他相当等级的单位批准的,授予二级英雄模范勋章;由中央军事委员会批准的,授予一级英雄模范勋章。"

奖章是授予有功人员的或者因某项成就而授予的徽章。包括奖牌、荣誉奖章、立功奖章、公务员奖章。奖牌就是发给各种竞赛的优胜者的证明,体育竞赛一般有金牌、银牌、铜牌,分别对应第一名、第二名、第三名。荣誉奖章包括八一奖章、独立自由奖章、解放奖章,同勋章一样是对各个革命时期参加革命战争有功人员的奖励。立功奖章包括中国人民解放军立功奖章和公务员、公务员集体立功奖章,人民解放军立功奖章分为一等、二等、三等。公务员奖章是对公务员工作实绩表现与贡献的认可,或者具有其他特别突出事迹的公务员、公务员集体依法给予的奖励和荣誉。我国《公务员奖励规定》第11条第1款规定:"对获得奖励的公务员、公务员集体,由审批机关颁布奖励决定,颁发奖励证书。同时对获得记三等功以上奖励的公务员颁发奖章、公务员集体颁发奖牌。"第19条规定,公务员、公务员集体有下列情形之一的,应当撤销奖励:(1)弄虚作假,骗取奖励的;

(2)申报奖励时隐瞒严重错误或者严重违反规定程序的;(3)有严重违纪违法等行为,影响称号声誉的;(4)法律、法规规定应当撤销奖励的其他情形。国家公务员所获得的奖励被依法依规撤销后,审批机关应当依法依规收回其奖章和奖励证书,并予以公开注销和停止其享受的有关待遇。根据国家人事部门的管理规定,依法依规撤销奖章和奖励证书的决定必须存入公务员本人的档案。

此外,我国《宪法》第 67 条规定,全国人民代表大会常务委员会规定和决定授予国家的勋章和荣誉称号。我国《兵役法》第 13 条也规定,军人和预备役人员建立功勋的,按照国家和军队关于功勋荣誉表彰的规定予以褒奖。对于剥夺荣誉资格,有些国家把剥夺荣誉放在剥夺公权中,如《意大利刑法典》第 28 条规定:"除法律另有规定外,终身褫夺公职使被判刑人丧失……(4)学术级别或职位、称号,勋章或其他公共荣誉标志……(6)一切与以上各项列举的职务、服务、级别、称号、身份、地位和勋章有关的荣誉性权利;(7)担任或者取得以上各项列举的任何权利、职务、服务、身份、级别、称号、地位、勋章和荣誉标志的权能。暂时褫夺公职使被判刑人丧失在褫夺公职期间取得、行使或者享受上述权利、职务、服务、身份、级别、称号和勋章的权能。"[1]还有些国家把剥夺荣誉权单独作为一种资格刑,如俄罗斯。《俄罗斯联邦刑法典》第 48 条规定:"在审理严重犯罪或特别严重犯罪时,法院基于对犯罪人个性的考虑,可以剥夺犯罪人的专门称号、军衔或荣誉称号、职衔或国家奖励。"在我国,对于剥夺勋章、奖章、荣誉称号的处罚,有很多反对的声音,主要理由包括:(1)荣誉是一个公民对国家和社会有所贡献的一种标志,是不可磨灭的历史事实。一个人犯了罪,就把他的过去一笔抹杀,这不是历史唯物主义的态度。(2)荣誉不是一种职业,也不是一种职务,更谈不上是一种职权,因此,从本质上说,它并不能被用来进行犯罪活动。(3)根据我国宪法规定,全国人民代表大会常务委员会"规定和决定授予国家的勋章和荣誉称号"。由国家最高权力机关决定授予的勋章和荣誉称号,可以由审判机关包括基层法院予以剥夺,这在"权限"上存在问题。(4)一概剥夺犯罪人的荣誉权可能会对犯罪人的改造带来负面影响。[2] 笔者认为,作为一种处罚方法,剥夺荣誉和剥夺政治权利与人身自由、财产一样,不应该因为被剥夺权利的某些属性而予以回避。人身、财产、政治权利都是基本人权,但是法律同样规定对行为人剥夺这些基本人权,所以不应该因为荣誉是一种历史事实就不能被剥夺。审判机关

---

[1] 黄风译注:《最新意大利刑法典》,法律出版社 2007 年版,第 29 页。
[2] 参见吴平:《剥夺荣誉权作为资格刑的合理性探讨》,载《河北法学》2005 年第 1 期。

剥夺荣誉资格也不存在权限上的问题。如上所述,《中国人民解放军军官军衔条例》第 28 条第 1 款规定,军官因被刑事处罚(判处 3 年以上有期徒刑或者剥夺政治权利的),由法院判决剥夺其军衔。法院剥夺荣誉资格可以通过立法予以确认,审判机关剥夺荣誉资格的权力事实上也是由国家最高权力机关赋予的,这样一来就不存在权限上的问题了。

勋章、奖章、荣誉称号等是对公民、法人或其他组织作出的突出贡献给予的肯定,是对某种事实的确认。如果该荣誉是通过不正当手段获得或者授予单位基于认识错误而获得的,在本不具备授予条件而被错误地授予荣誉的情况下,授予单位予以撤销的行为只是对前一行政行为的否定,撤销行为是一个新的行政行为,不是处罚行为,也不是微罪制裁措施。笔者认为,对于那些利用所获得的军衔、警衔、称号等相关权利实施违反微罪法行为的,才剥夺其荣誉资格,即违法行为必须与荣誉资格有关联性。虽然荣誉称号、勋章等是关于公民、法人对国家或社会所作贡献的一种肯定性评价,是一种不可磨灭的历史事实,但是如果公民、法人利用这种历史事实的影响力来实施违法行为,那么就有必要剥夺其荣誉,以预防再犯。具体做法同剥夺职业资格类似,纳入微罪体系,由法院宣判剥夺特定荣誉,再由荣誉颁发部门具体执行收回警衔、军衔、勋章等。

(三)其他荣誉称号

其他荣誉称号指的是由外部机构(通常是比较权威的组织,尤其是党政机关)所授予的具有光荣名誉性质的名称,它意味着某种肯定、认可或鼓励,如全国先进工作者、全国劳动模范、优秀党务工作者、优秀共产党员、优秀共青团员等。

劳动模范是在我国社会主义现代化建设进程中,社会各条战线上表现突出、成绩卓著的劳动楷模与典范人物,根据职工的民主评选,最终由有关部门审核或政府严格审批后被授予的一种荣誉称号。劳动模范具体分为全国劳动模范、省部委级劳动模范、地市县级劳动模范和各行各业、各系统或各企业及单位的劳动模范等。对于劳动模范和先进工作者的评选和管理,全国没有统一的规章制度来规范,但是人力资源和社会保障部及新闻出版署、全国妇联、原国家粮食局、国有资产监督管理委员会、交通运输部、原铁道部等联合印发关于各行业劳动模范和先进工作者的管理办法,如人力资源和社会保障部、原国家粮食局《关于评选全国粮食系统先进集体和劳动模范(先进工作者)的通知》,人力资源和社会保障部、全国妇联《关于评选全国妇联系统先进集体劳动模范和先进工作者的通知》等。这些通知都规定了评选的范围和表彰名额、评选条件、评选程序和要求、奖励办法等,对于有违法违纪行为的个人以及 5 年内有违法违纪行为记录的单位不得参与评选,但对于剥夺劳动模范或先进工作者的称号则没有提及,在地方性法规中也是如此规定的。但是各地政府规章对劳动模范的评选和管理的规定则比较具体,如《哈尔滨市劳动模范评选和管理规定》中就有对评选劳动模范的资格限制,如第 7 条规定:"有下列情形之一的,企业事业单位负责人不得评选为劳动模范:(一)发生一般生产安全事故一年内、发生较大生产安全事故二年内或者发生重大以上生产安全事故三年内的直接责任者和企业负责人或者法定代表人;(二)违反环境保护法律、法规和规章规定受到行政处罚的;(三)未按规定办理用工备案或者未依法签订劳动合同和集体合同的;(四)拖欠劳动者工资或者欠缴社会保险费未改正的;(五)违反计划生育政策的;(六)侵犯农民工合法权益的;(七)受到党纪、政纪处分的;(八)受到刑事处罚的;(九)不依法成立工会组织,侵害职工民主权利和合法权益的;(十)有其他造成恶劣影响的违法行为的。"第 10 条规定:"劳动模范有下列情况之一的,命名机关可以撤销其劳动模范荣誉称号:(一)被依法追究刑事责任的;(二)受到党纪、政纪处分的;(三)犯有其他严重错误的。"第 11 条规定:"撤销劳动模范荣誉称号,按照劳动模范评选程序申报,经命名机关批准撤销。同时收回奖章、证书,取消其相应待遇。"在其他市政府规章、条例中也有类似因违法违纪行为而撤销劳动模范荣誉称号的规定。

优秀共产党员是中国共产党作为执政党颁发的荣誉称号之一,一般授予在党的组织活动中各方面的组织与政治表现非常优秀、工作成绩比较突出的党员先进分子。通常情况下,在党内担任领导职务或从事党务管理的党员可被评为优秀党务工作者。同时开展的评优评先还有先进基层党组织的评选活动,党的一个基层组织可被评为先进党支部等。实施违法违纪行为的共产党员没有资格当选为优秀共产党员。

笔者认为,对于其他荣誉称号都有无违法违纪行为的资格限制,显然,对于已经获得劳动模范、优秀工作者等荣誉称号的人触犯我国法律法规的,应该撤销其荣誉称号。我国现行做法一般是采用谁颁发谁撤销的原则,但是,笔者认为,处罚机关对于违法犯罪行为人的违法犯罪行为最为清楚,剥夺荣誉资格的处罚权应该由司法机关作出,行为人受到微罪法制裁的,法院可以判决剥夺这些荣誉称号,然后通知颁发该荣誉称号的单位具体执行。至于是否纳入微罪法制裁体系,笔者认为,至少当前一段时间内不是主要矛盾。

第五节　微罪体系借鉴的刑罚措施：
拘役、管制和非刑罚处罚方法

由于拘役、管制和非刑罚处罚方法在刑法制裁中属于最轻微的处罚，完全可以放置在微罪法中予以规制，下面分别介绍。

一、拘役的借鉴及其完善

根据我国《刑法》第42条、第43条、第44条的规定，拘役是对犯罪人强制剥夺其短期人身自由的一种刑罚方法，它是介于管制和有期徒刑之间的一种次轻刑。拘役的特点是：

(1)拘役是剥夺自由的刑罚方法。由于拘役剥夺犯罪人的自由，所以与限制自由的管制有明显区别。由于拘役是刑罚方法，所以它与行政拘留、刑事拘留、司法拘留在法律属性、适用对象、适用机关、适用依据、适用程序、适用期限上都有明显区别。

(2)拘役是短期剥夺人身自由的一种刑罚方法。具体内容包括：①拘役的适用对象。主要适用那些罪行相对较轻但仍然需要对其人身自由予以一定剥夺的犯罪人。根据相关统计，我国刑法分则中有拘役规定的罪名以及条文约占3/4。②拘役的刑期。《刑法》第42条规定："拘役的刑期，为一个月以上六个月以下。"第69条规定，数罪并罚时，拘役最高不能超过1年。第44条规定："拘役的刑期，从判决执行之日起计算；判决执行以前先行羁押的，羁押一日折抵刑期一日。"③拘役期间的待遇。被执行拘役的罪犯服刑期间可以享有探亲待遇，每月可以回家1~2天，而且参加劳动可以领到一定的报酬。这些待遇充分体现了我国刑罚执行中的人道主义精神及其具体落实，不仅有利于对罪犯的教育，而且有利于家庭的和谐与稳定。④拘役的执行机关和执行场所。《刑法》第43条第1款规定："被判处拘役的犯罪分子，由公安机关就近执行。"然而，拘役纳入微罪法后就成为微罪法中特定的处罚措施，它与行政拘留的区别在于剥夺人身自由的时限不同。因此，可以将现行行政处罚中的收容教育、收容教养等处罚措施中的剥夺人身自由时间予以统筹考虑，这样做是为了不打乱和破坏我国现行的刑法与行政法的体系与规定，在未来整合法律体系时再作整合和调整。

我国刑法理论上对于拘役一直存在着存废之争。废止论的主要理由是：(1)拘役的使用率极低，形同虚设。(2)如果羁押期过长，就会使许多判决一宣布就放人,难以发挥刑罚功能。(3)拘役条件恶劣,犯罪人之间容易交叉感染。(4)刑期太短,缺乏刑罚威慑力。(5)判处拘役,会给犯罪人前途带来消极影响。学界对拘役制度显然存有极大的争论,许多学者对拘役制度进行利弊分析,但总体上考量还是利大于弊,因为其充分体现罪刑相适应基本原则与原理,以及刑罚个别化的现代刑法思想,可以说是我国违法犯罪制裁体系的重要组成部分。尤其是在拘役执行期间,犯罪人每月可以回家和酌量发给报酬,这是有期徒刑取代不了的,所以刑法保留拘役这一刑种是完全必要的。① 然而,司法实践中适用拘役的时候也较少,加之其是一个最轻的人身自由罚措施,故将拘役移入微罪法,一方面使其充分发挥短期自由罚适用的广泛性,另一方面摘掉更多的犯罪标签,对于国家和个人均是十分有利的。

二、管制的借鉴及其拓展

管制是我国刑罚方法的一种创新,在其适用过程中还存在诸多缺陷,需要根据我国政治、经济、社会形势的改革发展变化等诸多因素进行不断的完善。近年来,学术界对管制的存废问题展开了争论,并对管制的完善提出很多有价值的建议,这也正说明管制应纳入微罪法,尤其是在微罪法中进一步发挥作用是建构微罪体系的应有之义,下面作些分析。

1. 管制的缺陷

首先,管制的惩罚程度不够,惩罚性是刑罚的本质特征,也是刑罚的生命所在。刑罚惩罚性的设定,不仅要符合实现社会正义的需要,而且也要符合实现教育改造犯罪人的需要,同时体现国家利益、社会利益、集体利益、个人合法权益的不可侵犯性,而管制侧重于犯罪人对相关法律规定的遵守,在对其惩罚性上较弱。其次,在实际执行中,管制的强制性没有得到充分发挥,如此结合微罪法的建立尤其是相关配套措施,管制的强制性就会得以更好地发挥。当然,管制刑的执行需要人民群众的有效监督和配合,而随着社会经济的快速发展,人们关注的焦点越来越集中在个人的经济利益上,没有过多的时间和精力去关注其他事情。同时,社会基层组织对其成员的控制能力大大减弱,社会成员的流动性加强,从而难以有效组织群众对罪犯进行监督。正因为这样,管制刑除在刑法中可以适用外,在微罪法中应普遍适用,而且可以比刑法中的管制拥有更大的自由,如定时报告所在的位置即可。

---

① 参见高铭暄主编:《刑法学原理》,中国人民大学出版社1993年版,第123页。

2. 管制的完善

微罪中管制的完善主要考虑如下几点：

其一，在微罪中可适当降低管制的惩罚力度，相对放宽微罪中管制执行的弹性。考虑微罪的特点，微罪中的管制不必像刑法中那么严格，作为微罪中的处罚手段之一，应充分考虑公民劳动、就业及谋生的现实状况，管理上要注意人性化，以区别刑法中的管制。包括刑法中的管制犯在公共劳动中也应适当考虑同工同酬，以体现劳动改造与谋生生存的相互兼顾，故应适当规定"参加劳动的，可酌量发给报酬"，由执行机关制定具体发放标准，当然原则上应低于同工同酬待遇。同时，应注意有助于改造和处罚个别化问题，且有利于促进履行改造过程中的法律义务，如不许饮酒、不许单独外出等。

其二，微罪中的管制应缩短期限，并且可以增加一定类型的易科制度。在市场经济体制下，将犯罪人长时间固定于一个狭隘的活动空间，不但会给犯罪人本人及家庭带来重大不利影响，而且也会大大降低罪犯充分利用自己的才能积极参与市场经济活动为社会作出更大贡献的机会，同时，还会给执行机关的行刑工作造成很大困难。

其三，扩大管制的适用范围和执行区域，以适应人口流动和犯罪人就业的实际情况。作为一种限制自由的轻刑，管制的适用对象应根据犯罪情节、危害程度和人身危险性大小来确定。对于一切危害较轻、不予关押也不会再次危害社会的犯罪人，均可考虑适用管制，使微罪中管制的适用范围更广，且根据不同情况，扩大管制的执行范围和空间，对于领导体制较为健全、单位较为固定的犯罪人，可在本地执行管制，由单位及群众协助公安机关监督改造；对于没有相对固定单位的犯罪人，或者需要到外地就业的犯罪人，可以根据具体情况考虑设置专门的管制区域或执行场所。

三、非刑罚处罚方法的细化

我国《刑法》第37条规定的非刑罚处罚方法，其实大部分是申诫罚的内容。根据非刑罚处罚方法在刑事司法实践中的运行情况，以及其本身的特点，并考虑刑法与其他法律的衔接，笔者主张将刑法中的非刑罚处罚移入微罪法进行具体规制，实际上是一种较好的选择。这是因为，一方面，长期以来非刑罚处罚方法在刑法中虽有规定，但很少适用，如此搁置是一种司法资源上的浪费；另一方面，就其惩罚力度而言，适合规定在微罪法中。

所谓非刑罚处罚是人民法院对犯罪轻微不需要判处刑罚的行为人所给予的刑罚以外的其他处罚措施。应当注意的是，非刑罚处罚是犯罪行为人应当承担的一种法律后果,也即承担刑事责任的方法之一。对行为人适用非刑罚处罚,不仅彰显出一种区别对待、教育挽救的刑事政策与措施,同时表明刑法对这些轻微违法犯罪行为的一种否定性评价,总之它是一种犯罪后果或承担刑事责任的方式。我国《刑法》第36条第1款还规定:"由于犯罪行为而使被害人遭受经济损失的,对犯罪分子除依法给予刑事处罚外,并应根据情况判处赔偿经济损失。"第37条规定:"对于犯罪情节轻微不需要判处刑罚的,可以免予刑事处罚,但是可以根据案件的不同情况,予以训诫或者责令具结悔过、赔礼道歉、赔偿损失,或者由主管部门予以行政处罚或者行政处分。"显然,其中已经包含了行为人"已经成立犯罪"这一定罪结论。笔者认为,非刑罚处罚也是微罪法上一种直接法律后果,虽然这些措施不是刑罚,但仍是因犯罪而直接产生的一种实体义务,是微罪责任的一种实现方式。

根据我国《刑法》第37条非刑罚处罚方法的规定,行政处罚和行政处分是一种犯罪后果或承担刑事责任的一种方式,可以由相关主管部门作出,但其实际上是一种司法机关的授权,与单纯的行政违法与行政制裁不同。如果移入微罪法,非刑罚处罚的适用主体仍然是人民法院,但比刑法中更加宽泛和灵活。从《刑法》第37条规定的内容看,非刑罚处罚措施多是行政主体对行政违法者的名誉、荣誉、信誉或精神上的利益造成一定损害以示警诫的行政处罚形式,故应将其纳入微罪法予以进一步规制,以便将刑法和微罪法中规定的非刑罚处罚措施予以贯彻执行。

另外,从表面上看,非刑罚处罚是一种民事责任、行政责任的实现方式,并且有的非刑罚处罚甚至轻于行政责任或民事责任的实现方式,但非刑罚处罚适用的前提是行为已经构成犯罪,它是一种刑法或微罪法的法律责任承担;而单纯的民事处分、行政处罚只是对民事行为、行政违法行为的处理办法,两者有着本质的区别。至于非刑罚处罚与刑罚的关系,客观地讲,两者既有一定的联系,也有一定的区别。两者的相同点是:(1)两者适用的前提条件都是行为已经符合刑法的犯罪构成。(2)两者都是实现刑事责任的一种方式。(3)两者都有惩罚和教育改造的功能。两者的区别主要表现在:(1)有权适用的机关不完全相同。刑罚是人民法院通过判决的形式确定;而非刑罚处罚中的行政处罚或行政处分是由法院授权后,由主管部门作出。(2)严厉程度不同。刑罚是最严厉的一种刑事处罚措施,它不仅可以限制、剥夺犯罪人的人身自由和其他权利,甚至剥夺犯罪人的生命;而非刑罚处罚只是带有行政、民事制裁属性的制裁方式,其严厉程度远远低于行政刑罚。(3)法律后果不同。适用刑罚方法表明行为人已经受到刑事处罚;但适用非刑罚处罚表明行为人没有受到刑事处罚的前科记录,即便以后再犯也不可能按累犯对待。当然,这是刑法中的规定,在微罪法中不存在进行刑事登记问题。目前,非刑罚处罚方法在司法实践中长期行之有效,从国际刑事法学发展的动向来看,非刑罚化已成为世界刑法的发展趋势,其方法也在不断更新。可以说,我国刑法所规定的非刑罚处罚,也必须顺应世界刑法的发展趋势,所以将其纳入微罪体系并进一步发挥和运用正是时候。

笔者曾提出:"以非刑罚处罚为依托主体作为建构微罪体系的承载基础。"[1]我国刑法虽然规定了非刑罚处罚措施,但长期以来,由于种种原因这些措施很少在司法实践中运用。笔者认为,应充分发挥低位阶刑罚措施的应有效用,包括从刑罚低位阶层面严密刑事法网建设。实际上,在西方国家的刑法中,非刑罚处罚的适用范围是极其广泛的。适用非刑罚处罚,不仅可以充分发挥刑法应有的震慑作用,而且恰当地处理了较轻的刑事犯罪,甚至有的只是受到一些罚金或缓刑的处罚。然而,刑罚效果却大不一样,从性质上讲毕竟是刑事处罚,足以引起行为人和整个社会的高度警觉和重视,从而起到预防犯罪的目的。当然,为减少犯罪圈扩大带来的负面效应,或犯罪标签给犯罪人带来的生活中的不便,有些国家和地区未将非刑罚处罚列入刑事登记或有犯罪记载的范围。从其他国家和地区的情况看,上述对象适用非刑罚处罚不仅有立法先例,而且有坚实的理论基础;从我国的现实情况来看,虽然有立法根据,但由于长期以来缺乏对非刑罚处罚方法的关注和应用,包括较少积累司法实践中的熟练操作与成功做法,致使其应有的效果未能充分发挥。再者说,更多适用非刑罚处罚方法也比较符合当今"以人为本,构建和谐社会"的中国时代潮流,甚至有效配合"宽严相济刑事政策"和正在铺开的"社区矫正"工作。实际上第二次世界大战后,西方国家不约而同地适用"轻轻重重"刑事政策,包括与非犯罪化相并列的非刑罚化和非监禁化都是该刑事政策的具体体现。如英国的社区服务令、电子监控、赔偿、有条件解除指控、完全解除指控、责令犯罪人行为平和、守规矩、判决暂不生效等均是近似非刑罚处罚的具体形式。当然,在这种情况下,是否能够直接照搬其他国家和地区的做法,也许事情并非如此简单。故笔者认为,就目前而言,将非刑罚处罚方法纳入新建构的微罪体系,作为微罪责任的主要方式之一更为合适和恰当。

---

[1] 李晓明:《从中美 IP/WTO 第一诉谈我国的轻罪体系建构——重在两国 IP 保护力度的分析》,载《中国法学》2007 年第 6 期。

四、设置与刑罚有效对接的保安处分

最早提出保安处分的是德国刑法学家克莱因,他认为:"刑罚具有按现实的犯罪程度而定的确切内容,而保安处分则具有以行为者的犯罪危险性为基准而科处的不定期的内容。"① 显然这是近现代刑事学派对古典刑事学派道义责任论的冲击与挑战,并最终形成意大利犯罪学家菲利提出的社会责任论观点。1949年之后,我国对西方国家的"保安处分"基本上采取的是否定立场,在刑法中根本没有规定类似于西方国家的"保安处分"及其制度,但在刑法之外有类似于保安处分制度的雏形,如劳动教养制度、收容教育制度、强制戒毒制度等。在劳教立法讨论中,由于劳教本身的性质决定了不可能不将其与保安处分相联系。这是因为,我国的劳教虽然具有处罚性质,但同时也具有维护社会治安、预防犯罪的性质,而国外的保安处分主要发挥的是预防犯罪的特殊功用。正像学者指出的那样,"可以断言我国现行社会控制体系中无保安处分之名却有保安处分之实"②。的确,我国法律、法规甚至刑事政策分散性地规定了多种具有保安处分性质的措施,如刑法中规定的驱逐出境、专门矫治教育和已经废止的劳动教养和收容教育制度、强制戒毒,行政法律、法规及规章中曾规定的劳动教养及现在规定的保安监禁、强制医疗、收容遣送、没收财物、吊销驾驶执照和禁止从业,刑事政策中规定的工读教育、社会帮教等,当然在我国已经习惯性地将驱逐出境归入附加刑。当然,从一般意义上讲,刑罚是事后罚,保安处分是事前罚,二者具有处罚根据上的不同,但保安处分也可以具体划分为有实害行为的保安处分和无实害行为的保安处分,这在研究中要进行详细具体的划分。

问题是,过去不少学者主张不是将劳动教养制度彻底废止,而是加以改造,甚至变为一种具有中国特色的"保安处分制度",并将名称改为劳作教养处遇或教养处分,由人民法院裁决,公安机关执行。③ 也有学者认为,保安处分制度适用于中国,尤其是二元主义更加符合中国的现实。理由是,二元结构的违法犯罪制裁体系中的保安处分制度具有预防犯罪的功

---

① 〔日〕木村龟二主编:《刑法学词典》,顾肖荣、郑树周等译校,上海翻译出版社1991年版,第465页。转引自梁根林:《保安处分制度的中国命运——兼论劳动教养的出路》,载储槐植、陈兴良、张绍彦主编:《理性与秩序:中国劳动教养制度》,法律出版社2002年版,第174页。
② 梁根林:《保安处分制度的中国命运——兼论劳动教养的出路》,载储槐植、陈兴良、张绍彦主编:《理性与秩序:中国劳动教养制度》,法律出版社2002年版,第177页。
③ 参见屈学武:《保安处分与中国刑法改革》,载《法学研究》1996年第5期。

用,而我国劳动教养制度的根本目的就是积极预防犯罪,维护社会治安,这始终是劳动教养制度存在的依据和基础,把劳动教养定性为具有预防犯罪功能的保安处分性质,更有利于劳动教养制度的完善和发展。① 还有学者认为,对过去劳动教养中那些"大法不犯、小法常犯",刑事处罚够不上,治安管理处罚又不足以教育、惩戒的人,应当纳入刑法上的保安处分范围。② 更有学者认为:"用保安处分模式统一规制我国制度性教养活动,是社会转型期的严峻治安形势决定的。前者是决策者预防犯罪的积极选择,后者则是设定前者的特殊语境。它的出发点是尊重我国长期形成的执法传统,坚持法治的基本精神,通过制度调整,摆脱现行法制运作的困境。"③显然,上述主张具有一定的合理性,但也必须考虑我国的现实国情。

首先,专门矫治教育和已经废止的劳动教养、收容教育制度与国外的保安处分制度并非完全相同。国外的保安处分,尤其是大陆法系国家和地区的保安处分,主要适用于具有明显社会危险性的人,而这种危险性必须是通过行为人实施侵害社会和法益的行为表现出来,且在这种侵害行为结束后仍然继续存在。在这些国家和地区,一般都将保安处分规定在刑法中,也有的国家和地区进行单独立法,这样保安处分就成为同刑罚相并列的刑事制裁体系的重要组成部分,并被纳入司法控制的正确轨道。同刑罚一样,保安处分也受到一系列法治原则的限制,如处分法定原则、比例原则(相当于罪责相当原则)等。专门矫治教育和已经废止的劳动教养、收容教育制度等,在适用对象、期限、目的以及程序上等与国外的保安处分有所不同。一是在适用目的上,这些措施都是剥夺人身自由、强制劳动、强制教育的惩罚性措施;而保安处分不具有惩罚性,只有预防性。二是在适用对象上,这些措施针对的是违法而又不够刑事处分的人员;而保安处分适用的是已经侵害社会或法益,并在有罪宣告或无罪宣告后仍有危险性的人。三是在适用期限上,这些措施具有确定的期限(劳动教养一般为 1 至 3 年,必要时可延长 1 年;收容教养为 1 至 3 年;收容教育为 6 个月至 2 年);而保安处分的期限具有不确定性,一直到人身危险性完全消失为止。当然,程序问题是可以通过立法与司法化予以解决的。应当说,上述学者倡

---

① 参见韩玉胜、赵瑞罡:《关于劳动教养性质的定位》,载储槐植、陈兴良、张绍彦主编:《理性与秩序:中国劳动教养制度》,法律出版社 2002 年版,第 97 页。
② 参见陈兴良:《中国劳动教养制度研究——以刑事法治为视角》,载储槐植、陈兴良、张绍彦主编:《理性与秩序:中国劳动教养制度》,法律出版社 2002 年版,第 170—171 页。
③ 王利荣:《制度性教养的走向与立法选择——兼谈在刑事法视角下构建保安处分的可能性》,载储槐植、陈兴良、张绍彦主编:《理性与秩序:中国劳动教养制度》,法律出版社 2002 年版,第 193 页。

导通过保安处分将这些措施纳入法治化轨道,这是无可非议的,但也必须注意到两者的不完全适应性。虽不像有些学者所指出的那样,我国的劳动教养在适用目的和对象上与保安处分是风马牛不相及的。① 但的确需要对其进行必要的改造和分离,比如目的理念上的调整,将目的完全调整到保安处分控制危险与预防犯罪需要上;再比如对象上的分离,将惩罚性的对象完全分离出去,归入"轻罪"或"微罪",只保留具有人身危险性的那部分适用对象。话说回来,如此分离有可能引发新的问题,既然保安处分的对象是具有人身危险性的人,那么不构成犯罪却具有人身危险性的人需要进行保安处分,而构成犯罪同时也具有人身危险性的人是否也需要进行保安处分呢? 甚至既没有犯罪也没有违法的具有人身危险性的人(如精神病人)是否也需要进行保安处分呢? 显然这将涉及整个制裁体系的协调与改造,以及防卫与保护体系的设计等问题,我们将在下面进行专门讨论。

其次,行政拘留、专门矫治教育、强制戒毒等之外适合保安处分的对象如何处理。正如有学者指出的那样,"在中国的行政性制裁措施中,在性质和功能上真正与保安处分接近的并不是劳动教养,而是其他一些强制性行政措施"②,如针对流浪乞讨人员、卖淫嫖娼人员、吸食和注射毒品成瘾者、有劣迹的未成年人实施的收容遣送和收容教育、强制戒毒、工读教育等。只不过这些措施如今尚未引起人们更多的注意,如果建立完善的保安处分体系,这些对象与措施也当然一并进行考虑。甚至如上所述,此外还有一些具有人身危险性的人群,像精神病人、惯犯、职业犯、有严重犯罪倾向的犯罪人等,这些人也当然对社会具有危险性。但是如此统筹考虑还可能引发保安处分体系设计上新的问题,如国外的保安处分理论与实践中常常有刑事保安处分和行政保安处分的划分,我国架构整体意义上的保安处分体系,是否考虑对保安处分进行刑事与行政上的区分呢? 甚至具体的立法与司法操作应怎样进行也需要进一步深入思考。

因此,笔者认为,将行政拘留、专门矫治教育、强制戒毒等由行政处罚改造为实现刑事责任的非刑罚处罚措施,只是解决了行政拘留、专门矫治教育、强制戒毒等改革与完善的一半;而另一半则是行政拘留、专门矫治教育、强制戒毒等(或称作保安处分)具体适用对象的调整与确定。如上所述,一方面,正确区分刑事处罚与保安处分的具体适用对象;另一方面,根据不同的适用对象严格区分适用刑事对象的保安处分和适用行政对象的保安处分,如此认真对号入座,并纳入微罪法,才能从根本上协调好行政拘

---

① 参见陈瑞华:《劳动教养的历史考察与反思》,载《中外法学》2001年第6期。
② 陈瑞华:《劳动教养的历史考察与反思》,载《中外法学》2001年第6期。

留、专门矫治教育、强制戒毒等立法改革方案中的诸多矛盾。

相对于其他国家和地区的"二元结构"的刑事制裁体系(既有刑罚又有保安处分),我国刑法一贯奉行的是"一元结构"的立法模式,我国刑法中显然缺少对"人身危险犯"的控制和制裁措施,即在刑法之内只有刑罚一种立法模式。当然如上所述,在刑法之外还存在原来的劳动教养制度及收容教育制度、强制治疗或强制戒毒制度等,可以说这些类似于国外的保安处分制度,甚至在刑法之外还有大量的行政拘留等。正像我国学者早就指出的那样,"可以断言我国现行社会控制体系中无保安处分之名却有保安处分之实"①。的确,在我国现行的法律法规包括刑事政策中,分散性地规定了多种具有保安处分性质的措施。

就传统理论而言,我国有"治安管理处罚—劳动教养—刑罚"的"三级制裁体系说"。理由是,在治安管理处罚和刑罚之外尚有两块领地专属劳动教养:一是多次违反治安管理处罚法,屡教(罚)不改,治安管理处罚不足以惩戒,刑法上又没有相应罪名的行为;二是"刑法边缘行为",即形式符合某一罪名但构不成刑法上的定罪标准(目前我国的刑法构罪标准仍然是"既定性又定量"),所谓"大法不犯、罪错不断、危害治安、百姓憎恶、法院难办"的一类刑法边缘族。② 当然,除此之外还有"两级制裁体系说"和"一级制裁体系说"。前者认为,"立法上作为行政处罚的拘留与作为刑事处罚的拘役已差不多互相衔接,在两者之间已容不下其他处罚形式,即劳教作为介于二者之间的处罚措施在法律上是找不到合适位置的"③。后者认为,依据现代法治理论,任何以公权力剥夺公民人身自由的行为,都不能由行政机关作出决定,必须由司法机关通过正当程序作出裁决。从长远看,行政法中的行政拘留应否为我国刑法所吸收,且注意与拘役刑的衔接与调整,从而形成人身自由刑的统一体系,统一由司法程序来运行?甚至有学者认为:"作为一个正在逐渐走向法治的国家,中国迟早会将行政性羁押措施的司法化作为其司法改革的重要课题。"④

显然,这些行政法与刑法交叉领域的问题,都与微罪法有关。笔者认为,原本类似于劳动教养的制度并非一定要彻底废止,其实其本身也具有

---

① 梁根林:《保安处分制度的中国命运——兼论劳动教养的出路》,载储槐植、陈兴良、张绍彦主编:《理性与秩序:中国劳动教养制度》,法律出版社2002年版,第177页。
② 参见储槐植:《劳动教养是我国特有的治安制度》,载《法制建设》1984年第6期;储槐植:《再论劳动教养制度合理性》,载《中外法学》2001年第6期。
③ 刘中发:《劳动教养制度的改革出路》,载储槐植、陈兴良、张绍彦主编:《理性与秩序:中国劳动教养制度》,法律出版社2002年版,第272页。
④ 陈瑞华:《劳动教养的历史考察与反思》,载《中外法学》2001年第6期。

一定的违法与犯罪的社会调剂与防控功能,甚至存在一定的理论上的合理性(如依托其建立我国的保安处分制度),尤其在我国刑法构罪标准存在"既定性又定量"的前提下,出现的刑法与行政法边缘化问题仍旧突出,原来可以被劳动教养部分缓冲和抵挡,现在其各种矛盾显然更为明显了。加之,在我国刑法及行政法的立法体系中尚未看到对"人身危险犯"专门的规制及系统设计,不能不说这也是我国违法犯罪制裁体系中制度设计上的一种漏洞和制度缺陷。所以,劳教制度最大的问题不是实体法上的合理性,而是程序法,即司法公正价值目标的追求,也即"人身自由罚"应当由国家的基本法律规定,以及程序上的正当性,即由司法机关裁决而非由行政机关决定,还有惩罚严厉程度上的适度性和合理性,包括对"人身危险犯"的规制及其配套措施的落实等。当然,目前急需做的就是在不改变现有法律体系与基本框架的情况下,通过建构微罪程序来解决微罪案件的管辖范围问题,以及部分微罪处罚(主要是人身自由罚、资格罚和财产罚)的司法化问题。如此,或许能够将微罪法建构成独立于刑法之外的准刑事制裁制度(类似于国外的保安处分或德国的违反秩序法、日本的轻罪法等),以解决对"人身危险性"的处罚问题,也就基本实现了具有中国特色的"二元结构"的刑事制裁体系的建构,也更加有利于行政执法与刑事司法的有效衔接,从而进一步推动我国现代化的刑事法治进程。

第六节 微罪体系建构的时序进度

法治的发展是一个循序渐进的过程,有一些内容虽然应当纳入微罪体系,如剥夺荣誉资格、剥夺公职等对公民权利影响较大的行为,但是限于当前的主客观原因还不具备立即改革的紧迫性。因此,我们需要根据法律价值、现实需要、政治社会背景等因素作出一个微罪体系建构的时序进度安排,将具有现实紧迫性、必要性和可行性的内容先制定微罪法进行改革。

一、司法化是当前微罪体系建构的主要进路

以习近平同志为核心的党中央,在领导国家开展法治建设的过程中,巩固了中国特色社会主义法治的根本内涵、核心理念和基本原则。党的二十大之后,我国的社会主义法治体系及其发展进路更加清晰明确,更加符合我国的现实情况。我们的政治体系决定了,法治整体框架是在坚持党的领导下的立法、执法、司法相互分工、相互配合,人大主导立法,政府开展执法,"两院"承担司法。但是也要客观地看到,司法与立法尤其与执法

之间合理的分工还是很有必要的。微罪体系建构的核心建议就是通过司法化这一进路,逐步斧正行政权的应有之责,避免公权力的滥用,彰显法治公正之义。所以说,本书提及的将部分行政处罚和行政强制措施对象行为予以司法化,不仅顺应了法治理念和体系框架,而且更加有利于我们建设法治政府、服务政府。当前我国微罪体系的建构,就是将部分行政权予以司法化的改革,也是一个"桥归桥、路归路"的回归。

二、违法和犯罪的分离与有效衔接是制裁体系的核心任务

毋庸置疑,我国刑法的构罪标准是"既定性又定量",这就必然决定或者导致行政执法与刑事司法是否能够做到有效衔接问题。比如,治安管理处罚法中的规定与刑法分则一些罪名的规定几乎相同或接近,这必然给行政执法与刑事司法带来严重的冲突与矛盾。从理论上讲,我们之所以研究微罪法就是为了解决行政执法(违法)与刑事司法(犯罪)的有效衔接,这里将从犯罪圈的扩大谈起。刑法的犯罪圈直接涉及犯罪化还是非犯罪化的问题。这不仅是目前各国和地区长期关注的焦点,更是我国刑法制度面临改革的一大难题。其核心内容是如何科学、合理地确定刑法的犯罪圈调控,以避免刑法资源的过剩与不足。因此,科学、合理地编织刑事法网就显得异常重要。[①] 如果犯罪化的范围过宽,刑法的触角伸得过长,必然导致刑法资源的过剩,其后果是法令滋彰,人民动辄得咎,刑法在抑制违法犯罪的同时也可能窒息社会生活的应有活力,妨碍社会的发展;如果犯罪化的范围过窄,刑法对犯罪行为干预不足,该惩治的犯罪行为没有被纳入刑法的调控范围,又会导致刑政迟缓,纲纪混乱,社会秩序难以为继。[②] 显然就目前而言,犯罪化与非犯罪化不仅是一个罪与非罪的问题,而且是一个关乎社会资源与司法资源合理配置的问题,社会秩序的稳定和维护与公民自由的享有和幸福既有矛盾也需要统一,甚至人权的切实保障更是头等重要的大事,需要国家从法律决策层面慎重考虑。

犯罪概念的量化,究竟采用定性分析模式还是定性加定量分析模式,这不仅受一个国家法律文化传统及社会现实情况的左右,甚至还可能受到某一时期或阶段社会价值取向的影响。虽然有学者举出 1 元钱被盗未必产生受害感觉的例子,同样我们也可举出与盗窃立案标准只差 1 元钱在性质上是与非的尴尬。因此犯罪概念的量化有利也有弊,可能不同时期

[①] 参见郭建安、刘中发:《劳动教养立法中的犯罪化问题》,载储槐植、陈兴良、张绍彦主编:《理性与秩序:中国劳动教养制度》,法律出版社 2002 年版,第 126 页。

[②] 参见梁根林:《论犯罪化及其限制》,载《中外法学》1998 年第 3 期。

不同的个案利多弊少或相反,也可能因不同的价值观念和处理问题的现实就具有不同的选择。当然,也许有人担心定罪量化标准降低后,由于犯罪圈的扩大而导致新的社会矛盾和司法问题的出现,这种担心是必要的,或许目前由于司法环境等因素暂时不具备完全或大幅度取消量化条件的限制。但从另一方面讲,任何情况都是在变化的,或许我们取消了定罪的量化标准后,能够引起每个公民的高度重视、警觉与自律,彻底斩断对其行为由于数量而进行的判断与衡量,或许能相对减少或降低触犯法网的概率和比例。并不会像有些人担心的那样,现在这么多违法者,一旦取消犯罪的定量化,这么大的数量监狱是装不下的。像其他国家,虽然没有实行定罪的量化,但也并没有使犯罪绝对数量增加,更没有出现监狱爆满,尤其达不到不能承受的地步。

另外,从犯罪控制的原理看,行为人实施犯罪是计算成本的,如果有逃脱法网、规避法律追究的可能性,将可能刺激或引发犯罪人实施犯罪的欲望或动机;如果行为人明知自己的行为必定被认定为犯罪或受到追究,想必行为人就不会轻易冒被定罪判刑的危险而去实施。相比较而言,定性分析模式总是比定性加定量分析模式的法网严密得多,因为前者根本没有出罪的可能性。因此,就定性分析模式的威慑力来讲,包括犯罪成本的推估与计算,我们相信,减少犯罪概念量的限制,其后果并不会像有人担心或想象的那样可怕。更何况,我们在进行具体的制度设计时,还可以分级分批控制。就目前而言,是否可以先将 IP 犯罪取消量化限制或取消部分量化限制(即较大幅度地降低入罪门槛),如果成功或取得经验后再逐渐放开,以缓解和减少全面取消犯罪定量所可能付出的代价和遭受的风险。

三、非犯罪化是未来我国微罪体系发展的总趋势

非犯罪化是指将一些对社会危害不大,没有必要予以刑事惩罚,但被目前法律规定为犯罪的行为,通过立法或司法不再认定为犯罪的出罪化过程。旨在收缩法定的犯罪圈,准确规制刑法的调整对象,分清违法与犯罪、民事违法和行政违法的界限。与非犯罪化同步的还有非刑罚化和非监禁化,三者都是目前国际社会现代刑事政策发展的主要潮流和趋势。非刑罚化是指对那些虽然构成犯罪但不一定进行刑罚处罚,而是采用刑罚以外的措施预防和控制犯罪的过程,或者将有些传统刑罚加以废除。它旨在严格收缩法定刑罚圈,广泛适用刑罚替代措施,少用刑罚,慎用刑罚。非监禁化是指在涉及人身自由刑的执行中,对轻微甚至中等程度

刑事犯罪的行为人,通过扩大采取在自由状态中进行考验的办法而对犯罪人不予关押。它旨在降低监禁成本,减轻和缓解监狱等监禁设施的压力,避免犯罪人在监狱内交叉感染,提高行刑效率。当然,也可以把非监禁化看作行刑的非刑罚化,包含在广义的非刑罚化之中。实际上,虽然从20世纪60年代开始西方国家大都以非犯罪化为主导趋向,但它们也没有完全抛弃犯罪化的做法,尤其进入21世纪后,西方国家更流行的做法是犯罪化与非犯罪化的同步进行,即犯罪圈的收放应当根据不同情况灵活把握,使其更加符合一个国家的社会实际情况和时宜。其实,这正是西方国家"轻轻重重"刑事政策的灵活运用和具体体现。一方面对刑法中"无被害人犯罪"实施非罪化,以避免刑法对人们生活实施过多的干预;另一方面面临人工智能和网络的飞速发展又将新技术领域的危害行为及其技术规范犯罪化,以保护社会免受新类型犯罪的非法侵害,进一步保障公民享有更多基本人权。

然而,关于我国是否适用目前国际上这种非犯罪化、非刑罚化和非监禁化的趋势,学界争论频繁。一种意见认为,根据刑法调控的特性和我国刑法调控之现实,完善市场经济条件下的刑法调控模式,必须注重犯罪化以扩大刑法调控的广度。另一种意见认为,我国刑法当今犯罪化及其呼声虽然高涨,但不可避免地存在极大的盲目性。只有经过合理规模设计后出台的犯罪化立法,才能产生良好的适用效果,否则会得不偿失。[①] 围绕此争论,究竟我国1997年刑法的调控范围是扩大了还是缩小了呢?对此有学者认为,从宏观方面看,与其他国家和地区刑法相比,1997年刑法的调控范围只小不大(这可从犯罪概念的数量化和犯罪种类上的重罪化两个方面观之),与1979年刑法相比,1997年刑法的调控范围虽大犹小(这可从罪刑法定的确立、犯罪化的客观主义和进入犯罪圈的刑事责任年龄限制观之);从微观方面看,虽然1997年刑法以犯罪化为主要任务,但在整个刑事立法过程中仍然贯彻的是犯罪化与非犯罪化双管齐下的理念。[②] 对此我们持赞成态度,甚至认为我国应当先完成犯罪化,之后才逐步考虑非犯罪化,而不是相反。然而,无论是犯罪化还是非犯罪化,在我国以大陆法系法典化为主要模式的法治结构中,都不宜盲动,最少应当有一块"试验田"。所以如果说犯罪化和非犯罪化尚难在以"重罪"为主的刑法中那么随意、

---

① 参见中国法学会主管主办:《中国法律年鉴》(1998),中国法律年鉴出版社1998年版,第1115—1116页。
② 参见郭建安、刘中发:《劳动教养立法中的犯罪化问题》,载储槐植、陈兴良、张绍彦主编:《理性与秩序:中国劳动教养制度》,法律出版社2002年版,第129—130页。

从容地适用,那么以轻微违法犯罪行为为主的微罪体系则为其提供了非常宽广的空间。而且由于微罪制度设计取消了前科登记,随着微罪概念的普及和人们犯罪观的转变,微罪将不再是"罪",那时的"罪"仅指刑法规定的"重罪",现在所谓的"犯罪化"也主要是"微罪化""司法化",整个国家制裁体系将逐步形成重罪重刑为少数、微罪轻刑居中、轻微违法轻罚为多数的金字塔结构,这样的结构更加稳定、衔接更加顺畅。

四、微罪体系建构的时序设计

基于上述考虑,结合我国微罪法的建构,笔者认为在扩大犯罪圈尤其在确立其最初操作性标准时可采取以下几步走的方式:

(一)准备期——理论积淀与文化氛围的形成

这个时期主要是基本完成微罪法的总体理论建构和观念认识,包括初步解决将部分可能判处较重行政处罚的违法行为扩至微罪法中,将人身自由罚、资格罚和财产罚也逐步归到微罪法管辖范围中来的各种理论问题,即彻底解决人身自由罚和财产罚司法化的正当性和合法性问题。同时配合全民普法活动,尽快转变社会公众对于犯罪的认识,形成正确的犯罪观,从而为微罪体系建构实施做好思想准备。

(二)初步创建期——人身自由罚、部分资格罚的微罪化及其配套处置制度的建构

如前文所述,对现行的行政法律法规彻底进行梳理,根据当前微罪体系发展的重点和核心内容,先将双重违法性行为中的人身自由罚、吊销营业执照和许可证的资格罚和单纯行政违法行为中的人身自由罚,以及收容教育、强制戒毒等强制措施改革后纳入微罪体系,以实现人身自由罚的司法化,首先解决我国公民的人权保障问题和刑法、微罪法、行政处罚法"三元制裁体系"的成型。这个阶段并不会创造、新设违法犯罪行为,主要是对现行行为的梳理,因此重点在于微罪和重罪、犯罪和违法行为的分离,及其程序法制度的建设。同时,一些非刑罚处置方法、部分保安处分(社区矫正、社区劳役等)可以先尝试放进来。

(三)丰富拓展期——其他行政资格罚、行为限制处罚的微罪化

不断扩展微罪体系的内容,将行政处罚中需要听证的对象行为、责令停产停业的行为、较大数额罚款的行为、限制出入境自由、剥夺城市居住

权、剥夺职业资格权、剥夺荣誉权等作为微罪行为纳入微罪体系,进一步推动依法行政的正当性,加强对公民权利的保障。进一步增加行为禁止令等保安措施,丰富微罪中的保安制度,使之成熟化。这个阶段,社会民众的认知认可已经成熟,违法行为、微罪行为、重罪行为之间的分离会更加明显,每种制度体系的发展更趋完善。

(四)完善发展期(后期阶段、非犯罪化阶段)

将刑法中的管制、拘役甚至3年以下有期徒刑和所有非刑罚处置方法纳入微罪体系。至此,基本上实现对公民影响较大的行政处罚行为微罪化、司法化。与刑法的衔接基本完成,刑法成为真正的"重罪法典",微罪法成为"两法衔接"顺畅的过渡地带,行政处罚、微罪处罚、刑事处罚泾渭分明。

完成微罪体系建构是一项宏大的系统工程。在一定程度上甚至反映着职能部门分工和某些利益集团的主张。或许,站在另外一个角度看,如果行政执法非常有效,或许用不着大动干戈地去进行所谓的微罪法建构,甚至绝大多数人肯定也会更加赞同不犯罪化。应当说,这是两种利益观和价值观权衡博弈的反映。但笔者认为,从国家的长远利益和社会稳定及国际环境来看,犯罪化与非犯罪化相比,似乎前者的利大于弊。当然,相应的补救措施是犯罪圈扩大后的违反微罪法行为没有必要进入刑事登记,也就是说,不必打上"犯罪的标签"。其依据是:一是严格控制"犯罪标签"的负面效应,有利于社会和谐与稳定;二是微罪法中的证据要求显然低于刑法,所以"刑事登记"也就因此而豁免。随着补救措施的推进和人们观念上的日益接受,我们会发现微罪法会逐渐成为社会调控的核心,刑法反而会"边缘化",这也符合社会行为"锥体"形态(即严重的犯罪是少数,普通违法和微罪是大多数)。

第三部分

微罪立法方案的初步设计

第六章 微罪实体立法的条文设计

考虑到保持我国现有法律体系的稳定性,不宜作大幅度的修改,我们建议将治安管理处罚法等行政法律法规中可能处以行政拘留和吊销营业执照、许可证的行为整理提炼出来,作为微罪法的基本内容适用微罪司法程序,而对于这类行为中可能处以警告、罚款、没收等处罚的行为则继续保留在原法律法规之中由行政机关作出处理。因此,微罪处罚和行政处罚的边界也即刻清晰起来,行政处罚、微罪处罚和刑事处罚之间便形成一道逐步递进的阶梯。同一情形的行为,根据其性质及客观方面,分别或者同时承担行政责任、轻罪责任或者刑事责任(如行政罚款和拘留可以同时适用行政处罚程序和轻罪程序,并不违反一事不二罚原则)。目前我国关于人身自由行政处罚的行为主要规定于治安管理处罚法,还有一些诸如道路交通安全法、海关法、网络安全法、环境保护法、矿产资源法等法律中也设定了行政拘留处罚,这类法律所规定的行政拘留要么和治安管理处罚法重叠,要么独立于治安管理处罚法。关于吊销营业执照、许可证等行政资格罚的行为主要规定于产品质量法、种子法等法律中。通过梳理,基本上可以形成过渡阶段的微罪实体法条文。

第一节 与行政拘留有关的微罪行为

从治安管理处罚法等法律中提炼纳入微罪体系的行为并非简单的照抄原法条文,而应当结合促进法律衔接这一初衷来对原条文作出适当的修改。根据上述刑法与行政法衔接中的各种情形和问题,笔者认为,修改的方向是:(1)对于刑法及其司法解释规定有明确的追诉标准,能够清晰区分罪与非罪的情形,将尚未达到追诉标准的严重违法行为纳入微罪体系。(2)对于刑法及其司法解释规定了明确的追诉标准,但由于行政法律法规规定了"量"的要件,导致罪与非罪模糊的情形,将这类违法行为纳入微罪体系,由司法机关判断是否达到行政法上的"量",如雇用童工从事危重劳动罪。(3)对于刑法及其司法解释未能规定明确的追诉标准,行政法律法规中又规定了对这类行为处罚的一般规定或者特别条件,将这类行为纳入微罪体系，由司法机关作出是否构成微罪的判断，如组织残疾人、儿童乞讨罪，引诱、教唆、欺骗他人吸毒罪等。(4) 对于刑法及其司法解释对行为性质、程度、情节等作出了规定，同时行政法律法规中又对这类行为设定了吊销营业执照、许可证等资格罚的行为，由于难以判断判处资格罚是否必须以构成犯罪为前提条件，同时资格罚又是比较严重的行政处罚，因此将这类行为统一纳入微罪体系，由司法机关作出判断。因此，我们对相关的法律条款作了适当修改，具体是：

一、失火微罪行为

2008年6月25日发布的最高人民检察院、公安部《关于公安机关管辖的刑事案件立案追诉标准的规定（一）》第1条规定，失火罪的追诉标准是："（一）造成死亡一人以上，或者重伤三人以上的；（二）造成公共财产或者他人财产直接经济损失五十万元以上的；（三）造成十户以上家庭的房屋以及其他基本生活资料烧毁的；（四）造成森林火灾，过火有林地面积二公顷以上，或者过火疏林地、灌木林地、未成林地、苗圃地面积四公顷以上的；（五）其他造成严重后果的情形。"对于符合上述标准构成失火罪，但是情节较轻的，可处以3年以下有期徒刑或者拘役。根据《消防法》第64条的规定，过失引起火灾的行政处罚标准是，尚不构成犯罪的，处10日以上15日以下拘留，可以并处500元以下罚款；情节较轻的，处警告或者500元以下罚款。然而，目前刑法关于失火罪还规定了，对于构成失火罪，但是情节较轻的，可处以3年以下有期徒刑或者拘役。对于何为"情节较轻"目前并无司法解释，导致实践中罪与非罪界限不清。因此，建议对于失火行为的微罪表述为：

> 过失引起火灾，情节较重但尚不构成刑法第一百一十五条规定之罪的，处十日以上十五日以下拘留。

二、破坏交通设施微罪行为

《刑法》第117条规定的破坏交通设施罪是具体危险犯，只要行为足以使火车、汽车、电车、船只、航空器发生倾覆、毁坏危险，即使尚未构成严重的后果，也构成本罪。目前尚无具体的追诉标准，一般由司法机关根据实际情况把握。关于本罪的行政处罚：一是根据《道路交通安全法》第99条的规定，故意损毁、移动、涂改交通设施，造成危害后果，尚不构成犯罪的，处200元以上2000元以下罚款，同时可以并处15日以下拘留。对于这类行为需要考察何为"造成危害后果，尚不构成犯罪"，即哪些情形是有危害后果，但尚未达到使火车、汽车、电车等发生倾覆、毁坏的危险。二是《治安管理处罚法》第34条第1款规定："盗窃、损坏、擅自移动使用中的航空设施，或者强行进入航空器驾驶舱的，处十日以上十五日以下拘留。"第35条规定，盗窃、损毁或者擅自移动铁路设施、设备、机车车辆配件或者安全标志的，处5日以上10日以下拘留，可以并处500元以下罚款。由于破坏交通设施罪是具体危险犯，为了使本罪与微罪的边界更加清晰明了，可以在微罪的罪状中明确表述尚不足以发生交通危险时构成微罪。同时，由于《道路交通安全法》设定的罚款和拘留针对的是所有故意损毁交通设施的行为，而《治安管理处罚法》对于损毁航空、铁路设施处罚的是行为犯，不要求发生具体危险，因此，在适用和效力上按照一般法和特殊法的关系，建议这类行为的微罪界定为：

  故意损毁、移动、涂改交通设施，尚不足以使火车、汽车、电车、船只发生倾覆、毁坏危险的，处二百元以上二千元以下罚款，同时并处十五日以下拘留。

  盗窃、损坏、擅自移动使用中的航空设施，或者强行进入航空器驾驶舱的，处十日以上十五日以下拘留。

  盗窃、损毁或者擅自移动铁路设施、设备、机车车辆配件或者安全标志的，处五日以上十日以下拘留，可以并处五百元以下罚款。

三、实施恐怖主义活动微罪行为

我国《刑法》第120条至第120条之六是关于恐怖活动犯罪的规定，规定了组织、领导、参加恐怖组织罪，帮助恐怖活动罪，准备实施恐怖活动罪，宣扬恐怖主义、极端主义、煽动实施恐怖活动罪，利用极端主义破坏法律实施罪，强制穿戴宣扬恐怖主义、极端主义服饰、标志罪，非法持有宣扬恐怖主义、极端主义物品罪七个罪名。其中，除非法持有宣扬恐怖主义、极端主义物品罪是情节犯以外，其他均是行为犯，即只要实施了刑法规定的行为就构成犯罪。然而我国2015年出台的《反恐怖主义法》第80条、第81条、第82条的规定中，却对上述各罪中的很多行为设定了"情节轻微，尚不构成犯罪"时的行政处罚，导致原本的结果犯变成了情节犯，实践中难以准确把握"情节轻微"。因此，实施恐怖主义行为的微罪可以界定为：

  利用极端主义，实施下列行为之一，情节轻微的，由公安机关处五日以上十五日以下拘留，可以并处一万元以下罚款：

（一）强迫他人参加宗教活动，或者强迫他人向宗教活动场所、宗教教职人员提供财物或者劳务的；

（二）以恐吓、骚扰等方式驱赶其他民族或者有其他信仰的人员离开居住地的；

（三）以恐吓、骚扰等方式干涉他人与其他民族或者有其他信仰的人员交往、共同生活的；

（四）以恐吓、骚扰等方式干涉他人生活习俗、方式和生产经营的；

（五）阻碍国家机关工作人员依法执行职务的；

（六）歪曲、诋毁国家政策、法律、行政法规，煽动、教唆抵制人民政府依法管理的；

（七）煽动、胁迫群众损毁或者故意损毁居民身份证、户口簿等国家法定证件以及人民币的；

（八）煽动、胁迫他人以宗教仪式取代结婚、离婚登记的；

（九）煽动、胁迫未成年人不接受义务教育的；

（十）其他利用极端主义破坏国家法律制度实施的。

明知他人有恐怖活动犯罪、极端主义犯罪行为，窝藏、包庇，情节轻微，尚不构成犯罪的，或者在司法机关向其调查有关情况、收集有关证据时，拒绝提供的，由公安机关处十日以上十五日以下拘留，可以并处一万元以下罚款。

单位违反本条规定，造成严重后果但尚不构成刑法第一百二十条规定之罪的，吊销有关证照或者撤销登记。

四、交通违法违规微罪行为

刑法将交通肇事罪设定为结果犯，犯罪构成的结果要件是根据 2000 年 11 月 15 日发布的最高人民法院《关于审理交通肇事刑事案件具体应用法律若干问题的解释》的规定："（一）死亡一人或者重伤三人以上，负事故全部或者主要责任的；（二）死亡三人以上，负事故同等责任的；（三）造成公共财产或者他人财产直接损失，负事故全部或者主要责任，无能力赔偿数额在三十万元以上的。交通肇事致一人以上重伤，负事故全部或者主要责任，并具有下列情形之一的，以交通肇事罪定罪处罚：（一）酒后、吸食毒品后驾驶机动车辆的；（二）无驾驶资格驾驶机动车辆的；（三）明知是安全装置不全或者安全机件失灵的机动车辆而驾驶的；（四）明知是无牌证或者已报废的机动车辆而驾驶的；（五）严重超载驾驶的；（六）为逃避法律追究逃离事故现场的。"可见,交通肇事罪的追诉标准比较清晰。与交通肇事犯罪行为相对应的交通违法违规行为则规定在《道路交通安全法》等法律法规中,罪与非罪的界限比较明确。根据《道路交通安全法》第 99 条的规定,对于将机动车交由未取得机动车驾驶证或者机动车驾驶证被吊销、暂扣的人驾驶的,以及机动车行驶超过规定时速 50%的,可以吊销机动车驾驶证。对于未取得机动车驾驶证、机动车驾驶证被吊销或者机动车驾驶证被暂扣期间驾驶机动车的;造成交通事故后逃逸,尚不构成犯罪的;强迫机动车驾驶人违反道路交通安全法律、法规和机动车安全驾驶要求驾驶机动车,造成交通事故,尚不构成犯罪的;违反交通管制的规定强行通行,不听劝阻的;故意损毁、移动、涂改交通设施,造成严重后果,尚不构成犯罪的;非法拦截、扣留机动车辆,不听劝阻,造成交通严重阻塞或者较大财产损失的,可以并处 15 日以下拘留。这类行为均是违反交通行政管理法律法规的行为,尚未达到"交通肇事"的程度,因此,笔者认为将这类行为纳入微罪体系,并称之为"交通违法违规微罪行为",可以界定为:

违反交通道路安全法,具有以下情形之一,尚不构成刑法第一百三十三条规定之罪的,可以在处以罚金的同时并处十五日以下拘留:

(一)未取得机动车驾驶证、机动车驾驶证被吊销或者机动车驾驶证被暂扣期间驾驶机动车的;

(二)造成交通事故后逃逸的;

(三)强迫机动车驾驶人违反道路交通安全法律、法规和机动车安全驾驶要求驾驶机动车,造成交通事故的;

(四)违反交通管制的规定强行通行,不听劝阻的;

(五)非法拦截、扣留机动车辆,不听劝阻,造成交通阻塞或者财产损失的。

违反交通道路安全法,具有以下情形之一的,可以在处以罚金的同时并处吊销驾驶执照:

(一)将机动车交由未取得机动车驾驶证或者机动车驾驶证被吊销、暂扣的人驾驶的;

(二)机动车行驶超过规定时速百分之五十的。

五、酒后驾驶微罪行为

饮酒后驾驶也是违反交通法律法规的一个主要行为,刑法将醉驾规定为行为犯。根据 2013 年 12 月 18 日最高人民法院、最高人民检察院、公安部联合发布的《关于办理醉酒驾驶机动车刑事案件适用法律若干问题的意见》的规定,饮酒后血液酒精含量达到80毫克/100毫升以上,在道路上驾驶机动车属于"醉酒驾驶",应当追究刑事责任。对"醉酒驾驶"的,一般处暂扣6个月机动车驾驶证,并处1000元以上2000元以下罚款。因饮酒后驾驶机动车被处罚,再次饮酒后驾驶机动车的,处10日以下拘留,并处1000元以上2000元以下罚款,吊销机动车驾驶证。饮酒后驾驶机动车的,处15日拘留,并处5000元罚款,吊销机动车驾驶证,5年内不得重新取得机动车驾驶证。因此,酒后驾驶的微罪可以界定为:

因饮酒后驾驶机动车被处罚,再次饮酒后驾驶机动车的,处十日以下拘留,并处一千元以上二千元以下罚款,吊销机动车驾驶证。

饮酒后驾驶营运机动车的,处十五日拘留,并处五千元罚款,吊销机动车驾驶证,五年内不得重新取得机动车驾驶证。

六、消防违法违规微罪行为

本罪对应的是《刑法》第139条规定的消防责任事故罪,即违反消防管理法规,经消防监督机构通知采取改正措施而拒绝执行,造成严重后果的行为。根据2008年6月25日发布的最高人民检察院、公安部《关于公安机关管辖的刑事案件立案追诉标准的规定(一)》的规定,"严重后果"是指造成死亡1人以上,或者重伤3人以上;造成公共财产或者他人财产直接经济损失50万元以上的;造成10户以上家庭的房屋以及其他基本生活资料烧毁的;造成森林火灾,过火有林地面积2公顷以上,或者过火疏林地、灌木林地、未成林地、苗圃地面积4公顷以上的;其他造成严重后果的情形。可见本罪的追诉标准比较明确,罪与非罪的界限相对清晰。与消防责任事故罪相对应的一般行政违法行为则由《消防法》规制,主要包括以下几种行为:(1)指使或者强令他人违反消防安全规定,冒险作业的;(2)过失引起火灾的;(3)在火灾发生后阻拦报警,或者负有报告职责的人员不及时报警的;(4)扰乱火灾现场秩序,或者拒不执行火灾现场指挥员指挥,影响灭火救援的;(5)故意破坏或者伪造火灾现场的;(6)擅自拆封或者使用被消防救援机构查封的场所、部位的;(7)人员密集场所发生火灾,该场所的现场工作人员不履行组织、引导在场人员疏散义务的。因此这类行为的微罪可以界定为:

具有下列行为之一,尚不构成刑法第一百三十九条规定之罪的,处十日以上十五日以下拘留,可以并处五百元以下罚款:

(一)指使或者强令他人违反消防安全规定,冒险作业的;

（二）过失引起火灾的；

（三）在火灾发生后阻拦报警，或者负有报告职责的人员不及时报警的；

（四）扰乱火灾现场秩序，或者拒不执行火灾现场指挥员指挥，影响灭火救援的；

（五）故意破坏或者伪造火灾现场的；

（六）擅自拆封或者使用被消防救援机构查封的场所、部位的。

人员密集场所发生火灾，该场所的现场工作人员不履行组织、引导在场人员疏散的义务，情节严重的，处五日以上十日以下拘留。

七、妨害公务微罪行为

刑法中规定的妨害公务罪是行为犯，即要求行为人使用暴力、威胁等方法阻碍国家机关工作人员、全国人民代表大会和地方各级人民代表大会代表依法执行职务，或者在自然灾害和突发事件中，以暴力、威胁方法阻碍红十字会工作人员依法履行职责的行为。我国《治安管理处罚法》第50条第1款第（二）、（三）、（四）项规定了对阻碍国家机关工作人员依法执行职务，阻碍执行紧急任务的消防车、救护车、工程抢险车、警车等车辆通行，强行冲闯公安机关设置的警戒带、警戒区三类妨害公务的情节严重的行为，可以给予严厉的行政处罚。由于何为《治安管理处罚法》中的"情节严重"并不明确，因此，形成了刑法上是行为犯、行政法上是情节犯的现象，容易导致定性处理上的模糊。因此这类行为的微罪可以界定为：

有下列行为之一，情节严重但尚不构成刑法第二百七十七条规定之罪的，处五日以上十日以下拘留，可以并处五百元以下罚款：

（一）阻碍国家机关工作人员依法执行职务的；

（二）阻碍执行紧急任务的消防车、救护车、工程抢险车、警车等车辆通行的；

（三）强行冲闯公安机关设置的警戒带、警戒区的。

阻碍人民警察依法执行职务的，从重处罚。

八、招摇撞骗微罪行为

刑法中规定的招摇撞骗罪是行为犯，凡是冒充国家机关工作人员、人民警察招摇撞骗，无论危害结果大小，都应当作为犯罪处理。《治安管理处罚法》第51条同时规定了招摇撞骗类行为的行政处罚，这就与刑法产生交叉重叠。笔者认为,凡是冒充国家机关工作人员、人民警察和军人实施招摇撞骗行为的,应适用微罪法的规定。其他招摇撞骗行为,则应适用治安管理处罚法,故招摇撞骗的微罪可以界定为:

> 冒充国家机关工作人员、军警人员以外的其他虚假身份招摇撞骗的,处五日以上十日以下拘留,可以并处五百元以下罚款;情节较轻的,处五日以下拘留或者五百元以下罚款。

九、伪造、变造、买卖国家机关、人民团体、企业、事业单位或者其他组织的公文、证件、证明文件、印章微罪行为

《刑法》第280条规定了侵害国家机关、人民团体、企业事业单位和其他组织公文、印章、文件等管理秩序的三个罪名,均为行为犯。实践中,除对伪造、变造、买卖机动车行驶证、登记证书的行为,按照2007年5月9日发布的最高人民法院、最高人民检察院《关于办理与盗窃、抢劫、诈骗、抢夺机动车相关刑事案件适用法律若干问题的解释》的规定,需要3本以上方构成犯罪以外,其他行为的标准尚无明确的司法解释,理论上认为应当根据行为的性质、情节、数量和危害结果作出判断,但实践中对于伪造国家机关公文、证件和印章的行为一般只要有一种行为即构成犯罪。同时,《治安管理处罚法》第52条对伪造、变造、买卖、使用公文、证件、印章、票证等行为也作了规定,导致罪与非罪界限的模糊。因此,这类行为的微罪可以界定为:

> 伪造、变造或者买卖国家机关、人民团体、企业、事业单位或者其他组织的公文、证件、证明文件、印章的,买卖或者使用伪造、变造的国家机关、人民团体、企业、事业单位或者其他组织的公文、证件、证明文件,尚不构成刑法第二百八十条规定之罪的,处十日以上十五日以下拘留,可以并处一千元以下罚款;情节较轻的,处五日以上十日以下拘留,可以并处五百元以下罚款。

十、使用虚假身份证件微罪行为

该罪是指在依照国家规定应当提供身份证明的活动中,使用伪造、变造的或者盗用他人的居民身份证、护照、社会保障卡、驾驶证等依法可以用于证明身份的证件,情节严重的行为。目前何为"情节严重"尚无明确的解释。同时,我国《居民身份证法》也对使用伪造的身份证件行为作出了行政处罚的规定,实践中容易造成罪与非罪的模糊。因此,使用虚假身份

证件的微罪可以界定为:

> 冒用他人居民身份证或者使用伪造、变造的身份证,尚不构成刑法第二百八十条之一规定之罪的,处十日以下拘留,有违法所得的,没收违法所得。

十一、非法生产、买卖警用装备微罪行为

本罪是情节犯,"情节严重"是根据2008年6月25日最高人民检察院、公安部《关于公安机关管辖的刑事案件立案追诉标准的规定(一)》第35条规定的下列情形:"(一)成套制式服装三十套以上,或者非成套制式服装一百件以上的;(二)手铐、脚镣、警用抓捕网、警用催泪喷射器、警灯、警报器单种或者合计十件以上的;(三)警棍五十根以上的;(四)警衔、警号、胸章、臂章、帽徽等警用标志单种或者合计一百件以上的;(五)警用号牌、省级以上公安机关专段民用车辆号牌一副以上,或者其他公安机关专段民用车辆号牌三副以上的;(六)非法经营数额五千元以上,或者非法获利一千元以上的;(七)被他人利用进行违法犯罪活动的;(八)其他情节严重的情形。"可见,本罪的追诉标准比较明确。同时鉴于我国《人民武装警察法》第45条对非法制造、买卖、持有、使用人民武装警察部队专用标志、警械装备、证件、印章的行为规定了行政处罚,并不以情节严重为前提,因此可以将这类行为纳入微罪体系,界定为:

> 非法制造、买卖、持有、使用人民武装警察部队专用标志、警械装备、证件、印章,尚不构成刑法第二百八十一条规定之罪的,处十五日以下拘留,可以并处违法所得五倍以下的罚款。

十二、扰乱无线电通讯管理秩序微罪行为

本罪是指违反国家规定,擅自设置、使用无线电台(站),或者擅自使用无线电频率,干扰无线电通讯秩序,情节严重的行为。其中的"国家规定"主要是指《无线电管理条例》。虽然本罪是情节犯,但目前尚无明确的犯罪构成标准,一般需要综合评价。同时,《无线电管理条例》和《治安管理处罚法》均对这类行为作出行政处罚的规定,并不以情节严重为前提。因此,可以将这类行为的微罪界定为:

> 有下列行为之一,经有关主管部门指出后,拒不采取有效措施消除的,处五日以上十日以下拘留;情节严重但尚不构成刑法第二百八十八条规定之罪的,处十日以上十五日以下拘留的,可以并处一千

元以上五千元以下的罚款或者吊销无线电台执照：

（一）擅自设置、使用无线电台（站）的；

（二）违反《无线电管理条例》规定研制、生产、进口无线电发射设备的；

（三）干扰无线电业务的；

（四）随意变更核定项目，发送和接收与工作无关的信号的；

（五）不遵守频率管理的有关规定，擅自出租、转让频率的。

十三、扰乱社会秩序、公共场所秩序微罪行为

我国《刑法》第290条、第291条主要是关于聚众扰乱社会秩序、国家机关工作秩序、公共场所秩序、交通秩序的犯罪行为的规制，与《治安管理处罚法》第23条、第24条基本对应。不同的是，《刑法》针对的是首要分子和积极参加者，《治安管理处罚法》针对的则是所有参加者。因此，对于扰乱社会秩序、公共场所秩序的微罪可以界定为：

扰乱社会秩序、国家机关和事业单位工作秩序、公共场所秩序和交通秩序，有下列行为之一，情节较重但尚不构成刑法第二百九十条、第二百九十一条规定之罪的，处五日以上十日以下拘留，可以并处五百元以下罚款：

（一）扰乱机关、团体、企业、事业单位工作秩序，致使工作、生产、营业、医疗、教学、科研不能正常进行，尚未造成严重损失的；

（二）扰乱车站、港口、码头、机场、商场、公园、展览馆或者其他公共场所秩序的；

（三）扰乱公共汽车、电车、火车、船舶、航空器或者其他公共交通工具上的秩序的；

（四）非法拦截或者强登、扒乘机动车、船舶、航空器以及其他交通工具，影响交通工具正常行驶的；

（五）扰乱文化、体育等大型群众性活动秩序的。

十四、投放虚假危险物质微罪行为和编造、故意传播虚假恐怖信息微罪行为

2013年9月18日最高人民法院《关于审理编造、故意传播虚假恐怖信息刑事案件适用律若干问题的解释》第2条规定："编造、故意传播虚假恐怖信息，具有下列情形之一的，应当认定为刑法第二百九十一条之一的

'严重扰乱社会秩序':(一)致使机场、车站、码头、商场、影剧院、运动场馆等人员密集场所秩序混乱,或者采取紧急疏散措施的;(二)影响航空器、列车、船舶等大型客运交通工具正常运行的;(三)致使国家机关、学校、医院、厂矿企业等单位的工作、生产、经营、教学、科研等活动中断的;(四)造成行政村或者社区居民生活秩序严重混乱的;(五)致使公安、武警、消防、卫生检疫等职能部门采取紧急应对措施的;(六)其他严重扰乱社会秩序的。"由于这两种犯罪都是结果犯,但对于危害结果没有明确的"数字标准",比如造成秩序混乱、影响正常运行、活动中断等仍然需要主观上的判断,因此,实践中仍然可能会与《治安管理处罚法》第25条的规定产生定性上的争议。因此这类行为的微罪可以界定为:

> 有下列行为之一,尚不构成刑法第二百九十一条之一规定之罪的,处五日以上十日以下拘留,可以并处五百元以下罚款;情节较轻的,处五日以下拘留或者五百元以下罚款:
> （一）散布谣言,谎报险情、疫情、警情或者以其他方法故意扰乱公共秩序的;
> （二）投放虚假的爆炸性、毒害性、放射性、腐蚀性物质或者传染病病原体等危险物质扰乱公共秩序的;
> （三）扬言实施放火、爆炸、投放危险物质扰乱公共秩序的。

十五、聚众斗殴微罪行为

刑法对聚众斗殴罪规制的主体是首要分子和积极参加者,即指组织、策划、指挥或者积极参加聚众斗殴的行为人。本罪是行为犯,只要是首要分子和积极参加者实施了聚众斗殴的行为就构成刑法规定之罪。同时《治安管理处罚法》第26条第(一)项对结伙斗殴的行为设定了行政处罚,可以认为是对尚不构成犯罪的聚众斗殴首要分子和积极参加者,以及一般聚众斗殴人员的规制。因此,聚众斗殴行为的微罪可以界定为:

> 聚众斗殴的,对一般参加人员,处五日以上十日以下拘留,可以并处五百元以下罚款;情节较重的,处十日以上十五日以下拘留,可以并处一千元以下罚款。

十六、寻衅滋事微罪行为

刑法规定的寻衅滋事罪包括情节犯和结果犯。根据2008年6月25日最高人民检察院、公安部《关于公安机关管辖的刑事案件立案追诉标准的规定(一)》,2013年7月15日最高人民法院、最高人民检察院《关于办理寻衅滋事刑事案件适用法律若干问题的解释》和2013年9月6日最高人民法院、最高人民检察院《关于办理利用信息网络实施诽谤等刑事案件适用法律若干问题的解释》,以及2018年3月16日最高人民法院、最高人民检察院、公安部、司法部《关于办理恐怖活动和极端主义犯罪案件适用法律若干问题的意见》等司法解释的规定,寻衅滋事构成犯罪要求情节恶劣、造成严重后果等量的要件。应该说,目前寻衅滋事罪的追诉标准基本上是比较明确的。同时,《治安管理处罚法》第26条也对一般寻衅滋事违法行为作出规定。因此,寻衅滋事行为的微罪可以界定为:

> 寻衅滋事,尚不构成刑法第二百九十三条规定之罪的,处五日以上十日以下拘留,可以并处五百元以下罚款;情节较重的,处十日以上十五日以下拘留,可以并处一千元以下罚款。

十七、非法集会、游行、示威微罪行为

本罪是结果犯,要求造成严重破坏社会秩序的危害后果。根据2008年6月25日最高人民检察院、公安部《关于公安机关管辖的刑事案件立案追诉标准的规定(一)》的规定,举行集会、游行、示威,未依照法律规定申请或者申请未获许可,或者未按照主管机关许可的起止时间、地点、路线进行,又拒不服从解散命令,严重破坏社会秩序的,应予立案追诉。至于何为"严重破坏社会秩序"并无明确的解释,于是容易与《治安管理处罚法》第55条规定的"煽动、策划非法集会、游行、示威,不听劝阻"行为,以及《集会游行示威法》第28条第2款规定的"(一)未依照本法规定申请或者申请未获许可的;(二)未按照主管机关许可的目的、方式、标语、口号、起止时间、地点、路线进行,不听制止的"行为相重叠。因此,这类行为的微罪可以界定为:

> 未依照本法规定申请或者申请未获许可的,或者未按照主管机关许可的目的、方式、标语、口号、起止时间、地点、路线进行,不听制止的,对其负责人和直接责任人员处以警告或者十五日以下拘留。
> 煽动、策划非法集会、游行、示威,不听劝阻的,处十日以上十五日以下拘留。

十八、非法携带武器、管制刀具、爆炸物参加集会、游行、示威微罪行为

本罪是行为犯,只要行为人非法携带武器、管制刀具、爆炸物参加集

会、游行、示威的,就构成犯罪。但同时《治安管理处罚法》第32条第2款又规定了非法携带枪支、弹药或者弩、匕首等国家规定的管制器具进入公共场所或者公共交通工具的行政处罚,于是便与刑法的规定产生重叠,实践中容易导致罪与非罪的定性模糊。笔者认为,如果是非法携带武器、管制刀具、爆炸物等进入公共场所或者公共交通工具参加集会、游行、示威活动的,当然构成刑法规定之罪。如果并非上述活动情形的,则可以纳入微罪体系,界定为:

> 非法携带枪支、弹药或者弩、匕首等国家规定的管制器具进入公共场所或者公共交通工具,尚不构成刑法第二百九十七条规定之罪的,处五日以上十日以下拘留,可以并处五百元以下罚款。

十九、破坏集会、游行、示威微罪行为

根据2008年6月25日最高人民检察院、公安部《关于公安机关管辖的刑事案件立案追诉标准的规定(一)》第40条的规定,扰乱、冲击或者以其他方法破坏依法举行的集会、游行、示威,造成公共秩序严重混乱的,应予立案追诉。本罪是结果犯,要求造成公共秩序严重混乱的结果,但对于何为公共秩序严重混乱并无解释。同时,我国《集会游行示威法》第30条也对这类行为作出了行政处罚的规定,并不以造成公共秩序严重混乱为前提。因此,这类行为的微罪可以界定为:

> 扰乱、冲击或者以其他方法破坏依法举行的集会、游行、示威,尚未造成公共秩序严重混乱的,处以警告或者十五日以下拘留。

二十、侮辱国旗、国徽微罪行为

本罪是指在公众场合,故意以焚烧、毁损、涂划、玷污、践踏等方式侮辱中华人民共和国国旗、国徽的行为,是行为犯。同时,我国《国旗法》和《国徽法》又规定对于侮辱国旗、国徽情节较轻的行为,由公安机关处以15日以下拘留。由于本罪在刑法上是行为犯,在行政法上是情节犯,导致实践中适用法律上的困难。笔者认为,应当尽快解释行政法上"情节较轻"的含义,同时把这类行为纳入微罪体系,由司法机关统一判断,可以界定为:

> 在公共场合故意以焚烧、毁损、涂划、玷污、践踏等方式侮辱中华人民共和国国旗、国徽,尚不构成刑法第二百九十九条规定之罪的,处十五日以下拘留。

二十一、组织、利用会道门、邪教组织、利用迷信致人重伤、死亡微罪行为

本罪是结果犯,要求致人重伤、死亡的结果。我国《治安管理处罚法》第27条对利用邪教、会道门、迷信活动,扰乱社会秩序、损害他人身体健康的行为规定了行政处罚,并不以构成重伤或者死亡为要件。因此,本罪的罪与非罪界限比较清晰,可以将尚未致人重伤、死亡的行为纳入微罪体系,界定为:

> 有下列行为之一,尚不构成刑法第三百条规定之罪的,处十日以上十五日以下拘留,可以并处一千元以下罚款;情节较轻的,处五日以上十日以下拘留,可以并处五百元以下罚款:
> (一)组织、教唆、胁迫、诱骗、煽动他人从事邪教、会道门活动或者利用邪教、会道门、迷信活动,扰乱社会秩序、损害他人身体健康的;
> (二)冒用宗教、气功名义进行扰乱社会秩序、损害他人身体健康活动的。

二十二、聚众淫乱微罪行为、引诱未成年人聚众淫乱微罪行为

根据2008年6月25日最高人民检察院、公安部《关于公安机关管辖的刑事案件立案追诉标准的规定(一)》的规定,组织、策划、指挥3人以上进行淫乱活动或者参加聚众淫乱活动3次以上的,以及引诱未成年人参加聚众淫乱活动的,应予立案追诉。本罪处罚的对象为首要分子和多次参加者。如果是一般参加者,或者尚不构成追诉标准的首要分子,则按照《治安管理处罚法》第69条的规定处罚。因此,这类行为的微罪可以界定为:

> 聚众淫乱、引诱未成年人聚众淫乱,尚不构成刑法第三百零一条规定之罪的,处十日以上十五日以下拘留,并处五百元以上一千元以下罚款。

二十三、赌博微罪行为

2005年5月11日最高人民法院、最高人民检察院《关于办理赌博刑事案件具体应用法律若干问题的解释》和2008年6月25日最高人民检察院、公安部《关于公安机关管辖的刑事案件立案追诉标准的规定(一)》及2010年8月31日最高人民法院、最高人民检察院、公安部《关于办理网络

赌博犯罪案件适用法律若干问题的意见》均对赌博罪的追诉标准作出了比较明确的规定。同时,我国《治安管理处罚法》第70条对"以营利为目的,为赌博提供条件的,或者参与赌博赌资较大的"行为也进行了规制。因此,赌博行为的微罪可以界定为:

> 以营利为目的,为赌博提供条件,或者参与赌博赌资较大的,处五日以下拘留或者五百元以下罚款;情节严重但尚不构成刑法第三百零三条规定之罪的,处十日以上十五日以下拘留,并处五百元以上三千元以下罚款。

二十四、打击报复证人微罪行为

《刑法》第308条规定了打击报复证人的犯罪行为,是行为犯。同时《治安管理处罚法》第42条第(四)项对"对证人及其近亲属进行威胁、侮辱、殴打或者打击报复的"行为予以行政处罚,并且也是"行为犯",于是容易造成该种行为在定性上的"模糊性"。笔者认为,对证人进行打击报复的行为,都应当作为犯罪处理,同时将对证人进行威胁、侮辱的行为纳入微罪体系,界定为:

> 对证人及其近亲属进行威胁、侮辱的,处五日以下拘留或者五百元以下罚款;情节较重的,处五日以上十日以下拘留,可以并处五百元以下罚款。

二十五、掩饰、隐瞒犯罪所得、犯罪所得收益微罪行为

2021年4月13日修正的最高人民法院《关于审理掩饰、隐瞒犯罪所得、犯罪所得收益刑事案件适用法律若干问题的解释》第1条第1款规定:"明知是犯罪所得及其产生的收益而予以窝藏、转移、收购、代为销售或者以其他方法掩饰、隐瞒,具有下列情形之一的,应当依照刑法第三百一十二条第一款的规定,以掩饰、隐瞒犯罪所得、犯罪所得收益罪定罪处罚:(一)一年内曾因掩饰、隐瞒犯罪所得及其产生的收益行为受过行政处罚,又实施掩饰、隐瞒犯罪所得及其产生的收益行为的;(二)掩饰、隐瞒的犯罪所得系电力设备、交通设施、广播电视设施、公用电信设施、军事设施或者救灾、抢险、防汛、优抚、扶贫、移民、救济款物的;(三)掩饰、隐瞒行为致使上游犯罪无法及时查处,并造成公私财物损失无法挽回的;(四)实施其他掩饰、隐瞒犯罪所得及其产生的收益行为,妨害司法机关对上游犯罪进行追究的。"可见,本罪的追诉标准比较清晰明确。我国《治安管理处罚

法》第60条第(三)项也规定了明知是赃物而窝藏、转移或者代为销售行为的行政处罚措施,并且不以数量和结果为要件。因此,可以将这类行为的微罪界定为:

> 明知是犯罪所得及其产生的收益而予以窝藏、转移、收购、代为销售或者以其他方法掩饰、隐瞒,尚不构成刑法第三百一十二条规定之罪的,处五日以上十日以下拘留,并处二百元以上五百元以下罚款。

二十六、组织、运送他人偷越国(边)境微罪行为

根据2012年12月12日最高人民法院、最高人民检察院《关于办理妨害国(边)境管理刑事案件应用法律若干问题的解释》第1条第1款的规定,领导、策划、指挥他人偷越国(边)境或者在首要分子指挥下,实施拉拢、引诱、介绍他人偷越国(边)境等行为的,应当认定为《刑法》第318条规定的"组织他人偷越国(边)境"。本罪是行为犯,只要实施了组织、运送他人偷越国(边)境的行为就构成犯罪,因此实践中容易与《治安管理处罚法》第61条规定的"协助组织或者运送他人偷越国(边)境的"行为重叠。笔者认为,对于这类行为的组织者应当按照刑法的规定追究刑事责任,对于组织者以外的积极参加者、协助者则可以纳入微罪体系,界定为:

> 协助组织或者积极运送他人偷越国(边)境,尚不构成刑法第三百一十八条规定之罪的,处十日以上十五日以下拘留,并处一千元以上五千元以下罚款。

二十七、骗取出境证件微罪行为

骗取出境证件罪是行为犯,只要行为人实施了骗取出境证件的行为就应当追究其刑事责任。同时,我国《出境入境管理法》第73条对弄虚作假骗取签证、停留居留证件等出境入境证件的行为也规定了行政处罚,其中也设定了"情节严重"的分层处理手段。但是对于何为"情节严重"并不明确,导致实践中与刑法规定之罪发生重叠。因此,这类行为的微罪可以界定为:

> 弄虚作假骗取签证、停留居留证件等出境入境证件,情节严重但尚未构成刑法第三百一十九条规定之罪的,处十日以上十五日以下拘留,并处五千元以上二万元以下罚款。

二十八、提供伪造、变造的出入境证件微罪行为，出售出入境证件微罪行为

这类犯罪也是行为犯，只要行为人提供伪造、变造的出入境证件或者出售出入境证件一份即构成本罪。《治安管理处罚法》中虽然没有完全一致的表述，但是该法第62条规定的"为偷越国(边)境人员提供条件的"行为与其有一定联系，可能在实践中导致定性上的模糊和分歧。因此，这类行为的微罪可以界定为：

提供伪造、变造的出入境证件或者出售出入境证件，尚不构成刑法第三百二十条规定之罪的，处五日以上十日以下拘留，并处五百元以上二千元以下罚款。

二十九、偷越国(边)境微罪行为

本罪是情节犯，根据2012年12月12日最高人民法院、最高人民检察院《关于办理妨害国(边)境管理刑事案件应用法律若干问题的解释》第5条的规定，本罪的"情节严重"是指："(一)在境外实施损害国家利益行为的；(二)偷越国(边)境三次以上或者三人以上结伙偷越国(边)境的；(三)拉拢、引诱他人一起偷越国(边)境的；(四)勾结境外组织、人员偷越国(边)境的；(五)因偷越国(边)境被行政处罚后一年内又偷越国(边)境的；(六)其他情节严重的情形。"可见，追诉标准比较清晰明确，同时《治安管理处罚法》第61条对尚不构成犯罪的这类行为也规定了行政处罚。因此，这类行为的微罪可以界定为：

偷越国(边)境，尚不构成刑法第三百二十二条规定之罪的，处十日以上十五日以下拘留，并处一千元以上五千元以下罚款。

三十、破坏界碑、界桩微罪行为，破坏永久性测量标志微罪行为

这两个罪名是行为犯，指故意破坏国家边境的界碑、界桩或者永久性测量标志的行为。《治安管理处罚法》第33条也规定了对"移动、损毁国家边境的界碑、界桩以及其他边境标志、边境设施或者领土、领海标志设施"的行为的行政处罚。笔者认为，对于破坏国家边境的界碑、界桩和永久性测量标志的行为应当按照刑法处罚，对于破坏其他非永久性测量标志、边境设施或者领土、领海标志设施的行为，则可以作为微罪处理，界定为：

破坏国家非永久性测量标志、边境设施或者领土、领海标志设施

的,处十日以上十五日以下拘留。

三十一、故意毁坏文物、名胜古迹微罪行为

2008年6月25日最高人民检察院、公安部《关于公安机关管辖的刑事案件立案追诉标准的规定(一)》第46条规定:"故意损毁国家保护的珍贵文物或者被确定为全国重点文物保护单位、省级文物保护单位的文物的,应予立案追诉。"第47条规定:"故意损毁国家保护的名胜古迹,涉嫌下列情形之一的,应予立案追诉:(一)造成国家保护的名胜古迹严重损毁的;(二)损毁国家保护的名胜古迹三次以上或者三处以上,尚未造成严重损毁后果的;(三)损毁手段特别恶劣的;(四)其他情节严重的情形。"同时,我国《治安管理处罚法》第63条第(一)项对刻划、涂污或者以其他方式故意损坏国家保护的文物、名胜古迹的行为作出了行政处罚。由于《治安管理处罚法》中所谓的文物、名胜古迹的概念外延广于《刑法》规定的珍贵文物、全国和省级重点文物保护单位的文物等概念,因此,实践中会出现适用法律上的争议。笔者认为,司法解释关于本罪的追诉标准是比较明确的,对于这类行为的微罪可以界定为:

> 故意损毁国家保护的文物、名胜古迹,情节较重但尚不构成刑法第三百二十四条规定之罪的,处五日以上十日以下拘留,并处二百元以上五百元以下罚款。

三十二、污染环境微罪行为

通说认为污染环境罪是结果犯,即以发生严重污染环境的危害结果为要件。然而2023年8月8日最高人民法院、最高人民检察院《关于办理环境污染刑事案件适用法律若干问题的解释》关于污染环境罪的追诉标准规定为:"(一)在饮用水水源保护区、自然保护地核心保护区等依法确定的重点保护区域排放、倾倒、处置有放射性的废物、含传染病病原体的废物、有毒物质的;(二)非法排放、倾倒、处置危险废物三吨以上的;(三)排放、倾倒、处置含铅、汞、镉、铬、砷、铊、锑的污染物,超过国家或者地方污染物排放标准三倍以上的;(四)排放、倾倒、处置含镍、铜、锌、银、钒、锰、钴的污染物,超过国家或者地方污染物排放标准十倍以上的;(五)通过暗管、渗井、渗坑、裂隙、溶洞、灌注、非紧急情况下开启大气应急排放通道等逃避监管的方式排放、倾倒、处置有放射性的废物、含传染病病原体的废物、有毒物质的;(六)二年内曾因在重污染天气预警期间,违反国家规定,超标

排放二氧化硫、氮氧化物等实行排放总量控制的大气污染物受过二次以上行政处罚,又实施此类行为的;(七)重点排污单位、实行排污许可重点管理的单位篡改、伪造自动监测数据或者干扰自动监测设施,排放化学需氧量、氨氮、二氧化硫、氮氧化物等污染物的;(八)二年内曾因违反国家规定,排放、倾倒、处置有放射性的废物、含传染病病原体的废物、有毒物质受过二次以上行政处罚,又实施此类行为的;(九)违法所得或者致使公私财产损失三十万元以上的;(十)致使乡镇集中式饮用水水源取水中断十二小时以上的;(十一)其他严重污染环境的情形。"其中,第(一)项至第(八)项则是按照行为犯的标准作出的规定,不需要造成严重污染环境的现实结果,只要实施了上述八种程度的犯罪就"视为"严重污染环境。可见,污染环境罪正逐渐朝着行为犯或者抽象危险犯的方向发展。关于污染环境的行政处罚主要规定在我国《环境保护法》中,该法第63条规定,对污染环境单位的"直接负责的主管人员和其他直接责任人员,处十日以上十五日以下拘留;情节较轻的,处五日以上十日以下拘留"。因此,污染环境的微罪可以界定为:

> 违反国家规定,排放、倾倒或者处置有放射性的废物、含传染病病原体的废物、有毒物质或者其他有害物质,尚不构成刑法第三百三十八条规定之罪的,对企业事业单位和其他生产经营者可以处十日以上十五日以下拘留;情节较轻的,处五日以上十日以下拘留。

三十三、非法持有毒品微罪行为

根据我国《刑法》的规定,非法持有鸦片200克以上不满1000克、海洛因或者甲基苯丙胺10克以上不满50克或者其他毒品数量较大的,应当追究刑事责任。根据2016年4月6日最高人民法院《关于审理毒品犯罪案件适用法律若干问题的解释》第1条第1款的规定,"其他毒品数量大"是指:"(一)可卡因五十克以上;(二)3,4-亚甲二氧基甲基苯丙胺(MDMA)等苯丙胺类毒品(甲基苯丙胺除外)、吗啡一百克以上;(三)芬太尼一百二十五克以上;(四)甲卡西酮二百克以上;(五)二氢埃托啡十毫克以上;(六)哌替啶(度冷丁)二百五十克以上;(七)氯胺酮五百克以上;(八)美沙酮一千克以上;(九)曲马多、γ-羟丁酸二千克以上;(十)大麻油五千克、大麻脂十千克、大麻叶及大麻烟一百五十千克以上;(十一)可待因、丁丙诺啡五千克以上;(十二)三唑仑、安眠酮五十千克以上;(十三)阿普唑仑、恰特草一百千克以上;(十四)咖啡因、罂粟壳二百千克以上;(十五)巴比妥、苯巴比妥、安钠咖、尼美西泮二百五十千克以上;(十六)氯氮卓、艾司唑仑、地西泮、溴西泮五百千克以上；（十七）上述毒品以外的其他毒品数量大的。"可见非法持有毒品罪的追诉标准非常清晰，同时《治安管理处罚法》对非法持有鸦片不满200克、海洛因或者甲基苯丙胺不满10克或者其他少量毒品的行为也作了规定，与刑法形成了严密的衔接。因此，非法持有毒品的微罪可以界定为：

> 非法持有毒品，尚不构成刑法第三百四十八条规定之罪的，处十日以上十五日以下拘留，可以并处二千元以下罚款；情节较轻的，处五日以下拘留或者五百元以下罚款。

三十四、非法种植毒品原植物微罪行为，非法买卖、运输、携带、持有毒品原植物种子、幼苗微罪行为

2012年5月16日最高人民检察院、公安部《关于公安机关管辖的刑事案件立案追诉标准的规定（三）》第7条第1款规定："非法种植罂粟、大麻等毒品原植物，涉嫌下列情形之一的，应予立案追诉：（一）非法种植罂粟五百株以上的；（二）非法种植大麻五千株以上的；（三）非法种植其他毒品原植物数量较大的；（四）非法种植罂粟二百平方米以上、大麻二千平方米以上或者其他毒品原植物面积较大，尚未出苗的；（五）经公安机关处理后又种植的；（六）抗拒铲除的。"2016年4月6日最高人民法院《关于审理毒品犯罪案件适用法律若干问题的解释》第10条规定："非法买卖、运输、携带、持有未经灭活的毒品原植物种子或者幼苗，具有下列情形之一的，应当认定为刑法第三百五十二条规定的'数量较大'：（一）罂粟种子五十克以上、罂粟幼苗五千株以上的；（二）大麻种子五十千克以上、大麻幼苗五万株以上的；（三）其他毒品原植物种子或者幼苗数量较大的。"对于未达到上述数量标准的行为，则根据《治安管理处罚法》第71条的规定予以处罚。因此，这类行为的微罪可以界定为：

> 非法种植毒品原植物或者非法买卖、运输、携带、持有毒品原植物种子、幼苗，尚不构成刑法第三百五十一条、第三百五十二条规定之罪的，处十日以上十五日以下拘留，可以并处三千元以下罚款；情节较轻的，处五日以下拘留或者五百元以下罚款。

三十五、引诱、教唆、欺骗他人吸毒微罪行为

本罪是行为犯，只要实施了引诱、教唆、欺骗他人吸食、注射毒品的行为就应当立案追诉。同时《治安管理处罚法》第73条也对这类行为的行政

处罚作出了规定,导致实践中容易产生定性模糊。因此,这类行为的微罪可以界定为:

> 教唆、引诱、欺骗他人吸食、注射毒品,尚不构成刑法第三百五十三条规定之罪的,处十日以上十五日以下拘留,并处五百元以上二千元以下罚款。

三十六、非法提供麻醉药品、精神药品微罪行为

本罪是指依法从事生产、运输、管理、使用国家管制的麻醉药品、精神药品的人员,违反国家规定,向吸食、注射毒品的人提供国家规定管制的能够使人形成瘾癖的麻醉药品、精神药品的行为。2016年4月6日最高人民法院《关于审理毒品犯罪案件适用法律若干问题的解释》第13条第1款规定,具有下列情形之一的,应当追究刑事责任:"(一)非法提供麻醉药品、精神药品达到刑法第三百四十七条第三款或者本解释第二条规定的'数量较大'标准最低值的百分之五十,不满'数量较大'标准的;(二)二年内曾因非法提供麻醉药品、精神药品受过行政处罚的;(三)向多人或者多次非法提供麻醉药品、精神药品的;(四)向吸食、注射毒品的未成年人非法提供麻醉药品、精神药品的;(五)非法提供麻醉药品、精神药品造成严重后果的;(六)其他应当追究刑事责任的情形。"同时,《治安管理处罚法》第72条也规定了向他人提供毒品的行政处罚。但与刑法规定不同的是,《刑法》处罚的是特定身份之人,《治安管理处罚法》处罚的是一般主体。因此,这类行为的微罪可以界定为:

> 依法从事生产、运输、管理、使用国家管制的麻醉药品、精神药品的人员,违反国家规定向他人提供毒品,尚不构成刑法第三百五十五条规定之罪的,或者上述人员以外的人员向他人提供毒品的,处十日以上十五日以下拘留,可以并处二千元以下罚款;情节较轻的,处五日以下拘留或者五百元以下罚款。

三十七、引诱、容留、介绍卖淫微罪行为

2008年6月25日最高人民检察院、公安部《关于公安机关管辖的刑事案件立案追诉标准的规定(一)》第78条规定:"引诱、容留、介绍他人卖淫,涉嫌下列情形之一的,应予立案追诉:(一)引诱、容留、介绍二人次以上卖淫的;(二)引诱、容留、介绍已满十四周岁未满十八周岁的未成年人卖淫的;(三)被引诱、容留、介绍卖淫的人患有艾滋病或者患有梅毒、淋病

等严重性病;(四)其他引诱、容留、介绍卖淫应予追究刑事责任的情形。"本罪的追诉标准比较清晰。未达到追诉标准的行为,则按照《治安管理处罚法》第67条的规定给予行政处罚。因此,引诱、容留、介绍卖淫行为的微罪可以界定为:

> 引诱、容留、介绍他人卖淫,尚不构成刑法第三百五十九条规定之罪的,处十日以上十五日以下拘留,可以并处五千元以下罚款;情节较轻的,处五日以下拘留或者五百元以下罚款。

三十八、包庇卖淫、嫖娼活动微罪行为

根据《刑法》第362条的规定,旅馆业、饮食服务业、文化娱乐业、出租汽车业等单位的人员,在公安机关查处卖淫、嫖娼活动时,为违法犯罪分子通风报信,情节严重的,按照包庇罪处罚。本罪是情节犯,但是对于何为"情节严重"并不明确。同时《治安管理处罚法》第74条也对上述人员包庇吸毒、赌博、卖淫、嫖娼的行为规定了行政处罚,只要实施了上述行为就应当给予行政处罚,导致实践中难以把握罪与非罪的界线。因此,这类行为的微罪可以界定为:

> 旅馆业、饮食服务业、文化娱乐业、出租汽车业等单位的人员,在公安机关查处卖淫、嫖娼活动时,为违法犯罪分子通风报信,尚不构成刑法第三百一十条规定之罪的,处十日以上十五日以下拘留。

三十九、制作、复制、出版、贩卖、传播淫秽物品牟利微罪行为

刑法关于本罪的追诉标准的司法解释主要有1998年12月17日最高人民法院《关于审理非法出版物刑事案件具体应用法律若干问题的解释》,2004年9月3日最高人民法院、最高人民检察院《关于办理利用互联网、移动通讯终端、声讯台制作、复制、出版、贩卖、传播淫秽电子信息刑事案件具体应用法律若干问题的解释》,2008年6月25日最高人民检察院、公安部《关于公安机关管辖的刑事案件立案追诉标准的规定(一)》以及2010年2月2日最高人民法院、最高人民检察院《关于办理利用互联网、移动通讯终端、声讯台制作、复制、出版、贩卖、传播淫秽电子信息刑事案件具体应用法律若干问题的解释(二)》等,这些司法解释对本罪的追诉标准规定得比较详细明确。《治安管理处罚法》第68条对"制作、运输、复制、出售、出租淫秽的书刊、图片、影片、音像制品等淫秽物品或者利用计算机信息网络、电话以及其他通讯工具传播淫秽信息"的行为也进行了规制,与

刑法对本罪的规定有部分重合。因此,这类行为的微罪可以界定为:

> 运输、复制、出售、出租淫秽的书刊、图片、影片、音像制品等淫秽物品或者利用计算机信息网络、电话以及其他通讯工具传播淫秽信息,尚不构成刑法第三百六十三条规定之罪的,处十日以上十五日以下拘留,可以并处三千元以下罚款;情节较轻的,处五日以下拘留或者五百元以下罚款。

四十、组织播放淫秽音像制品、组织淫秽表演微罪行为

根据1998年12月17日最高人民法院《关于审理非法出版物刑事案件具体应用法律若干问题的解释》和2008年6月25日最高人民检察院、公安部《关于公安机关管辖的刑事案件立案追诉标准的规定(一)》的规定,组织播放淫秽音像制品罪和组织淫秽表演罪均有明确的追诉标准。同时,《治安管理处罚法》第69条也对这两类行为规定了行政处罚,并且没有门槛限制。因此,这类行为的微罪可以界定为:

> 组织播放淫秽音像制品或者组织淫秽表演,尚不构成刑法第三百六十四条、第三百六十五条规定之罪的,处十日以上十五日以下拘留,并处五百元以上一千元以下罚款。

四十一、生产、销售不符合安全标准的食品微罪行为

本罪是抽象危险犯,行为足以造成严重食物中毒事故或者其他严重食源性疾病的,不论是否造成了现实的危险,都应当追究刑事责任。根据2021年12月30日最高人民法院、最高人民检察院《关于办理危害食品安全刑事案件适用法律若干问题的解释》第1条的规定,生产、销售不符合食品安全标准的食品,具有下列情形之一的,应当认定为《刑法》第143条规定的"足以造成严重食物中毒事故或者其他严重食源性疾病":"(一)含有严重超出标准限量的致病性微生物、农药残留、兽药残留、生物毒素、重金属等污染物质以及其他严重危害人体健康的物质的;(二)属于病死、死因不明或者检验检疫不合格的畜、禽、兽、水产动物肉类及其制品的;(三)属于国家为防控疾病等特殊需要明令禁止生产、销售的;(四)特殊医学用途配方食品、专供婴幼儿的主辅食品营养成分严重不符合食品安全标准的;(五)其他足以造成严重食物中毒事故或者严重食源性疾病的情形。"根据我国《食品安全法》第123条、第124条的规定,对于生产、销售不符合安全标准的食品行为的行政处罚包括没收违法所得、罚款、吊销许可证、行政拘

留等。因此,对于可能处以行政拘留的这类行为的微罪可以界定为:

生产、销售不符合安全标准的食品,具有下列行为之一,情节严重但尚不构成刑法第一百四十三条规定之罪的,处以吊销许可证,并可以对其直接负责的主管人员和其他直接责任人员处五日以上十五日以下拘留:

(一)用非食品原料生产食品、在食品中添加食品添加剂以外的化学物质和其他可能危害人体健康的物质,或者用回收食品作为原料生产食品,或者经营上述食品;

(二)生产经营营养成分不符合食品安全标准的专供婴幼儿和其他特定人群的主辅食品;

(三)经营病死、毒死或者死因不明的禽、畜、兽、水产动物肉类,或者生产经营其制品;

(四)经营未按规定进行检疫或者检疫不合格的肉类,或者生产经营未经检验或者检验不合格的肉类制品;

(五)生产经营国家为防病等特殊需要明令禁止生产经营的食品;

(六)生产经营添加药品的食品。

四十二、伪造、变造货币,出售、购买、运输、持有、使用假币微罪行为

这些犯罪均是行为犯,但同时 2022 年修订的最高人民检察院、公安部《关于公安机关管辖的刑事案件立案追诉标准的规定(二)》对构成犯罪的行为标准作了规定,主要有四个方面的内容:

第一,伪造货币罪的追诉标准是:"(一)总面额在二千元以上或者币量在二百张(枚)以上的;(二)总面额在一千元以上或者币量在一百张(枚)以上,二年内因仿造货币受过行政处罚,又伪造货币的;(三)制造货币版样或者为他人伪造货币提供版样的;(四)其他伪造货币应予追究刑事责任的情形。"

第二,出售、购买、运输假币罪的追诉标准是:"(一)总面额在四千元以上或者币量在四百张(枚)以上的;(二)总面额在二千元以上或者币量在二百张(枚)以上,二年内因出售、购买、运输假币受过行政处罚,又出售、购买、运输假币的;(三)其他出售、购买、运输假币应予追究刑事责任的情形。"

第三,持有、使用假币罪的追诉标准是:"(一)总面额在四千元以上或者币量在四百张(枚)以上的;(二)总面额在二千元以上或者币量在二百

张(枚)以上,二年内因持有、使用假币受过行政处罚,又持有、使用假币的;(三)其他持有、使用假币应予追究刑事责任的情形。"

第四,变造货币罪的追诉标准是:"(一)总面额在二千元以上或者币量在二百张(枚)以上的;(二)总面额在一千元以上或者币量在一百张(枚)以上,二年内因变造货币受过行政处罚,又变造货币的;(三)其他变造货币应予追究刑事责任的情形。"

同时,我国《人民银行法》第42条规定:"伪造、变造人民币,出售伪造、变造的人民币,或者明知是伪造、变造的人民币而运输……尚不构成犯罪的,由公安机关处十五日以下拘留、一万元以下罚款。"第43条规定:"购买伪造、变造的人民币或者明知是伪造、变造的人民币而持有、使用……尚不构成犯罪的,由公安机关处十五日以下拘留、一万元以下罚款。"因此,对于伪造、变造货币,出售、购买、运输、持有、使用假币的微罪可以界定为:

对于伪造、变造货币,出售、购买、运输、持有、使用假币的微罪可以界定为:

有下列情形之一,尚不构成犯罪的,处十五日以下拘留,并处一万元以下罚款:

(一)伪造、变造货币的;
(二)出售、购买伪造、变造的货币的;
(三)明知是伪造、变造的货币而运输、持有、使用的;
(四)法律、行政法规规定的其他妨害货币管理制度的情形。

四十三、强迫交易微罪行为

强迫交易罪,是指以暴力、威胁手段强买强卖商品、强迫他人提供服务或者强迫他人接受服务,情节严重的行为。2008年6月25日最高人民检察院、公安部《关于公安机关管辖的刑事案件立案追诉标准的规定(一)》第28条关于强迫交易的"情节严重"规定为:"(一)造成被害人轻微伤或者其他严重后果的;(二)造成直接经济损失二千元以上的;(三)强迫交易三次以上或者强迫三人以上交易的;(四)强迫交易数额一万元以上,或者违法所得数额二千元以上的;(五)强迫他人购买伪劣商品数额五千元以上,或者违法所得数额一千元以上的;(六)其他情节严重的情形。"同时,我国《治安管理处罚法》第46条对强迫交易的一般违法行为作出了规定。因此,强迫交易的微罪可以界定为:

强买强卖商品,强迫他人提供服务或者强迫他人接受服务,情较轻的,处五日以下拘留或者五百元以下罚款,情节较重但尚不构成刑法第二百二十六条规定之罪的,处五日以上十日以下拘留,并处二百元以上五百元以下罚款。

四十四、伪造、倒卖伪造的有价票证微罪行为,倒卖车票、船票微罪行为

伪造、倒卖伪造的有价票证罪是行为犯,同时要求数额较大,即2008年6月25日最高人民检察院、公安部《关于公安机关管辖的刑事案件立案追诉标准的规定(一)》第29条规定的几种情形:"(一)车票、船票票面数额累计二千元以上,或者数量累计五十张以上的;(二)邮票票面数额累计五千元以上,或者数量累计一千枚以上的;(三)其他有价票证价额累计五千元以上,或者数量累计一百张以上的;(四)非法获利累计一千元以上的;(五)其他数额较大的情形。"倒卖车票、船票罪是情节犯,其追诉标准是:"(一)票面数额累计五千元以上的;(二)非法获利累计二千元以上的;(三)其他情节严重的情形。"关于伪造、变造、倒卖车票、船票等有价票证的行政处罚主要规定在《治安管理处罚法》中,该法第52条规定,"伪造、变造、倒卖车票、船票、航空客票、文艺演出票、体育比赛入场券或者其他有价票证、凭证的","处十日以上十五日以下拘留,可以并处一千元以下罚款;情节较轻的,处五日以上十日以下拘留,可以并处五百元以下罚款"。因此,对于伪造、倒卖伪造的有价票证和倒卖车票、船票行为,尚不构成刑法规定之罪的,应当纳入微罪体系并界定为:

> 伪造、倒卖伪造的有价票证,或者倒卖车票、船票,情节较轻的,处五日以上十日以下拘留,可以并处五百元以下罚款;情节较重或者数额较大,但尚不构成刑法第二百二十七条规定之罪的,处十日以上十五日以下拘留,可以并处一千元以下罚款。

四十五、故意伤害微罪行为

根据2021年6月16日最高人民法院、最高人民检察院《关于常见犯罪的量刑指导意见(试行)》的规定,故意伤害致1人轻伤的,在两年以下有期徒刑、拘役幅度内确定量刑起点。同时,我国《治安管理处罚法》第43条对故意伤害他人身体的行为规定了行政拘留和罚款的行政处罚措施。因此,对于故意殴打、伤害他人身体但尚未致人轻伤以上结果的微罪可以界定为:

殴打他人的,或者故意伤害他人身体,致人轻伤以下结果的,处五日以上十日以下拘留,并处二百元以上五百元以下罚款;情节较轻的,处五日以下拘留或者五百元以下罚款。有下列情形之一的,处十日以上十五日以下拘留,并处五百元以上一千元以下罚款:

(一)结伙殴打、伤害他人的;

(二)殴打、伤害残疾人、孕妇、不满十四周岁的人或者六十周岁以上的人的;

(三)多次殴打、伤害他人或者一次殴打、伤害多人的。

四十六、强制猥亵、侮辱微罪行为

《刑法》第237条规定的强制侮辱、猥亵罪是行为犯,但是由于尚无司法解释对本罪的追诉标准作出界定,因此,实践中容易与《治安管理处罚法》第44条规定的猥亵他人的一般违法行为重合,导致罪与非罪认定的混乱。对于这类行为,笔者认为,应当把握强制猥亵、侮辱罪关于暴力、胁迫等犯罪方法客观要件,凡是使用这类手段或者相当程度手段的,应当追究刑事责任;采用比暴力、胁迫较弱的手段的,则应当纳入微罪体系。因此,这类行为的微罪可以界定为:

采用暴力、胁迫或者与其相当程度以外的其他方法,强制侮辱、猥亵他人的,处五日以上十日以下拘留;采用上述手段猥亵、侮辱智力残疾人、精神病人、不满十四周岁的人或者有其他严重情节的,处十日以上十五日以下拘留。

四十七、非法拘禁微罪行为

《刑法》规定的非法拘禁罪是行为犯,实践中判断非法拘禁是否构成犯罪主要结合犯罪情节轻重、危害大小、犯罪动机、拘禁时间长短等因素,没有完全的评价标准。同时,《治安管理处罚法》第40条也规定了非法拘禁一般违法行为的行政处罚措施,容易和非法拘禁罪产生交叉重叠,导致罪与非罪的定性模糊,实践中确实也存在着一些公安机关将本应作为犯罪处理的非法拘禁行为,只予以治安管理处罚。因此,这类行为的微罪可以界定为:

非法拘禁或者以其他方法非法限制他人人身自由,尚不构成刑法第二百三十八条规定之罪,处十日以上十五日以下拘留,并处五百元以上一千元以下罚款;情节较轻的,处五日以上十日以下拘留,并处二百元以上五百元以下罚款。

四十八、诬告陷害微罪行为

《刑法》第243条规定的诬告陷害罪是情节犯,即要求诬告陷害他人达到情节严重的程度才追究刑事责任。但司法解释中对何为"情节严重"并无规定,需要司法机关在实践中自己把握。我国《治安管理处罚法》第42条对诬告陷害的一般违法行为设定了行政处罚,同时也按照情节轻重作了分层处理。这样,诬告陷害的行政违法行为包括一般情节和情节较重两个层次。尤其是对于《行政处罚法》上的情节严重和《刑法》上的情节严重的关系如何认定,存在很大争议。一种观点认为,两种情节严重不同,《刑法》上的情节严重比《行政处罚法》上的情节严重更为严重;另一种观点认为,两种情节严重相同,对情节严重的诬告陷害行为不仅追究刑事责任,同时也追究行政责任,与"一事不二罚"原则并不冲突。笔者认为,第二种观点将《行政处罚法》和《刑法》上的情节严重等同,似乎是将两法紧密衔接起来,实际上却导致罪与非罪定性的更加模糊,让司法机关无法判断适用刑罚还是行政处罚。相比之下,第一种观点更有利于两法的衔接,但前提是必须对《刑法》和《行政处罚法》中的"情节严重"作出解释。因此,这类行为的微罪可以表述为:

捏造事实诬告陷害他人,企图使他人受到刑事追究的,处五日以下拘留或者五百元以下罚款;情节较重但尚不构成刑法第二百四十三条规定之罪的,处五日以上十日以下拘留,可以并处五百元以下罚款。

四十九、强迫劳动微罪行为

2008年6月25日最高人民检察院、公安部《关于公安机关管辖的刑事案件立案追诉标准的规定(一)》第31条规定:"用人单位违反劳动管理法规,以限制人身自由方法强迫职工劳动,涉嫌下列情形之一的,应予立案追诉:(一)强迫他人劳动,造成人员伤亡或者患职业病的;(二)采用殴打、胁迫、扣发工资、扣留身份证件等手段限制人身自由,强迫他人劳动的;(三)强迫妇女从事井下劳动、国家规定的第四级体力劳动强度的劳动或者其他禁忌从事的劳动,或者强迫处于经期、孕期和哺乳期妇女从事国家规定的第三级体力劳动强度以上的劳动或者其他禁忌从事的劳动的;(四)强迫已满十六周岁未满十八周岁的未成年人从事国家规定的第四级体力劳动强度的劳动,或者从事高空、井下劳动,或者在爆炸性、易燃性、放射性、毒害性等危险环境下从事劳动的;(五)其他情节严重的情形。"由于强迫劳动罪是行为犯,只要实施了上述五种情形的行为,就应当追究刑事责任,而我国《治安管理处罚法》第40条对以暴力、威胁或者其他手段强迫他人劳动的违法行为作了规定,于是就造成以暴力、胁迫或者其他手段强迫他人劳动的行为既构成行政违法,又构成刑事犯罪,到底适用哪部法律产生模糊。因此,这类行为的微罪可以界定为:

> 以暴力、威胁或者限制人身自由的方法强迫他人劳动,尚不构成刑法第二百四十四条规定之罪的,处十日以上十五日以下拘留,并处五百元以上一千元以下罚款;情节较轻的,处五日以上十日以下拘留,并处二百元以上五百元以下罚款。

五十、非法搜查、非法侵入住宅微罪行为

《刑法》将非法搜查罪、非法侵入住宅罪界定为行为犯,即只要行为人实施了上述行为就构成犯罪。我国《治安管理处罚法》第40条也同时规定了非法搜查他人身体、非法侵入住宅的违法行为的处理措施,这就造成《刑法》与《行政处罚法》的交叉重叠。因此,这类行为的微罪可以界定为:

> 非法侵入他人住宅或者非法搜查他人身体,尚不构成刑法第二百四十五条规定之罪的,处十日以上十五日以下拘留,并处五百元以上一千元以下罚款;情节较轻的,处五日以上十日以下拘留,并处二百元以上五百元以下罚款。

五十一、侮辱、诽谤微罪行为

侮辱罪、诽谤罪要求情节严重,但何为情节严重目前尚未明确,一般认为,侮辱、诽谤造成他人自杀、自残,或者造成恶劣社会影响的,可以认定为犯罪。同时,我国《治安管理处罚法》第42条也规定了这类行为的行政处罚措施,并作了分层处理。也就是说,区分一般侮辱、诽谤行为和情节较重的侮辱、诽谤行为。然而其中的"情节较重"和刑法上要求的"情节严重"是否一致难以认定,导致实践中定性上的模糊。因此,笔者认为,应当将侮辱、诽谤的行为统一纳入微罪体系,界定为:

> 公然侮辱他人或者捏造事实诽谤他人的,处五日以下拘留或者五百元以下罚款;情节较重但尚不构成刑法第二百四十六条规定之罪的,处五日以上十日以下拘留,可以并处五百元以下罚款。

五十二、侵犯通信自由微罪行为

侵犯他人通信自由，情节严重的，构成刑法规定的侵犯通信自由罪。我国《邮政法》和《治安管理处罚法》对这类行为的行政处罚措施作出了规定，并没有设定"情节严重"的条件，只要实施了这类行为就追究行政责任。但是由于何为刑法上的"情节严重"，目前尚无明确的司法解释，导致实践中产生罪与非罪的争议。因此，笔者认为，这类行为的微罪可以界定为：

> 冒领、隐匿、毁弃、私自开拆、非法检查他人邮件或者非法侵犯他人通信自由的，处五日以下拘留。

五十三、破坏选举微罪行为

破坏选举罪，是指在选举各级人民代表大会代表和国家机关领导人员时，以暴力、威胁、欺骗、贿赂、伪造选举文件、虚报选举票数等手段破坏选举或者妨害选民和代表自由行使选举权和被选举权，情节严重的行为。对于何为"情节严重"尚无明确解释。我国《治安管理处罚法》第23条第1款第(五)项对破坏选举的违法行为作出了规定，其中关于情节严重容易造成罪与非罪定性上的模糊。因此，这类行为的微罪可以界定为：

> 破坏依法进行的选举秩序或者妨害选民和代表自由行使选举权和被选举权，情节较重但尚不构成刑法第二百五十六条规定之罪的，处五日以上十日以下拘留，可以并处五百元以下罚款。

五十四、虐待、遗弃微罪行为

两个犯罪均要求情节恶劣，没有明确的追诉标准。我国《治安管理处罚法》第45条对于虐待、遗弃违法行为，不论是否情节恶劣，都要追究行政责任。因此，虐待、遗弃的微罪可以界定为：

> 虐待家庭成员，对未成年人、老年人、患病的人、残疾人等负有监护、看护职责的人虐待被监护、看护的人，或者遗弃没有独立生活能力的被扶养人的，处五日以下拘留。

五十五、组织残疾人、儿童乞讨微罪行为

组织残疾人、儿童乞讨罪，是指以暴力、胁迫手段组织残疾人或者不满

14周岁的未成年人乞讨的行为。只要实施了上述行为，就应当追究刑事责任。我国《治安管理处罚法》第41条第1款规定："胁迫、诱骗或者利用他人乞讨的，处十日以上十五日以下拘留，可以并处一千元以下罚款。"可见，《治安管理处罚法》规定的"胁迫、诱骗或者利用他人乞讨"的行为与《刑法》规定的"以暴力、胁迫手段组织残疾人或者不满十四周岁的未成年人乞讨"的行为存在交叉，容易造成定性上的模糊。因此，笔者认为，这类行为的微罪可以界定为：

> 胁迫、诱骗或者利用残疾人、儿童乞讨，尚不构成刑法第二百六十二条之一规定之罪的，处十日以上十五日以下拘留，可以并处一千元以下罚款。

五十六、盗窃微罪行为

刑法中规定了盗窃罪的几种形态：一是盗窃公私财物，数额较大的；二是多次盗窃的；三是入户盗窃的；四是携带凶器盗窃的；五是扒窃的。其中，第三、四、五种形态是行为犯，根据全国人大常委会法工委对《刑法修正案（八）》的解读认为，"实践中一些盗窃行为，如入户盗窃、扒窃、携带凶器盗窃等行为，虽然严重危害广大人民群众的财产安全，并对群众人身安全形成威胁，具有严重的社会危害性，但往往由于犯罪分子一次作案案值达不到定罪标准无法对其定罪处罚，只能作治安处罚，打击力度不够，难以形成有效震慑，也影响了民警和群众与扒窃犯罪作斗争的积极性，导致犯罪分子有恃无恐，屡打不绝。因此建议对这三种盗窃行为，不论数额、次数多少，均可以作为盗窃罪处理，予以刑事处罚"。由此，对于盗窃行为的犯罪与行政违法的界限只存在于盗窃公司财物数额较大和多次盗窃的情形，即盗窃罪的行为犯形态。根据2013年4月2日最高人民法院、最高人民检察院《关于办理盗窃刑事案件适用法律若干问题的解释》的规定，盗窃公私财物价值1000元至3000元以上即可认定为"数额较大"构成盗窃罪；具有下列情形之一的，"数额较大"的标准可以按照该解释第1条规定标准的50%确定："（一）曾因盗窃受过刑事处罚的；（二）一年内曾因盗窃受过行政处罚的；（三）组织、控制未成年人盗窃的；（四）自然灾害、事故灾害、社会安全事件等突发事件期间，在事件发生地盗窃的；（五）盗窃残疾人、孤寡老人、丧失劳动能力人的财物的；（六）在医院盗窃病人或者其亲友财物的；（七）盗窃救灾、抢险、防汛、优抚、扶贫、移民、救济款物的；（八）因盗窃造成严重后果的。""二年内盗窃三次以上的，应当认定为'多次盗窃'。"因此，对于达不到上述标准的盗窃行为，则应当根据《治安管理处罚法》第33

条、第 34 条、第 35 条、第 37 条、第 49 条的规定分别处罚。因此,关于盗窃的微罪可以界定为:

> 盗窃公私财物,尚不构成刑法第二百六十四条规定之罪的,处五日以上十日以下拘留,可以并处五百元以下罚款;情节较重的,处十日以上十五日以下拘留,可以并处一千元以下罚款。

五十七、诈骗微罪行为

根据 2011 年 3 月 1 日最高人民法院、最高人民检察院《关于办理诈骗刑事案件具体应用法律若干问题的解释》的规定,诈骗公私财物价值 3000 元至 1 万元以上,应当追究刑事责任。诈骗罪是结果犯,以诈骗公私财物达到 3000 元以上为结果要件。对于未达犯罪标准的诈骗行为,则按照《治安管理处罚法》第 49 条的规定给予行政处罚。因此,这类行为的微罪可以界定为:

> 诈骗公私财物,尚不构成刑法第二百六十六条规定之罪的,处五日以上十日以下拘留,可以并处五百元以下罚款;情节较重的,处十日以上十五日以下拘留,可以并处一千元以下罚款。

五十八、抢夺微罪行为

根据 2013 年 11 月 11 日最高人民法院、最高人民检察院《关于办理抢夺刑事案件适用法律若干问题的解释》的规定,抢夺公私财物价值 1000 元至 3000 元以上或者 1 年内抢夺公私财物 3 次以上的,即构成抢夺罪。同时,抢夺公私财物,具有下列情形之一的,"数额较大"的标准按照该解释第 1 条规定标准的 50%确定:"(一)曾因抢劫、抢夺或者聚众哄抢受过刑事处罚的;(二)一年内曾因抢夺或者哄抢受过行政处罚的;(三)一年内抢夺三次以上的;(四)驾驶机动车、非机动车抢夺的;(五)组织、控制未成年人抢夺的;(六)抢夺老年人、未成年人、孕妇、携带婴幼儿的人、残疾人、丧失劳动能力人的财物的;(七)在医院抢夺病人或者其亲友财物的;(八)抢夺救灾、抢险、防汛、优抚、扶贫、移民、救济款物的;(九)自然灾害、事故灾害、社会安全事件等突发事件期间,在事件发生地抢夺的;(十)导致他人轻伤或者精神失常等严重后果的。"对于尚未达到上述标准的抢夺行为,则按照《治安管理处罚法》第 49 条的规定给予行政处罚。因此,抢夺的微罪可以界定为:

> 抢夺公私财物,尚不构成刑法第二百六十七条规定之罪的,处

五日以上十日以下拘留,可以并处五百元以下罚款;情节较重的,处十日以上十五日以下拘留,可以并处一千元以下罚款。

五十九、聚众哄抢微罪行为

聚众哄抢罪规制的对象是首要分子和积极参加者,对于一般哄抢行为则按照《治安管理处罚法》第 49 条的规定给予行政处罚。对于聚众哄抢行为是否构成犯罪,主要看数额和情节,但目前尚无统一的司法解释,一般参照上海市高级人民法院规定的 4000 元标准。笔者认为,对于聚众哄抢的行为人,不论是首要分子、积极参加者还是一般人员,尚未达到犯罪标准的,可以作为微罪处理,界定为:

聚众哄抢公私财物,尚不构成刑法第二百六十八条规定之罪的,处五日以上十日以下拘留,可以并处五百元以下罚款;情节较重的,处十日以上十五日以下拘留,可以并处一千元以下罚款。

六十、敲诈勒索微罪行为

根据 2013 年 4 月 23 日最高人民法院、最高人民检察院《关于办理敲诈勒索刑事案件适用法律若干问题的解释》的规定,构成敲诈勒索罪有三种情形:一是敲诈勒索公私财物价值 2000 元至 5000 元以上。二是敲诈勒索公私财物,具有下列情形之一的,"数额较大"的标准可以按照该解释第 1 条规定标准的 50% 确定:"(一)曾因敲诈勒索受过刑事处罚的;(二)一年内曾因敲诈勒索受过行政处罚的;(三)对未成年人、残疾人、老年人或者丧失劳动能力人敲诈勒索的;(四)以将要实施放火、爆炸等危害公共安全犯罪或者故意杀人、绑架等严重侵犯公民人身权利犯罪相威胁敲诈勒索的;(五)以黑恶势力名义敲诈勒索的;(六)利用或者冒充国家机关工作人员、军人、新闻工作者等特殊身份敲诈勒索的;(七)造成其他严重后果的。"三是两年内敲诈勒索 3 次以上的。对于尚不构成敲诈勒索罪的,则按照《治安管理处罚法》第 49 条的规定给予行政处罚。因此,敲诈勒索的微罪可以界定为:

敲诈勒索公私财物,尚不构成刑法第二百七十四条规定之罪的,处五日以上十日以下拘留,可以并处五百元以下罚款;情节较重的,处十日以上十五日以下拘留,可以并处一千元以下罚款。

六十一、故意毁坏财物微罪行为

2008年6月25日最高人民检察院、公安部《关于公安机关管辖的刑事案件立案追诉标准的规定（一）》第33条规定："故意毁坏公私财物，涉嫌下列情形之一的，应予立案追诉：（一）造成公私财物损失五千元以上的；（二）毁坏公私财物三次以上的；（三）纠集三人以上公然毁坏公私财物的；（四）其他情节严重的情形。"同时，《治安管理处罚法》第26条对损毁公私财物的违法行为也作了规制。因此，故意毁坏财物的微罪可以界定为：

> 任意损毁公私财物，尚不构成刑法第二百七十五条规定之罪的，处五日以上十日以下拘留，可以并处五百元以下罚款；情节较重的，处十日以上十五日以下拘留，可以并处一千元以下罚款。

第二节 与吊销营业执照、许可证有关的微罪行为

对可能处以吊销营业执照、许可证的情形主要涉及破坏社会主义市场经济秩序类的微罪。考虑到吊销营业执照、许可证虽然不是对人身自由的剥夺和限制，但是在市场经济环境下，单位、法人和其他组织一旦被吊销营业执照、许可证即意味着其市场主体资格的丧失，相当于被判处了"死刑"。因此，尽管立法法规定行政法规即可设定吊销营业执照、许可证的行政处罚，但笔者认为有必要将其纳入微罪体系。当然目前将所有吊销营业执照、许可证的行为均纳入微罪体系并不现实，于是笔者建议可以作出探索尝试。同时，这类资格罚的行政法律法规中大都设定了"情节严重"的条件，有观点认为，行政法中的"情节严重"与刑法中的"情节严重"应当是一致的，从而保证法律体系的一致性；也有观点认为，行政法中的"情节严重"与刑法中的"情节严重"并不一致，行政法中的情节严重并不一定达到刑法中的情节严重程度。由于认识上的不同，对于这类行为处以吊销营业执照、许可证的处罚是否必须以达到犯罪程度为前提便产生了争议。虽然多数人认为吊销营业执照、许可证是对行为程度的判断标准之一，并不必然以追究刑事责任为前提，但目前的立法中毕竟没有明确规定，故易产生法律适用上的争议，因此将其统一纳入微罪司法程序，由司法者在审理案件时统一作出裁判或许更为合适。通过对法律法规进行梳理，该类行为主要有：

一、工程安全隐患微罪行为

《刑法》第 137 条规定了工程重大安全事故罪,即指建设单位、设计单位、施工单位、工程监理单位违反国家规定,降低工程质量标准,造成重大安全事故的行为。其中所谓的"重大安全事故"是指根据 2008 年 6 月 25 日最高人民检察院、公安部《关于公安机关管辖的刑事案件立案追诉标准的规定(一)》规定的:"(一)造成死亡一人以上,或者重伤三人以上;(二)造成直接经济损失五十万元以上的;(三)其他造成严重后果的情形。"对于尚未达到上述标准的一般违法行为,则可根据《建筑法》的规定作出处罚。一般有三种情形:一是对建筑安全事故隐患不采取措施予以消除,情节严重的,责令停业整顿,降低资质等级或者吊销资质证书;二是建筑设计单位不按照建筑工程质量、安全标准进行设计,造成工程质量事故的,责令停业整顿,降低资质等级或者吊销资质证书,没收违法所得,并处罚款;三是建筑施工企业在施工中偷工减料的,使用不合格的建筑材料、建筑构配件和设备的,或者有其他不按照工程设计图纸或者施工技术标准施工的行为,情节严重的,责令停业整顿,降低资质等级或者吊销资质证书。其中,第一、三种情形是危险犯状态,但何为"情节严重"没有明确解释;第二种情形既包括造成重大安全质量事故,也包括一般安全质量事故。这三类行为对应着工程重大安全事故罪的行为性质,因此,可以统称为"工程安全隐患微罪行为",可以界定为:

具有下列情形之一,情节严重的,处以吊销资质证书:

(一)对建筑安全事故隐患不采取措施予以消除的,情节严重的;

(二)建筑设计单位不按照建筑工程质量、安全标准进行设计的,造成工程质量事故的;

(三)建筑施工企业在施工中偷工减料的,使用不合格的建筑材料、建筑构配件和设备的,或者有其他不按照工程设计图纸或者施工技术标准施工的行为,情节严重的。

二、妨害传染病防治微罪行为

本罪是危险犯。2008 年 6 月 25 日最高人民检察院、公安部《关于公安机关管辖的刑事案件立案追诉标准的规定(一)》第 49 条第 1 款规定:"违反传染病防治法的规定,引起甲类或者按照甲类管理的传染病传播或者有传播严重危险,涉嫌下列情形之一的,应予立案追诉:(一)供水单位供应的饮用水不符合国家规定的卫生标准的;(二)拒绝按照疾病预防控制机构提出的卫生要求,对传染病病原体污染的污水、污物、粪便进行消毒处理的;(三)准许或者纵容传染病病人、病原携带者和疑似传染病病人从事国务院卫生行政部门规定禁止从事的易使该传染病扩散的工作的;(四)拒绝执行疾病预防控制机构依照传染病防治法提出的预防、控制措施的。"同时根据我国《传染病防治法》第73条的规定,对有上述行为的,原发证部门可以依法暂扣或者吊销许可证。因此,这类行为的微罪可以界定为:

> 违反传染病防治法的规定,导致或者可能导致传染病传播、流行,情节严重的,处以吊销许可证。

三、传染病菌种、毒种扩散微罪行为

本罪是结果犯。2008年6月25日最高人民检察院、公安部《关于公安机关管辖的刑事案件立案追诉标准的规定(一)》第50条规定:"从事实验、保藏、携带、运输传染病菌种、毒种的人员,违反国务院卫生行政部门的有关规定,造成传染病菌种、毒种扩散,涉嫌下列情形之一的,应予立案追诉:(一)导致甲类和按甲类管理的传染病传播的;(二)导致乙类、丙类传染病流行、暴发的;(三)造成人员重伤或者死亡的;(四)严重影响正常的生产、生活秩序的;(五)其他造成严重后果的情形。"同时根据《传染病防治法》第74条的规定,对实施上述行为的单位可以依法暂扣或者吊销许可证;造成传染病传播、流行以及其他严重后果的,对负有责任的主管人员和其他直接责任人员,依法给予降级、撤职、开除的处分,并可以依法吊销有关责任人员的执业证书。《传染病防治法》中规定的传染病传播、流行以及其他严重后果,比最高人民检察院、公安部《关于公安机关管辖的刑事案件立案追诉标准的规定(一)》规定的几种情形更为广泛,导致吊销执业证书的处罚可能适用于构成犯罪的情形,也可能适用于尚不构成犯罪的情形。笔者认为,对于情节严重应当吊销执业证书但尚未达到刑事追诉标准的行为,应当纳入微罪体系,由司法机关统一作出裁判。因此,这类行为的微罪可以界定为:

> 违反国务院卫生行政部门的有关规定,造成传染病菌种、毒种扩散,导致传染病传播、流行以及其他严重后果的,对负有责任的主管人员和其他直接责任人员,依法给予降级、撤职、开除的处分,并处以依法吊销有关责任人员的执业证书。

四、医疗事故微罪行为

根据2008年6月25日最高人民检察院、公安部《关于公安机关管辖的刑事案件立案追诉标准的规定(一)》的规定,医务人员由于严重不负责任,造成就诊人死亡或者严重损害就诊人身体健康的,应予立案追诉。其中"严重不负责任"是指:"(一)擅离职守的;(二)无正当理由拒绝对危急就诊人实行必要的医疗救治的;(三)未经批准擅自开展试验性治疗的;(四)严重违反查对、复核制度的;(五)使用未经批准使用的药品、消毒药剂、医疗器械的;(六)严重违反国家法律法规及有明确规定的诊疗技术规范、常规的;(七)其他严重不负责任的情形。"目前我国关于医疗事故的行政法律责任主要规定在《医疗事故处理条例》中,该条例第55条规定,对发生医疗事故的有关医务人员,除给予行政处分和行政处罚外,还可以责令暂停6个月以上1年以下执业活动,情节严重的,吊销其执业证书。也就是说,吊销执业证书的情况包括达到追诉标准的情况和尚未达到追诉标准的情况。因此,对于尚未达到追诉标准但应当吊销执业证书的医疗事故行为的微罪可以界定为:

> 医务人员由于严重不负责任,发生医疗事故,造成就诊人死亡或者严重损害就诊人身体健康,情节严重的,处以吊销执业证书。

五、非法捕捞水产品微罪行为

2008年6月25日最高人民检察院、公安部《关于公安机关管辖的刑事案件立案追诉标准的规定(一)》第63条规定:"违反保护水产资源法规,在禁渔区、禁渔期或者使用禁用的工具、方法捕捞水产品,涉嫌下列情形之一的,应予立案追诉:(一)在内陆水域非法捕捞水产品五百公斤以上或者价值五千元以上的,或者在海洋水域非法捕捞水产品二千公斤以上或者价值二万元以上的;(二)非法捕捞有重要经济价值的水生动物苗种、怀卵亲体或者在水产种质资源保护区内捕捞水产品,在内陆水域五十公斤以上或者价值五百元以上,或者在海洋水域二百公斤以上或者价值二千元以上的;(三)在禁渔区内使用禁用的工具或者禁用的方法捕捞的;(四)在禁渔期内使用禁用的工具或者禁用的方法捕捞的;(五)在公海使用禁用渔具从事捕捞作业,造成严重影响的;(六)其他情节严重的情形。"同时我国《渔业法》第38条、第41条、第42条均对非法捕捞的行为规定了行政处罚,直至吊销许可证。因此,这类行为的微罪可以界定为:

> 违反保护水产资源法规,非法捕捞水产品,情节严重的,处以吊销捕捞许可证。

六、非法采矿、破坏性采矿微罪行为

关于这两个犯罪的追诉标准主要由 2016 年 11 月 28 日最高人民法院、最高人民检察院《关于办理非法采矿、破坏性采矿刑事案件适用法律若干问题的解释》和 2007 年 1 月 15 日最高人民法院、最高人民检察院《关于办理盗窃油气、破坏油气设备等刑事案件具体应用法律若干问题的解释》作出规定,基本上比较明确。同时,对于非法采矿、破坏性采矿行为的行政处罚措施主要规定在我国《矿产资源法》中,包括罚款、没收违法所得、吊销采矿许可证等。因此,这类行为的微罪可以界定为:

> 违反矿产资源法的规定,非法采矿、破坏性采矿,情节严重的,处以吊销采矿许可证。

七、危害国家重点保护植物微罪行为

本罪是行为犯,指非法采伐、毁坏由省级以上林业主管部门或者其他部门确定的具有重大历史事件及纪念意义、科学研究价值或者年代久远的古树名木,国家禁止、限制出口的珍贵树木以及列入《国家重点保护野生植物名录》的树木或者其他植物的行为。一般认为只要实施了上述行为就应当追究刑事责任。我国《野生植物保护条例》第 23 条规定了对这类行为的行政处罚,包括已列入《国家重点保护野生植物名录》的树木或者其他植物,以及具有科研价值和重大纪念意义或历史事件及年代久远的古树名木,还有国家限制、禁止出口的珍贵树木树种,以及珍贵树木或国家重点保护的其他植物等。因此,这类行为的微罪可以界定为:

> 违反国家规定,非法采伐、毁坏珍贵树木或者国家重点保护的其他植物,情节严重的,处以吊销采集证。

八、生产、销售伪劣产品微罪行为

2008 年 6 月 25 日最高人民检察院、公安部《关于公安机关管辖的刑事案件立案追诉标准的规定(一)》第 16 条第 1 款规定:"生产者、销售者在产品中掺杂、掺假,以假充真,以次充好或者以不合格产品冒充合格产品,涉嫌下列情形之一的,应予立案追诉:(一)伪劣产品销售金额五万元以上的;(二)伪劣产品尚未销售,货值金额十五万元以上的;(三)伪劣产

品销售金额不满五万元,但将已销售金额乘以三倍后,与尚未销售的伪劣产品货值金额合计十五万元以上的。"关于这类行为的行政法规制主要体现在《产品质量法》中,该法第 50 条规定:"在产品中掺杂、掺假,以假充真,以次充好,或者以不合格产品冒充合格产品的,责令停止生产、销售,没收违法生产、销售的产品,并处违法生产、销售产品货值金额百分之五十以上三倍以下的罚款;有违法所得的,并处没收违法所得;情节严重的,吊销营业执照;构成犯罪的,依法追究刑事责任。"因此,生产、销售伪劣产品行为的微罪可以界定为:

> 在产品中掺杂、掺假,以假充真,以次充好,或者以不合格产品冒充合格产品,情节严重的,处以吊销营业执照。

九、生产、销售、提供假药微罪行为

《刑法修正案(八)》对生产、销售假药罪进行了修订,生产、销售假药罪由危险犯变为行为犯,即除销售少量根据民间传统配方私自加工的药品,或者销售少量未经批准进口的国外、境外药品,没有造成他人伤害后果或者延误诊治,情节显著轻微危害不大的,不认为是犯罪的以外,只要实施了生产、销售假药的行为,不论多少,都要追究刑事责任。这类行为的行政法律规制主要体现在我国《药品管理法》中,该法第 116 条设定了生产、销售假药行为的行政处罚,包括没收违法所得,罚款,责令停产停业整顿,吊销药品批准证明文件,吊销药品生产许可证、药品经营许可证或者医疗机构制剂许可证等。因此,这类行为的微罪可以界定为:

> 生产、销售、提供假药,情节严重的,处以吊销《药品生产许可证》《药品经营许可证》或者《医疗机构制剂许可证》。

十、生产、销售、提供劣药微罪行为

根据 2022 年 3 月 3 日最高人民法院、最高人民检察院《关于办理危害药品安全刑事案件适用法律若干问题的解释》的规定,生产、销售、提供劣药构成犯罪所要求的"对人体健康造成严重危害"是指:"(一)造成轻伤或者重伤的;(二)造成轻度残疾或者中度残疾的;(三)造成器官组织损伤导致一般功能障碍或者严重功能障碍的;(四)其他对人体健康造成严重危害的情形。"可见生产、销售、提供劣药罪是结果犯,追诉标准相对明确。同时我国《药品管理法》第 117 条对生产、销售劣药的,也设定了没收违法所得,罚款,责令停产停业整顿,吊销药品批准证明文件,吊销药品生产许可

证、药品经营许可证、医疗机构制剂许可证等行政处罚措施。因此,生产、销售、提供劣药行为的微罪可以界定为:

生产、销售、提供劣药,情节严重的,处以吊销《药品生产许可证》《药品经营许可证》或者《医疗机构制剂许可证》。

十一、生产、销售不符合安全标准的食品微罪行为

对于生产、销售不符合食品安全标准的食品的行为的行政处罚包括没收违法所得、罚款、吊销许可证、行政拘留等,其中涉及吊销许可证行为的微罪可以界定为:

生产、销售不符合食品安全标准的食品,有下列严重情形之一的,处以吊销许可证:

(一)生产经营致病性微生物,农药残留、兽药残留、生物毒素、重金属等污染物质以及其他危害人体健康的物质含量超过食品安全标准限量的食品、食品添加剂;

(二)用超过保质期的食品原料、食品添加剂生产食品、食品添加剂,或者经营上述食品、食品添加剂;

(三)生产经营超范围、超限量使用食品添加剂的食品;

(四)生产经营腐败变质、油脂酸败、霉变生虫、污秽不洁、混有异物、掺假掺杂或者感官性状异常的食品、食品添加剂;

(五)生产经营标注虚假生产日期、保质期或者超过保质期的食品、食品添加剂;

(六)生产经营未按规定注册的保健食品、特殊医学用途配方食品、婴幼儿配方乳粉,或者未按注册的产品配方、生产工艺等技术要求组织生产;

(七)以分装方式生产婴幼儿配方乳粉,或者同一企业以同一配方生产不同品牌的婴幼儿配方乳粉;

(八)利用新的食品原料生产食品,或者生产食品添加剂新品种,未通过安全性评估;

(九)食品生产经营者在食品药品监督管理部门责令其召回或者停止经营后,仍拒不召回或者停止经营。

十二、生产、销售不符合标准的医用器材微罪行为

根据《刑法》的规定,本罪是抽象的危险犯。所谓"足以严重危害人体

健康"或者"对人体健康造成严重危害"是指2008年6月25日最高人民检察院、公安部《关于公安机关管辖的刑事案件立案追诉标准的规定(一)》第21条第1款规定的以下情形:"(一)进入人体的医疗器械的材料中含有超过标准的有毒有害物质的;(二)进入人体的医疗器械的有效性指标不符合标准要求,导致治疗、替代、调节、补偿功能部分或者全部丧失,可能造成贻误诊治或者人体严重损伤的;(三)用于诊断、监护、治疗的有源医疗器械的安全指标不符合强制性标准要求,可能对人体构成伤害或者潜在危害的;(四)用于诊断、监护、治疗的有源医疗器械的主要性能指标不合格,可能造成贻误诊治或者人体严重损伤的;(五)未经批准,擅自增加功能或者适用范围,可能造成贻误诊治或者人体严重损伤的;(六)其他足以严重危害人体健康或者对人体健康造成严重危害的情形。"对于尚未达到追诉标准的这类行为,由我国《医疗器械监督管理条例》作出行政处罚,该条例第86条规定,对生产、销售不符合标准的医疗器械,情节严重的,责令停产停业,直至由原发证部门吊销医疗器械注册证、医疗器械生产许可证、医疗器械经营许可证。因此,生产、销售不符合标准的医用器材行为的微罪可以界定为:

  有下列情形之一,情节严重的,处以吊销医疗器械注册证、医疗器械生产许可证、医疗器械经营许可证:

  (一)生产、经营、使用不符合强制性标准或者不符合经注册或者备案的产品技术要求的医疗器械的;

  (二)医疗器械生产企业未按照经注册或者备案的产品技术要求组织生产,或者未依照国家规定建立质量管理体系并保持有效运行的;

  (三)食品药品监督管理部门责令其实施召回或者停止经营后,仍拒不召回或者停止经营医疗器械的;

  (四)委托不具备国家规定条件的企业生产医疗器械,或者未对受托方的生产行为进行管理的。

十三、生产、销售不符合安全标准的产品微罪行为

本罪是结果犯,追诉标准是:"(一)造成人员重伤或者死亡的;(二)造成直接经济损失十万元以上的;(三)其他造成严重后果的情形。"《产品质量法》第49条规定:"生产、销售不符合保障人体健康和人身、财产安全的国家标准、行业标准的产品的,责令停止生产、销售,没收违法生产、销售的产品,并处违法生产、销售产品(包括已售出和未售出的产品,下同)货值

金额等值以上三倍以下的罚款;有违法所得的,并处没收违法所得;情节严重的,吊销营业执照;构成犯罪的,依法追究刑事责任。"因此,生产、销售不符合安全标准的产品行为的微罪可以界定为:

> 生产、销售不符合保障人体健康和人身、财产安全的国家标准、行业标准的产品,情节严重的,处以吊销营业执照。

十四、生产、销售伪劣农药、兽药、化肥、种子微罪行为

根据有关司法解释的规定,生产、销售伪劣农药、兽药、化肥、种子罪中"使生产遭受较大损失",一般以 2 万元为起点。同时,我国《农药管理条例》《兽药管理条例》《种子法》分别对生产、销售农药、兽药、种子违法行为作出行政处罚规定。除对生产经营假种子的行为,直接吊销生产经营许可证外,其他吊销证照的处罚均以情节严重为前提。因此,这类行为的微罪可以界定为:

> 生产、销售假种子的,责令停止生产经营,没收违法所得和种子,并处以吊销种子生产经营许可证。

> 生产、销售劣质种子,生产销售伪劣农药、兽药、化肥,情节严重的,处以吊销有关生产、经营许可执照。

十五、生产、销售不符合卫生标准的化妆品微罪行为

本罪是结果犯,追诉标准是:"(一)造成他人容貌毁损或者皮肤严重损伤的;(二)造成他人器官组织损伤导致严重功能障碍的;(三)致使他人精神失常或者自杀、自残造成重伤、死亡的;(四)其他造成严重后果的情形。"关于生产、销售不符合卫生标准的化妆品行为的行政处罚主要规定在国务院《化妆品监督管理条例》第 59 条第(三)项,即"使用禁止用于化妆品生产的原料、应当注册但未经注册的新原料生产化妆品,在化妆品中非法添加可能危害人体健康的物质,或者使用超过使用期限、废弃、回收的化妆品或者原料生产化妆品"。因此,关于这类行为的微罪可以界定为:

> 生产、销售不符合卫生标准的化妆品的,可以吊销其《化妆品生产企业卫生许可证》。

十六、保险诈骗微罪行为

2022 年修订的最高人民检察院、公安部《关于公安机关管辖的刑事案

件立案追诉标准的规定(二)》第 51 条规定:"进行保险诈骗活动,数额在五万元以上的,应予立案追诉。"同时,我国《保险法》第 161 条规定,对于保险诈骗情节严重的行为,限制其业务范围、责令停止接受新业务或者吊销业务许可证。因此,对于保险诈骗行为的微罪可以界定为:

  个人或者单位进行保险诈骗,情节严重的,处以吊销业务许可证或者从业资质。

十七、虚假广告微罪行为

  本罪是情节犯,根据 2022 年修订的最高人民检察院、公安部《关于公安机关管辖的刑事案件立案追诉标准的规定(二)》第 67 条的规定,本罪要求的"情节严重"是指下列情形:"(一)违法所得数额在十万元以上的;(二)假借预防、控制突发事件、传染病防治的名义,利用广告作虚假宣传,致使多人上当受骗,违法所得数额在三万元以上的;(三)利用广告对食品、药品作虚假宣传,违法所得数额在三万元以上的;(四)虽未达到上述数额标准,但二年内因利用广告作虚假宣传受过二次以上行政处罚,又利用广告作虚假宣传的;(五)造成严重危害后果或者恶劣社会影响的;(六)其他情节严重的情形。"根据我国《广告法》第 55 条的规定,广告主发布虚假广告的,广告经营者、广告发布者明知或者应知广告虚假仍设计、制作、代理、发布的,两年内有 3 次以上违法行为或者有其他严重情节的,在罚款的同时,可以由有关部门暂停广告发布业务、吊销营业执照。因此,虚假广告行为的微罪可以界定为:

  广告主发布虚假的广告,广告经营者、广告发布者明知或者应知广告虚假仍设计、制作、代理、发布,两年内有三次以上违法行为或者有其他严重情节的,处以吊销营业执照。

十八、串通投标微罪行为

  本罪"情节严重"的标准是 2022 年修订的最高人民检察院、公安部《关于公安机关管辖的刑事案件立案追诉标准的规定(二)》第 68 条规定的几种情形:"(一)损害招标人、投标人或者国家、集体、公民的合法利益,造成直接经济损失数额在五十万元以上的;(二)违法所得数额在二十万元以上的;(三)中标项目金额在四百万元以上的;(四)采取威胁、欺骗或者贿赂等非法手段的;(五)虽未达到上述数额标准,但二年内因串通投标受过二次以上行政处罚,又串通投标的;(六)其他情节严重的情形。"

同时,《招标投标法》第53条规定:"投标人相互串通投标或者与招标人串通投标的,投标人以向招标人或者评标委员会成员行贿的手段谋取中标的,中标无效,处中标项目金额千分之五以上千分之十以下的罚款,对单位直接负责的主管人员和其他直接责任人员处单位罚款数额百分之五以上百分之十以下的罚款;有违法所得的,并处没收违法所得;情节严重的,取消其一年至二年内参加依法必须进行招标的项目的投标资格并予以公告,直至由工商行政管理机关吊销营业执照;构成犯罪的,依法追究刑事责任。给他人造成损失的,依法承担赔偿责任。"第54条规定:"投标人以他人名义投标或者以其他方式弄虚作假,骗取中标的,中标无效,给招标人造成损失的,依法承担赔偿责任;构成犯罪的,依法追究刑事责任。依法必须进行招标的项目的投标人有前款所列行为尚未构成犯罪的,处中标项目金额千分之五以上千分之十以下的罚款,对单位直接负责的主管人员和其他直接责任人员处单位罚款数额百分之五以上百分之十以下的罚款;有违法所得的,并处没收违法所得;情节严重的,取消其一年至三年内参加依法必须进行招标的项目的投标资格并予以公告,直至由工商行政管理机关吊销营业执照。"因此,串通投标行为的微罪可以界定为:

> 投标人相互串通投标报价,或者投标人与招标人串通投标,情节严重的,处以吊销营业执照。

十九、雇用童工从事危重劳动微罪行为

本罪是情节犯,要求达到"情节严重"才能追究刑事责任。2008年6月25日最高人民检察院、公安部《关于公安机关管辖的刑事案件立案追诉标准的规定(一)》第32条对何为"情节严重"作出明确规定,即:"(一)造成未满十六周岁的未成年人伤亡或者对其身体健康造成严重危害的;(二)雇用未满十六周岁的未成年人三人以上的;(三)以强迫、欺骗等手段雇用未满十六周岁的未成年人从事危重劳动的;(四)其他情节严重的情形。"可见,本罪的追诉标准相对清晰。同时,我国《劳动法》第94条也规定:"用人单位非法招用未满十六周岁的未成年人的,由劳动行政部门责令改正,处以罚款;情节严重的,由市场监督管理部门吊销营业执照。"对于何为《劳动法》上的"情节严重"尚不明确。因此,这类行为的微罪可以界定为:

> 违反劳动管理法规,雇用未满十六周岁的未成年人,情节严重的,处以吊销营业执照。

二十、违规考试微罪行为

我国《刑法修正案(九)》在《刑法》第284条后增加一条作为第284条之一:"在法律规定的国家考试中,组织作弊的,处三年以下有期徒刑或者拘役,并处或者单处罚金;情节严重的,处三年以上七年以下有期徒刑,并处罚金。为他人实施前款犯罪提供作弊器材或者其他帮助的,依照前款的规定处罚。为实施考试作弊行为,向他人非法出售或者提供第一款规定的考试的试题、答案的,依照第一款的规定处罚。代替他人或者让他人代替自己参加第一款规定的考试的,处拘役或者管制,并处或者单处罚金。"由此设立了组织考试作弊罪,非法出售、提供试题、答案罪和代替考试罪。行为规制的对象是在国家考试中违规作弊的系列行为。同时《国家教育考试违规处理办法》第9条规定:"考生有第五条所列考试违纪行为之一的,取消该科目的考试成绩。考生有第六条、第七条所列考试作弊行为之一的,其所报名参加考试的各阶段、各科成绩无效;参加高等教育自学考试的,当次考试成绩各科成绩无效。有下列情形之一的,可以视情节轻重,同时给予暂停参加该项考试1至3年的处理;情节特别严重的,可以同时给予暂停参加各种国家教育考试1至3年的处理:(一)组织团伙作弊的;(二)向考场外发送、传递试题信息的;(三)使用相关设备接收信息实施作弊的;(四)伪造、变造身份证、准考证及其他证明材料,由他人代替或者代替考生参加考试的。参加高等教育自学考试的考生有前款严重作弊行为的,也可以给予延迟毕业时间1至3年的处理,延迟期间考试成绩无效。"由于该规定仅针对国家教育领域的考试,所以对于参加国家教育领域考试作弊可能给予停考资格处罚的行为可以纳入微罪体系,并以此为契机,逐步推广到所有国家教育考试领域,这类行为的微罪可以表述为:

在国家教育考试中,组织他人作弊,向他人非法出售或者提供考试答案,代替他人或者让他人代替自己参加考试,尚不构成刑法第二百八十四条之一规定之罪的,给予停考一至三年,或者延迟毕业时间一至三年的处理。

第三节 与人身自由罚有关的微罪行为

由于种种原因,在我国刑法之外的行政法律体系中存在着大量的人身自由罚,而且这些人身自由罚是由行政机关最终决定或裁决的。众所周知,人身自由罚具有刑罚性质,所以行政法中的人身自由罚严格来讲也应该属于刑罚范畴,故放进微罪体系应该适合。

一、对单纯人身自由行政处罚的正当性辩驳

随着社会主义法治的建设与发展,人权保护毫无争议地成为其核心精神,而人身自由作为人权的重要内容,始终为法律人所追求。人权是一个内涵丰富的概念,自由则是人权的核心。人类从古至今始终在孜孜不倦地追求自由,意大利诗人裴多菲的"生命诚可贵,爱情价更高,若为自由故,两者皆可抛"成为人们传诵的经典。自由是人权的核心价值,也是法治的目的,所以西塞罗说,"我们是法律的仆人,以便我们可以获得自由"。自由对于人的尊严的实现具有十分重要的意义,所以英格索尔说:"自由之于人类,就像亮光之于眼睛,空气之于肺腑,爱情之于心灵。"①自由应当得到最为充分的法律保障,因此,人身自由对于人权保护和法益非常重要。联合国《公民权利和政治权利国际公约》第 9 条第 1 款规定:"人人有权享有人身自由和安全。任何人不得加以任意逮捕或拘禁。除非依照法律所确定的根据和程序,任何人不得被剥夺自由。"第 3 款规定:"任何因刑事指控被逮捕或拘禁的人,应被迅速带见审判官或其他经法律授权行使司法权力的官员,并有权在合理的时间内受审判或被释放……"第 14 条第 1 款规定:"所有的人在法庭和裁判所前一律平等。在判定对任何人提出的任何刑事指控或确定他在一件诉讼案中的权利和义务时,人人有资格由一个依法设立的合格的、独立的和无偏倚的法庭进行公正的和公开的审讯……"可见,人身自由是宪法赋予公民的一项基本权利,任何对公民人身权利的限制和处罚都应当经由法院的审查程序,已经成为世界范围内的共同价值理念。也就是说,行政机关不能剥夺公民的人身自由。

然而在我国的制裁体系中,普遍存在着行政机关既是"运动员"又是"裁判员"的情形,尤其是在人身自由处罚方面行政强制措施与行政处罚仍然普遍存在。这些行政强制措施和行政处罚不仅未经过司法程序裁判,而且将其与警告、罚款等轻微行政处罚并列,成为行政处罚的一般手段。从法的正当性层面看,行政权已经超越了其应当保持的界限,与我国的法治理念相左。从法的现实性层面看,行政权的越界造成"两法衔接"的不顺畅,成为立法因素之后的另一个重要因素。更令人担忧的是,由于缺乏司法程序的程序性、中立性和严谨性,行政机关对于一些情节严重但介于行政违法和刑事犯罪之间的行为通常作为行政案件进行内部消化,导

---

① 张鑫:《我国轻罪问题研究》,苏州大学 2016 年博士学位论文,第 105 页。

致有案不立、有案不移送,更是为执法与司法腐败的滋生提供了温床,为权力的寻租创造了市场。因此,尽管对于情节较轻的、模糊的违法犯罪行为施以行政制裁或者刑罚在程度上相差不大,但其实关系着法治国家视野下行政权力边界正当性的界定问题,也是一系列现实问题的重要因素。由于以往对这一问题没有给予足够的关注,使得当前我国法治领域普遍存在着"多米诺骨牌效应",周而复始,一环扣一环。诚如前文所述,即使立法语言做到"绝对精准",消除所有不确定概念,如果不能从顶层设计理清权力配置,那么现实中仍然会出现"两法衔接不畅"的问题。我国的法治建设尚在征程,所以应当用理性的目光看待当前问题的主要矛盾和次要矛盾、矛盾的主要方面和次要方面,这样才能找到解决这些问题的最佳方式方法。对于微罪,我们要勇于承认不确定概念的客观存在及其技术难度,同时也要看到行政权越界这一问题。一方面要尽快恢复行政权与司法权的正确关系,另一方面要通过中立的司法程序来弱化不确定概念的不良作用。由此,微罪体系便成为最佳方案。

二、微罪化的主要内容

由于我国立法法规定法律可以设定关于剥夺和限制人身自由的行政处罚或者行政强制措施,于是我国很多行政法律中便有了关于人身自由处罚和限制的条款,但这些行政法律中的人身自由处罚(即行政拘留)对应的均是双重违法性行为,主要在治安管理处罚法上存在着一些可以处以行政拘留的单纯行政违法性行为。

通过整理,可能处以行政拘留的单纯行政违法性行为条文共有 12 条,规制了 24 种不具有刑事违法性的行为,分别是:

(一)《治安管理处罚法》第 31 条规定:"爆炸性、毒害性、放射性、腐蚀性物质或者传染病病原体等危险物质被盗、被抢或者丢失,未按规定报告的,处五日以下拘留;故意隐瞒不报的,处五日以上十日以下拘留。"

(二)《治安管理处罚法》第 37 条规定:"有下列行为之一的,处五日以下拘留或者五百元以下罚款;情节严重的,处五日以上十日以下拘留,可以并处五百元以下罚款:(一)未经批准,安装、使用电网的,或者安装、使用电网不符合安全规定的;(二)在车辆、行人通行的地方施工,对沟井坎穴不设覆盖物、防围和警示标志的,或者故意损毁、移动覆盖物、防围和警示标志的;(三)盗窃、损毁路面井盖、照明等公共设施的。"

(三)《治安管理处罚法》第 39 条规定:"旅馆、饭店、影剧院、娱乐场、运动场、展览馆或者其他供社会公众活动的场所的经营管理人员,违反安全规定,致使该场所有发生安全事故危险,经公安机关责令改正,拒不改正的,处五日以下拘留。"

(四)《治安管理处罚法》第 40 条规定:"有下列行为之一的,处十日以上十五日以下拘留,并处五百元以上一千元以下罚款;情节较轻的,处五日以上十日以下拘留,并处二百元以上五百元以下罚款:(一)组织、胁迫、诱骗不满十六周岁的人或者残疾人进行恐怖、残忍表演的……"

(五)《治安管理处罚法》第 53 条规定:"船舶擅自进入、停靠国家禁止、限制进入的水域或者岛屿的,对船舶负责人及有关责任人员处五百元以上一千元以下罚款;情节严重的,处五日以下拘留,并处五百元以上一千元以下罚款。"

(六)《治安管理处罚法》第 54 条第 1 款规定:"有下列行为之一的,处十日以上十五日以下拘留,并处五百元以上一千元以下罚款;情节较轻的,处五日以下拘留或者五百元以下罚款:(一)违反国家规定,未经注册登记,以社会团体名义进行活动,被取缔后,仍进行活动的;(二)被依法撤销登记的社会团体,仍以社会团体名义进行活动的;(三)未经许可,擅自经营按照国家规定需要由公安机关许可的行业的。"

(七)《治安管理处罚法》第 56 条第 2 款规定:"旅馆业的工作人员明知住宿的旅客是犯罪嫌疑人员或者被公安机关通缉的人员,不向公安机关报告的,处二百元以上五百元以下罚款;情节严重的,处五日以下拘留,可以并处五百元以下罚款。"

(八)《治安管理处罚法》第 57 条第 2 款规定:"房屋出租人明知承租人利用出租房屋进行犯罪活动,不向公安机关报告的,处二百元以上五百元以下罚款;情节严重的,处五日以下拘留,可以并处五百元以下罚款。"

(九)《治安管理处罚法》第 59 条规定:"有下列行为之一的,处五百元以上一千元以下罚款;情节严重的,处五日以上十日以下拘留,并处五百元以上一千元以下罚款:(一)典当业工作人员承接典当的物品,不查验有关证明、不履行登记手续,或者明知是违法犯罪嫌疑人、赃物,不向公安机关报告的;(二)违反国家规定,收购铁路、油田、供电、电信、矿山、水利、测量和城市公用设施等废旧专用器材的;(三)收购公安机关通报寻查的赃物或者有赃物嫌疑的物品的;(四)收购国家禁止收购的其他物品的。"

(十)《治安管理处罚法》第 60 条规定:"有下列行为之一的,处五日以上十日以下拘留,并处二百元以上五百元以下罚款:(一)隐藏、转移、变卖或者损毁行政执法机关依法扣押、查封、冻结的财物的;(二)伪造、隐匿、毁灭证据或者提供虚假证言、谎报案情,影响行政执法机关依法办案的;(三)明知是赃物而窝藏、转移或者代为销售的;(四)被依法执行管制、剥夺政治权利或者在缓刑、暂予监外执行中的罪犯或者被依法采取刑事强制措施的人,有违反法律、行政法规或者国务院公安部门有关监督管理规定的行为。"

(十一)《治安管理处罚法》第 64 条规定:"有下列行为之一的,处五百元以上一千元以下罚款;情节严重的,处十日以上十五日以下拘留,并处五百元以上一千元以下罚款:(一)偷开他人机动车的;(二)未取得驾驶证驾驶或者偷开他人航空器、机动船舶的。"

(十二)《治安管理处罚法》第 66 条规定:"卖淫、嫖娼的,处十日以上十五日以下拘留,可以并处五千元以下罚款;情节较轻的,处五日以下拘留或者五百元以下罚款。在公共场所拉客招嫖的,处五日以下拘留或者五百元以下罚款。"

对于上述行为,笔者认为应当纳入微罪法,适用微罪司法程序。

三、微罪化的基本路径

《治安管理处罚法》对这类行为的规定多是以罚款为基础,情节严重或者拒不改正的才处以拘留,所以笔者认为不能将此类行为简单地纳入微罪体系,可行的方案是作分层处理:对一般的行为,可能处以罚款的仍然规定在《治安管理处罚法》中,由公安机关直接作出处罚决定;对于可能处以拘留的则纳入微罪法,通过司法程序作出裁判。这就与之前双重违法性行为微罪化的路径协调起来,即《治安管理处罚法》等法律法规中凡是涉及行政拘留处罚的行为全部纳入微罪法,适用微罪司法程序,对那些性质具备但是尚未达到行政拘留的程度、仅适用警告或者罚款等处罚的行为,仍然保留在《治安管理处罚法》等行政法律法规中。这样,我国的制裁体系就成为治安管理处罚法等行政法律法规、微罪法、刑法的"新三级制裁体系"。

另外,相对于"蓝领犯罪"的微罪体系而言,"职务犯罪"也应该具有自身独立的微罪体系。尤其在《刑法修正案(九)》取消了《刑法》第 382 条贪污罪(受贿罪)5000 元构成犯罪的标准之后,加之 2016 年 4 月 18 日最高人民法院、最高人民检察院《关于办理贪污贿赂刑事案件适用法律若干问题的解释》中,将贪污贿赂犯罪标准确定为"三万元以上",如此就与"蓝领犯罪"如"盗窃罪"定罪标准"一千元至三千元以上"形成巨大差距,更何况"蓝领犯罪"不构成犯罪的还可以进行治安处罚,而"职务犯罪"在刑法之外只有党纪政纪,虽然全国人大已经在考虑制定"政务处分法",但这充其量也是政纪处分。因此,为了"蓝领犯罪"和"职务犯罪"的平衡,应该考虑制定"职务微罪处罚法"(或称"职务违法处罚法"),严格讲这些均应纳入微罪体系的视野。

第七章　微罪程序立法及其配套措施

微罪规范有广义、狭义之分。广义的微罪规范既包括实体法意义上的规范，又包括程序法意义上的规范；狭义的微罪规范只包括实体法意义上的规范。过去更多关注的是实体法意义上的微罪法规范，程序法意义上的微罪法规范与规则并没引起足够的重视。事实上，通过程序法的引导来逐步实现微罪实体法的完善十分重要，比如微罪法主张的将相关行政处罚和行政强制措施司法化的内容，程序的价值和意义便更高。一套科学的、可行的微罪程序法，更能发挥出实体法的作用。

第一节　立法理念：现行法律体系下的公正与效能

微罪程序立法是我国微罪法研究的重要内容，尤其是新建构的独立于刑法体系的微罪法理论体系，使得微罪程序立法的重要性日渐突出。在我国现有法律体系和框架下，从刑法中分离所谓的行政犯罪与刑事犯罪实在太难了，因为不可能仅仅为了理论研究的需要轻易地去肢解刑法而分离出一个微罪法。再者，研究微罪法的目的是解决行政执法与刑事司法的衔接问题。所以在保持现有法律主要规范体系不变的情况下，微罪法规范的立法研究应当侧重于程序法，通过程序设计解决执法与司法衔接上存在的矛盾，以进一步发挥微罪法的应有公正与效能。

一、司法效能：公正与效率的最佳平衡

微罪体系的司法化应兼顾公正和效率，保证设立一个公开、公正和平等对抗，法官居中裁判以及高效率的诉讼程序。关于新法的构建可以从大处着眼、小处着手，整体程序框架的构建要追求效率；具体法条规定中要保障人权。如果处罚程序没有根本性的改变，实践中很可能造成被处罚者只是换了个地方被处罚，其人权没有得到实际意义上的尊重和保护。当然，我们要明确，新法初立必然会面临一些程序冲突问题，需要进一步修改和完善。

为对行政性处罚的重罚救济、人身自由罚的司法化及不够刑事处罚

的轻微刑事性质的行政违法行为进行妥善处置,以及保障被处罚者的基本人权和消除"犯罪标签"的副作用,而单独设立微罪法诉讼程序(也可以称为特别行政处罚程序),通过中立的裁决者对违反微罪法行为进行处罚,扩大司法权的调整范围,可以有效地限缩行政权处罚涉及人身自由罚的原有空间,防止行政权的滥用,以及由此导致的对司法权和人权保障的破坏。但是,司法审判也有其自身的规律性,如果诉讼程序的设置不恰当,可能会造成诉讼拖延、诉讼无效益、裁判不公正,甚至对被处罚者造成另一种意义上的侵害,并不利于对被处罚者的人权保护,也违背了我们对微罪法司法化的初衷。因此,微罪法诉讼程序还是要建立在我国国情或不破坏现有法律体系的框架下,也即只是通过该法框定案件管辖范围和简化程序处理案件,最终提高办案效率和尽快化解社会矛盾,这与2014年6月全国人大常委会授权最高人民法院、最高人民检察院在部分地区开展刑事案件的速裁程序试点是十分吻合的,切中了我国司法改革的要害。

行政机关在行使行政权的过程中往往过多追求行政效率,通过行政干预来规范执法活动,以最大限度地维护公共秩序,以及时、有效地制止公共管理中的违法行为。这本身并没有错,问题就在于,如果该过程是以牺牲公民权利为代价进行的,长期下去就会纵容行政机关进行更大程度的"功利追求",甚至公然侵犯人权也在所不惜。久而久之就会激起民怨,甚至破坏法治,尤其是在国家法治创建初期,是万万不可继续进行下去的。司法审判程序追求的是公正处理案件,在查明案件事实、正确适用法律的基础上,使得被处罚人受到应有的处罚,不偏不倚,出于中立,且没有任何功利追求。那么在此基础上,公正与效率、秩序与人权问题是该程序设立不可忽视的核心问题,当然二者之间并不是对立的,需要恰当的程序设立来平衡二者的关系,只是应根据国情把握好分寸。另外,我国的司法资源有限,要实现行政处罚中人身自由罚的司法化,必须重视诉讼效率与效能的提高,基本要求是以尽可能少的司法资源投入换取尽可能多的诉讼成果与效益,即降低诉讼成本,加速效能运作,以最大限度地减少案件过久的拖延、不公正和积压。故从整体程序的构建来看,可以参照刑事诉讼的理念,尤其是其中的简易程序或简易审,并结合辩诉交易制度、刑事和解、调解制度等设置速决程序,最终达到公正与效率的最佳平衡。

二、权益保障:辩护权与非法证据排除

鉴于微罪案件的管辖范围主要包括人身自由罚和较重的财产罚

等,一方诉讼控告人作为公权力的代表处于强势地位,另一方诉讼被告人作为私权利者显然处于弱势地位,况且微罪法司法化的初衷也是为了使被告人的处罚由中立的第三方决定,以保障被告人的应有权益。因此,为了防止公权力的滥用和保障人权,我们需要明确被告人与直诉机关平等对抗、程序参与的权利,因此微罪程序应当关注被告人的权益保障。具体应做到:

1. 明确被告人的辩护权,增强对被告人权益的应有保障

行政机关作为诉讼控告人属于公权力机关,诉讼被告人当然处于弱势地位,赋予诉讼被告人辩护权体现被告人与诉讼控告人的平等地位,以保障程序参与和平等对抗。在微罪程序的法条中要明确被告人拥有获得辩护的权利,因此,增加一条关于"辩护权和最后陈述权"的规定。辩护权在诉讼权利中居于核心地位,辩护制度的价值在于保障人权,防止公权力滥用。首先,被告人凭借辩护权可以对直诉的内容进行辩解,提出有利于自己的辩解理由,并为自己作无罪或罪轻辩护,以维护自己的合法权益;其次,法官只有认真听取控辩双方的意见,经过全面的调查研究,才能防止主观片面的论断,并作出客观公正的裁判;最后,辩护权可以用于对抗诉讼控告人的控诉,避免诉讼控告人滥诉,以制约公权力。

2. 重视证据裁判,增加关于质证和非法证据排除的规定

微罪程序应增加一条规定:"证据应当在法庭上出示,并由当事人互相质证。对涉及国家秘密、商业秘密和个人隐私的证据,不得在公开开庭时出示。人民法院应当按照法定程序,全面、客观地审查核实证据。对未采纳的证据应当说明理由。以非法手段取得的证据应当予以排除,不得作为认定案件事实的根据。"

非法证据排除的理论依据是:(1)遏制违法取证行为,督促严格执法,对取证行为进行规范,以尊重和保护人权;(2)维护司法的纯洁性,非法证据排除规则有利于提高公民对司法公正的信心和认可;(3)保证证据的真实可靠性,以保证最终裁判的准确性。我国司法应遵循证据裁判的几项基本原则:(1)裁判所认定的事实必须以证据为依据;(2)裁判所依据的证据具有证据能力;(3)作为综合裁判所依据的标准必须达到法定的证明标准。证据是可以用于证明案件事实的材料,诉讼活动就是围绕证据的收集、运用及认定案件事实而展开的。只有在运用证据准确认定案件事实的基础上适用法律,案件才能得到正确处理,最大限度地做到不枉不纵,从而实现司法的实体公正,同时非法证据排除规则更加有利于限制国家公权力,从而保护个人权利,以真正凸显司法的程序公正。

通过质证程序使审理更加公开，法院也能够正确地认定证据，未经质证的证据不能作为认定案件事实的依据，这有利于保障当事人的程序权利，以发现案件真实情况。这是因为：(1)从发现案件真实情况的角度看，证据的审查判断程序是一个去伪存真的过程，也是一个司法人员对案件事实的认识逐渐深化的过程，诉讼中难免会出现证明力不强，甚至可能有伪造的证据，通过审查判断程序，尤其是法庭上的举证质证程序，司法人员能够更好地判断各个证据的真伪以及证明力的大小，逐步加深对案件事实情况的认识，从而最大限度地使其对案件的认识与客观事实相符合；(2)从诉讼权利保障的角度看，证据经过法定审查判断程序，也是诉讼参与人诉讼权利的重要内容。

三、简易审：立法与执法效能的必然要求

伴随着我国改革的不断深化，社会矛盾也愈加突出，违法犯罪问题使得国家的执法与司法机关不堪重负。其实，其他国家和地区也会遇到同样的问题。当然，这里涉及效率与效益的博弈问题，行政执法虽然效率很高，但缺乏司法效益的应有之义（即公正问题）。我国微罪法新体系的设计正是在这样的环境与氛围中逐步推开和进行的。目前虽然我国的刑事审判实践中有"认罪轻案"或"认罪简化审"的规定，但其范围过窄，满足不了目前案多人少的实际办案工作需要，更不要说解决行政处罚（主要是人身自由罚和财产罚）的司法化问题。所以笔者建议，进行专门的微罪程序立法，一方面解决案件管辖范围和具体的审理程序问题，另一方面解决重要行政处罚司法化的问题，并在此基础上总体提高执法与司法效率，最终提高我国微罪法立法与执法的总体效能，为进一步深化改革和稳定社会贡献力量。

简易程序最大的效能是有利于诉讼效率的提高，尽快解决争议，尤其是对于微罪或简单的刑事违法案件，过于缓慢的诉讼程序使正义难以得到实现。显然，我国现行《刑事诉讼法》在第214条也扩大了简易程序的适用范围："（一）案件事实清楚、证据充分的；（二）被告人承认自己所犯罪行，对指控的犯罪事实没有异议的；（三）被告人对适用简易程序没有异议的。人民检察院在提起公诉的时候，可以建议人民法院适用简易程序。"适用微罪程序的案件属于尚未达到刑事犯罪严重程度的行政违法案件，违法情节相对较轻的案件，参照适用简易程序，甚至设置更简单的程序，就可以最大限度地兼顾公正与效率，节省司法资源。

四、公正与效率的平衡：辩诉交易、矛盾化解与直诉

在现代法治社会中，司法价值的取向是呈多元化趋势的。公正、效率、效益，可谓是任何司法活动所追求的"三位一体"的价值目标。但三者关系究竟如何定位？一直是学界争论的热点。公正与效率的关系是静态和动态的有机结合，也即公正是诉讼的核心和基础，效率是公正的有效保障，两者可以说在诉讼价值的追逐过程中是发展变化的。然而，一旦发生冲突，二者的关系应如何处理呢？笔者认为，诉讼效益应当是协调两者关系的最佳平衡点。只有如此，才能使我们在司法实践中既保持理性，又不脱离现实，为社会提供最大限度的公正与整体效益。在新建构的微罪法中，公正与效率的平衡也是其主要追求的目标，甚至是其重要的理论支撑。因此，正确的做法是在二者之间找到一个大致的平衡，也即以公正为核心，以效率促公正。

众所周知，微罪法所管辖的案件大都是轻微的刑事性质的需要通过行政处罚处理的案件。所以，公正与效率关系的处理显得异常重要和十分迫切，如降低证据的证明要求与标准、进行认罪轻罚类案件的简易审、加大矛盾化解的调解力度、行政机关办理的案件直接诉讼等，都是为了提高诉讼效率。当然，适当地均衡行政权与司法权，包括进一步平衡公权与私权，实现人身自由罚和财产罚的司法化等都直接体现了公正。尤其是认罪轻罚类案件中的简易审，在较大程度上简化了审理程序，节省了司法资源和人力、物力，不仅如此，还提高了办案质量和办案政治效果、社会效果与法律效果。另外，根据我国目前"案多人少"的司法状况，提取证据和认定犯罪的水平还不是太高，如果能够移植或引进辩诉交易，不仅能提高办案效率，而且能降低司法风险，最终社会矛盾也能得到妥善处理和解决。说到底，微罪法管辖的案件大都是介于罪与非罪之间的人身伤害和财产损害，以及轻微的扰乱社会治安管理秩序的案件，通常（尤其是过去）是以罚款和金钱赔偿为主要处罚方式，因此，如果能够通过辩诉交易使矛盾化解是再好不过的事情，由于案件轻微，考虑到司法成本和证据的成本，故如果能够直诉，不仅可以提高司法效率，而且还能够节约司法资源，不仅有利于社会矛盾的尽快化解，而且避免了"犯罪标签"带来的负面效应。

五、与刑事诉讼法的关系：适用其理念和基本原理

在微罪程序规范的制定中，其与行政诉讼法、刑事诉讼法的关系是怎样的？如何衔接？这些都是我们不得不考虑的问题。根据国外的经验，微

罪程序大都采用刑事诉讼法的理念,有的国家甚至直接借用刑事诉讼程序与规定,如德国、日本等。尤其是美国的"辩诉交易"制度使刑事诉讼的程序和效率大大简化和提高。许多涉及微罪的案件,初次到庭接着马上提审和量刑听审,在提审期间被告人作最终答辩,在量刑听审期间法官宣布刑罚。研究报告证明,"案件平均大约两分钟内就被处理完,装配线司法的称谓适当地反映了较轻微罪行的案件诉讼的迅速与常规"①。尤其是美国初级法院的简化程序的职能和运作,以及非刑事化程序启动与使用,都为我国微罪程序的设计提供了思路。因此,我们在借鉴国外经验的基础上,根据我国国情大胆设计一套适合国情的微罪程序是我们进行微罪程序立法的应有之义。

首先,微罪程序依从的基本上是刑事诉讼法的理念。根据国外发达国家的经验,如欧洲国家和日本,大部分的微罪法都不再制定新的程序法,而是直接使用本国的刑事诉讼法,因为在这些国家轻(微)罪法(日本是"轻犯罪法")与刑法都属于犯罪的范畴,只是前者是轻罪或微罪,后者是重罪。因此,使用同一个刑事诉讼法也就不难理解了,但大多数国家都是在适用刑事诉讼法的基础上简化了具体的轻(微)罪程序。

其次,微罪程序与刑事诉讼程序的关系是简繁各异。如上所述,微罪程序较简易,而刑事诉讼程序较烦琐。其根本原因当然是微罪程序是为了提高诉讼效率才简化,尤其是判决结果根本不进入刑事登记,这就为提高诉讼效率、刑事和解、辩诉交易等提供了基础性条件。刑事诉讼法完全是为了审理结果更加公正才使用了烦琐的程序,以保证案件的质量。但无论繁简,都要适用刑事诉讼法的基本原理。

再次,微罪程序与刑事诉讼程序等现行法律体系的有效对接。我们知道,微罪法是在不打破现有的刑事诉讼法等法律体系与框架的情况下设计的,没有体制和机构上的冲突与障碍,也不需要进行单独的微罪法立法,容易被现在的理论界与立法、司法实务部门所接受,不存在大的理论与实务上的瓶颈和障碍。包括2012年修正的《刑事诉讼法》中关于精神病认定程序的规定,可谓是为微罪程序立法作了尝试性示范,使得整个微罪程序立法有了基本的遵循。上述立法理念顺应了国际上"人身处罚"司法化和"财产处罚"司法化的大趋势,又不完全否定传统的微罪法理论,可以说是

---

① 〔美〕爱伦·豪切斯泰勒·斯黛丽、〔美〕南希·弗兰克:《美国刑事法院诉讼程序》,陈卫东、徐美君译,中国人民大学出版社2002年版,第26页。在诉讼理论上,刑事诉讼各方充分合作而导致缺乏抗衡和张力的状态被称为"装配线司法",极端的犯罪控制的诉讼模式是这种装配线司法的代表。

对传统微罪法理论的一个发展,且能够解决我国执法与司法中存在的许多实际问题。

最后,与刑事诉讼法关系的内容中还有对微罪违法行为人是否采取临时羁押强制措施的问题。从微罪法诉讼的受理案件范围来看,其范围包括行政处罚、治安处罚、行政强制措施中关于人身自由罚的案件。由于行政处罚、治安处罚中有些人身自由罚案件以一般性强制措施作为前置行政行为,在被处罚前被处罚人已经被采取强制措施。

一般性强制措施对于维护社会秩序和治安管理具有重要作用,在微罪法中完全抛弃显然不利于社会稳定及人们对安全感的追求;不予以排除适用又可能会产生羁押问题,侵害被处罚者的人权,这就会存在一个两难的问题。微罪程序对于治安处罚、行政处罚中的人身自由罚需要解决的是尽快实现其司法化,然而审前强制措施对人身自由的限制没有规定,那么此类被告人在被采取强制措施之后到审判结束前人身是自由的还是被限制的?如果被处罚者在审判期间是自由的,那么对于具有危险性的被告人不及时制止其危险行为,一般性行政强制措施的规定被抛弃,不利于社会秩序的维护;如果其人身是处于被强制状态,则又面临刑事诉讼中的羁押问题,从被采取强制措施到审判结束这一段时间,可能会超过最终被告人被判处的微罪处罚的期间。因此,对于此类案件首先要严格控制强制措施的适用,可以规定:"对于严重的微罪违法行为,行政机关准备提起人身自由罚控诉的,可以根据具体情况决定是否对其采取强制措施,如监视居住;也可以参照刑事诉讼中取保候审的规定,设立羁押替代性措施,以防止客观存在的危险性发生。"

关于人身自由罚的司法化问题,既要考虑行政执法的效率又要保证司法公正,使被处罚人的诉讼权利落到实处,给予其充分的参与权与辩护权,以保证其在诉讼过程中真正可以与诉讼控告人平等对抗。然而行政处罚的前置强制措施问题可能会带来羁押问题,这也表明微罪法诉讼的立法仍然需要深入研究。

当然,微罪程序的设立还应注意以下问题:(1)微罪程序的专项立法特别要注意规定微罪法管辖的案件范围、证据要求和适用的简易程序等;(2)需要相关的配套立法,如刑事登记立法等;(3)需要建立专业法庭,如专门的基层法庭(或交由社区或乡镇的法庭来处理轻微罪案件),或类似于国外的治安法庭或法院;(4)建立行政机关(如公安、税务、工商等主要执法机关)直接诉讼的法律机制,不再需要交由检察院来提起诉讼,以大量节省司法资源。

综上所述,我们将基本采用刑事诉讼法的基本理念,在简化程序、提高效率的总理念、原则指导下,繁简得当地编制和设计微罪程序,以最大限度地考虑同方方面面法律的有效对接,最终完成微罪程序立法所要求的任务。

第二节 立法内容(一):对微罪程序的设置

微罪法的基本诉讼程序,在立法理念和程序设定上应当更加靠近或接近刑事诉讼程序。当然,与刑事诉讼程序所不同的是:一方面前者把效率置于更加优先的地位,后者则更加注重或体现公正;另一方面在证据要求上,前者相对来讲没有后者要求那么严格,而后者对证据的要求非常苛刻,如"排除一切合理怀疑"等。

一、简易审程序:法官独任和行政直诉

近年来,犯罪率居高不下,案件数量不断增长,"正当程序的简易化"已经成为一种不可逆转的全球性发展趋势。为了提高司法效率,微罪程序实行简易审是各国和地区的普遍做法,并在其中为之配套了法官独任审判的机制。当然,由于英美法系和大陆法系的传统不同,故导致在法官选任的标准上也不完全一致。在美国,尤其是在治安法院,也即审理一般的轻罪或微罪案件,大都不使用科班出身(即法学院毕业)的法官,而是在当地找一些明事理、有文化、懂得当地风土人情的人做法官,来处理民间较轻微的伤害和争斗,以及民间纠纷。这当然与其国家的文化、政治背景、宗教文化和法治环境有关,甚至与他们的法律素养有关。在我国,法官独任审判也不是没有,比如认罪轻案中的"简易审",一般都是由一个法官独任审判,在一些简单的民事案件中,也普遍采取法官独任审判的做法。

就法官的选任来说,大陆法系国家大都选任法律科班出身的法官,以示正规和严格,也体现法院处理上的严肃性。我国当然是大陆法系国家,也即属于制定法传统,故笔者主张还是选任法律科班出身的法官,并以司法考试为门槛,以充分体现公正和严肃。再一个理由是,我国法学人才的培养量很大,尽管笔者主张法学教育应当走精英化的道路,大学毕业以后才去报考法学院,然而,每年我国的法学人才培养人数甚多却是一个不争的事实。因此,尽管是基层法庭,又是微罪案件,但法官的素养总归越高越好,这样有利于提高办案质量,更加有效地化解社会矛盾。

在做好法官独任和法官遴选的基础上,我们可以增加一项法官的职

能,即法庭调解职能。这是因为调解具有简便、高效、经济、实用的特点,而且调解方式的灵活性可以减轻当事人的诉讼负担,并节约司法资源,还可以最大限度地化解社会矛盾。这是由于调解可以有效降低诉讼的对抗性,强调侵害者与被侵害者之间的协商和妥协,降低和弱化了双方间的矛盾对抗,既符合被侵害人的利益需求,也最大限度地保障了被告人的权益,更加有利于社会的和谐与稳定,甚至符合诉讼效益原则的核心要求,充分体现了"司法公正"的实质要求。因此,在微罪程序中可以设置一条:"对于因民间纠纷引起的且具有具体被害人的微罪行为,情节较轻或被害人有过错的,法院可以在征求一方或双方当事人的意见后作调解处理。经审判人员调解,当事人达成协议的,不予处罚;经调解未达成协议或者达成协议后不履行的,法院审判继续进行。"这样,便于法官灵活掌握法庭情况,有利于案件的处理。

在美国,行政机关直诉现象比比皆是,其办案效率和优势也十分明显,不仅可以避免案件移送过程中不必要的时间浪费,而且行政机关大都具有专业性,如工商、税务等专业性很强的案件,均能发挥出直诉的效率、专业、质量等许多优势。甚至为了配合行政机关直诉的优势,还专门配备了自己的专业警察,如税务警察、工商警察、卫生警察、校园警察等。假如全部实现司法化后,都像过去检察院办理案件那样,又需较长时间转换办案机关,效率实在太低了。另外,微罪违法行为案件由于有一个前提——不进入刑事登记,故也没有必要从证据到程序严密地进行处理,通常这些案件大部分都是最终通过赔偿和罚款来解决。

二、微罪的认罪协商:辩诉交易和矛盾化解

常言道,公正是司法的生命,效率是正义的支撑。二者是刑事诉讼要达到的或许有冲突的最高价值目标。我国随着改革开放的深入,刑事案件持续增多,司法机关也面临着案多人少的办案压力。需要通过对一些较轻微的刑事案件进行分流处理,以加快办案速度,节约司法资源,达到刑事司法的效率目标。从 2008 年 8 月 1 日起,"认罪轻案程序"在全国 8 个基层检察院开始试点,由此启动了司法办案的认罪轻案程序。可以说,这是为提高诉讼效率、节省司法资源,实现公正与效率有机统一的一项司法机制改革。对此,有专业人员指出:"如果按照这个设计的模式走下去,很有可能走出一条具有中国特色的辩诉交易制度之路。"[1]由此可见,认罪轻案、

---

[1] 吴晓锋:《"认罪轻案程序"开始试行》,载《法制日报》2008 年 8 月 24 日,第 4 版。

刑事和解和辩诉交易，都将成为我国司法改革的必然趋势。然而，在认罪轻案中，我国法律包括司法改革，并没有接受、移植更多的"辩诉交易"的实验与做法。或许这是为了刑法之内刑事司法的最大公正，但在刑法之外，尤其是在微罪法中，大都是一些微罪、轻罪，其实质或核心问题是经济上的补偿、赔偿等。另外，辩诉交易还可以在处理案件的情况下，同时化解社会矛盾，可谓是一举两得。

所以，可以在微罪程序中设置一条可控的审前辩诉交易制度："案件审理之前，被告人及其辩护人、诉讼控告人及被害人可以向对方提出辩诉交易的建议；双方在自愿的基础上达成和解协议的，由诉讼控告人向法官提交辩诉协议书，法官应向被告方和被害方询问辩诉交易的内容是否出于自愿，以决定是否认定协议书的效力和辩诉交易的具体方案。"双方的和解协议就像一份合同，只要一方不按合同办事，另一方就可以宣布合同终止。法官不参与上述协商，但可以接受协议并按协议进行判决。一般而言，适用辩诉交易的案件当事人不能提出上诉或抗诉，这是因为辩诉交易是建立在双方自愿的基础上并达成了一致的认识，当事人双方或控辩双方不会否认自己发自内心的真实意思表示，也不会对自己作出的决定及导致的后果提出上诉。

辩诉交易制度通过减少诉讼中的投入和缩短诉讼时间，可以最大效能地提高诉讼效率，也做到最大限度地化解社会矛盾，使被害人切实或更加实际地获得利益、物质和金钱上的补偿，也使被告人最大限度地受到利益、物质和金钱上的惩罚，并最大限度地给其重新做人的机会，最大限度地消除"犯罪标签"带来的负面效应。当然辩诉交易的实质与核心就是追求刑事司法的相对公正，而不是绝对公正。当然，由于微罪程序的简化和对证据要求的降低，故对于这些处罚记录不再进入刑事登记。采用辩诉交易虽不能完全保证证据准确无误，保证罪责完全相适应，但是能做到及时、相对准确地惩罚微罪违法行为人。

可以说，辩诉交易过程中充分体现了控辩双方的地位平等、对抗平等和对诉讼程序与结果的选择。辩诉交易是在微罪法诉讼的控辩双方之间，就被告人的微罪违法行为及其责任等问题进行的和解、协商和交易，要达成这种有效的交易，控辩双方的诉讼地位首先要平等。此时的诉讼当事人在某种程度上类似于民事诉讼中的当事人，原被告双方都具有处分自己诉讼请求的权利。应当说，辩诉交易的普遍适用以及真正能发挥作用的关键就在于保障和解协议和交易的自愿性，这是控辩双方进行辩诉交易的基本前提和保障。

另外,在微罪程序的设计中,矛盾化解是一个躲不开的话题。尤其是在微罪案件处理过程中,更要抓住微罪认罪的协商机会,甚至启动辩诉交易来化解社会矛盾。要提高效率,尤其是要缓和社会矛盾,被告人与被害人之间的和解不仅为案件处理加快了速度,同时节省了司法资源,而且大大提高了案件处理和调和社会矛盾的应有效果。包括辩诉交易,即在办案人员与被告人之间形成认罪共识和从轻或减轻处理,从而化解诉讼风险、提高办案效率和办案效果,都是微罪法处理案件活动中不可缺少的重要环节,也是微罪程序规范所要关注的重要内容。当然,刑事和解和辩诉交易是截然不同的,前者在被告人和被害人之间进行,而后者是在办案人员和被告人之间进行,而且二者所起到的社会效果也不完全一样。但即便是在辩诉交易过程中,假如能够达成谅解甚至形成某一种交易,又有什么不好呢?处理案件的最终价值目标,就是为了化解社会矛盾,只要社会矛盾化解了,至于通过什么样的方式并不重要。不能像过去那样,案件处理了社会矛盾没有得到化解。微罪法管辖的案件,是轻伤害或者经济纠纷,最终还是要通过赔偿达到惩罚违法人和安抚被害人的目的,这些案件绝大多数是可以通过协商,甚至通过交易和赔偿达成谅解的。否则,不仅被告人得不到一个轻缓化的处理,被害人也得不到应有的经济补偿,社会矛盾更得不到化解。因此,只有发挥各自的优势和独特作用才能最大效益地处理好各种社会矛盾,从而为社会的整体安宁创造局面。所以,在微罪程序设计中,认罪轻案、刑事和解和辩诉交易是一个有机的整体,三者缺一不可,都是支撑微罪程序的重要内容。

由此可见,刑事和解作为一种重要的速决程序,既可以提高被害人的诉讼地位、节约司法资源、提高诉讼效率,也在客观上使社会矛盾得以真正化解,使辩诉双方都受益或获益。参照现行刑事诉讼法的规定,可以在微罪程序中规定:"因民事纠纷或微罪行为引起的具有具体被侵害人的案件,被告人真诚悔罪,通过向被害人赔偿经济损失、赔礼道歉等方式获得被害人谅解的,或被害人自愿和解的,双方当事人可以和解,并拿出具体的和解方案,最终由法官裁定是否认可。"[1]也就是说,辩诉交易的内容也要合法,并经法官认可和同意。

三、保护措施的下达:书面裁定和庭审裁定

在处理微罪违法行为案件中,对于被害人、证人等采取保护性措施是

---

[1] 吴晓锋:《"认罪轻案程序"开始试行》,载《法制日报》2008年8月24日,第4版。

不可缺少的,根据谁主管、谁办理、谁受益的原则,无论在案件的侦查阶段、起诉阶段或审判阶段,一旦遇到被害人或是证人需要保护,办案机关应当毫不犹豫地予以保护。也就是说,无论是哪个阶段,办案机关遇到此类事情,均有义务做到被害人或证人绝对安全,不能出现任何纰漏和意外事故,否则,一律追究法律责任。保护措施通常分为书面裁定和庭审裁定,无论在何种阶段或是哪一个办案机关,都要有完整的书面意见和书面记载,不得推脱,否则追究法律责任。这些内容要在制定微罪程序规范时予以明确规定,并认真贯彻落实。

通常情况下,所谓书面裁定是指在案件审理过程中,遇到程序性问题或是二审法院审理案件时,只对当事人的上诉状及其他书面材料进行审理,不再开庭,也不再需要诉讼参加人出庭,而是通过书面审理直接作出裁定。对被害人或证人的保护,完全可以看作一个紧急程序问题,这种书面裁定方便、快捷,办案效率较高,完全可以采取。所谓庭审裁定主要是指对于有些保护性措施或者案件,尤其是程序上的审理,大都采取当庭裁定书记员记录的方式,从而发生法律效力。但在实际办案过程中,许多法院不按照程序法的规定进行,如接受某个案件的起诉或者决定立案审理,都应当先裁定,之后才开始审理案件,哪怕是当庭作出的裁定也是符合程序法上的要求的。

四、法人罚的前程序:大额行政罚款的听证

法人是相对于自然人而言的一个法学概念与范畴。我们知道,自然人是以生命为存在特征的个人,是有生命体的个人。法人是指具有独立享有民事权利和承担民事义务能力的社会组织或单位,这是相对于自然人而言被在法律上人格化了的法律主体。可以说,法人是各国和地区规范经济和社会秩序的一项法律制度。各国和地区法人制度具有共同的特征,但其设置方式、称谓及内容不尽相同。比如,在我国立法中不称法人而称单位,故我国刑法理论上称单位犯罪。各国和地区在建立和完善法人制度上,因国情的不同而规制不同,但其基本原理和理论基础具有共通性。对于微罪违法行为的单位处罚,尤其是大额罚单或罚款,事先要有预备程序。有重大争议的案件,要事先广泛征求原被告双方当事人及其律师和起诉部门的意见,必要时要启动听证程序,慎重妥善处理。

听证程序是指办案机关为了查明案件事实,公正合理地进行执法和司法,在开始审理或作出判决前,通过公开举行由有关利害关系人参加的听证会,并广泛听取当事人、专家等意见的微罪法基本程序。听证程序要在

微罪程序规范中对主持人的遴选、主持程序、双方或多方参与人数量的确认、听证规则、特殊环节的应急处理、听证记录的形成、最终形成初步的结论性意见等内容进行详尽、明确、具体的规定。

五、文书与期间、送达：通用格式与程序简化

由于微罪法的特殊性，对于微罪程序中的文书格式、送达要求、书面裁定和制作程序等都应有特殊的要求，也即在办案过程中使用通用格式的文书。故在微罪程序的制定过程中，都要有详细的规范性要求。包括具体的制作格式、文字表述等都要有详细、明确的设计，具体要求是文书格式的设计要科学合理，用语要规范礼貌，送达要及时准确。需要讨论的是，许多司法文书用词、用语很不规范，多处出现表现专权、专制的文字和用语，甚至有不得体和素质不高的用语。如对刑事被告人称作"犯罪分子"等。笔者认为，不管是被告人还是被告代理人，男性称"先生"，女性称"女士"，是最起码的国际惯例。不管在诉讼文书中还是在法庭上，对律师执业要有基本的尊重。在国外，律师、法官、检察官身份一样，都属于"律师协会会员"，没有高低贵贱，更不应使用歧视用语。

第三节　立法内容（二）：举证责任的分配

2012年修正后的《刑事诉讼法》比较好地解决了刑事诉讼中的举证责任问题，尤其违法证据审查程序明确了公诉机关负有"合法证据"的举证规则。显然，这对于保障公民的诉讼权利，包括公民的基本人权不受侵犯起到了重要的支撑作用。然而，在微罪程序中也将继续规制或规范微罪法诉讼活动中的举证责任分配问题，以便同刑事诉讼法相互配合，公正地对待公民的诉讼权利。

一、证据衔接以客观证据为限，并直接用于案件直诉

在追究微罪违法行为人责任的过程中，直诉机关有条件在第一时间收集和固定证据。而对于微罪违法行为查处中占有很大比例，并对案件定性具有重要决定意义的实物证据，由于其具有不可恢复性，因此在将涉嫌犯罪的案件移送公安机关之前，行政机关已将这些实物证据进行扣押，如果按照全盘否定、推倒重来的方式再去收集，很显然这部分证据已经不可能重新收集和扣押了。关于刑事诉讼证据的衔接与转换问题，理应执行我国《刑事诉讼法》第54条第2款的规定："行政机关在行政执法和查办案件过

程中收集的物证、书证、视听资料、电子数据等证据材料,在刑事诉讼中可以作为证据使用。"包括监委会职务犯罪案件调查的证据使用与转换问题等,都需要深入研究,坚持按照法律的相关规定予以执行。

另外《人民检察院刑事诉讼规则》第 64 条规定:"行政机关在行政执法和查办案件过程中收集的物证、书证、视听资料、电子数据等证据材料,经人民检察院审查符合法定要求的,可以作为证据使用。行政机关在行政执法和查办案件过程中收集的鉴定意见、勘验、检查笔录,经人民检察院审查符合法定要求的,可以作为证据使用。"第 65 条规定:"监察机关依照法律规定收集的物证、书证、证人证言、被调查人供述和辩解、视听资料、电子数据等证据材料,在刑事诉讼中可以作为证据使用。"上述规定可参照执行。

二、直诉、自诉者以举证为主:证据收集及举证责任

所谓直诉是指行政机关办理的微罪案件,不再移送检察机关,而是由行政机关按照微罪程序的要求,自行直接向法院起诉,以达到追究行为人微罪责任的诉讼方式。这样做不仅可以提高办案效率,而且能够保证起诉质量,使行政机关直接使用自己收集的证据材料,在法庭上指控微罪违法行为人,并从中总结办理此类案件包括收集证据的经验与教训,进一步提高自身的执法水平。当然,如果微罪案件系由民事侵权等民间矛盾引起,被害人如果有充分的证据,也应当赋予其提起自诉的权利,一方面可以节省司法资源,另一方面也可以使被害人与加害人在诉讼中亲自倾听对方的意见,并尽快达成一致意见,落实赔偿,消除相互之间的隔阂与矛盾。

当然,按照诉讼法的基本原理,谁主张、谁举证的原则,行政起诉机关或者自诉人应当承担收集证据和出庭举证的责任。与刑事诉讼不同的是,行政机关负责办理的案件大都有行为人客观违法的事实记录,因此行政案件的举证不仅由行政机关负责,甚至应当以客观物证、书证为主,假如客观物证、书证欠缺的,只要被告人认可或承认,也可形成基本的证据链。自诉人要注意全面系统地收集证据,必要时可以聘请律师予以协助,以保证起诉的准确性和有效性。这就相对促进了上述提及的矛盾化解和辩诉交易,如此便进一步促进了社会矛盾的真正解决,从而保持社会的稳定。这就是所谓的以行政机关起诉和自诉者举证为主。

特别应当注意的是,行政机关在办案过程中,收集证据和出庭举证的具体要求和规则,主要包括收集证据的时间、地点、方式、参加人员,现场勘

验与勘察的见证人,收集证据的保存与保全条件和时间等,出示证据的阶段、时间先后、质证情况,以及最终证据的总体说服力和法官自由心证的采信情况等,需要在微罪程序中予以明确规定,以便进一步提高办案质量和提高法庭审理的定罪率。合理分配举证责任,是现代法治社会任何诉讼的基本原则,尤其是微罪法,虽然最终不给被告人定罪,但毕竟也是一种较严重的微罪违法行为,被告人甚至要承担一定的惩罚及赔偿受害人的损失,因此一定要慎之又慎,真正做到公平、公正,既处理了案件又化解了社会矛盾。

三、被告人以辩解和自证为辅:反对强迫"自证其罪"

如上所述,一般情况下,微罪法诉讼中实行谁主张、谁举证原则。但如果被告人辩解自己无罪或罪轻,要想取得法官的采信,必须出示自己提供或律师提供的相关证据。当然,就刑事证据原则而言,被告人没有义务举证,因为证明责任完全在控方,但任何人都有为自己辩护或辩解的权利,如被告人想为自己辩解,也可以适当举证。也就是说,在整个刑事诉讼过程中,举证责任在办案机关,如办案机关未能提供较严密的证据及其证据链,即便被告人不进行任何抗辩,只要证据不充分,法官也不应当认定犯罪。但在微罪案件诉讼中,同样的情况如果被告人不进行抗辩,就有可能促使法官对被告人作出不利的判断,因为微罪案件诉讼过程中法官有较大的自由裁量权,客观上降低了对证据的要求,所以被告人应当适时地举证和辩解。于是,被告人有可能极力提出抗辩,那么就需要拿出有利于自己的证据予以证明。这就是所谓的以被起诉人辩解举证为辅,坚决反对办案机关包括法院强迫被告人"自证其罪",这是严重违背刑事诉讼和微罪程序基本原则的。当然,既然被告人及其律师也负有举证的"次生义务"①,那么就应当赋予其收集证据的权利。

另外,在微罪案件办理过程中,应特别注意的是不能强迫被告人"自我归罪",在刑事诉讼中是"不得逼迫他人自证其罪",这些都是对被告人权益的一种特殊保护。

四、独任法官以自由心证为准:证据采信和自主裁判

自由心证是相对于法定证据主义的一种法庭赋予法官进行庭审和采信证据的证据证明制度。在西方国家比较流行,具体是指法律不预先设定

---

① 我们用这个词,是想说明这种"次生义务"是由法官"自由心证"裁量权逼迫的,也是为了提高司法效率,真正弄清事实,最终化解社会矛盾。

证据采信规则来指示或约束法官的审判,而是由法官根据具体案情的特点以及经验法则和自己的良知来自由裁量和判断对证据的采信,并最终认定案件事实并作出裁判。法国法学家迪波尔最早提出了废除法定证据制度、建立自由心证原则。1791年法国制宪会议通过了采取自由心证的草案,1808年法国《刑事诉讼法典》作了具体规定,后来为大多数欧陆国家所普遍采用,美国也在大量借鉴。

显然,我国目前的证据采信规则不是自由心证,而是法定证据主义。然而,我们也必须看到法定证据主义证据采信规则的弊端。目前西方各国,无论英美法系还是大陆法系都使用了法官自由裁量的自由心证。英美陪审团对事实的认定不需要说明理由,任何人都推翻不了它。大陆法系的法国实行三审终审制,二审法院既有事实审也有法律审,因此,二审法官也有重新认定案件事实的机会,甚至对心证也有继续形成的可能性。在西方国家,如果上级法官的判断与心证和下级法官的判断与心证不同,则应以上级法官的判断与心证为准。绝对的心证有绝对的限制,相对的心证免却了一切限制。越到上级,心证越自由,显然,这是对心证的再次限制。相对而言,在我国,由审委会对审判进行监督。机械办案的弊端一出再出,是该改进审判观念的时候了。因此,在微罪案件审理过程中,为了提高效率,加之证据本身就要求不高,所以比较适合采用自由心证的证据确认方式。同时,也是想在这方面做些尝试,以便适当地移植,更好地为我国的诉讼包括刑事诉讼服务。

第四节 立法内容(三):对实体证明标准的明确

证明责任的分配和证明责任的标准是证明责任的两个基本任务和范畴。如上所述,2012年修正的《刑事诉讼法》彻底完成了刑事诉讼中的举证责任问题,也就是证明责任的分配问题。笔者认为,这只是完成证明责任的第一个任务,而证明责任的第二个任务就是证明责任的标准问题,也叫实体证明标准问题,由于我国现在还没有证据法,故尚不能彻底完成证明责任标准的认定规则,所以我们想在微罪程序中先做尝试。其实,这不能算作比刑事诉讼法还高的要求,而是在微罪法中我们遇到了对证明标准问题的具体要求,即由于微罪案件的判决结果并不进入刑事登记,因此究竟对这样的案件及其认定,以及对不同案件类型及其认定,在证据标准上达到何种程度就适合了呢?这正是我们要讨论的核心问题。

一、自由罚的证明标准：能够排除合理怀疑

对判处自由罚案件可以说适用的是最严格的证据证明标准,在这一点上几乎与普通刑事案件类型一致,这就是"能够排除合理怀疑"。从这一表述可以看出,虽然这里的"排除合理怀疑"并没有达到完全的要求,只是基本"能够"的要求。但与其他案件类型相比其要求之高还是达到了第一的程度。

所谓"排除合理怀疑"是"我们刑事审判制度的核心特征。该标准代表我们社会的信念,即除非事实发现者对某人的犯罪近乎确信,没有人应当被确定为有罪"①。此外,按照证明力的强弱依次还有优势证据标准(preponderance of the evidence)、清晰、不含糊且有力标准(clear, unequivocal, and convincing evidence)、清晰且有力标准(clear and convincing evidence)和排除合理怀疑标准,共四个基本证明标准。其中,排除合理怀疑标准在刑事诉讼中具有极高的地位和声誉。有学者认为:"陪审员们以合理怀疑为荣的主要原因在于,它是'盎格鲁-撒克逊司法制度的基石',是'自由社会最值得骄傲的方面之一',它保护了我们整个社会最重要的利益——生命与自由。"②

之所以在人身自由罚中如此要求证据的证明标准,是因为人身自由罚在所有的处罚形式中是最为严厉的一种类型。尽管微罪法中失去人身自由的程度远低于刑罚,但即便是半开放性的失去人身自由,也是相当严厉的一种惩罚。所以,把适用人身自由罚的证明标准提到最高的一个级别。在英美国家,这一标准被描述为"检察官提出的证据必须让陪审团达到被告人是有罪的内心确认,不存在被告人可能无罪的怀疑"③。假如非用一个比例数字来描述的话,学界有达到95%或98%两种观点,由此可见要求之高。

二、财产罚的证明标准：做到令人信服的程度

显然,财产罚的证明标准比人身自由罚的证明标准降了一个等级。"令人信服"即使人确信或使人相信,显然有主观心理判断因素在内。在这一点上,英美法系和大陆法系显然采取了两种态度与立场。英美证据法

---

① Victor v. Nebraska, 114 S. Ct. 1239, 1243(1994).
② Addington v. Texas, 441 U. S. 418(1979). 转引自赖早兴:《美国刑事诉讼中的"排除合理怀疑"》,载《法律科学(西北政法大学学报)》2008年第5期。
③ 袁益波:《英国刑法的犯罪论纲》,知识产权出版社2007年版,第57页。

一直将"令人信服"的责任分配确认给起诉方。假如刑事诉讼法真正实行"无罪推定",必然得出一个结论,这就是起诉一方承担证明被告人有罪的证明责任。当然,如果非要被告一方承担证明自己无罪的证明责任,显然就会与"无罪推定"原则背道而驰。诚然,我国没有关于起诉方承担"令人信服"证明责任的范围和程度,假如也用一个比例数字来描述的话,学界的观点要求达到70%,由此可见其要求也是比较高的。正因为这样,我们才在微罪程序中关注和研究这些内容。英美法一般要求起诉方必须对其指控的罪行承担举证责任或予以证明,当然如果对任何一项犯罪要件未能予以证明,最终也就不能认定被告人实施了某种被司法机关所指控的罪行,从而只能得出"无罪推定"或无罪的"基本结论"。

在英国,单行刑法中明文规定刑事被告人应当负或推定负"令人信服"的诚实证明责任。如对车辆驾驶人血液中的酒精浓度是否超标有争议时,证明酒精浓度并未超标的责任显然在被告方。《滥用毒品法》中也曾明确规定,刑事被告人主张其不知道或从没有接触过该物品或者不认可该物品是毒品时,他应负有证明该事实的责任。《反贿赂法》中也曾规定,贿赂犯罪中给付报酬的行为当然也是一种贿赂,但是被告方如果有相反的证明或者证人除外。因此,微罪法应当在程序法中具体设定这些情节和标准,以便做好证据证明责任的分配问题。

三、资格罚的证明标准:做到令人信服的程度

同财产罚一样,对资格罚的证明责任也同样适用"令人信服"标准。这是因为,资格罚在某种程度上比财产罚或人身自由罚还严厉,等于剥夺其生存权。但作为证据标准还是不可与人身自由罚相比,虽然应该慎重和严格,但同时也要考虑司法效益,以及我国的具体法治环境和现实的司法情况,二者要做到一个大致的平衡。尤其是微罪处罚,毕竟不是完全的刑事处罚,适当地降低证明标准也在情理之中。虽然我们一再强调,微罪案件的审理主要依据刑事诉讼理念,基本上各国和地区大都不进行微罪法的专门程序立法,而是直接使用刑事诉讼法,但作为证明标准,笔者认为还是降低一些更好,这样做是为了提高效率,毕竟该处罚最终并不进入刑事登记。因此,这里我们想讨论和借鉴一下行政处罚法和行政诉讼法规定的一些证明标准。

众所周知,行政处罚法对行政处罚的事实认定有自身基本的要求和规范,其实这也就是所谓的证明标准。其中对事实认定的要求规定在《行政处罚法》第5条第2款和第40条,"以事实为依据","必须查明事实;违法

事实不清、证据不足的,不得给予行政处罚"。但有学者认为:"'以事实为依据'、'查明案件事实'这样的规定,并没有为行政机关提供证明标准这一认定事实的最低限度。因为'以事实为依据'的要求在实践中只能落实为'以认定的事实为依据';而'查明案件事实'是对行政机关的最高要求,不是最低的限度。"①也就是说,什么情况下算作"查明案件事实",《行政处罚法》并没有对这个证明标准最核心的问题,即认定案件事实的关键作出明确规定。因此,在微罪程序的设计中,要进一步加强这方面的明确表述,使得立法更加具有操作性。

我国行政程序立法严重滞后,所以现在正在加紧修改,但我国《行政诉讼法》中还是规定了一些对行政行为的规范,甚至也有证明标准问题,该法第70条第(一)项规定,主要证据不足的,人民法院可以判决撤销或部分撤销具体行政行为。② 由此可见,该条明确了一个反向或否定性的采信证据和判断案情的证明标准与原则,也就是说,如果案件事实的主要证据不足,整个案件的事实就不能认定,最终也就应该撤销该具体行政行为。诚然,这是法律对我国行政处罚证明标准的具体规定,它其实是在告诉办案机关,当收集的证据达到一个最低的程度,即不属于"主要证据不足"时,待证事实就被法律视为真实,法院也就可以认定事实了,或者称达到了行政诉讼的证据标准。③ 由此可见,认真研究和深化微罪程序中的证明标准问题是设计好微罪程序的关键。

四、其他罚的证明标准:做到优势证据的程度

"优势证据"制度本来是一种民事证据制度规则,一般是指在民事诉讼过程中实行优势证据证明标准,即达到51%以上。当然,优势证据规则在于,法官对于案件的审理和对案件的整体判断是对双方所举证据证明力进行的综合性分析,不排除判断证据与案件事实时所采取的部分自由心证的证据标准与规则,总之优势证据规则属于一种证据采信思维方式和认定案件事实的裁判规则和判决思维方式。在微罪案件的处理过程中,又遇到大量的民事赔偿与经济纠纷,故民事证据证明标准及规则也是完全可以借鉴用之的。也就是说,在微罪案件的处理过程中,尤其是在涉及民事部分证据的采信时,当证明某一事实存在或不存在的证据的分量与证明力比反对的证据更具有说服力时,或者比反对的证据可靠性更高时,即可由法官

---

① 袁劲屹:《论行政处罚的证明标准》,载《齐鲁药事》2008年第3期。
② 我国《行政复议法》第64条第1款有类似的规定。
③ 参见袁劲屹:《论行政处罚的证明标准》,载《齐鲁药事》2008年第3期。

采用具有优势的一方当事人所列举的证据认定案件事实,以尽快结束案件,提高诉讼效率。

如上所述,"优势证据"与刑事案件证明标准和行政案件证明标准比起来,要求的规格程度要低得多,假如用比例数字来描述的话,学界有人认为只要达到51%以上的程度即可视为优势证据,并在处理财产和民事纠纷案件中或具体事务中予以采信。最终,证明他人违法及财产的归属,以致追究其微罪责任。

需要注意的是,根据对证据标准正相关的要求,对"排除一切合理怀疑"的举证责任分配显然是检察官多于被告人,但对于"优势证据"只要反驳,并且说明符合逻辑,就有可能出现举证责任倒置问题。所以在案件处理过程中,举证责任与证据标准有着千丝万缕的联系,这就要求法官和其他办案人员应熟悉自己的专业知识与业务,高标准、慎重地办理各类微罪案件,不仅要考虑工作效率,而且应注意工作质量。

第五节 立法内容(四):对实体审理结果的救济

有责任就有救济,这是法律规范的一个基本道理。在微罪程序立法过程中,有针对性地对实体审理结果确立救济通道和法律规范,也是十分重要和必要的。同样,有诉讼、有判决就有不服,就要上诉。假如在微罪案件诉讼中,被告人或提起诉讼的行政机关对判决或裁判不服,或许会引起以下两种结果。

一、被告人不服:引起正式的刑事诉讼程序

根据微罪法实体法和程序法审理"微罪违法行为",追究行为人"微罪责任",一旦有了实体审理结果,就有可能产生对审理结果服判或不服判的问题,假如不服判必然进行上诉等救济途径。假如被告人不服一审判决,可以上诉至专门设置承接微罪违法行为案件审理的基层法院刑事审判庭。但在一般情况下,专业刑事审判庭仅就本案作出书面审理,维持原判或是改判。特殊或个别情况下,也可以启动二审程序并开庭进行案件的重新审理。当然,这可能涉及的问题是,二审审理的结果是按照"上诉不加刑"原则尽可能作出对上诉人有利的判决,还是实事求是地进行审理,尤其是当拥有充分证据的上诉人构成犯罪的情况下,是否真的判决上诉人有罪?这基本上属于"两难选择"的情况。

假如按照"上诉不加刑"原则,能够作出对上诉人有利的判决,也即无

论怎么审,只能降低对上诉人的处罚而不能对上诉人加重处罚,那么很有可能引起大多数人的缠诉,并因此增大诉讼成本和无谓的工作量,使二审法院的工作不堪重负。假如客观公正、实事求是地处理案件,的确在较大程度上违背了"上诉不加刑"的刑事诉讼基本原则,似乎在法理上多少有些障碍。我们的意见是,采取一个折中的办法,即对于上诉的微罪案件,在人身自由罚上坚决贯彻"上诉不加刑"原则,即便二审中的确发现上诉人构成犯罪,也不再在剥夺人身自由方面的处罚上加大对上诉人的处罚。但是,假如感到上诉人的上诉理由并不充分,尤其是经过核实上诉人确有比一审认定的事实更加严重的情况,或者发现上诉人有新的犯罪事实等情况,那就要加大对上诉人经济方面的处罚力度,甚至考虑其败诉的后果或给司法资源带来的负担,从而适当惩处上诉人。这样做虽然有些过分折中,但不失为解决该类性质案件的一种可行办法,而且或许会有比较好的效果。

二、起诉方不服:引起上级法院的书面审理

通常情况下,考虑到效率原则和刑法谦抑性原则,行政控诉方对于法院审理的微罪案件一般不再提出异议,大都尊重法院的审理结果。但是为了形成"相互配合、相互制约、相互监督"的办案工作机制,作为一种诉讼救济途径的设计,不能封死起诉方上诉的通道,如此也就必须在微罪程序中规定,行政控诉机关不服一审判决的,可以向二审法院上诉。这样一个办案工作机制,一方面同法院形成制约工作机制,另一方面也迫使被告人实事求是、服从法律的规定与判决,甚至促成与被害人达成谅解或一致,使矛盾最终得以化解或解决。行政控诉机关不服的,可以上诉至专门设置承接微罪违法行为案件审理的基层法院的刑事审判庭,以求得一定的制约。当然,一般情况下刑事审判庭仅就本案作出书面审理,或维持原判或是改判。特殊或个别情况下,也可以重新启动审理程序进行开庭审理,包括调查案件事实和审查适用的法律是否正确,从而作出二审判决。当然,作为行政控诉机关还有另外一项途径,即假如起诉机关认为一审判决不当,证据确凿,具备刑事公诉条件的,可以就本案的事实重新启动刑事诉讼程序,直接控告行为人犯罪,或移送检察院进行正式的刑事起诉。

后　记

本书是我们承担的 2017 年国家社科基金后期资助项目(项目编号：17FFX030)，项目名称是"我国轻(微)罪体系建构研究"，经过长达近六年的思考，最终修改为现在的书名。回顾本书的撰写过程，使我更加深刻地感受到学问来不得半点虚假，必须扎扎实实、一步一思考。撰写历时六年，几乎每一天都在思考我国的微罪法及其体系是否能够建构，也时常与我的两位博士生(他们已毕业，并担任了不同的领导职务)反复讨论、交流和争论。众所周知，在刑法之内有重罪和轻罪，虽然也有学者将刑法中判处"拘役"的犯罪称为比轻罪更轻的"微罪"，但其立法和体系价值又有多大呢？这一直是我们思考最多的问题。尤其在我国刑法之外还存在大量的行政拘留、专门矫治教育、强制戒毒、强制医疗等剥夺和限制人身自由的行政处罚，这些行政处罚有的甚至比刑法中的剥夺人身自由的时间更长，我们不得不思考，如果判处"拘役"都是微罪，那么这些比拘役时间更长的行政处罚又称为什么呢？加之，《治安管理处罚法》在学界历来有"小刑法"之称，剥夺人身自由本身就是刑事问题，这在理论上是毫无疑问的。再者，《刑法》第 13 条规定"情节显著轻微危害不大的，不认为是犯罪"，就刑法而言"罪"就是"罪"，即刑法之"罪"，在刑法之内出现一个"微罪"又似乎不尽合理。故我们把视野扩大至刑法之外，几经讨论，最终确定了在刑法之外来研究"微罪"的基本思路，并付诸行动。

在上述思路指引下，我们进一步关注本书的价值追求。一度从以下几个方面考虑：(1)微罪体系的研究从根本上能否弥补我国轻(微)罪研究及立法与司法实践中出现的冲突、混乱、矛盾和缺陷？在微罪体系的构建中需不需要打破现有法律体系与框架？考虑到理论研究为实践服务并最终服从于现实的规律(因为法律和社会秩序一天也不能停止执行与维持，任何立法与司法实践都不可能为了一个正确的理论而不顾对社会秩序的维系甚至发生社会动乱的危险)，我们认为，不需要或根本不能对现行法律体系进行颠覆性破坏，应根据现实需要或与已有法律进行有机或阶段性的衔接与过渡。(2)微罪立法及其体系研究运用系统论的方法与思维来梳理微罪法及其体系同相关法律的关系，尤其借鉴境内外研究的前车之鉴，从犯罪分类的角度对微罪的内涵和外延进行系统性的比较和界定,按照本书提出的"新三级制裁体系"对微罪法进行定位分析,并根据我国行政处罚制裁体系的发展脉络,分析犯罪制裁体系与行政违法制裁体系的衔接,以及行政执法与刑事司法有效衔接的职能发挥,并在此基础上设计微罪立法及其体系。(3)微罪体系从行政权与司法权的权衡、犯罪化与非犯罪化的选择以及犯罪文化观等角度,进一步研究造成制裁体系混乱的根源,论证我国微罪法的立法及其体系建构的正当性,从而提出微罪认定只定性的标准与模式,以减少我国刑法"既定性又定量"的标准与模式给定罪带来的影响,最终建构包括刑法、微罪法和行政法"新三级制裁体系"立法模式。(4)微罪体系是立足于中国开展的具体制度的建构,尤其通过微罪法的程序或者实体法与程序法的兼顾模式,基本能够确定微罪案件的管辖范围,以及微罪案件处理的基本程序,最终推进我国轻罪的实际运行。

当然,建构中国式微罪体系是一项艰苦卓绝的理论与实践再造或再创过程,尤其需结合新的刑法与犯罪理念,运用科学的方法论与实践论才能够完成,本书只是抛砖引玉,最终需要学界的共同努力,特别是青年学人的继续奋斗。本书的出版得到了国家社科基金办公室、苏州大学人文社会科学处的关心与支持,在书稿最终形成后得到北京大学出版社的鼎力支持,在此一并表示感谢! 此外,在本书的校对、课题申报以及资料搜集方面也得到我的博士生韩冰、赵坦、杨天晓等人的帮助,同时在本书撰写过程中参阅了学界大量的著述和观点,尽管我们尽可能地在注释中一一注出,但由于资料浩瀚,恐挂一漏万,还望学界海涵和见谅,也借此出版的机会对大家表示诚挚谢意!

李晓明

2023 年 6 月 30 日于苏州大学相门寓所